"十二五"国家重点图书出版规划项目

数 字 出 版 理 论 、 技 术 和 实 践

数字出版与数字图书馆

黄肖俊　吕肖庆　汤　帜　方中华　编著

电子工业出版社
Publishing House of Electronics Industry
北京·BEIJING

内 容 简 介

本书系统论述了数字图书馆的发展历程、性质和特点，重点描述了数字资源建设与管理，以及新兴数字化服务的典型代表和发展趋势；深入分析了数字出版、数字图书馆，以及正在崛起的新型信息服务商三方关系，探讨了能够融合各方利益的解决方案；总结了出版商提供数字资源和服务的各种商务模式，以及在实际工作中的操作建议。本书有选择性地介绍了数字出版和数字图书馆可以相互借鉴的先进技术，侧重讲述了数字图书馆的资源服务系统的设计，以及一些极具参考价值的技术标准。

本书的编写目的是总结和研究数字出版和数字图书馆在新的数字化环境中如何相互支撑、共同发展。本书适合编辑出版学和传播学类学生、出版工作者，以及信息服务工作者等人员阅读。

未经许可，不得以任何方式复制或抄袭本书之部分或全部内容。
版权所有，侵权必究。

图书在版编目（CIP）数据

数字出版与数字图书馆 / 黄肖俊等编著．—北京：电子工业出版社，2013.9
（数字出版理论、技术和实践）
ISBN 978-7-121-20522-4

Ⅰ. ①数… Ⅱ. ①黄… Ⅲ. ①电子出版物－出版工作－研究②数字图书馆－研究
Ⅳ. ①G237.6②G250.76

中国版本图书馆 CIP 数据核字（2013）第 111188 号

策划编辑：李　弘
责任编辑：秦绪军
印　　刷：北京天来印务有限公司
装　　订：北京天来印务有限公司
出版发行：电子工业出版社
　　　　　北京市海淀区万寿路 173 信箱　邮编：100036
开　　本：720×1 000　1/16　印张：24.5　字数：480 千字
印　　次：2013 年 9 月第 1 次印刷
印　　数：2 000 册　定价：78.00 元

凡所购买电子工业出版社图书有缺损问题，请向购书店调换。若书店售缺，请与本社发行部联系，联系及邮购电话：（010）88254888。

质量投诉请发邮件至 zlts@phei.com.cn，盗版侵权举报请发邮件至 dbqq@phei.com.cn。

服务热线：（010）88258888。

指导委员会

主　任　孙寿山

委　员（按姓氏笔画排序）

王关义　王志成　方中华　田胜利　朱伟峰　李宏葵

余昌祥　张志强　张增顺　张毅君　郝振省　敖　然

聂震宁　谢俊旗　谢新洲　薛松岩

编辑委员会

主　任　魏玉山

副主任　刘九如

委　员（按姓氏笔画排序）

王　强　王晓光　王德胜　方　卿　邢立强　吕肖庆

刘成勇　刘拥军　刘锦宏　孙　坦　孙广芝　李　弘

沈艳波　张　立　张　峻　张宝元　陈　丹　陈源蒸

郝黎明　秦绪军　徐丽芳　高　昂　黄肖俊　程三国

序
Introduction

　　数字出版方兴未艾。作为新闻出版业的重要发展方向和战略性新兴产业，数字出版近年来发展迅速，已经成为当前我国新闻出版业转型发展的助推器和新的经济增长点。基于互联网、移动通信网、有线电视网、卫星直投等传播渠道，并以 PC 机、平板电脑、智能手机、电视、iPad 等阅读终端为接收载体的全新数字出版读物，已成为人民群众精神文化生活不可或缺的组成部分。

　　从毕升的活字印刷到王选的激光照排系统问世，技术元素始终是出版业发展壮大的重要源动力。进入 21 世纪，信息通信技术（ICT）的飞速发展成为新经济发展的主要引擎，使得以思想传播、知识普及、文化传承、科学交流和信息发布为主要功能的出版业可以持续、广泛地提升其影响力，同时大大地缩短了信息交流的时滞，拓展了人类交流的空间。计算机芯片技术、XML 及相关标记语言技术、元数据技术、语义技术、语音识别和合成技术、移动互联技术、网络通信技术、云计算技术、数字排版及印刷技术、多媒体技术、数字权利管理技术等一大批数字技术的广泛应用，不但提升了传统出版产业的技术应用水平，同时极大地扩展了新闻出版的产业边界。

　　如同传统出版业促进了信息、文化交流和科技发展一样，数字出版的多业态发展也为 20 世纪末期开始的信息爆炸转变为满足个性化需求的知识文化服务提供了技术上的可能。1971 年，联合国教科文组织（UNESCO）和国际科学联盟理事会（ICSU）便提出了 UNISIST 科学交流模型，将出版业所代表的正式交流渠道置于现代科学交流体系的中心位置。进入 21 世纪，理论界又预见到，网络出版等数字出版新业态的出现正在模糊正式交流和非正式交流的界限，更可能导致非正式交流渠道地位的提升。随着以读者（网络用户）为中心的信息交流模式，比如博客、微博、微信和即时通信工具等新型数字出版形态的不断涌现，理论构想正在逐渐变为现实。

　　通过不断应用新技术，数字出版具备了与传统出版不同的产品形式和组织特征。由于数字出版载体的不断丰富、信息的组织形式多样化以及由于网络带来的不受时空限制的传播空间的迅速扩展，使得数字出版正在成为出版业的方向和未来。包括手机彩铃、手机游戏、网络游戏、网络期刊、电子书、数字报纸、在线音乐、网络动漫、互联网广告等在内的数字出版新业态不断涌现，产业规模不断扩大。据统计，在2006年，我国广义的数字出版产业整体收入仅为260亿元，而到了2012年我国数字出版产业总收入已高达1935.49亿元，其中，位居前三位的互联网广告、网络游戏、手机出版，总产出达1800亿元。而与传统出版紧密相关的其他数字出版业务收入也达到130亿元，增长速度惊人，发展势头强劲。

党的十七届六中全会为建设新时期的社会主义先进文化做出战略部署，明确要求发展健康向上的网络文化、构建现代传播体系并积极推进文化科技创新，将推动数字出版确定为国家战略，为数字出版产业的大发展开创了广阔的前景。作为我国图书出版产业的领军者之一，电子工业出版社依托近年来实施的一批数字出版项目及多年从事ICT领域出版所积累的专家和学术资源，策划出版了这套"数字出版理论、技术和实践"系列图书。该系列图书集中关注和研究了数字出版的基础理论、技术条件、实践应用和政策环境，认真总结了我国近年发展数字出版产业的成功经验，对数字出版产业的未来发展进行了前瞻性研究，为我国加快数字出版产业发展提供了理论支持和技术支撑。该系列图书的编辑出版适逢其时，顺应了产业的发展，满足了行业的需求。

毋庸讳言，"数字出版理论、技术和实践"系列图书的编写，在材料选取、国内外研究成果综合分析等方面肯定会存在不足，出版者在图书出版过程中的组织工作亦可更加完美。但瑕不掩瑜，"数字出版理论、技术和实践"系列图书的出版为进一步推动我国数字出版理论研究，为各界进一步关注和探索数字出版产业的发展，提供了经验借鉴。

期望新闻出版全行业以"数字出版理论、技术和实践"系列图书的出版为契机，更多地关注数字出版理论研究，加强数字出版技术推广，投身数字出版应用实践。通过全社会的努力，共同推动我国数字出版产业迈上新台阶。

2013年8月

前 言
Preface

出版的繁荣使得源源不断的文稿得以流传，图书馆的兴起让普通大众享受到了公益性的信息服务，两者都具有悠久的历史，时至今日，迅猛发展的信息技术和通信技术使两者都发生了深刻的变革，数字出版、数字图书馆在加速发展的同时，也开始发生一些碰撞和冲突。

本书的前两章简要回顾了数字图书馆的发展历程，并对其资源管理和新兴的数字化服务进行了系统的分析。

从第 3 章开始，转入本书关注的重点问题：数字出版和数字图书馆的关系。我们试图通过对出版业、图书馆在理念、业务、技术和版权等多方面的细致梳理来总结出导致两者关系变化的原因，同时也将目光投向了与两者有密切关系的新型信息服务商。经过本章的分析我们不难发现，现存问题的解决之道离不开对多方利益的权衡。

今天，数字出版和数字图书馆在各自领域都有了长足的发展，积累了大量的先进技术，其中有些从一开始就是共用技术，有些是在一个领域中率先发展，第 5 章我们选取了一些属于后者的技术热点，希望通过我们的介绍让不同领域的从业人员了解对方的技术发展状况，相互借鉴。并在分析数字图书馆的服务模式和系统设计原则的基础上，阐述了其资源服务系统的设计方法，并给出了多个重点子系统的设计指导意见。我们的介绍比较偏重应用，原因在于本书的定位主要是为出版从业人员了解图书馆界如何使用数字资源，而不是用来指导实现其复杂的内部结构。

标准是技术的结晶，我们将与数字出版相关的数字图书馆领域的重要标准汇编在第 6 章。由于图书馆对于信息服务开展得最早，在技术方面也应用得最多，因此大量与信息服务有关的标准都会率先在该领域出现。换言之，数字图书馆领域的很多标准，如资源描述标准、互操作标准、资源检索标准等，都是某一方面技术先进性的集中体现。在知识经济快速发展的今天，这些标准无疑为出版等其他行业提供了宝贵的经验和技术参考。

出版单位在为图书馆提供数字资源或技术支持时难免会遇到各种各样的问题，本书的第 7 章依据笔者长期的研发经验，为出版机构能够避免或克服实际业务中的具体问题提供了大量中肯的建议。

最后，本书的第 8 章对数字出版与数字图书馆进行了反思与展望，预计数字出版将加大对数字图书馆的支持力度，分析了推动数字图书馆发展的一些深层原因，并提出了数字图书馆的发展趋势。

本书是集体智慧的结晶，成书之际感谢多方帮助。感谢北京方正阿帕比技术有限公司赫思佳总经理、中科院国家科学图书馆孙坦副馆长、中国高等教育文献保障系统（CALIS）王文清总工程师、万方数据股份有限公司技术研究院郭晓峰老师、北京大学的高良才副教授等在百忙中抽出时间审读书稿并提出宝贵意见。同时，感谢本套丛书的其他分册的编写人员、方正国际 BPO 事业部周长岭总工程师、方正阿帕比魏丕、北京大学贾爱霞老师、杨森博士以及焦喜音、李佳林、王彀、叶文等同学的大力支持。本书引用了大量国内外学者的研究成果，没有他们的细致分析，就不可能有本书的问世，在此，对他们的辛勤劳动和贡献表示崇高的敬意和感谢！

本书的出版得到了电子工业出版社的大力支持，数字出版中心主任李弘、副主任王德胜、副主任张峻，以及编辑徐蔷薇老师、张莹老师为本书内容编排等许多方面提出了宝贵的意见，在此表示衷心的感谢！

由于编写者水平有限，特别是涉及的领域较多，书中难免存在缺点和错误，敬请读者以及关注数字图书馆和数字出版的人士批评斧正。

编　者

2012 年 10 月

目 录
Contents

第 1 章 Chapter 1
数字图书馆概论 ... 1

1.1 图书馆的发展简史 ... 2
1.2 数字图书馆的概念 ... 2
1.3 数字图书馆的发展 ... 4
  1.3.1 早期的数字图书馆 ... 4
  1.3.2 20 世纪前后的数字图书馆 ... 6
1.4 数字图书馆管理系统 ... 12
  1.4.1 仓储管理系统 ... 12
  1.4.2 基础设施、虚拟研究环境和生态系统 ... 15
  1.4.3 当代图书馆集成管理系统 ... 16
1.5 数字图书馆属性演变过程 ... 24
  1.5.1 传统业务自动化升级改造阶段 ... 24
  1.5.2 数字资源的大规模建设阶段 ... 25
  1.5.3 以用户为中心的知识服务阶段 ... 25
1.6 数字图书馆的特点 ... 26
  1.6.1 从封闭空间到开放的云服务 ... 26
  1.6.2 从纸本书到多媒体的有序数字化存储 ... 26
  1.6.3 从借阅柜台到远程互动服务 ... 27
  1.6.4 从书架到语义网 ... 27
1.7 数字图书馆的作用 ... 27
1.8 数字图书馆面临的环境变化 ... 28
  1.8.1 政策环境 ... 28
  1.8.2 周边产业环境 ... 30
  1.8.3 技术环境 ... 34

第 2 章 | Chapter 2
数字图书馆的资源建设与新型服务 ... 37

- **2.1 数字资源的建设与管理** ... 38
  - 2.1.1 找准定位，把握平衡 ... 38
  - 2.1.2 持续更新，保证质量 ... 40
  - 2.1.3 互联互通，内外有别 ... 40
- **2.2 数字化服务的新趋势** ... 43
  - 2.2.1 借助互动技术，不断提升服务的主动性 ... 43
  - 2.2.2 多管齐下，全方位推动个性化服务 ... 44
  - 2.2.3 融合社会化网络，聚集更多服务外援 ... 45
  - 2.2.4 紧跟移动互联，将服务做到无微不至 ... 46
- **2.3 具有代表性的数字化服务** ... 46
  - 2.3.1 虚拟咨询服务 ... 47
  - 2.3.2 定题服务 ... 51
  - 2.3.3 数字图书馆对 E-Learning 的支撑和学习共享空间的营造 ... 55
  - 2.3.4 虚拟研究环境中学科服务的升级与创新 ... 59

第 3 章 | Chapter 3
图书馆、出版社与新兴信息服务商的关系 ... 65

- **3.1 传统图书馆与出版社的关系** ... 66
  - 3.1.1 图书馆与出版社 ... 66
  - 3.1.2 传统图书馆与出版社的平衡关系 ... 66
- **3.2 数字化变革引发的关系变化** ... 67
  - 3.2.1 数字化对图书馆和出版业的影响 ... 67
  - 3.2.2 调整中的数字出版与数字图书馆的关系 ... 67
- **3.3 新兴信息服务商对数字图书馆和数字出版商的影响** ... 69
  - 3.3.1 新兴信息服务商 ... 70
  - 3.3.2 新兴信息服务商对数字图书馆的冲击 ... 70
  - 3.3.3 信息服务商对数字出版的冲击 ... 71
- **3.4 解决之道** ... 72
  - 3.4.1 协调三方关系 ... 72
  - 3.4.2 技术保障 ... 74
  - 3.4.3 法律保障 ... 75

| 目　录 | XI |

3.5 数字出版支撑图书馆的转型与和谐关系建立的原则 ············· 77
  3.5.1 数字图书馆与数字出版的辩证关系 ······················· 77
  3.5.2 数字出版企业为数字图书馆服务的基本原则 ··············· 79

第 4 章 | Chapter 4
面向数字图书馆的数字出版商务模式 ························· 89

4.1 单本销售模式 ··· 90
  4.1.1 电子图书 ··· 90
  4.1.2 其他形式 ··· 92
  4.1.3 国内外成功案例 ······································· 92

4.2 连续出版物销售模式 ······································· 96
  4.2.1 数字期刊 ··· 97
  4.2.2 数字报纸 ··· 98
  4.2.3 国内外成功案例 ······································· 100

4.3 数据库销售模式 ··· 114
  4.3.1 条目式数据库 ··· 114
  4.3.2 学位论文数据库与会议论文数据库 ······················· 115
  4.3.3 电子书库 ··· 115
  4.3.4 专题数据库 ··· 116
  4.3.5 国内外成功案例 ······································· 116

4.4 开放存取 ··· 123
  4.4.1 开放存取的基本概念 ··································· 124
  4.4.2 开放存取的发展历程 ··································· 124
  4.4.3 开放存取的商务模式 ··································· 129
  4.4.4 开放存取对图书馆的影响 ······························· 129
  4.4.5 开放存取对数字出版模式的颠覆与重建 ··················· 130
  4.4.6 开放存取面临的问题 ··································· 131

第 5 章 | Chapter 5
数字出版与数字图书馆的技术互鉴与资源服务系统设计 ········· 133

5.1 数字出版领域中可供借鉴的重要技术 ························· 134
  5.1.1 文档技术 ··· 134
  5.1.2 数字版权保护技术 ····································· 141
  5.1.3 跨平台阅读技术 ······································· 144
  5.1.4 版面理解和智能标引技术 ······························· 150

5.2 数字图书馆领域中可供借鉴的重要技术 151
- 5.2.1 语义网 151
- 5.2.2 本体 154
- 5.2.3 资源描述框架（RDF） 158
- 5.2.4 网络本体语言（OWL） 162
- 5.2.5 信息检索 166
- 5.2.6 自然语言处理 180
- 5.2.7 自动文摘 189
- 5.2.8 云计算 200

5.3 面向图书馆的数字资源服务系统的设计 211
- 5.3.1 数字图书馆服务模式 211
- 5.3.2 系统组成与总体结构设计的原则 216
- 5.3.3 重点子系统设计 218
- 5.3.4 接口设计 226
- 5.3.5 数字图书馆的发现服务 228

第6章 Chapter 6
与数字出版相关的数字图书馆标准 231

6.1 数字图书馆标准建设的概况 232
6.2 国际标准的研究情况 233
6.3 我国标准的研究情况 237
- 6.3.1 "我国数字图书馆标准与规范建设"项目（CDLS） 237
- 6.3.2 CADLIS 技术标准与规范建设简介 240

6.4 资源描述格式标准 242
- 6.4.1 元数据与元数据标准 242
- 6.4.2 METS 元数据编码术传输标准 245

6.5 互操作标准 255
- 6.5.1 OAI 标准之一：OAI-PMH 256
- 6.5.2 OAI 标准之二：OAI-ORE 263
- 6.5.3 OpenURL 270
- 6.5.4 开放式出版发布系统 OPDS 276

6.6 数字对象唯一标识符（DOI）协议 281
- 6.6.1 DOI 的历史 281
- 6.6.2 DOI 的内容 283

目录

	6.6.3 DOI 对数字图书馆和出版的影响	286
	6.6.4 DOI 的局限性与发展前景	287
6.7	信息资源检索协议	288
	6.7.1 Z39.50 协议	289
	6.7.2 过渡性标准——ZING	291
	6.7.3 查询与检索的 URL/Web 服务（SRU/W）	292
	6.7.4 情境查询语言 CQL	294
	6.7.5 ZeeRex	296

第 7 章 Chapter 7
出版机构为数字图书馆服务的实操建议 299

7.1	出版机构数字出版机制的建立	300
	7.1.1 出版社开展数字出版的瓶颈	300
	7.1.2 出版社开展数字出版业务最紧迫的事项	301
	7.1.3 出版社该如何建立和健全数字出版机制	302
	7.1.4 出版社电子文档收集与管理样例	303
7.2	数字出版的准备工作	309
	7.2.1 内容选择与组织	309
	7.2.2 电子图书出版制作加工流程	309
	7.2.3 排版制作与加工工具	311
	7.2.4 元数据加工与 MARC 编目	312
	7.2.5 资源加工原材料合格标准与成品合格标准	320
	7.2.6 数字版权保护及出版发行平台的选择	327
7.3	其他资源为数字图书馆服务的准备工作	329
	7.3.1 期刊数字出版为数字图书馆服务的准备工作	329
	7.3.2 报纸数字出版为数字图书馆服务的准备工作	331
	7.3.3 条目式资源库数字出版为数字图书馆服务的准备工作	332
	7.3.4 图片数字出版为数字图书馆服务的准备工作	333
	7.3.5 数字出版与图书馆采访系统的对接	335

第 8 章 Chapter 8
反思与展望 337

8.1	数字出版将加大对数字图书馆的支持力度	338
8.2	推动数字图书馆发展的一些深层原因	338

8.3 数字图书馆的发展趋势 ··· 340
    8.3.1 资源构建社会化和服务交互化 ·· 341
    8.3.2 知识组织的语义化和关联化 ·· 341
    8.3.3 知识环境的复杂化和泛在化 ·· 342
    8.3.4 服务虚拟化和行业融合化 ·· 343
    8.3.5 公益性与商业化 ·· 343
8.4 展望 ·· 344
参考文献 ·· 345

第 1 章
Chapter 1

数字图书馆概论

  自从有文字记载以来，人类社会的发展悠悠数千载，会聚了灿若星河的文化典藏，图书馆一直承担着保存和传承人类文明的重大职责。近代意义的图书馆在百年前告别了古代藏书楼，走向了公共服务。20 世纪 40 年代以来，计算机技术、网络技术和信息处理技术迅猛发展，深刻地改变了人们的学习、工作、生活，甚至思维方式。

  近年，网络作为一种新的信息交流和通信工具日益普及，成为了人们获取信息的重要来源。越来越多的文字、图片、声音、影像资料以数字形式大量涌现，成为影响信息化社会发展的重要力量。越来越多的国家认识到信息对于提高国际竞争力、增强综合国力的重要性，相继提出了"信息高速公路"计划，建立信息网络，支持国家创新与经济社会发展，人类社会快速进入了一个前所未有的信息化社会。在此背景下，数字图书馆作为网络环境下一种新的信息资源组织与服务形式应运而生。

  数字图书馆是网络环境和数字环境下图书馆新的发展形态，它利用现代信息技术，对海量、分布、异构的数字资源进行整合，形成有序的整体，通过各种媒体提供友好、高效的服务，使人们随时随地获取信息和知识。

  在当今的知识社会中，数字图书馆发挥着举足轻重的作用，它不仅能将全球知识仓储中的海量信息提供给任何地点的用户，服务于他们的学习、工作和生活，同时，也起着重要的文化传播作用。数字图书馆的出现使知识管理的各个环节发生了翻天覆地的变化。

1.1 图书馆的发展简史

人类在社会交往中创造了文字，用以表达思想、记录信息，伴随着文献的积累，产生了收集、整理、贮存和使用文献的专门机构，这就是最初形态的图书馆。

公元前 3000 多年，美索不达米亚地区使用方头铁笔将楔形文字内容记录在湿泥版上，晒干或焙烧后制成泥版书，亚述巴尼拔在尼尼微创建的图书馆中收藏了数万块泥版书。公元前 5 世纪，希腊的作家和学者逐渐开始拥有私人图书馆。公元前 3 世纪，托勒密一世建立了古代最大的图书馆——亚历山大图书馆，馆藏多达 70 万卷。中国自汉朝开始，历代皇家藏书都在不断地更替、继承和发展，经过了唐、宋、明、清几个重要的历史时期，形成了官府藏书、私人藏书、寺院藏书和书院藏书四大体系。自 12 世纪起，欧洲各大城市陆续出现了大学，并建立了自己的图书馆。18 世纪末，免费、开放的公共图书馆逐步建立并发展起来。20 世纪初，国家图书馆有了长足的发展，成立于 1800 年的美国国家图书馆现已发展成了全球馆藏量最大的图书馆。

图书馆的发展不仅是规模的日益扩大，其功能也在不断完善和变化。早期图书馆一直以"藏"为主；从 17 世纪初开始，"藏用结合"的图书馆逐渐增多，特别是到了 20 世纪中后期，"用"的功能越来越受到重视，这也体现了图书馆从以"物"为中心到以"人"为中心的转变。

现代信息技术的发展使图书馆进入一个崭新的发展时期。图书馆的大量文献资源正在从纸质资源向数字资源转变，数字化的服务方兴未艾，图书馆比以往任何历史时期都更加注重知识服务和个性化服务，可以说，今天的图书馆正在从纸质图书馆时代迈入了一个崭新的数字图书馆时代。

1.2 数字图书馆的概念

从字面上看，数字图书馆可以简单地理解为传统图书馆的计算机化，但实际上，数字图书馆涉及的领域众多，包括图书馆学、情报学、信息学、计算机科学、通信科学等，是一个跨学科、多层次而且还在快速发展变化的新领域。因此，在不同的专家看来，其内涵和特点有着不同时期、不同层次和不同角度的多样性理解。

美国密歇根大学在 1990 年率先提出了"数字图书馆"这一概念，当时给出的定义是：数字图书馆是若干联合机构（Federated Structure）的总称，它使人们能够智能地（Intellectually）和实实在在地（Physically）存取全球网络上以多媒体数字化格式存在的、为数巨大且仍不断增加的信息。

1995 年，题为"交互作用，定标及数字图书馆研究"的专题研讨会将数字图书馆定义为"一种多媒体数据与信息管理方法的有序结合，这种管理方法把数据表现为一种对不同社会环境的人们有用的信息知识"。1997 年 3 月美国国家科学基金会（National Science Foundation，NSF）将该定义做了重要扩充，认为它不仅仅只是信息的数字化和信息管理工具，更应该是一种环境，在这种环境中，收藏、服务以及相关人员是一体的，共同支持数据、信息和知识的收集、传播、使用和存储。2000 年，《D-Lib》杂志的创办者 William Y. Arms 认为数字图书馆就是有组织的信息馆藏及相关服务，信息以数字化形式保存，并通过网络进行访问。

美国数字图书馆特别小组则对数字图书馆的本质简明概括为：所有人在任何时间任何地点都可以用任何连接互联网的数字设备来访问所有人类知识。

我国学者对数字图书馆的含义也提出了一些自己的解释，刘炜等曾整理出近百种概念，但在学术界还没有一个数字图书馆概念被人们普遍接受，其中有些看法具有一定的代表性。例如，陈敏认为：数字图书馆是传统图书馆功能的扩展，它对信息进行收集、转换、描述，并以计算机可处理的数字化形式存储馆藏数字化信息和网络数字化信息，以智能化的信息检索和统一友好的检索界面，利用先进的信息处理技术和互联的计算机网络，提供多种语言兼容的多媒体远程数字信息的信息服务机构。周和平认为：数字图书馆是采用现代高新技术支持的数字信息资源系统，是下一代因特网网上信息资源的管理模式。它从根本上改变目前因特网上信息分散、不便使用的现状。数字图书馆是超大规模的便于使用的没有时空限制的文献信息中心。赵伟认为：数字图书馆一般来说是指利用现代先进的数字化技术将图书馆馆藏符号信息（文字、图形等模拟信息）数字化，通过国际因特网上网服务，供用户随时随地查询，使处在不同地理位置的用户能够方便地利用大量的分散在不同储存处的信息。简言之，数字图书馆是以数字形式存储和处理信息的图书馆。

Web 2.0 的汹涌浪潮对人类活动的方方面面产生了巨大的影响，同时也给图书馆界带来了新的机遇与挑战。2005 年 9 月 23 日 Michael Casey 在其博客文章"下一代图书馆服务：Michael Casey 对图书馆 2.0 的看法"中最早提出了图书馆 2.0 的概念[1]，之后，引发了业界的热烈讨论，Michael C. Habib 认为：图书馆 2.0 是由 Web 2.0 直接或间接引起并针对用户需求而产生的一类图书馆服务。在 Ken Chad 和 Paul Miller 在 Talis 公司的白皮书《对图书馆重要吗？图书馆 2.0 的兴起》中系统而简洁地描绘了图书馆 2.0 的产生环境和基本原理。

---

[1] http://www.flickr.com/photos/michaelcasey/45954748

Web 2.0 提供了图书馆在网络时代转型所需的技术，但它并非仅仅是技术的解决方案，更多的是它在理念上与新时期的图书馆人产生了强烈的共鸣。通过与 Web2.0 的对比，列举了如下特征：以用户为中心，富技术（Technology-savvy）环境，提供长尾化服务，内容为多设备而准备，软件组件化，持续更新，采用 Web2.0 技术，开放标准等。有关图书馆 2.0 的讨论影响很大，图书馆的服务理念、理论、技术、方法和实践都面临着颠覆性的变革，信息共享空间、学习共享空间、主动服务、移动图书馆、泛在图书馆等一批新观点相继被提出。

这里需要提及的是，在图书馆的演变过程中，在不同的历史时期，或因为不同的侧重点，还曾经出现或至今并存着一些与数字图书馆有着紧密联系的概念，如电子图书馆、虚拟图书馆、无墙图书馆和复合图书馆等。

1.3 数字图书馆的发展

一直以来，图书馆都是收集、保存和传播人类文化知识的主要机构。计算机科学的飞速发展为数字化内容取代纸质内容，成为人类文化知识传播的主要载体提供了契机，也使得图书馆不得不面对一场数字化革命。

一些发达国家乃至发展中国家陆续将数字图书馆建设作为国家信息基础设施的重要工程和国家级战略研究方向，进行研究和开发，世界图书馆事业全面进入数字图书馆发展时期。1990 年日本国立国会图书馆启动关西数字图书馆计划，1993 年英国启动电子图书馆计划，1994 年和 1998 年美国先后启动数字图书馆先导研究一期和二期计划，2000 年法国启动"文化精品数字化"项目，2005 年欧盟启动欧洲数字图书馆计划，2009 年联合国教科文组织正式开通世界数字图书馆网站，2010 年中日韩三国国家图书馆共同启动亚洲数字图书馆计划。经过近二十年的发展，发达国家的数字图书馆研究与建设实践已经经历了资源的大规模数字化、关键技术的攻关研发和集成服务系统的建设等阶段，进入了较为成熟的稳步发展时期。

1.3.1 早期的数字图书馆

范内瓦·布什（Vannevar Bush）和杰·西·亚·利克里德（J. C. R. Licklider）等科学家是该领域的先驱人物。早在 1945 年，范内瓦·布什就提出将传统图书馆馆藏的储存、检索与当时刚刚问世的计算机结合起来。他构思了一种机械化设备，能够快速、灵活地存储、记录并传送资源。杰·西·亚·利克里德意识到计算机技术的发展将能够支持自动化的图书馆系统，在其 1965 年的著作中，提出了这样的设想：世界各地的人们可以同时访问、同时使用同一个数据库。

第一批以数字形式传播信息的系统本质上还只是可检索的数字文本库，其实现方法是采用了集中式的元数据目录。典型代表有1991年8月的arXiv（原称e印本文库，e-print archive）。它为促进各学科的信息交流提供了一种范式。类似的系统还有成立于1996年的电子学位论文服务（Electronic Thesis and Dissertations repositories，ETDs）以及成立于1997年的认知科学论文存档服务（Archives of Cognitive Sciences Papers，CogPrints）和经济学论文库（Archives of Research Papers in Economics，RePEc）。这些系统的结构都相对简单。

另外一些系统同样支持数字资源的存储和检索，而且通过扩大、完善信息存储系统的功能来管理、传播更丰富的数字内容和元数据。这类系统的目标是上升为图书馆服务，发挥传统图书馆的作用。具体实例包括美国的数字图书馆先导研究（Digital Library Initiative，DLI）计划、英国的电子图书馆计划组织（eLib）、欧洲的数字图书馆杰出网络（DELOS Network of Excellence on Digital Libraries）项目。

数字图书馆先导研究计划的第一期工程从1994年开始，共资助了六个研究项目，为期四年。这六个研究项目包括加州大学的环境科学数字图书馆和亚历山大数字图书馆[1]、斯坦福大学的集成数字图书馆系统、密歇根大学的多媒体数字图书馆、伊利诺伊大学的工程和科学数字图书馆、卡耐基梅隆大学的综合信息媒体数字图书馆[2]；第二期工程主要是将第一期的研究成果向应用转化。如今，这些项目开发的技术和收集的资源已被广泛应用，其中最成功的例子就是谷歌（Google）搜索。数字图书馆先导研究计划使数字图书馆成了一个独立的学科、一个新的研究领域。

DELOS项目由欧盟第六框架计划赞助，于2004年启动。前期与美国国家科学基金会（National Science Foundation，NSF）确立了协作关系，建立了5个合作团体，探索数字图书馆技术；后期整合、协调数字图书馆领域的研究活动。DELOS数字图书馆项目的两大突出贡献是：①颁布了第一个可供后人参照的完整、规范的数字图书馆样本；②建立了一个完善的数字图书馆管理系统，从中可以派生出其他数字图书馆的原型系统，预示着通过动态配置大规模建设数字图书馆的开始。

欧洲编年史在线（European Chronicles On-Line，ECHO）由欧盟第五框架计划赞助，2000年启动，2003年结束。它专注于发展数字图书馆服务，采用开放架构，可提供传播数字电影的服务。集成艺术分析导航环境（An Integrated Art Analysis and Navigation Environment，ARTISTE）项目主要为艺术图像和多媒体信息市场上的供应商、出版商、发布者、产权保护者和最终用户提供更为高效的系统，提供存储、分类、连接、匹配和检索艺术图像等服务。

---

[1] http://www.alexandria.ucsb.edu/
[2] http://www.informedia.cs.cmu.edu/

第一代的数字图书馆系统大多是独立的，易于安装配置，但可供重复使用的能力不足。

美国的网络化计算机科技研究图书馆（Networked Computer Science Technical Reports，NCSTRL）成立于1995年，其宗旨是：①开放架构：数字图书馆的功能分别由独立的功能组件实现，组件间通过开放的协议合作；②级联扩展：整个数字图书馆的功能就由所用的功能组件决定，设计新组件就能给数字图书馆增加新的功能；③分布式：这些组件可布置在网络各处，但是呈现给用户的是统一界面。

1995年8月，欧洲数学与信息学研究论坛（European Research Consortium for Informatics and Mathematics，ERCIM）要求加入NCSTRL网络，由此产生了欧洲科技报告数字图书馆（European Technical Report Digital Library，ETRDL）。ETRDL是设计和运行泛欧数字图书馆的第一次重要尝试，同时也暴露了全球化网络连接所导致的可靠性差和性能下降等问题。ERCIM的需求，与NCSTRL的需求不同，侧重于：新的分类机制、满足非英语语言的需求和在线提交文件等，其中，在线提交文件是ERCIM的一大亮点。这些差异导致了ETREL既要维护与NCSTRL的相互合作，又要设法满足ERCIM用户的需求。

1996年，加拿大政府公布了《建设信息社会：使加拿大进入21世纪》的行动计划，设立了"文化产业发展基础"项目，支持文化产品数字化。1997年，文化遗产部和工业部联合成立"数字化工作小组"，统筹全国的数字化工作。同时还计划修改版权法，解决多媒体、互联网发展带来的知识产权问题。

1997年，英国提出"全国学习网"计划，并于1999年正式实施。"全国学习网"由一系列拥有丰富教育内容的专门网址互联而成，并与全国的大专院校、图书馆、博物馆相连，保证学生能够充分利用网络资源，致力于打造一个继续教育、职业培训的重要渠道，扩大整个社会获取知识和接受教育的机会和途径。

1.3.2　20世纪前后的数字图书馆

建设数字图书馆需要投入大量人力物力，因为内容和软件都要一点一滴地从头做起。20世纪90年代末，采用分布式结构建立数字图书馆和高附加值信息仓储的要求催生了一些新的想法，例如重复使用现有独立仓储中的内容以减少建设大型数字图书馆的工程量。但是，落实这样的想法面临很多问题，最主要的是如何实现仓储服务的互操作，即异构仓储间无缝连接的能力和使用信息的水平。

当时，达成并遵守共同协议，进而交叉检索的成本很高，且伸缩性很差。1999年10月，在美国新墨西哥州圣达菲召开了一个重要会议，专门讨论电子仓储的互操作，并促成了圣达菲协定。该协定定义了开放文档Dienst协议的子集，即现在的 OAI-PMH 协议（Open Archive Protocol for Metadata Harvesting，OAI-PMH[1]）。圣达菲协定还定义了两个重要角色："数据提供者"和"服务提供者"。数据提供者负责处理仓储中资源的存储和发布，收集、记录仓储中资源的元数据；服务提供者从数据提供者那里获取元数据，并向用户提供服务。数据提供者和服务提供者之间采用 OAI-PMH 协议开展合作。会议还建立了"开放文档先导"（Open Archives Initiative，OAI）组织。因 UPS 原型（Universal Preprint Service，UPS）具有数据服务集成的能力，会议曾就利用 UPS 原型实现互操作进行讨论。但由于与会者很难就其全部功能达成共识，最终不得不采取一定程度的折中策略。

2001 年的"欧洲图书馆"项目（The European Library，TEL）是较早尝试在多个数据提供者间推行检索服务的项目之一，其主要目标是调查是否能够建立新的泛欧服务——最终用户将能够访问欧洲各国图书馆的联合资源。项目之初遇到的技术问题也是图书馆之间数据访问的异构问题：有些图书馆可以通过 Z39.50 协议[2]访问，而有些则不能。而且，并非所有馆藏都包含在国家图书馆的在线公共检索目录（Online Public Access Catalog，OPACs）中。TEL 的第一个任务是汇集所有馆藏的元数据，实现集成检索。一个解决方案就是在 OPACs 中采用 Z39.50 协议，而那些无法通过 Z39.50 协议获得的元数据可通过 HTTP 协议或 OAI-PMH 协议获得。至 2010 年，TEL 可以访问欧洲 48 个国家的图书馆联合资源（数字化和非数字化的书籍、杂志和期刊等），资源总量达到 1.5 亿条书目数据。

TELplus 是另一个欧洲图书馆项目，由 26 家成员组成的联盟承担，其中包括国家图书馆和研究中心，该项目 2007 年开始，2009 年 12 月结束。TELplus 为欧洲图书馆项目提供增值的服务和产品。它的首要目标是改进服务架构的表现、增强多语种的检索功能、并且提供光学字符识别（Optical Character Recognition，OCR）处理文档的全文检索功能。

研究支持图书馆计划（Research Support Libraries Programme，RSLP）始于 1999 年，于 2002 年 7 月结束。它对英国图书馆和档案馆研究产生过重要的影响。RSLP 希望通过对传统方式的改进和对新技术的采用，来促进图书馆信息的存取，其研究主要有三个方面：①协作式的馆藏管理项目；②人文和社会科学馆藏研究项目；③描述和存取。RSLP 建立了资源和资源集合描述的元数据模型。在这个模型中，包含了资源集合、存储管理系统、与资源收藏和管理有关的人或机构，以及资源集合的外部关系。

另一大型跨库服务是荷兰数字学术仓储（Digital Academic Repositories，DARE），由荷兰大学、荷兰国家图书馆和其他机构于 2003 年联合建立，其目标是

---

[1] 详见本书第 6 章 6.5.1 节的有关介绍。
[2] 参见本书第 6 章 6.7.1 节的有关介绍。

将荷兰所有研究信息数字化后存储在一个联合的机构仓储（Institutional Repository，IR）的网络中。DARE 确立了指导独立仓储间的合作和互操作的原则，包括为实现互操作和联合服务而必须遵守的数据标准。DARE 参考了 OAI-PMH 协议，采用简单的都柏林核心元数据作为必选元数据集，将含自己的修饰词作为可选元数据集。

1998 年，美国国家科学基金赞助建立了国家科学数字图书馆（National Science Digital Library，NSDL）。它的研究包含 4 个方面：①从用户服务的角度增加现有资源的价值；②聚集同类馆藏形成更大的资源规模；③促进 NSDL 信息资源传播的项目；④标准化和共享元数据。NSDL 致力于在互联网上建立一个实用的可供广泛接入和方便使用的分布式资源网络和学习机制。2001 年，该项目完成网站 www.nsdl.org 的雏形并投入使用。2004 年，NSDL 提出"Pathways"的设想，将站点建设向数字综合门户发展。2011 年 2 月，NSDL 发布了一个开源的 XML 参数框架，使之能与基于都柏林核心数据的架构进行互操作。

Europeana 成立于 2007 年 7 月，由欧盟委员会提供资金支持。Europeana 的目标是通过跨域门户，允许用户访问欧洲的文化和科学遗产。第一个 Europeana 原型于 2008 年 11 月发布，可以检索约 200 万数字对象（选自欧洲博物馆、图书馆、档案馆、音频/视频馆藏），它通过 OAI-PMH 协议获取元数据。Europeana 的后续版本包含了更多内容和功能。2012 年，Europeana 的馆藏已经超过 2 300 万条记录，内容涵盖了数字化文本、音频、图像、书籍、电影等各类资源。Europeana 旨在建立一个能够满足不同用户需求的系统，既能满足普通用户一时的好奇心又能满足学生的学习需求，既能为进行学术研究的师生提供可靠信息，也能为专家和研究人员提供检索、验证和标注等服务。Europeana 有一个特色，就是它在传输元数据时，同时传输数字对象。它所面临的主要问题是异构和互操作，除此之外，还要处理伸缩性、服务质量、联合门户的可持续性等问题。

FUMAGABA 是 TEL 的一个项目，2008 年开始，次年结束。该项目旨在完善 TEL 的服务，并集成前南斯拉夫的马其顿共和国、乌克兰、摩尔多瓦、阿尔巴尼亚、格鲁吉亚、亚美尼亚、波斯尼亚和黑塞哥维那及阿塞拜疆 8 个国家的图书馆。除这 8 个国家之外，欧洲国家图书馆会议（Conference of European National Librarians，CENL）的其他所有成员国都已加入了 TEL 平台，FUMAGABA 项目的目标之一就是将这 8 个国家的图书馆囊括进 TEL，扩大馆藏，提供更为多元化的文化资源。

欧洲研究数字仓储基础设施（Digital Repository Infrastructure Vision for European Research，DRIVER）是另一个基于资源的数字图书馆，依赖外部数据提供者提供内容。它由欧盟第六框架计划支持，目标是为建立欧洲仓储基础设施创造条件。解决组织性问题时使用的主要工具是 DRIVER Confederation。D-Net 技术是 DRIVER 的基础，是一项技术创新。它基于一个面向服务的架构，对分布和共享的资源的操作都作为标准的网络服务，并包含很多交互服务。它的服务对象既有数据提供者又有服务提供者。数据提供者能够更方便地共享内容，服务提供者能更好地提供服务。

整合文化知识服务资源建设（Building Resources for Integrated Cultural Knowledge Services，BRICKS）是欧盟第六框架计划资助的一个项目。项目从 2004 年 1 月 1 日开始，到 2007 年 6 月 30 日结束。它是一个集成化、可升级、安全性高的开源软件系统，可透明访问分布式资源，支持多种语言，易于安装和维护。BRICKS 依托分布式开放结构，通过最大限度地重复使用已有的成果，减少开发和部署新服务的成本，同时通过消除不必要的需求来减少维护成本。BRICKS 把全局语义技术视为革新过程，为了克服语言上和本体上的障碍而形成一致性协议，从而创建共享的知识空间。

计算机科学教育咨询平台（Computational Science Education Reference Desk，CSERD）是美国国家科学基金会资助的数字图书馆项目之一，旨在帮助学生学习计算机科学并协助教师在课堂教学中对计算机科学技术的应用。CSERD 有三个使命，包括：①从互联网上收集高质量的资料并组织成一个资料目录；②为普通用户和专家提供一个论坛来对目录中条目的真实性、合理性和适用性进行讨论和检验；③为计算机科学在教育领域的应用提供一个独创的计算机科学资源库。CSERD 不仅仅对计算机科学资料进行整理，还鼓励用户和各领域的专家对相关资料条目进行评论、添加元数据描述。为此，CSERD 为用户提供了 VV&A（Verification，Validation and Accreditation）工具，用户在对某项资料进行评论后，该评论要经过 CSERD 工作人员的审核，通过之后该条评论将会发表在 CSERD 网站上，从而丰富了该条目的原始元数据。

2008 年 10 月，美国高校图书馆建立了 HathiTrust 数字图书馆项目。它既是一个数字保存仓储，又是一个高效能的获取平台，为所收藏的公共领域和受版权保护的文献资源提供长期保存和获取服务。HathiTrust 的运行系统采用基于开放式存档信息系统（Open Atchival Information System，OAIS）的框架结构，包括信息存储、数据管理、获取等功能模块，使用保存元数据实施战略规范（Preservation Metadata Implementation Strategies，PREMIS），该数据规范被很多数字图书馆项目使用，这样利于数字化项目之间的资源共享。HathiTrust 的书目数据采用自行开发的元数据格式（HathiTrust Metadata）而没有使用通常的 MARC 格式，以便更好地在各成员馆之间以及与联机计算机图书馆中心（Online Computer Library Center，OCLC）之间传输数据。HathiTrust 项目实行严格的版权管理制度，以维护版权所有者的利益，避免引起版权纠纷。截止到 2012 年 1 月，HathiTrust 包含了 890 万册数字化资源，共计 28 亿多页，其中 26%是可以开放获取的。

这一部分主要介绍了内容共享方面的系统和项目，大多数项目都在组织方面做出了很多努力。虽然内容共享方面的研究取得了很大进展，不过，由于现有系统采用的模型和实体种类繁多，水平参差不齐，缺少互操作的系统化方法，因而实现广泛、普遍的内容共享仍然困难重重。由欧盟委员会提供资金支持的 DL.org，是 DELOS 的另一项目，专门研究数字图书馆的互操作问题。

由欧盟第七框架资助的 DL.org 是 DELOS 创建的项目，始于 2008 年 12 月，为期两年，研究方向主要是数字图书馆的互操作。它根据 DELOS 提出的数字图书馆参考模型，确立了 6 个研究主题：数字图书馆架构、内容、功能、政策、质量管理和用户，其目标是：①提高人们对互操作机制的重要性的认识；②在总结当前互操作方法的基础上，提出数字图书馆最佳互操作的实践方法；③确立互操作相关标准规范，发布数字图书馆技术、方法指南等；④建立跨领域的数字图书馆交流机制，讨论新出现的问题以及发展方向。至 2011 年，DL.org 完成了对数字图书馆互操作情况的调查，公布了"数字图书馆技术和方法指南"（Digital Library Technology and Methodology Cookbook）。它提出了数字图书馆的实施原则，并对各种方法进行评估，包括对实施成本和效果的评估等。

我国数字图书馆建设的探索与实践起步较晚，但发展迅速。从 1995 年起，图书馆界与科研机构联合开展了一系列的研究项目，如国家"863-317"攻关项目"基于特征的多媒体信息检索系统（MIRES）研究"；国家重点科技项目"中国试验型数字图书馆"；国家"863-306"项目"知识网络——数字图书馆系统工程"；国家"863-300"项目"以中国高速信息示范网为运行环境的中国数字图书馆应用系统"；国家"973"研究项目"海量信息系统组织、管理及其在数字图书馆中的应用研究"；国家自然科学基金重大国际合作项目"中华文化数字图书馆全球化的关键理论、方法和技术研究"等。一批国家级和省部级数字图书馆研究项目取得重要成果，为我国开展大规模的数字图书馆建设实践奠定了基础。

在中国[1]，正式提出数字图书馆概念并导致后来大规模研发工作的是 1996 年在北京召开的第 62 届国际图联（International Federation of Library Associations and Institutions，IFLA）大会，数字图书馆成为该会议的一个讨论专题。IBM 公司和清华大学图书馆联手展示"IBM 数字图书馆方案"。

1997 年 7 月，"中国试验型数字式图书馆项目"由文化部向国家计委立项，由国家图书馆、上海图书馆等 6 家公共图书馆参与，该项目的实施是中国数字图书馆建设开始的标志。

数字图书馆在中国从 1998 年开始升温，在国家科技部的支持和协调下，国家 863 计划智能计算机系统主题专家组设立了数字图书馆重点项目——"中国数字图

---

[1] http://www.nlc.gov.cn/old/old/dloff/engineering1/index.htm

书馆示范工程",这是一个由国内许多单位联手参与的大文化工程。该工程于1999年启动,首都图书馆成为"中国数字图书馆工程首家示范单位"。

1998年,教育部立项并开始建设中国高等教育文献保障系统,即CALIS。早在90年代前期,全国高校图书馆迫于外文图书期刊年年涨价的压力开始筹划大规模的文献资源共享系统,1996年,北京大学向教育部提出了建设文献保障体系的初步建议,1997年,教育部将其纳入"211工程"公共服务体系的设计中,在1998年立项后,2003年、2009年CALIS再次、三次在"211工程"中立项。

1998年10月,文化部与国家图书馆,启动了中国国家数字图书馆工程,该工程由"中国数字图书馆有限责任公司"负责,标志着中国数字图书馆工程进入实质性操作阶段。

1999年年初,国家图书馆完成"数字图书馆试验演示系统"的开发。同年3月,国家图书馆文献数字化中心成立,扫描年产量3 000万页以上。与此同时,部分省、市的数字图书馆研究项目也开展起来,如辽宁省数字图书馆项目、上海数字图书馆项目的研究。

2000年起,北京大学、东北师范大学等院校相继成立数字图书馆研究所,在全国范围内掀起了数字图书馆建设和研究的高潮。同年,北京大学开始招生第一批计算机方面的研究生,从事数字图书馆相关技术研究。

2000年年底,文化部在海南召开"中国数字年图书馆工程资源建设"工作会议,讨论制定《中国数字图书馆工程一期规划(2000—2005年)》,推荐使用资源加工的标准规范。

2001年5月23日,国家重点科技项目"中国试验型数字式图书馆"通过专家技术鉴定。中国数字图书馆已经进入初步实用阶段,中国的数字图书馆研究、建设已经初具规模。

2004年,国家计委批准立项"全国党校系统数字图书馆建设计划",总投资达1.9亿元。

与此同时,各地陆续开始建设数字图书馆,各级政府不断加大经费投入力度,一些全国性、区域性、行业性数字图书馆项目纷纷规划或立项建设。

经过十几年的探索和努力,在网络平台建设、关键技术研发、数字资源建设和数字图书馆服务等方面均取得重要进展,为加快数字图书馆建设积累了丰富的经验,打下了坚实的基础,服务体系初步形成。2001年,经国务院批准,在国家图书馆实施国家数字图书馆工程。国务院要求,工程要"联合各部门和各地区有条件的图书馆参与建设,共同构建分布式的全国数字图书馆总体框架体系"。经过近几年的建设,国家数字图书馆在软硬件平台建设、标准规范建设、数字资源建设与数字图书馆服务等多个方面均取得了长足发展,一个内容丰富、技术先进、覆盖面广、传播快捷的国家数字图书馆服务网络初步形成。

作为数字图书馆的早期服务形式，全国文化信息资源共享工程也已形成了覆盖城乡的服务网络。与此同时，一个覆盖全国的数字图书馆服务体系已初步形成，包括国家级的国家数字图书馆工程，教育部建设了面向高等院校师生的中国高等教育数字图书馆，中国科学院建设了国家科学数字图书馆，科技部等六部委联合建立的国家科技图书文献中心，全国党校系统和部队系统也建设了各自系统的数字图书馆，各地方政府也纷纷将数字图书馆建设纳入本地区信息化建设和公共文化服务体系建设的总体规划。目前已建设了一批省、市、县级数字图书馆，在为区域用户提供数字图书馆服务方面做出了突出成绩。特别是各地方结合区域特点，做了许多有益的探索，形成了多元化建设模式。一个覆盖全国的数字图书馆服务体系初步形成。

1.4 数字图书馆管理系统

在数字图书馆领域最重要的战略性系统就是普适性的数字图书馆管理系统，即能提供合适框架的系统：①生成、管理数字图书馆系统，系统中融入了基本的功能模块；②作为集成软件，具有更加精简、专业、先进的功能。这样，可以通过配置、部署数字图书馆管理系统来建立数字图书馆，然后加载或收获内容。这种方法可以极大地简化建立数字图书馆的程序，减少工程量，从总体上保证更好的服务质量。

1.4.1 仓储管理系统

这些系统自 2000 年开始陆续出现，当然还不能完全实现所设想的全部特色功能。区分这些系统主要从功能的类别，模型所支持的信息对象的类型和结构的开放程度等方面来判断。

仓储管理系统是数字图书馆管理系统的雏形。它在一定程度上是可以进行配置的，但其可配置程度存在差别。大多数系统在安装之后，系统的管理者只拥有设限的管理权限，不能实现实质性扩展。

绿宝石数字图书馆开源软件（Greenstone）由 Walkato 大学的新西兰数字图书馆项目与联合国教科文组织合作开发与发行。系统开发的目的是提供标准的检索和浏览功能来简化数字化馆藏的建设和展示。

DSpace 是麻省理工图书馆和惠普实验室共同研发的仓储系统，旨在成为一个面向研究机构的开源数字仓储软件。DSpace 信息空间的组织旨在反映研究机构的典型结构，例如，某一群体建立了一个 DSpace 仓储，每个 DSpace 可以对应一个实验室、研究中心或者一个部门。馆藏是相关内容的聚合，每项馆藏内容都由条目组成，这些条目也是仓储的基本组成元素。DSpace 的第一个版本于 2002 年 12 月发布，至 2010 年 6 月，其最新版本是 DSpace1.6.2。它简单高效，被广泛使用并赢得了肯定，但灵活性不足，只适于在特定的范围内使用。

灵活的可扩展的数字对象存储架构（Flexible Extensible Digital Object Repository Architecture，Fedora）最初是 1997 年由美国国防高级研究项目署和美国国家科学基金会共同资助的关于复合数字对象模型的研究项目，主要目标就是解决灵活性的问题。2001 年康奈尔大学和弗吉尼亚大学基于 Fedora 数字对象和仓储框架开发了第一个数字对象仓储管理系统，并于 2003 发布了开源软件系统 Fedora。Fedora 仓储系统具有强大的灵活性和可扩展性，可以对文本、音频、视频、数据、数据集等多种数据类型进行处理，适用于多种应用场景，能够满足不同层次的需求。Fedora 是一个三层结构的系统，最上层 Web 服务层，中间层是内部服务层，底层是存储层。Fedora 中，每一条数据都被视为一个数据对象，它包括数字内容、表示数字内容的元数据以及分发数字内容的软件工具或服务链接。Fedora3.1 及后续版本中提出的内容模型框架（Content Model Architecture，CMA）概念是其重要的组成部分，相对于旧版本对数字内容的管理方式有了重要改进，如更加简单灵活及可扩展，符合现实中管理数字内容的模式及高效地交流知识产品。

2009 年 5 月，DSpace 和 Fedora 联合建立 DuraSpace，目标是引领全球的开源技术。DuraSpace 继续发展 Fedora 和 DSpace 这两个重要的仓储平台，也提供新技术和服务来应对 Web 动态环境，满足用户的新需求。2011 年 11 月，DuraSpace 推出托管云服务 DuraCloud，这是第一个横跨多个云服务提供商的托管云服务。客户能够使用一个或多个云存储提供商，并且仍然能够通过一个 Web 界面管理所有内容，既能降低成本，又能保存内容，还能保证内容的可访问性。DuraCloud 的功能主要包括：①使用一个统一的接口来复制和同步横跨多个云服务提供商的内容；②访问嵌入在 DuraCloud 平台中的一系列应用程序来更好地利用数据；③分布和分流数据到任何一个互联网设备；④安全存储数字档案，定期对内容进行健康检查，确保信息保存完好；⑤使用一个简单易用又功能强大的控制台来管理云上的所有内容；⑥一个致力于开发持续发展技术的开源社区，为简化向云的过渡提供支持。

OpenDLib 是第一批专门面向仓储系统的管理系统之一，由意大利国家研究委员会开发，目标是满足人们对常规用途软件的迫切需求。OpenDLib 的目标明确：①提供基本服务，支持提交、描述、索引、查询、浏览、检索、访问、保存和信息对象的可视化；②提供其他特定服务，比如，信息对象的访问政策的实施等；③支持 PNP 扩充，系统的各个方面能够随着时间推移有所发展（比如服务、支持的元数据格式、面向的用户群体等方面）。OpenDLib 支持的信息对象模型很强大，很灵活,能够代表结构化的、多语的多媒体对象,能够根据内容进行定制。OpenDLib 还引入了虚拟馆藏的概念，即图书馆借助计算机系统收集、组织、整理后可为本馆提供检索服务的、只有使用权而无所有权的网络信息资源的总和。每个馆藏都有自身的访问政策，并可动态更新。除了服务最终用户外，OpenDLib 也支持数字图书馆的管理人员保存对象、进行对象检查、处理用户和用户群体的文档、部署和管理分布式服务器的服务。这些都是 OpenDLib 的创新之处。

　　Mopseus 是一个基于 Fedora 系统的数字图书馆服务项目。易于安装、配置和使用，可满足小型图书馆的各种需求。Mopseus 不使用外部数据库或者外部技术，它支持数字对象使用多种元数据模式。Mopseus 强调利用创新服务和元数据实施战略规范（Preservation Metadata Implementation Strategies，PREMIS）标准来保存数字资源。Mopseus 的主要优点是可以通过 Fedora-commons 实现最小化定制和开发工作。

　　实际上，自从数字图书馆开始研发和使用，数字环境就提供了创新的可能，这在传统图书馆领域是无法预想的。数字图书馆可能成为科学产出周期中的重要工具，不仅包括信息检索，也包括信息的分析以及新内容的生成、出版、传播和使用。早期践行这一观点的系统是在 Scholnet 和 Cyclades 项目的框架之下研发的。两者都由欧盟第五框架计划提供资金支持。两个项目都旨在服务学者间的远程交流合作，拓展数字图书馆的功能。Scholnet 旨在提供专项服务，使全球的多语社区能够很快获得、传播技术文件。Scholnet 既能提供多媒体文件方面的传统服务，比如教程或者研讨会的视频，也能提供文件批注等新式服务。另外，Scholnet 提供跨语言检索功能，用户可以用自己的语言提交问题，得到其他语言的检索结果。相反，Cyclades 是要实现开放、协作的虚拟文库服务环境，支持学者个人和学术团体的工作。它允许访问大型、异构、多学科、遵循 OAI-PMH 标准并在 Web 分布的文库。其功能设计更侧重个性化、支持协同工作，例如共享工作空间，包括用户自己的文件、馆藏、相关链接、文本标注和评定等。

　　数字图书馆管理系统的一个突出特点就是采用很多组件来建立数字图书馆。著名的实例有 DELOS 框架下开发的 Delos 数字图书馆管理系统（Delos Digital Library Management System，DelosDLMS），采用 DELOS 成员研发的各种数字图书馆服务整合成一个统一的工作体系，核心是要将独立个体结合在一起。另一著名实例是以 5SL、5SGraph 和 5SGen 为代表的一系列工具。5SL 是一种基于 XML 的数字图书馆建模语言，表达特定领域内各类实体及其相互关系，以及对问题的抽象表述。5SGraph 是数字图书馆建模工具，能够帮助用户利用 5SL 快速建立自己的数字图书馆原型系统。5SGen 能够半自动生成数字图书馆组件，实现 5SL 语言中描述的模型。

在数字图书馆需求快速增长和需求日益多样化的同时,数字图书馆管理系统的核心问题也越来越清晰了。人们现在一致认为资源共享是降低数字图书馆开发和运行成本的有效方法,不过,能够真正实现资源共享的数字图书馆系统还很少。

1.4.2 基础设施、虚拟研究环境和生态系统

当今的科学研究都需要协作,通常会跨越若干学科,需要访问各种数据,这就需要专门的工具来分析和处理这些数据。理论上,数字图书馆有可能成为这种协作的技术核心,但现实中却难以实现。这是因为集成大量异构的、持续发展的应用资源(比如数据和服务)的难度很大,而且很少有机构能独立支撑如此大量的工程处理任务。由此可见,建立适宜的协作框架并不容易。

为了实现互操作、统一访问异构资源,出现了基于数字基础设施的全新组织模式。这种新范式对数字图书馆各个环节的参与者都有很大启示,极大地改变了数字图书馆的组织理念和研发理念。

数字基础设施在一定程度上推动了数字图书馆的实现。大部分的数字基础设施支持管理、访问特定资源,依赖基于资源的组织模型。在这个模型中,各个资源提供者同意在一定条件下分享资源。数字基础设施的典型实例有 IMPACT、GENESI-DR 和 D4Science。

D4Science 数字基础设施有一个新的功能"虚拟研究环境"(Virtual Research Environments,VRE)。人们可以根据特定需要来建立和解除 VRE。D4Science 基础设施扮演了一个经纪人的角色,协调资源提供者和使用者。当前版本的 D4Science 支持资源提供者"卖出"资源,支持科研团体"购买"资源来建立 VRE。数字基础设施能为建设、维护、管理 VRE 提供技术等支持,尽可能减少人为干预,更好地完成任务。

虽然数字基础设施极大地便利了数字图书馆的建设,但是越来越多的证据显示单个数字基础设施无法满足跨学科研究的要求。我们必须建立一个更强大、更灵活的组织模型,支持互操作和协作,而又不必遵从单一模型。为解决这一问题,有人提出了知识生态系统的概念。在知识生态系统中,单个数字基础设施独立却不孤立,进行动态互操作并相互影响,不仅分享知识,还分享分析和处理信息的服务。在系统其他组件的支持下,单个数字图书馆能为用户群提供特定功能。D4Science-II 项目已开始研究知识生态系统,但要实现互操作,还需要大量技术和组织层面的努力。

在国外,比较常用的数字图书馆平台有 IBM 数字图书馆平台。此外,开源软件可以视为应用开发支撑平台的一种。总的来说,数字图书馆应用支撑平台应具

有创建、获取、存储和管理数字资源，管理用户权限和资源查访，以及信息发布与服务等功能。

1.4.3　当代图书馆集成管理系统

图书馆集成管理系统是指以电子计算机和网络为手段，实现图书馆的采访[1]、编目[2]、检索、流通、统计、期刊管理等多种功能的图书馆自动化系统。系统中各个子系统独立运行又相互联系，并由一个公共数据库支持，能实现数据资源的共享。

图书馆自动化的首次尝试是 1954 年美国海军兵器中心（Naval Ordnance Test Station，NOTS）在 IBM701 机器上进行的单元词匹配检索。1958 年，IBM 的研究员卢恩进行了著名的自动抽词试验，开创了自动分类、自动标引、信息检索等多个与图书馆学、情报学密切相关的新的研究领域。不过，直到 1964 年国会图书馆 LC 发起研制机读目录（Machine Readable Catalog）之后，图书馆自动化系统才真正发展起来。20 世纪 70 年代，以编目系统为基础的各种自动化系统已经成形，同时还出现了以编目系统为纽带的联机编目协作网，联机计算机图书馆中心（Online Computer Library Center，Inc，OCLC）就是其中一个。这一阶段的自动化系统都是由大学图书馆或实力雄厚的大型图书馆自主开发的。20 世纪 70 年代末 80 年代初，图书馆的自动化系统开始由单一功能系统向集成管理系统转变，专门开发图书馆管理系统的企业也在这一时期出现，比如 1978 年成立的 InnovativeInterface.Inc 以及 1980 年成立的 Ex libris 等。从 80 年代中期开始，图书馆基本上不再自主开发管理系统软件，而是直接购买自动化厂商的软件系统，这样图书馆能更专注于资源建设和服务改善。90 年代中后期，互联网技术的飞速发展促进了图书馆自动化行业的蓬勃发展，自动化系统厂商将 Web 技术、数据库技术、Java 技术应用于图书馆自动化系统的开发和建设。很多厂商对产品进行了重新设计，开发了基于客户机/服务器（Client/Server）架构的图书馆集成管理系统。很多现有图书馆自动化系统的主体构架都是在这一时期重新设计完成的。进入新世纪后，软件即服务（Software as a Service，SaaS）模式快速发展，成为备受推崇的主流选择。由于本地软件出现问题或到期无法继续使用，越来越多的图书馆开始转向厂商代管（Vendor-Hosted）服务。图书馆只需每年缴纳一定的服务费用即可，免去了购置、安装本地软件的高额费用、常年的维护成本和技术人员需求，因此受到越来越多的图书馆的青睐。

---

[1] 由于古时图书珍贵而且稀少，需要仔细寻觅和耐心访求，因此图书馆界称收集资料的过程为采访（Acquisitions），沿用至今。采访过程需遵循严格的规程，采访人的水平依赖于对图书的判断和评价。

[2] 图书馆编目工作是对文献资源进行分类、编制目录、建立馆藏目录体系。编目的目的是帮助读者发现文献、信息和知识。

现在，图书馆集成管理系统的技术与功能日趋成熟，总趋势是：以网络为平台，采用多层客户机/服务器（Client/Server）体系结构，融入云科技，支持多媒体应用，开发面向服务的结构和面向网络的界面，持续提高系统的集成、开放和灵活程度，来满足各类图书馆的不同需求。

国际上大型的图书馆自动化系统产品厂商已经达到 120 多家，竞争也十分激烈。主要厂商及其产品包括：Biblionix 公司的 Apollo、Polaris 公司的 Polaris ILS、Innovative Interfaces 公司[1]的 Sierra 和 Millennium、Sirsidynix 公司[2]的 Symphony、Unicorn 和 Horizon、The Library Corporation 公司的 Library Solution、Ex Libris 公司的 Alefh 和 Alma、以及 OCLC 的 WorldShare Management Services。其中一些厂商新开发的图书馆服务平台已融入了云计算、云服务等先进理念，这必将给图书馆自动化系统带来下一轮深刻的变革。以下简要介绍一些先进产品的主要功能和近期发展情况。

1. Apollo

Biblionix 公司是该行业中的新秀，其产品 Apollo 系统主要面向中小型公共图书馆，不适用于学校图书馆、学术图书馆或大型的城市图书馆。Apollo 系统不需要服务器、不需要安装软件，仅借助浏览器即可使用。系统能够提供优质、全面、个性化的集成管理服务。

Apollo 系统能够极大地提高图书馆的自动化水平和工作效率：①系统能记录流通信息、过期信息等内容，只需轻轻点击鼠标，便可以打印相关信息，非常方便。②系统能够在大型图书馆中查找书目的 MARC 数据并快速导入，生成书目目录。③系统能够简化注册流程，提高工作效率。读者可以在借还书处键入个人信息并提交，工作人员只需检查、验证信息并发放借书证即可，免去了逐个为新用户注册、转录纸质注册信息的大量工作。④使用 Apollo 系统，可以免费、轻松地进行数据恢复和数据维护。

Apollo 系统致力于为读者提供一站式服务。工作人员可以通过图书馆在线目录借阅电子书商 OverDrive 的图书，省去了二次登录的麻烦。系统能够支持大型图书馆的运作,各个分馆的工作人员和读者都能够无缝、可视化地进入整个系统。系统支持定制图书馆联机目录，目录主页上可以展示图书馆个性化的信息。Apollo 系统具有强大的报告功能，能够根据图书馆需要生成多种报告直接用于打印或导出到电子表格中。不需额外的硬件设备，系统能够免费向用户自动发送邮件和短信，提示到期、过期及预约等信息。Apollo 系统能够实时掌握馆藏资源中

---

[1] http://www.iii.com
[2] http://www.sirsidynix.com

有问题的内容，便于工作人员随时查阅每本图书的流通历史、丢失、缺损等各种备注信息。

目前，Apollo 系统的客户对该产品的满意度较高，订阅该系统的图书馆也在不断增加，2011 年，Apollo 新增客户 79 家。

2. Polaris

Polaris 系统既适用于有多个分馆的大型图书馆系统，也适用于独立的小型图书馆。在安装实施阶段，Polaris 系统将根据图书馆的实际需求，和图书馆的工作人员共同定义环境。

Polaris 系统由采访、编目、流通以及系统管理等子系统组成，各个子系统由 Polaris 的系统管理子系统统一进行管理。采访子系统与流通、编目、期刊等子系统实现无缝链接，提供一站式服务。采访子系统的实时基金会计功能（the Real-time Fund Accounting Feature）可以根据类型来随时了解订单信息，能够生成各分馆的供应比率报告。该子系统在销售商网站上通过国际标准书号（International Standard Book Number，ISBN）来检索书目和价格等数据，能够接收和处理电子发票。编目子系统能够快速定位馆藏资源，可以导入可供直接使用的 MARC 数据，且能够使用批处理功能进行批量导入。可以自动管理权威记录和书目记录间的链接，并在保存书目记录时自动与权威记录核对。这些功能不仅简化了图书馆的编目工作，也提高了编目的准确性。

除了各个子系统的强大功能之外，Polaris 系统还具有很多功能：使用浮动馆藏来自动控制资源流向；按照相关度排列检索结果，能够满足不同人群的检索需求；十分灵活，允许图书馆根据需要自主定制系统页面；允许读者访问远程数据库和其他图书馆目录，并提供验证；能够建立读者记录、书目记录等多种集合，并对这些集合进行批量处理和批量维护。

在美国和加拿大，Polaris 系统在公共图书馆和学术图书馆中的市场份额不断扩大。2011 年，Polaris 与 285 个图书馆共签订了 50 份合约。2012 年年初推出了 Polaris 4.1，很多特色功能都经过了重新设计，包含了新的发现组件，还加入了 Feature IT 和 Community Profiles 两个新模块，用于展示当地组织提供的内容和资源。2012 年 3 月，Polaris 宣布将其图书馆集成管理系统与 3M 公司的云图书馆进行整合。10 月，启动 Polaris Developer Network，提供开放获取的 API。

3. Millennium 与 Sierra

（1）Millennium

从员工数量上来说，Innovative 公司是北美第四大图书馆自动化公司，从收入和服务的图书馆数量来说，该公司位列第三。无论是大型或小型图书馆，还是公共或专业图书馆，Millennium 集成管理系统都很受欢迎，产品覆盖 400 多个国家，拥有最多的忠实用户。

Millennium 集成管理系统根据市场变化不断改进，其稳定的多层客户机/服务器（Client/Server）架构能够满足图书馆最迫切的技术需求。Millennium 系统的采访模块能够快速准确地为图书馆购置印刷资源和数字资源，满足不同类型、不同规模的图书馆的订单需求。流通模块能够帮助读者更快地获取资源，协助工作人员方便快捷地调度和管理资源。编目模块的功能很强大，工作人员能够编辑、重新定义印刷和数字馆藏资源的描述信息。Millennium 系统的期刊管理功能在市场上是独一无二的，能够根据资源的扩展和变化对出版物进行灵活描述。管理报告模块能够直接获取整个系统中的数据信息，快速生成报告。Millennium 系统还具有读者自服务功能。

Millennium 系统的集成化程度非常高。某一个格式或者内容的变化能立刻反映在整个系统中。系统的配置也非常灵活，工作人员能够对 Millennium 系统进行定制，优化工作环节，实现效率最大化。Millennium 系统不仅高度集成、非常灵活，其功能也非常全面，从采访、流通到年终结算，Millennium 系统能够提供各个环节的实时信息，实现各项工作的自动化。

（2）Sierra

2011 年 4 月，Innovative 公司宣布开发新一代自动化平台 Sierra。在 Millennium 图书馆集成管理系统的基础上，Sierra 系统拥有新的技术架构、更加开放的设计和全新的应用。与 Millennium 系统相比，Sierra 系统的集成程度更高，它通过唯一的客户端处理所有的任务；Sierra 系统也更加开放，它使用开源组件 PostgreSQL 和 Apache Lucene，前者用于数据储存与交换，后者进行信息检索，这两个开源工具能让用户和开发人员用熟悉的方式与 Sierra 系统进行交互；Sierra 系统增加了开发过程中图书馆客户参与开发的机会，图书馆能够根据自身的发展需要灵活确定其优先考虑的因素和开发需求。2011 年年末，Sierra 系统进入测试阶段，图书馆对这一产品充满期待，已有 206 个机构代表 700 个图书馆和 1 615 个私人机构与 Innovative 公司签订合约，这种情况在业内从未出现过。曾经一度随着开源产品的发展，有人担心 Innovative 公司会逐渐失去市场，但 Sierra 系统的开门红反映出客户对 Sierra 系统的前景依然看好。

Sierra 系统建立在开放服务的基础上，采用新技术、提供新服务，其体系结构分为四层，即数据层、数据访问服务层、业务逻辑层和表示层。数据层使用工业标准开源技术，包括 PostgreSQL 数据库和 Lucene 索引。这些技术构成了 Sierra 系统的技术基础；在 Sierra 系统的环境中，数据访问服务层为数据库和索引工具提供了一系列统一界面；业务逻辑层支持图书馆核心功能的工作流逻辑和业务规则，以及新兴的发现逻辑和数字化流程。该层引入了认证和授权方法，对信息资源进行把关；表示层以有序的方式进行展示和用户交互，提供客户、网络、桌面和移动等多设备支持。

Sierra 系统能够集中处理与数字资源相关的各种技术和管理细节，节省工作人员的时间，以便他们更好地分析馆藏。同时，系统能够帮助读者轻松找到所需的数字资源，并力求以简洁直观的方式进行呈现，此外，还能优化面向数字资源的数字化工作流，并可进行调整以适应新兴的数字资源类型。Innovative 计划在 Sierra 系统中实现关键的工作流和数据的开放获取。

4．Symphony、Unicorn 和 Horizon

（1）Symphony

目前，SirsiDynix 公司主要的研发方向是开发面向用户的新产品。2011 年，SirsiDynix 公司的旗舰产品 Symphony 系统与南澳全区 135 个图书馆签订了为期数年的长期合约，金额高达 460 万澳元。2012 年，该系统的客户增至 2 377 个，并与 725 个图书馆签署 122 份合约，其中有一半是海外合约。虽然 Symphony 系统已经是成熟的集成管理产品，但 SirsiDynix 公司仍在不断对其完善，做了诸多改进，并于 2012 年发布了 Symphony 3.4.1。

当代图书馆有着各种不同的需求，且随着服务对象的需求变化而变化。每个图书馆的服务内容、馆藏资源、工作人员和硬件配置都不相同。SirsiDynix 公司对每个客户都高度负责，根据每个图书馆的实际情况和具体需求提供合适的产品。Symphony 集成管理系统集中体现了 SirsiDynix 的这一服务理念，整个系统非常灵活，是一个可调整、可扩展、可定制的平台。

Symphony 系统功能非常全面：①加入了社交网站的功能，能够增加用户互动交流，有助于扩大图书馆的用户群体，促进图书馆资源的传播和共享；②系统扩展了图书馆的访问和服务，用户通过邮件、移动设备等方式就能够进入图书馆，获取所需的信息服务；③Symphony 系统的检索功能十分强大，用户不仅能获取图书馆馆藏资源的基本信息和电子服务，还能检索网络上丰富的电子资源；④该系统设有内置的离线模式，能够应对突然的电力和网络中断，这对于保证图书馆的正常运作，保障信息资源和各种数据的安全性至关重要；⑤Symphony 系统不仅支持 MARC 格式，还支持 Dublin Core 格式，能够快速、高效地开展编目工作、更好地处理数字资源；⑥Symphony 系统允许创建各类标记，实时编辑和批量编辑工具非常丰富，有助于提高工作人员的工作效率；⑦Symphony 系统对带宽的要求不高，流畅播放 YouTube 视频所需的带宽就足以运行 Symphony 系统的所有工具。

（2）Unicorn

SirsiDynix 公司另一项主要产品 Unicorn 系统采用的是客户机/服务器（Client/Server）架构，便于不断更新系统，满足图书馆不断变化的需求。该系统支持多种网络和数据传递协议，不仅能够在局域网上运行，还可以远程运行。图书馆的硬件配置等因素不会对系统产生影响。Unicorn 系统支持 Z39.50 协议，用户可以通过同一界面访问其他图书馆系统。系统中的 SmartPort 模块允许用户采用多种检索方式，并能够记录下载信息。系统采用了参数技术，既提高了系统的灵活性，又增加了系统的通用性。

Unicorn 系统将所有的模块整合到一个通用的中央数据库中，保证了数据的一致性和安全性。数据结构关系紧密，信息传递全面、迅速。在一个模块中输入的任何信息可以即时被传递到其他模块中，所有应用程序都能共享这些信息。在任何模块、任何时刻都可以全面跟踪了解书目、馆藏、流通等各种数据的实时信息。一本书从采访到编目再到流通，订购、收登、编目、调拨、上架、出借、预约、催还等各个工作环节的动态信息都可以实时显示，并为所有模块共享。这一功能使得工作人员和读者可以随时了解资源动态。

（3）Horizon

Horizon 系统立足于网络环境，采用客户机/服务器（Client/Server）架构，包含采访、编目、检索、流通、期刊管理等模块。检索模块提供丰富的检索途径和强大的检索功能，用户能方便地检索到所需的书目资料，并可获得该资料的详细馆藏信息。在编目模块中，图书馆可以对不同的资料类型或同一资料类型设置不同的编目工作单。系统提供了强大、方便的全屏幕编辑功能，可以对同一记录的字段及子字段内容进行编辑，而且可打开多个记录窗口，对不同记录的字段及子字段内容进行编辑。Horizon 系统还具有自动提醒功能，能够自动提醒读者还书、交付罚款及预约等信息。

2011 年年初，Horizon7.5.1 版本发布，该版本改进了系统基础设施，能够支持网络服务。Horizon 系统不是 SirsiDynix 公司的旗舰产品，加上公司鼓励图书馆改用 Symphony 系统，导致 Horizon 的客户量持续下滑。其客户数量在 2004 年曾高达 1 719 家，目前已减至 1 311 家，而且还将继续减少。

5．Library.Solution

近年来，图书馆公司（The Library Corporation，TLC）主要专注于改进界面，开发新的终端用户产品。Libray.Solution 平台是 TLC 的主打产品之一，主要面向中小型图书馆。2011 年，Library.Solution 平台与 153 个图书馆签订了 48 份合约。

Library.Solution 平台简单易用，功能全面：①Library Solution 平台的一大特色是其页面与 Windows 系统非常相似，用户会感觉很熟悉，不必再费力学习新系统的操作；②Library.Solution 平台非常灵活，允许图书馆定制页面来展现各个图书馆的特色；③维护 Library.Solution 平台的成本较低，图书馆能够将更多地资金用于改善信息服务，丰富馆藏资源；④Library.Solution 系统的报告管理功能十分强大，能够根据工作人员的特定需求来生成全面的图书馆报告，报告格式也很齐全，包括列表、柱状图、饼形图、交叉表等格式。平台支持工作人员预设报告，这样，即使是节假日期间，系统也能按时、自动把报告发送到预设的收件人邮箱中。报告导出时可以保存成多种格式，比如 Excel 表格、PDF 文档、Text 文本、CSV、HTML 和 XML 文件等；⑤Library.Solution 4.2 系统中的浮动馆藏功能受到了广泛好评。用户不必在同一个分馆中进行借阅和还书活动，资源可以在整个系统、不同分馆之间自由"浮动"。Library.Solution 4.2 系统的浮动馆藏功能能够自动更新图书馆系统的目录，展示最新的资源出借或在馆信息，为用户提供更优质、便利的服务。这一功能免去了不同分馆间运输图书资源的麻烦。系统不必一次性将资源全部"浮动"，可以先选择部分馆藏试行。

6. Aleph 和 Alma

（1）Aleph

Ex Libris 是全球领先的图书馆软件国际厂商，其全球用户超过 5 000 家，分布在 81 个国家和地区。Ex Libris 的自动化产品和服务主要是面向学术与图书馆研究。Ex Libris 公司非常重视研发，不断推出新产品。该公司一共有 170 位专门的研发人员，比其他公司几乎多出一倍。

Aleph 系统采用多层客户机/服务器（Client/Server）架构。系统完全支持 Unicode 编码，具有多方向和多脚本文本能力，可以提供 20 余种用户界面，能够满足不同语言用户的使用需求，而且系统的界面也非常简洁直观。Aleph 集成管理系统体现了 Ex Libris 坚持的灵活易用的理念。图书馆可以根据实际需要来定制系统模块，非常灵活。系统组件也是可以修改和定制的，任何规模的图书馆及其联合组织都可以建立自己独特的管理系统。使用该系统能够实现图书馆工作的自动化，提高工作人员的工作效率，更好地服务用户。

2011 年，日本国会图书馆（National Diet Library）Aleph 系统装机完成，这是目前规模最大、安装最复杂的一次系统实施，Aleph 系统管理该图书馆 2 000 万的书目数据和其他主要索引和目录。截至 2012 年，Aleph 系统的图书馆客户由 700 个增至 2 316 个。

（2）Alma

Ex Libris 投入大量资源来开发 Alma 系统，其目标主要有 3 个：①合并。将图书馆管理印刷、电子和数字资源的各类不同系统进行统一和整合；②优化。通过数据共享与合作服务及云架构，优化工作流程；③扩展。扩展图书馆的信息服务功能，支持机构的教研活动。

Ex Libris 开发的 Alma 系统通过统一资源管理（Unified Resource Management，URM）框架来支持整个图书馆的全部业务，包括所有资源的选择、元数据管理、数字化等日常业务。该系统采用混合模式来管理元数据，有效平衡全球共享与本地需要，为资源管理环境带来高质、共享的元数据。Alma 系统致力于实现馆藏资源的智能发展，图书馆根据资源的利用情况、单位使用成本等相关信息对资源进行选择、采访和评估，更有针对性地扩展资源。同时，该系统能够实现图书馆各个工作环节的自动化，实现数据共享，提高了图书馆的工作效率。该系统通过云服务模式，减少了图书馆基础架构的总体成本，提高了图书馆的投资回报。

7．WorldShare

2012 年，联机计算机图书馆中心（Online Computer Library Center，Inc，OCLC）的图书馆自动化业务共收入 2.05 亿美元。其 WorldShare 管理服务系统基于网络环境，通过一个公共界面来管理所有的印刷、电子和数字资源，十分直观。该系统为图书馆用户提供了新一代的发现工具，其检索功能与谷歌（Google）类似，用户不仅能检索到本图书馆的资源信息，还能检索到世界各地图书馆的馆藏信息。系统采用了 WorldShare 平台中的多个应用，能够给工作人员和读者带来更好的用户体验。WorldShare 管理服务系统改进了图书馆的整个工作流程，订单、编目、流通等各个工作环节的无缝集成精简了员工的工作，提高了工作效率。系统还能协助管理图书馆的硬件、软件和日常的更新工作，大大节省图书馆的人力物力。截至 2011 年年底，有 38 个图书馆在使用 WorldShare 管理服务系统，另有 184 个图书馆签约即将开始使用这一产品。

8．国内的主要厂商及产品

在国内，数字图书馆应用支撑平台的发展也非常迅速，比较有代表性的厂家和单位包括：南京汇文、深圳图书馆（ILAS）、北邮（MELINET）、丹城（DATATRANS）、博菲特、MILINS、金盘、北京大学（NLIS）、深圳大学（SULCMIS）、清华同方、拓尔思、方正 Apabi、麦达 MDL 等，能够为国内数字图书馆的建设提供数字化的专业平台以及相关的功能模块。

爱迪智搜平台是由清华大学和北京大学共同开发的支撑平台，是"863"项目"支持数据驱动型应用的跨域共享与服务支撑平台研发"的主要成果之一，该平台体现了新一代数字图书馆应用的发展趋势，在体系结构、数据模型、核心技术上均有较大突破，较好地支撑了数字图书馆应用的数据驱动、跨域共享、按需服务和大规模并发需求。在平台实现中，课题组还突破了七项核心技术，即基于中国数字对象标识器（China Digital Object Identifier，CDOI）的分布式唯一标识的目录交换技术、语义 Web 与 Web2.0 集成的知识处理模式、基于 Chu 空间的服务组合形式化建模与验证技术、基于社会化标签的协作过滤算法、多文档摘要和科技查新技术、基于图的个性化推荐算法、基于企业服务总线（Enterprise Service Bus，

ESB）的大规模并发控制技术。该平台在中国高等教育数字图书馆中投入试用，并得到了图书馆用户的较高评价。

在国内的图书馆界，技术的研发和系统升级大多依靠国家和部委的立项支持。以中国高等教育文献保障系统（CALIS）为例，其建设已经历了三个时期：①1998—2001年为第一期建设。124个成员馆通过"中国教育和科研计算机网"（CERNET）互联，创建了联合目录数据库、中文现刊目次库、高校学位论文数据库、重点学科专题数据库和重点学科网上资源导航数据库。除了学位论文数据库只有7万条文摘记录外，其余数据库记录数都在百万以上。②2002—2006年，第二期建设与"中英文图书数字化国际合作计划（CADAL）"一期合并。CADAL是中美两国计算机科学家共同发起的一项国际合作计划，其目标是建设面向教育和科研的百万册图书规模的数字化文献资源。二期同时还加大了全文数据库的建设，主要目标包括3万种电子期刊、30万篇学位论文和3万种教学参考书。③2010—2011年的第三期建设，侧重于服务建设，即通过整合各个信息机构的资源与服务，提供面向最终用户和面向信息机构的服务。面向读者的服务包括资源查找、代查代检、原文获取、课题咨询、联合问答等；面向信息机构的服务包括建立标准规范服务平台、业务培训、数据服务、业务服务、接口服务等。目前，CALIS已成为一个多级体系，实现了信息资源共建、共知和共享，它不仅在高校图书馆系统产生了广泛的影响，而且在全国信息资源的合理布局中也发挥了举足轻重的作用，成为我国信息资源共建共享的典范。

1.5 数字图书馆属性演变过程

当我们再次审视数字图书馆的发展历程时，上述标志性事件让我们看到了数字图书馆的历史沿革，虽然这一过程是渐进的、连续的，但有些事件则标志着数字图书馆发生了脱胎换骨的变化，就像前文中提到的不同历史时期的数字图书馆的定义一样，都在一定程度上反映出数字图书馆的性质也经历了几次重要的变化，具体讲，按照不同的性质可以把数字图书馆的发展分为三个阶段：传统业务自动化升级改造阶段，数字资源的大规模建设阶段，以用户为中心的知识服务阶段。

1.5.1 传统业务自动化升级改造阶段

传统图书馆的工作主要是根据服务对象有选择地收藏文献，并对其进行加工处理形成所谓的二次文献，即书目、索引和文摘等，据此为文献的使用者——读者提供更大的便利。现代信息技术一经出现就受到了图书馆界的重视，首先被用来改进内部的信息加工和管理，这一阶段的起始时间可以追溯到 20 世纪 60 年代甚至更早的时间。典型代表是机读目录的相关技术、图书借阅管理等自动化系统，以及 MARC 等标准建立与推行，特别是大型的书目数据库的建设，都从根本上改变了传统图书馆大多数手工业务。例如，在 70 年代，联机目录被广为使用，取代了手工编写的目录卡片。一直到 80 年代中期采用计算机技术改造、升级传统的图书馆内部业务都是数字图书馆的主要建设内容。之后，这方面虽然还不断地有新技术出现，但与数字资源建设等更大规模的项目比起来其重要性已大幅降低。

1.5.2 数字资源的大规模建设阶段

信息技术对图书馆更大的影响体现在内容的数字化。电子书、数字报刊、可在线检索的百科全书和各种参考工具书，以及大量非书目型的数据库不仅使得人们的阅读更加方便，而且从根本上改变了内容的使用方式和意图。同时，内容的数字化也给图书馆的管理提出了新的挑战，因为在此之前，图书馆强调的是目录、索引等书目信息的计算机管理，而大量数字内容本身的急剧增长，迫使图书馆要应对这些海量新型馆藏的存储、管理和检索。

1.5.3 以用户为中心的知识服务阶段

日益普及的因特网使得刚刚掌握数字化馆藏管理的图书馆要再次面临新的挑战，即升级自身的信息化水平，以网络化、虚拟化的手段改变传统的服务方式，加深并拓展服务内容，满足互联网用户的新要求。"读者第一"、"用户至上"一直是图书馆，当然也包括传统图书馆的工作原则，任何图书馆的馆藏积累和设施建设都是为了给读者提供更丰富、更便捷的文献和情报服务，再次提出"以用户为中心"只是希望在技术层面强调网络化给图书馆服务带来的巨大差异。在当今的网络时代，网络光纤已深入千家万户，无线信号覆盖了街头巷尾，图书馆可以在任何时间与用户保持联系，各种主动的、个性化的虚拟服务不断涌现，与之相比传统图书馆的服务就被看成了"坐等用户上门"的落后方式，远远不能满足今日读者的需求了。此外，基于内容的数字化服务在深度和广度上讲也大大增强了，畅通的网络给予了读者接触海量知识的可能，获取信息的方式也从单本书籍、单篇文章过渡到了知识网络的遍历和在线学习等交互性更强的新环境，这些与传统图书馆所能提供的借阅方式和阅览环境是不可同日而语的。

虽然上述三个阶段的划分很难定位到具体的历史性日期或时间段，甚至是相互交叠的，但是不同阶段所呈现的鲜明特征却不难让人们看到它们之间的显著差异,通过对数字图书馆不同历史阶段的思考与认识有助于我们做一些深入的分析(详见本书第 8 章,8.2 节推动数字图书馆发展的一些深层原因),以及更好地理解当今以至未来数字图书馆的价值。

1.6 数字图书馆的特点

数字图书馆的发展是多学科共同推动的结果。时至今日,数字图书馆已经取得了长足发展,其网络体系精密而庞大,所处理的数字对象种类也非常多样化,已能够支持世界上不同群体间的交流与协作,其特点明显地有别于传统图书馆。

1.6.1 从封闭空间到开放的云服务

在很多人的脑海中,图书馆一词等同于一个学校、一个科研单位、甚至一个地区的一座雄伟建筑,这些大厦也在某种程度上代表了传统图书馆在空间、时间和服务方式的局限性和封闭性。例如,人们要走很远的路去更大规模的图书馆,要遵守图书馆的开放时间和一些严格的管理制度等。而对于数字图书馆,这一切将一去不复返了,人们可以在任何地点、任何时间进入图书馆的服务网页,不仅可以检索、借阅电子版图书,而且还可以享受到虚拟参考服务等新型的数字化服务。

比读者感受更为重要的开放性体现在:数字图书馆自身的建设也因为"云计算"的成熟发生着前所未有的变化。包含了公有云、私有云、社区云和混合云的多云的服务体系已经出现[1],基于此可以建立统一认证体系、资源交换与处理体系、资源与服务整合体系、资源发现与获取体系以及咨询与培训体系,从而为各种地域、各个行业或各种学科领域的图书馆联盟提供迅捷的数字图书馆解决方案。

1.6.2 从纸本书到多媒体的有序数字化存储

与传统图书馆大量收藏纸本书不同,数字图书馆强调的是数字化资源的建设,其中包括原有馆藏资源的数字化,以及直接购买和连接引用的外部数字资源。从资源的媒体种类上说,包括文字、音频、图像、视频、动画、三维模型、互动场景等,相应地,对多种媒体及其不同的文件格式能够提供多种方式的呈现和播放

---

[1] 王文清,张月祥,陈凌. CALIS 高等教育数字图书馆技术体系 [J]. 数字图书馆论坛(CALIS 专刊),2013(1):29-36

工具及服务手段。从资源的规模上讲，尽管在起步阶段数字化资源十分匮乏，但资源建设手段的日益丰富，数字化资源的拥有量也将突破传统图书馆的局限，加之连接到外部的虚拟馆藏，任何一个数字图书馆都将面对的是海量的数字资源。从管理方面看，与互联网上其他自生自灭的内容不同，数字图书馆秉承了传统图书馆对文献的整理与组织方法，按照统一的标准对数字资源进行转换、处理和有序的组织，并利用数据挖掘技术，将知识单元按其内在联系有机地组织起来，形成一个完整的知识网络。

1.6.3　从借阅柜台到远程互动服务

互联网在时间和空间上都有效地延伸并拓展了图书馆的服务范围。例如，通过把编目信息转变成网页，并与其他图书馆或信息服务商建立链接，大大方便了读者查询、浏览书目信息。与之类似，数字图书馆的其他服务内容，如定题、咨询、查新等，也都通过网络以新的面貌推向用户。在服务的提供方式上，可以通过互联网、手机、数字电视、智能移动终端等各种媒体渠道，将数字图书馆服务推送到用户身边，使人们在任何时间、任何地点都能够获取信息与知识。Web 2.0 等技术为网络化服务注入了更多的交互能力，为用户提供了一个可深度参与、开放式的互动交流环境。

1.6.4　从书架到语义网

传统图书的管理，如采编、登记、上架，最终依托的是书架，而面向数字资源的新型信息组织与管理方式则上升到了一个更高的境界——基于语义网技术的知识管理。数字资源的便捷性为细粒度的数据加工提供了可能，人们可以按照自己设想的知识组织方式，对各种数字资源进行标引，挖掘并建立各种媒体对象之间的关系。例如，按事件的发生过程、按内容的逻辑关系、按形状或色彩排序等，据此可以给读者提供更多角度的检索方法，打破了原来纸本书时代的线性、单一的知识组织方式，可以构造各种具有语义关系的网络空间，提供更加高效、便捷的定位方法。

1.7　数字图书馆的作用

作为公益性的服务机构，图书馆始终把"以人为本"的人文关怀精神放在首位，其作用集中体现在最大程度的资源共享，即让更多的读者在任意的地区、任意的时间都能阅读或使用其馆藏的资源。数字图书馆同样需要秉承传统图书馆的社会职能，并紧跟时代步伐而有所发展。

数字图书馆首先要解决数字时代的资源保存问题。在古代，图书馆就是担负保存人类文化典籍职能的主体，数字图书馆同样是先进文化的传播载体，是文化产品的网络共享平台，同时，作为国家数字资源组织、开发和利用的基础设施，有责任制定宏观的规划，为今后的研究收集、保存网络上不同历史阶段的重要信息，甚至包括遥感数据等。以 Europeana 为例，其馆藏已经超过 2 300 万条记录，资源也非常多样化，包括数字化文本、音频、图像、书籍、电影等。获取 Europeana 中的信息也非常方便，无论身处何地、讲哪种语言都可以随时随地检索、访问。

近代图书馆还担负着社会教育的职能，数字图书馆应发展成一个教育平台。传统意义上的图书馆就是一个宽敞明亮、安静舒适的学习空间，在网络世界中，数字图书馆也需要提供有利于学习的各种功能和服务，为文化的学习、知识的学习、技能的学习，甚至为有益的爱好和休闲活动提供一个充实便捷的虚拟空间。

现代图书馆又担负起传递科技信息和开发智力资源的职能。数字图书馆通过做好网上的流通阅览、资源传送和参考咨询工作，积极开发文献信息资源，开展虚拟的文献信息服务。通过实行资源共建、共知、共享，以及开展各种协作、合作和学术活动，促进信息服务事业的整体化发展。例如美国计算机协会（ACM）首先意识到数字图书馆比普通的纸质甚至电子期刊更能吸引学者，因此决定选择数字图书馆作为其在线的发展方向。本质上，数字图书馆的发展将影响到知识创造、存储、传播和使用的各个环节，它会从一个基于资源的信息系统转化成基于知识的服务系统。

以"让大众公平自由地获取知识信息"、"消除信息鸿沟"是图书馆人的职业理想，不管其物理形态如何变化，图书馆的基本职能不会改变。在数字时代将通过先进的信息技术手段使其得到充实和强化。

1.8 数字图书馆面临的环境变化

1.8.1 政策环境

1998 年 10 月 2 日，李岚清副总理视察国家图书馆时就明确指出，图书馆未来的发展模式是数字图书馆。随着知识经济的快速崛起，数字图书馆必将成为未来图书馆的发展方向[1]。

2009年9月26日，国务院颁布的《文化产业振兴规划》提出发展新兴文化产业，采用数字、网络等高新技术，大力推动文化产业升级。

2011年10月18日，中共十七届六中全会对建设社会主义文化强国做出了重大战略决策和部署。会议通过的《中共中央关于深化文化体制改革，推动社会主义文化大发展大繁荣若干重大问题的决定》提出"深化文化体制改革、推动社会主义文化大发展大繁荣"、"加快发展文化产业，推动文化产业成为国民经济支柱性产业"。这是继党的第十七届五中全会通过的《中共中央关于制定国民经济和社会发展第十二个五年规划的建议》和十一届全国人大四次会议通过的《国民经济和社会发展第十二个五年规划纲要》之后，又一次在国家层面明确提出"推动文化产业成为国民经济支柱性产业"。

什么样的产业才能称得上"支柱性产业"？一般而言，支柱性产业是指在国民经济中发展速度较快，对整个经济能起到引导和推动作用的先导性产业，其在整个国民经济体系中要占据5%以上的比重，并能带动相关产业的发展。在发达国家中，美国的文化产业占整个GDP的25%，英国达到11%，而中国只占到2.6%，这一方面说明我国目前的文化产业所占国民经济的比例相对微小，远低于美国等发达国家，尚未成为支柱性产业。根据国家统计局最近发布的报告，2010年我国文化及相关产业法人单位增加值为11 052亿元，占国内生产总值（GDP）的比重为2.75%。但另一方面，现有统计数据也启示我们：中国的文化产业还有很大的发展空间。近年，文化产业的增幅非常快，在2008年至2010年间，文化产业法人单位增加值年均增长24.2%，远超过一般产业。

振兴文化产业需要"发挥市场在文化资源配置中的积极作用"。即调动多种主体投资，通过市场竞争达到优胜劣汰，最终实现文化产业的繁荣和发展。在加大资本投入的同时，更为重要的是保护创意，以及自由创造的制度和环境。其中既包括加大对知识产权的保护力度，亦包括为文化创新提供包容、宽松的管理体制，从根本上，也就是需要加快完善文化法规，为文化产业的发展创造一个良好的法治环境。

十七届六中全会决议明确将"完善国家数字图书馆建设"列为发展公益性文化事业、保障人民基本文化权益的一项重要任务。同其他设施一样，必须坚持政府主导，按照公益性、基本性、均等性、便利性的要求，加强文化基础设施建设，完善公共文化服务网络，让群众广泛享有免费或优惠的基本公共文化服务。这对于加快数字图书馆建设，促进图书馆新业态的形成，对于加快构建公共文化服务体系，建设社会主义先进文化，推动文化大发展大繁荣具有十分重要的意义。

---

[1] http://www.cnw.com.cn/cnw_old/2002/htm2002/20020520_6148.htm

文化部 2012 年 5 月 10 日发布了《"十二五"时期文化改革发展规划》(以下简称《规划》),旨在重塑文化市场主体,推动文化体制机制改革创新;实现产业倍增,推动文化产业成为国民经济支柱性产业。《规划》提出的产业发展目标是:"十二五"期间,文化部门管理的文化产业增加值年平均现价增长速度高于 20%,2015 年比 2010 年至少翻一番,实现倍增。公共文化服务体系建设的目标是到 2015 年,覆盖城乡、结构合理、功能健全、实用高效的公共文化服务体系基本建立。其中,主要表现在逐步建立中央、省、市、县、乡、村六级公共文化设施,实现"县有图书馆文化馆"、"乡有综合文化站"、"社区有文化活动中心"、"村有文化活动室",并逐步完善以固定文化设施、流动文化设施和数字文化阵地相结合的公共文化服务网络,基本实现公共文化服务全覆盖。具体指标还包括:到"十二五"期末,全国 60%以上的图书馆要达到部颁三级以上标准;全国人均拥有公共图书馆藏书要达到 0.7 册左右。

"十一五"期间,我国文化产业增加值年均增长速度在 20%以上,呈现快速增长的势头,中国文化产业从探索、起步的初级阶段,开始进入加速发展的新时期。目前文化产业发展趋势主要体现在五个方面:一是文化科技融合创新的深度和广度不断拓展;二是文化产业向规模化、集约化、专业化提升的方向更加清晰;三是文化产业特色化、差异化发展态势日益明显;四是文化产业与旅游等相关产业结合更广泛更紧密;五是金融资本投资文化产业的势头将持续升温。

2011 年,文化部、财政部共同推出"数字图书馆推广工程"。该工程于"十二五"期间,将在全国实施数字图书馆推广工程,推广我国在数字图书馆软硬件平台建设方面的成果,搭建标准化和开放性的数字图书馆系统,向公众提供个性化、多样化、全媒体数字图书馆服务,全面构建覆盖全国的数字图书馆服务体系。这是继全国文化信息资源共享工程、公共电子阅览室建设计划后,启动的又一个重要的数字文化建设工程。

1.8.2 周边产业环境

现代社会中新知识迅猛增长。据英国学者詹姆斯·马丁统计,人类知识的倍增周期,在 19 世纪为 50 年,20 世纪前半叶为 10 年左右,到了 70 年代,缩短为 5 年,80 年代末几乎已到了每 3 年翻一番的程度。近年来,全世界每天发表的论文达 13 000~14 000 篇,每年登记的新专利达 70 万项,每年出版的图书达 50 多万种。《纽约时报》一周的信息量即相当于 17 世纪学者毕生所能接触到的信息量的总和。近 30 年来,人类生产的信息已超过去 5 000 年生产的信息总和。

数字资源内容日益丰富。信息技术的发展极大地促进了数字资源的生产,据调查,全球新产出的信息量中大约 90%都以数码形式储存在计算机里;截至 2011

年年底，中文网页数量达 866 亿个，年增长率达 44.3%。与此同时，文献的出版方式也发生了巨大的变化，数字出版日益普及，截至 2010 年年底，中国电子书总量已达 115 万种，年新增 18 万种；单独出版的数字报已达 700 份以上，电子期刊已近万种[1]。

在阅读终端方面，以这几年迅速普及的电子书为例，据 Emarketer 发布的数据显示[2]，2011 年美国拥有电子阅读器的成年用户人数是 3 330 万，这一数字比 2010 年增长了 162.1%；未来几年电子阅读器的增速虽会大幅降低，但到 2014 年美国拥有电子阅读器的成年用户人数仍将达到 5 390 万。从电子阅读器的人口渗透维度来看，2011 年美国成年人拥有电子阅读器的比例是 14%，这一比例到 2014 年将达到 22%。平板电脑的普及紧随其后，而且增势更为强劲，目前已有 5 500 万美国人拥有了平板电脑，预计到 2014 年将超过 8 000 万[3]。

但与此同时，由于信息缺乏管理，如发布、传播失控产生了大量虚假信息、无用信息，造成了信息环境的严重污染。因为在网络上任何人都可以自由发表意见，并且发布的成本几乎可以忽略，在某种意义上，"每个人都可成为全球范围的信息制造者"，从而增加了人们利用信息的困难。

随着网络与通信技术的迅猛发展和大面积普及，无论是硬件的联网条件还是网络中流动的信息都正在变得触手可及，它们将像自然界中的空气一样弥漫在我们身边，我们已经置身于一个信息无时不在、无处不在的环境中，极大地方便人们的学习、工作、娱乐、甚至日常生活。

2001 年 2 月，美国总统信息技术咨询委员会数字图书馆研究小组（PITAC/DL）的《数字图书馆：普遍访问人类知识的报告》提出：任何公民无论何时何地都能利用任何与因特网相连接的数字设备来检索所有人类知识。2003 年 6 月，美国国家科学基金会（National Science Foundation，NSF）召开了名为"未来的浪潮：NSF 后数字图书馆的未来（Wave of the Future：NSF Post-Digital Library Futures Workshop）"的研讨会，其中的报告"知识在信息中迷失——NSF 数字图书馆研究方向"提出了后数字图书馆的目标——创建泛在知识环境，首次明确提出了"泛在知识环境"的概念，表明了未来数字图书馆发展方向：成为普遍访问全人类知识的工具。

具体来讲，泛在知识环境是指由人、硬件、软件、网络设施、信息资源等有机组成的新一代科技知识基础结构，是未来知识型社会的一种综合的全面的数字化信息基础设施，它通过计算、存储和通信方面的最大便利，使人、数据、信息、工具、设备等资源能够更为彻底地发挥作用，从而构建出一种普遍存在的、综合

---

[1] http://www.chuban.cc/yw/201207/t20120720_125664.html
[2] http://www.199it.com/archives/24155.html
[3] http://www.199it.com/archives/67495.html

性的知识环境。其特征包括：网络的泛在化，网络的延伸，特别是移动互联网快速普及，将使用户可以在任何地点和任何时间连通网络；知识的泛在化，用户可通过泛在网络获取信息服务或知识服务，而且获取的及时性也将得以提高，信息知识的流通速度会随之加快；情境感知，嵌入了多种感知设备的智能终端能根据人们所处的环境来快速辨别人的手势、语言等信息，进而了解到人的要求，然后可通过其内部互联的智能系统和服务系统高效地完成指定任务，从而有效提高人们的工作和生活质量。

2013年1月15日，中国互联网络信息中心（CNNIC）发布的第31次《中国互联网络发展状况统计报告》显示：截至2012年12月底，我国网民规模达到5.64亿，互联网普及率为42.1%，保持低速增长。与之相比，手机网络各项指标增长速度全面超越传统网络。2012年我国手机网民数量为4.2亿，年增长率达18.1%，远超网民整体增幅。此外，网民中使用手机上网的比例也继续提升，由69.3%上升至74.5%，其第一大上网终端的地位更加稳固，但是手机网民规模与整体PC网民（包括台式电脑和笔记本电脑）相比还有一定差距。总体上看，我国网民数量已经处于高位，网民增长和普及率进入了相对平稳的时期。而智能手机等终端设备的普及，无线网络升级等因素，则进一步促进了手机网民数量的快速提升。

与出版相关的发展趋势包括：截至2012年12月底，我国微博用户规模为3.09亿，较2011年底增长了5873万，网民中的微博用户比例达到54.7%。手机微博用户规模2.02亿，占所有微博用户的65.6%，接近总体人数三分之二。不难看到，微博已经成为中国网民使用的主流应用，庞大的用户规模又进一步巩固了其网络舆论传播中心的地位，微博正在重塑社会舆论生产和传播机制，无论是普通用户，还是意见领袖和传统媒体，其获取新闻、传播新闻、发表意见、制造舆论的途径都不同程度的转向微博平台。我国网络文学用户数为2.33亿，较2011年底增长了3077万人，年增长率为15.2%。网民网络文学的使用率为41.4%，比2011年底增长了1.9个百分点。网络文学虽然有传播快、受众广的优势，但整体上仍慢于互联网的发展，原因仍是前两年已引起各方关注的质量低、文学性弱、创新不足等。中国网络视频用户达到3.72亿，较上年底增加了4653万人，增长率为14.3%。网民中上网收看视频的用户比例较上年底提升了2.5个百分点，达到65.9%。

《报告》同时显示，在网吧、学校机房等场所接入互联网的网民比例下降幅度较大，而在家中接入互联网的比例继续走高，有91.7%的网民在家中上网，增幅达到3.4%，个人上网设备持有比例的提升和网络接入条件的改善是导致此现象产生的主要原因。我国网络购物用户规模达到2.42亿，在网民增速逐步放缓的背景下，网络购物应用依然呈现快速的增长势头，与2011年相比，网购用户增长率为24.8%。其中，团购用户数为8327万，用户全年增长28.8%，继续保持相对较高的用户增长率。网民使用手机进行网络购物相比2011年增长了6.6%，用户量是

2011 年的 2.36 倍，其中，手机团购、手机在线支付、手机网上银行三类移动应用的用户规模增速均超过了 80%。手机在微博用户及电子商务应用方面也出现较快增长。

数字电视的发展也为数字图书馆提供了基于多网络平台的信息传输途径和服务渠道。据权威研究公司格兰研究统计：截至 2012 年 5 月底，我国有线数字电视用户达到 12 166.6 万户，有线数字化程度约为 60.37%（有线电视用户基数为 20 152 万户，数据来源于国家广电总局）。

据中国新闻出版研究院 2013 年 4 月 19 日发布的第十次全国国民阅读调查显示：2012 年我国 18～70 周岁国民图书阅读率持续上升，报纸和期刊的阅读率开始下降，具体数据是，图书阅读率为 54.9%，比 2011 年的 53.9%上升了 1.0 个百分点；报纸阅读率为 58.2%，比 2011 年的 63.1%下降了 4.9 个百分点；期刊阅读率为 45.2%，比 2011 年的 41.3%上升了 3.9 个百分点；因此，各种媒介的综合阅读率为 76.3%，比 2011 年的 77.6%下降了 1.3 个百分点。从阅读方式方面看，数字化阅读方式（网络在线阅读、手机阅读、电子阅读器阅读、光盘阅读、PDA/MP4/MP5 阅读等）的接触率为 40.3%，比 2011 年的 38.6%上升了 1.7 个百分点。从接触时间方面看，与 2011 年相比，传统纸质媒介中，图书、期刊的接触时长均有不同程度的增长，报纸的接触时长有所下降；传统电波媒介中，电视的接触时长略有增长，广播的接触时长连续三年呈小幅下降；新兴媒介中，只有手机阅读的接触时长呈增长趋势，上网时长和电子阅读器接触时长均有所下降。在阅读量方面，电子书的阅读量增幅较为明显，2012 年我国 18～70 周岁国民人均阅读电子书 2.35 本，比 2011 年的 1.42 本增长了 0.93 本，增幅达 65.5%。

调查还发现，有数字化阅读行为的成年人中超过九成为 49 周岁以下人群，纸质读物阅读仍是七成以上国民偏好的阅读形式。与阅读有关的相关活动在手机上发展迅速，如"听音乐"、"手机 QQ"、"飞信"、"手机网页浏览"、"手机游戏"等，是我国成年国民中手机阅读接触者的重点消费内容。特别是以手机"微博或博客"为主要阅读内容的群体增长迅猛，其在所有手机阅读接触者中的比例已超过两成。

根据 2010 年有关方面对美国人如何使用网络资源和图书馆的调查显示：电子邮件、搜索引擎、社交网络（如 Facebook）、社交媒体（如 YouTube），以及专家咨询站点（如 Yahoo!问答）等网络资源的使用率不仅提高，而且其中电子邮件和搜索引擎的使用几乎达到了顶点，分别上升到了 94%和 92%，这意味着电子邮件和搜索引擎在美国已经非常普及，报告同时显示，半数美国人使用了电子邮件的新闻定制功能，并以此作为获取新闻和其他信息的主要方式。社交网络和社交媒体的发展也紧随其后，可以说这类网站在近年是飞速发展，增长最快，而且两者之间的区别也越来越模糊。

总体上看，移动互联网是近期最大的亮点，"移动改变生活"不再是一句广告语，我们已经拥有了全球规模最大的移动互联网用户群，以及世界最大的移动终端产能。网民、手机用户和有线电视用户的快速增长，反映出人们对于知识获取途径的多样性，同时对出版商、图书馆开展基于全媒体、多终端的服务提出了更高的要求。

1.8.3 技术环境

近年来，信息技术、网络技术和通信技术的迅猛发展，以 IPv6 为核心的下一代互联网、以光网络和 3G 为核心的下一代通信网络、以数字化为核心的下一代广播电视网迅猛发展，三网融合加快推进，手机上网、互联网电视、数字电视等跨网络业务发展迅速。

数字技术、宽带技术、软件技术等为三网融合提供了技术基础。例如数字技术的迅速发展和全面采用，使电话、数据和图像信号都可以通过统一的编码进行传输和交换，所有业务在网络中都将成为统一的"0"或"1"的比特流；以光纤通信技术为主体的宽带技术能够支持音视频等各种多媒体（流媒体）业务传送，传输数据量大、服务质量高。但三网融合并非指电信网、广播电视网和互联网的物理合一，而主要是指高层业务应用的融合，除了技术融合、网络融合，还涉及业务融合、行业融合和终端融合。希望通过相互渗透、互相兼容，使得业务范围趋于相同，网络互联互通、资源共享，并在此基础上为用户提供语音、数据和广播电视等多种服务。

2010 年 1 月 13 日，国务院总理温家宝主持召开国务院常务会议，决定加快推进电信网、广播电视网和互联网三网融合。会议上明确了三网融合的时间表，并于当年启动了第一批 12 个试点城市。2011 年年底第二批试点名单的确定，全国已经有 54 个地区成为三网融合试点区域，覆盖人口数达到 3 亿人以上，2012 年是国务院常务会议决定推进三网融合的第三个年头，全国统一的有线网络正在加紧建设，IPTV 在试点城市获得了合法身份并快速发展，电视台和互联网的融合加深，网络电视在运营方面取得了突破，三网融合已经进入了一个新的发展阶段。

因特网使得信息的采集、传播的速度和规模达到空前的水平，实现了全球的信息共享与交互，它已经成为信息社会必不可少的基础设施。现代通信和传播技术，大大提高了信息传播的速度和广度。由广播、电视、卫星通信、电子计算机通信等技术手段形成了微波、光纤通信网络，克服了传统的时间和空间障碍，将世界更进一步地联结为一体。但与之俱来的问题和"副作用"是：汹涌而来的信息有时使人无所适从，从浩如烟海的信息海洋中迅速而准确地获取自己最需要的信息，变得非常困难。语义网、物联网、云计算、数据挖掘、知识组织等新兴技术不断涌现，为图书馆采集和管理海量数字资源提供了新的技术手段。

有史以来，人类从未像现在这样渴望在移动过程中高速地接入互联网，获取信息，办理事务。而最近几年快速发展并日臻成熟的移动通信和互联网两大业务将这一梦想得以实现，今天，将两者合二为一的移动互联网（Mobile Internet）跃然潮头，成为了时代的宠儿。仿佛一夜之间，移动咨询、移动娱乐、移动电子商务，移动电子政务的各种应用如同雨后春笋一般涌入我们的视野。移动互联网毫无争议地成为了当今世界发展最快、市场潜力最大、前景最诱人的业务。

出版界与图书馆界也都十分重视移动互联网带来的历史机遇。在2011年，即使是一些传统媒体，如《人民日报》、《南方周末》、《财经》、《新世纪》等也纷纷登录平板电脑、电子书阅读器和智能手机等移动阅读终端，开辟了多种新渠道，加深报网融合，力求全方位的推广和传播，缩短数字内容的送达时间，改善用户的阅读体验，场面十分壮观，并有媒体实现了一部分的收入。很多图书馆也开通了手机借阅、短信咨询、掌上阅读等移动服务。但与此同时我们也应该清醒地认识到：现阶段的移动出版与信息服务还处于发展初期，大多数内容在组织形式上还仅仅是传统媒体的电子复制，无线互联网互动的特点尚未得到发挥，时效性也还有进一步增强的空间。我们相信在不远的将来出版业务与图书馆服务将借助移动互联网上升到一个新的历史高度。

近年来云计算技术迅速发展。由谷歌、亚马逊等公司引领的云计算技术首先在整个IT行业引发了巨大的变革，之后在更为广泛的信息服务、企业信息化、电子商务等诸多领域广泛应用，影响深远。云计算技术不仅为用户提供了支持更加安全、灵活、强大、自适应的IT基础设施，还提供了全新的IT服模式，即用户能通过网络来租用各种IT资源，如同使用水、电、气一样简单方便，能显著降低用户的系统投资和维护成本。常见的云计算包括三种模式：软件即服务（Software as a Service，SaaS），即应用软件安装在厂商或者服务供应商那里，用户可以通过某个网络来使用这些软件，是最成熟的云计算模式；平台即服务（Platform as a Service，PaaS），该模式提供了基础架构，软件开发者可以在这个基础架构之上建设新的应用，或者扩展已有的应用，同时却不必购买开发、质量控制或生产服务器；基础设施即服务（Infrastructure as a Service，IaaS），即通过互联网提供了更为完整的数据中心、基础架构硬件和软件资源，具体资源可以是服务器、操作系统、磁盘存储、数据库和/或信息资源，其典型代表是亚马逊的AWS（Elastic Compute Cloud）。各类基于云计算技术的云服务也层出不穷，例如云存储、云安全、电子商务云等。在图书馆界，有很多机构和公司也陆续推出了面向图书馆的云服务。美国OCLC于2009年4月份推出了基于云计算的"Web协作型图书馆管理服务"，将图书馆集成管理系统以租用方式（Worldcat Local）提供给图书馆使用。

2012年，大数据（Big Data）一词成为了大家关注的焦点之一。据麦肯锡估计，全球企业2010年硬盘上存储了超过7EB（1EB等于一百万TB，相当于美国国会图书馆中存储数据的4000多倍）的新数据，消费者在个人电脑等设备上存储了超过6EB的新数据。在未来，全球数据总量仍将会呈现指数性增长。另据IDC给出的估算，2011年全球数据总量大约是1.8ZB（1ZB等于一千EB，即十亿TB），如果都用1TB的2.5英寸硬盘存放，叠加高度会达到1.7万公里。也许很多人对身边的数据增长早已见怪不怪了，更何况我们很难找到一个准确的界限来区分哪些数据能称为大数据，但仔细考虑为什么科研人员要提出这一概念，我们不难发现这样一个事实：数据规模的增长正在超出我们的处理能力。因此从这个角度讲，大数据也是摆在数字出版和数字图书馆面前的一道难题。

总体上讲，未来信息技术还将保持高速发展态势，社会信息交流环境还可能面临更为深刻和剧烈的变革，认清图书馆的发展趋势[1]，充分利用现代信息技术，对于建设好新一代的数字图书馆十分关键。这其中所要面对的不仅是技术革新，而且还要在更大范围内考虑图书馆的重新定位和新的发展空间，力争构建惠及全民、覆盖各行业、全媒体、全时空的数字文化服务体系，让图书馆在未来的经济社会中发挥更大的作用。

---

[1] 本书第8章将展开讨论。

第 2 章
Chapter 2

▶数字图书馆的资源建设与新型服务

　　作为知识的殿堂，图书馆肩负着保存和传承人类文明的双重职责。日新月异的信息技术催生了数字图书馆，内容的数字化使得知识本身和载体进一步分离，摆脱了对纸介质的依赖，极大地减少了印制成本和对空间的占用；无所不在的网络技术把内容传递变得快捷便利，真正让服务走出了传统图书馆的围墙，穿越时空界限，直达用户终端。但与此同时，人们对于知识和信息的获取也提出了更高的期望，有人将其概括为"精、准、快、广、深"，特别是以移动互联网为代表的现代信息技术让"随时随地的互动服务"成为可能，这些需求与"等待读者"的被动型传统图书馆服务，甚至"以作者为中心"的传统出版方式都形成了巨大的落差。因此，数字图书馆的两大职责仍然面临着严峻的挑战，具体讲，就是在新的数字化环境中资源的建设和长久保存，以及直接面向用户的网络化信息服务。

2.1 数字资源的建设与管理

正像纸质书刊对于传统图书馆的重要性一样，数字化的信息资源是数字图书馆的物质基础，可以说是数字图书馆的核心或生命线，同时也是图书馆界面临的最大挑战。但其来源与纸质书刊有些不同，目前主要依靠以下三种渠道：馆藏资源的数字化、商品化资源库的采购，以及共享网络资源的引入和连接。首先，将馆藏传统文献数字化，特别是建立特藏数据或特色数据，图书馆需要投入相当大的人力物力，同时还面临版权问题和利用率不高等矛盾；其次，图书馆投入越来越多的经费，购买商品化的数据库和电子资源，并在数据商和出版商允许的权限范围内，提供网络检索服务。作为图书馆的基本服务，不同馆之间采购类似的数字资源，提供一定程度的重复性服务是必要的。但是随着互联网的发展，许多图书馆越来越关注自身特色资源的建设，希望在数字环境中扩大自己的影响力，因此在采购决策时对资源的选择也更加谨慎；最后，随着互联网上免费资源的日益丰富，特别是高质量的用户原创内容（User Generated Content，UGC）的增多，图书馆也开始关注并引用这些资源，经过甄别和整理来丰富自己的服务功能。

在社会主义文化大发展大繁荣的背景下，国内图书馆的经费都有了大幅增加，但同时我们也需要明确地认识到馆藏与服务的关系所发生的深刻变化。以前，对大多数图书馆来说，可以简单地描述为"馆藏决定服务"，即一个图书馆拥有什么样的馆藏就决定了它能为读者提供什么样的服务，而这类服务往往只能满足读者的一部分需求。当今，越来越多的图书馆正在重新调整自身的定位，把用户放在首位，从读者的角度考虑全面的需求，简言之，是"需求决定服务，服务选择资源"，因此对于资源的选购，无论是在数量上还是在质量上都提出了更高的要求，很多图书馆仍然面临着资源有限和用户需求无限之间的矛盾。为此，加深对用户的了解和对数字资源的认识在很大程度上可以决定资源配置的合理性，具体可从以下三个方面的对比来理解数字图书馆资源建设策略。

2.1.1 找准定位，把握平衡

所谓"找准定位"，就是要明确地知道自己所服务的用户人群，以及如何提供相应的服务。虽然对于公共图书馆而言，所服务用户群体的离散程度较高，要清楚地了解其结构需要一些细致的统计和分析，但对大多数图书馆而言，都可以依靠行政划分或地域区隔来识别出自己的用户主体。强调对用户群体的了解是为了更好地确定服务内容和服务范围，并由此反推出资源建设的目标和边界。以高校图书馆为例，一些国外的图书馆已经把用户细分到各个学科的研究群体，甚至某些项目组或学科带头人的课题组，并在资源建设方面有针对性地组织资源。

越是条件有限的图书馆，越要明确自己的服务群体，在相对全面和突出重点之间找准平衡点，无论是对馆藏文献进行数字化，还是购买商品化的信息资源，都应该强化专有资源和特色资源的建设。特色资源可以从多个方面来理解，例如，有专业特色或学科特色，即以某种专业或某重点学科，甚至以一些特定专题或学科前沿问题来系统地收藏并组织科技和教育资源；也可以有地方特色或人文特色，即组织与某一地域或某一历史阶段密切相关的政治、经济和文化资源；也可以打造自身的馆藏特色，将分散在各处、难以被利用的资源收集起来，形成其他馆所不具备的特色馆藏。

总之，拥有了特色资源才可能提供特色服务，进而形成一个图书馆赖以生存的基础。特色资源的建设需要有高屋建瓴的长远规划，需要有切实可行的具体措施，还需要有事半功倍的先进技术，不是一朝一夕就可以完成的任务，只有长期坚持一个明确的定位、一个特定服务群体，才有可能形成有别于他馆的特色资源。

举例而言，文献《高校数字图书馆资源建设的理性反思》中介绍了堪萨斯州立大学图书馆如何从发展优势学科的角度来落实资源建设。从20世纪60年代开始，军事历史学科开始成为堪萨斯州立大学的强项，该馆就将新出版的军事历史书全部买下，即使是一些不出名的小出版社和研究机构出版的图书，只要有教授和研究生提出需求，图书馆都会帮他们买到。经过多年积累，该馆在强化特色中形成了优势，从而保证了其馆藏的系统性、新颖性和权威性。

此外，从全局视角看，如果各个图书馆的资源建设重复较多，不仅造成很大浪费，而且其前途也令人担忧，因为赢家通吃的网络规则将会无情地挤压中小规模竞争者的生存空间。各图书馆只有突出自身特色，才能保证所投入的人力财力能够获得回报。同时，我们还应该看到：现有的网络条件为充分利用他人馆藏也提供了很大的空间，某些特色资源的建设，也可以通过网络连接的方式利用其他馆的资源来实现，提供更加完整的服务。因此，尽管我们需要差异化的资源建设策略，但并不排斥各图书馆之间的资源互补和共享[1]。

---

[1] 陈娜.数字图书馆管理与创新[J].中国城市经济，2011（26）：302

2.1.2 持续更新,保证质量

与网络上发布和传播的普通信息不同,作为图书馆资源库的信息必须具有高水准的质量保证和快速更新的机制,可以说是有生命的信息资源。一方面,图书馆需要建立一个可持续的质量保证机制,例如入库前进行严格的质量审查,入库后执行定期的检查,及时修改错误的或者不规范的信息,删除陈旧材料和无效链接,确保信息的相关性、准确性和正确性。另一方面,要从纳新的角度维护资源的时效性。随着科技的飞速发展和人类生活节奏的加快,知识的内容在不断扩大,其更新速度也在不断加快,从某种意义上说,最新的信息才是最正确的信息,因此在第一时间收集、整理新近产出的数字资源将从根本上保证资源的有效性。

在出版产业链中,这部分工作的主体内容还属于源头信息的提供者,即出版商,"专业出版的核心价值无疑是信息的新和快"[1]。励德•爱思唯尔集团秉承这一理念,早在 20 世纪末开始了数字化转型,该集团每年出版几千种 STM 学术期刊及图书,并不断提供数字平台加强其数字产品的功能,其中就包括全球最大的科技信息全文下载数据库 Science Direct,每年上线内容以 15%的速率快速增长。作为图书馆应对数字内容的高速增长给予高度重视,甚至包括出版商对其资源发布系统所做的升级和改造,及时完善数字图书馆的资源采购与获取系统,保持平滑对接,以直接或间接的方式将数字资源接入到本馆资源库中,进而提供以数字化形式向读者提供服务,例如联合检索。

我们在抱怨一些网络公司侵蚀图书馆或出版领域的同时,也必须看到这些信息服务领域的后起之秀,其信息更新速度是以秒在计算的。相比之下,图书馆中的很多资源还停留在两三年前的内容上[2],有意在未来的竞争中获得一席之地的数字图书馆在资源更新方面应给与高度关注,并尽早付诸实践,与时俱进。

2.1.3 互联互通,内外有别

在资源建设策略上,除了以上提到的与资源提供方紧密衔接之外,还要注重图书馆之间的互联互通,以及对网络共享资源的充分利用。同时,在与搜索引擎等网络服务商合作时还要注意做到内外有别,严格控制合作边界。

---

[1] 刘益,马长云.励德•爱思唯尔集团的经营管理与发展战略研究[J].科技与出版,2011(3):23-27

[2] 周晓燕,张黎.美国的卫生教育资源数字图书馆(HEAL)评析[J].图书情报知识,2011(4):118-121

第 2 章 数字图书馆的资源建设与新型服务

随着网络的普及和人们思维观念的转变，自成体系的封闭式数字图书馆系统已退出了历史舞台，主流图书馆都实现了基本的互联互通，例如统一认证或联合认证等，在网络空间中信息孤岛的现象越来越少了。但同时我们应该注意到今天的读者利用新技术的水平也在提高，对图书馆间资源共享的程度也有了更高的期望值，因此，数字图书馆的联合服务还有较大的开拓空间，国家图书馆馆长周和平甚至指出：一些战略性资源的建设尚存在明显空白。实现互通互联、共建共享已成为业界共识，但在具体落实时，一方面需要行业主管部门加大统一规划的力度，一方面也需要各图书馆提高共建意识，走出各自为政的单体发展模式，主动配合，分工协作。值得一提的是我国数字图书馆的合作方式会有别于以美国为代表的西方模式，在美国，对图书馆群体的划分首先考虑的其地域上的归属，因此比较看重区域间的合作；而在中国，图书馆基本是按行业划分的，同一行业图书馆的合作往往强于地区间的合作，例如大学图书馆之间的合作。

传统图书馆为提高资源利用率，对资源共享的措施早已有之，例如馆际互借，文献传递等。在数字时代，由于数字化资源的易复制、易传播的特点，资源的共建共享在尊重知识产权相关规定的前提下完全可以扩展到更大的范围。经过近十几年的努力，作为数字图书馆的早期服务形式，全国文化信息资源共享工程已经形成了覆盖城乡的服务网络。与此同时，一个覆盖全国的数字图书馆服务体系已初步形成，包括国家级的国家数字图书馆工程，教育部建设了面向高等院校师生的中国高等教育数字图书馆，中国科学院建设了国家科学数字图书馆，科技部等六部委联合建立的国家科技图书文献中心，全国党校系统和部队系统也建设了各自系统的数字图书馆，各地方政府也纷纷将数字图书馆建设纳入本地区信息化建设和公共文化服务体系建设的总体规划之中[1]。

举例而言，中国高等教育文献保障系统（China Academic Library & Information System，CALIS）从 1998 年开始建设，旨在组织全国高校共同建设以高等教育数字图书馆为核心的文献保障体系，为了避免重复建设，参建单位建立了数字资源共建共享机制，贡献各自的特色文献资源，在实现信息资源共建、共知、共享方面发挥出了可观的社会效益和经济效益。以该系统的三期建设为例，在 2009 年至 2010 年期间投资于文献资源建设的经费多达 1 亿元，完成 27 个资源建设项目，如包含联合目录数据库建设、学位论文数据库建设、特色数据库建设、高校古文献资源库建设、西文期刊目次数据库建设、高校名师数字特藏数据库建设等。截至 2012 年 5 月 31 日，CALIS 书目数据总量达到 5 343 815 条，全文文献达到 80 万篇。其建设方式是按各馆的馆藏基础进行分工，形成了三级文献资源保障体系。

---

[1] 周和平.抓住机遇开拓创新加快推进我国数字图书馆建设[J]. 2011 年中国图书馆年会暨中国图书馆学会年会主旨报告.中国图书馆学报，2011，38（197）：004-010

第一级由文理、工程、农学、医学 4 个全国性的文献信息中心构成;第二级包含 7 个地区性文献信息中心;第三级则由其他高校图书馆或社会信息服务机构组成。CALIS 在技术上采用了基于"云计算"的三级分布式数据交换系统,能在中心节点、分节点和本地节点自动完成数据的相互交换,即通过与成员馆图书馆自动化系统和其他本地系统集成,能将多种资源数据依次汇集到分中心和管理中心。同时,CALIS 管理中心也可通过统一数据交换系统实现数据的自动收割,然后自动分发给分中心和成员馆。这种可热加载的智能适配器技术大大提高了节点之间的资源传递效率,节省了大量人力成本。

再如,国家科技图书文献中心(National Science and Technology Library,NSTL),该中心于 2000 年成立,是一个基于网络环境的科技信息资源服务机构。中心由中国科学院文献情报中心、中国科学技术信息研究所、机械工业信息研究院、冶金工业信息标准研究院、中国化工信息中心、中国农业科学院农业信息研究所、中国医学科学院医学信息研究所、中国标准化研究院标准馆和中国计量科学研究院文献馆组成。中心在全国范围建成了 8 个镜像站和 33 个服务站,构成了辐射全国的网络化的科技文献信息服务体系,推动了我国科技文献信息共建共享服务水平。

图书馆在为社会提供信息服务的同时,也需要充分利用网络环境中新兴的各种资源,特别是一些免费的电子书刊、数据库,只要与本馆的定位一致,都应该尽量多地为本馆用户收集、整理。即使是一些收费资源,也可以作为本馆虚拟资源的一部分,建立有效的连接,为本馆用户重组并提供面向专题或面向问题的资源索引,减少用户的查找时间,形成更加完整的知识体系。理论上讲,借助于网络,数字图书馆可以不受限制地把全国乃至全球的信息资源连接在一起,实现信息的高度共享。

在与外界资源建立连接或利用新兴信息技术时,要注意内外有别,严格控制合作边界。与搜索引擎的合作可以作为一个典型,以谷歌(Google)为代表的搜索引擎如日中天,就搜索功能而言,其所收集的信息量、覆盖范围、更新速度和技术水平远远超出了绝大多数图书馆的搜索能力。但是无论搜索引擎如何强大,它都不可能完全取代出版和信息服务,原因在于,其一,搜索引擎并不是信息源,即不创造原始信息;其二,搜索只是信息服务的一种形式,还有许多依赖于信息深加工的高级服务是搜索引擎所做不到的。因此图书馆和出版商在与搜索引擎合作时,只要控制好合作边界,就可以达到双赢的目的,具体来讲,搜索引擎的使命是告诉用户哪有他们关注的信息,这一点搜索引擎依据书名、摘要等可共享的元数据就可以做到,而图书馆和出版社自己才可唯一地在版权保护的系统中提供原始、完整的信息内容。通过这种合作方式既能保护源头创作者的积极性,体现图书馆在分析、整理信息方面贡献的附加价值,同时又能方便广大用户通过强大的搜索技术快捷地找到所关注的数字内容。

在现实中的网络环境中,数字图书馆与搜索引擎公司之间的关系较为复杂,原因至少来自两个方面,其一,对于最终用户而言,搜索引擎先入为主,即在检索的入口甚至界面上完全占据主动,对于搜索到的原始内容,通过自己收集的庞大数据集或平滑的链接弱化了目标资源的归属感,尽管有些资源是得到了授权以后才能够访问的。简单地讲,用户更多地觉得自己是通过搜索引擎获取到的资源,而感觉不到内容提供商的存在。其二,大多数搜索引擎公司已经介入了内容建设,例如谷歌公司就有单独的图书服务(Google Books),百度公司有百度文库[1],虽然它们仍以搜索服务的面貌出现,但本质上已经跨入了内容提供商的领域,而且采用了以广告为主的、与传统内容提供商完全不同的商业模式。在这种新的市场竞争环境中,正在向数字化转型的出版者、图书馆和正在聚集资源的IT公司展开了一场新的博弈,尚未形成稳定的格局。本书将在3.3节进一步探讨三方在知识产权等问题的复杂关系。

2.2 数字化服务的新趋势

随着数字图书馆的快速发展,人们对图书馆的评价标准也发生了变化,从以前看重的藏书量,开始转向提供信息服务的能力大小。诚然包含了数字资源在内的各种资源仍是衡量图书馆竞争力的重要指标,但如果延续"重藏轻用"的传统思想,不对服务进行拓展和创新,即时囤积了海量的数字资源对竞争力的提升也将十分有限。可以将资源的拥有量看做数字图书馆的硬实力,而真正能发挥其作用的相关服务则是更加重要的软实力。借助于多种载体、多种类型的数字化资源,图书馆所能提供的服务也不再局限于简单的借阅服务,而可在文献服务、情报服务、技术服务等各个环节进行全面拓展,最大限度地利用高智力、高技术满足日益增长的个性化服务需求,从而在更高层面体现传统图书馆"以人为本、贴近社会"的人文精神[2]。

2.2.1 借助互动技术,不断提升服务的主动性

数字图书馆的出现改变了传统图书馆"等待读者"的被动服务模式。但是早期的数字化系统,包括现有的一些简单网站仍采用的是单向的、无交互的传递模

---

[1] http://wenku.baidu.com/
[2] 李宏建,白海提,李文芯,陈洁.数字图书馆的反思与转型[J].现代情报,2011(11):34-37

式，因为缺少沟通机制，服务的主动性难以在这种模式中获得充分发挥。随着交互式 Web 网站的广泛采用，使得双向交互问答模式得以实现，数字图书馆服务人员可以和用户直接交流，从而可以详尽地了解用户的各种需求。以交互式智能化参考咨询服务为例，它可以提供多层次的咨询服务接口，对用户的网络信息检索过程进行现场智能化引导，还可以设立交互式咨询台，直接解答用户输入的疑难问题。另外一项有助于发挥服务主动性的技术是网络的推送技术，它可以让服务人员针对用户的需求进行智能化推送服务，即采用电子邮件式推送、网页式推送、专用信息发送与接收软件推送等技术向用户定期提供事先选定的专题信息。可以说网络的互动技术彻底将图书馆的被动服务转变成了主动服务，并通过逐步地与用户的知识活动过程相结合的方式，不断推动主动服务水平的提升[1]。

2.2.2 多管齐下，全方位推动个性化服务

在诸多领域中个性化服务都获得了广泛的推崇，它是一种针对不同用户提供不同的服务策略和服务内容的服务模式，其实质就是以用户为中心，满足用户的个性特征和需求特征的服务。在数字图书馆中，要实现个性化服务需要对用户的信息使用行为、习惯、爱好、特点及用户特定的需要进行跟踪、获取和分析，向用户提供满足其个性化需求的信息内容和系统功能。在数字化的环境中，允许我们采用多种方式来实现这一目标。首先，可以帮助用户建立个人信息资源库，让用户感觉到能在"自己"的图书馆中查找资料，甚至允许下载数字信息或以其他方式进行长久保存，而这对大多数读者而言，在传统的纸书时代只能是一个难以实现的梦想。其次，数字图书馆可以根据用户需要，对特色文献信息进行深加工。包括对原始信息的整理加工，汇编成二次文献，并在此基础上进行更深层次的系统整理、筛选、分析，增加概括性、综合性的描述，汇编成高度浓缩的专题述评、进展报告、动态综述、未来预测等三次文献。第三，是此前已提到的推送技术，这里需要强调的是所推送信息的个性化特征，即完全按照用户所设定的需求进行组织和推送。第四，比推送技术更进一步的是嵌入式服务。尽管数字图书馆的网站已经为数字化服务提供了很大便利，但是"用户必须上我的网站或查收我的推送才能使用我的资源和接受我的服务"的方式割裂了用户信息过程，从方便用户的角度看，图书馆的信息服务还可以做得更加深入，即将本馆的服务功能嵌入到用户的工作流程中，从而将资源与服务直接推送到用户本地的信息系统中，用户在不中断流程、不切换系统的情况下即可获得及时准确的服务结果。第五，个性化的文献检索系统可以记录读者的需求偏好、使用习惯等细节信息，对于相同的

---

[1] 陈雅，朱慧. 我国数字图书馆的信息服务模式研究[J]. 数字图书馆论坛，2011（9）：15-18

检索条件，可以根据读者的差异返回不同的、针对性更强的检索结果。第六，通过对用户所使用信息进行分析，发现用户潜在的兴趣，预测并提供用户可能感兴趣的其他信息。第七，利用在线咨询和帮助功能满足用户的个性化要求[1]。

2.2.3 融合社会化网络，聚集更多服务外援

社会化网络服务（Social Networking Services，SNS）的兴起在于与它们聚集的对象是人，而不像传统网站以信息或功能为中心，越来越多的人采用社交网站作为其接入互联网的主要方式证明了此种方式对互联网发展趋势的代表性。多年来图书馆一直强调文献资源的建设，不太重视或没有切实可行的技术手段来管理图书馆的另一个宝贵资源——用户，SNS的出现，使得图书馆也可以采用类似的机制，将分散的用户们聚集起来，甚至会聚成一个专业型用户网络，使得用户能够有效地利用资源获取知识，也使知识能够通过用户得到更快的传播。

图书馆在构建社会网络社区方面具有一些自身优势。首先，图书馆拥有一批相对稳定的用户群，在高校和科研机构，大量的固定数量的读者就是图书馆网络社区的天然用户，行业图书馆也吸引着大量的专业读者，这些思想活跃、年轻有为、具备专业技术知识的精英是图书馆社区最宝贵的财富。其次，图书馆拥有资源，这也是构成社区的基础，读者可以在获取信息知识的同时讨论和交流，这也是其他一些教育科研社区无法比拟的优势。

网络社区的建立可以为数字图书馆带来诸多好处，例如，提供一种宽松的交流环境，有利于促进隐性知识显性化，有利于提高科研效率和水平，也有助于提升图书馆的服务质量。但由于体制的约束和技术上原因，图书馆采用社会网络服务也有一定的困难，而且SNS的无序性也会为数字图书馆的管理带来较大的风险[2]。

从目前情况看，专家博客也是一种拓展数字图书馆服务的重要方式。将知识博客应用到数字图书馆的日常工作和实践研究的领域中去，可以提高图书馆的工作效率、优化知识管理模式的理念，提高数字图书馆的被关注度，让更多读者利用和共享数字图书馆的信息资源。除了有限的本馆馆员博客，应大量鼓励开辟专家博客可以将不同学科领域的知识更专业、更方便、更快捷地提供给广大读者。给这些专家一个独立的日志空间，邀请专家在博客上发布他们的研究思路、学习经验、研究方向，等等，并与其他专家博客建立链接，形成一个专家博客圈，从而让读者享用到更加丰富的前沿信息[3]。

[1] 唐梅,毕志蓉,刘素颖.浅谈数字图书馆的个性化服务[J].科技信息，2011（31）：293-326
[2] 王欣,王程.数字图书馆社会网络化之路[J].图书情报工作，2011（19）：73-77
[3] 秦荀.当知识博客遇到数字图书馆-知识博客在数字图书馆中的应用探讨[J].四川图书馆学报，2012（1）：27-31

2.2.4 紧跟移动互联,将服务做到无微不至

在图书馆界有一个一直以来追求的 5A 理想:任何用户(Any User)在任何时候(Anytime)、任何地点(Anywhere)可以获得任何图书馆(Any Library)的任何资源(Any Information Resource)。作为当今世界发展最快、市场潜力最大、前景最诱人的业务——移动互联网无疑在很大程度上推动了这一理想的实现。简单讲,原因可归结为三点,即 3G 和 WiFi 提供了高速上网和足够大的覆盖面;以 iPhone、iPad 为代表的新一代移动终端集成了高分辨率、触摸功能、GPS、摄像头等新特性,提供了友好的交互体验;移动应用程序(简称 APP)迅猛发展,种类繁多,覆盖了各类应用。在出版界已经纷纷登录了平板电脑、电子书阅读器和智能手机等移动阅读终端的同时,很多图书馆也立足于本馆丰富的信息资源和服务经验,打破时空局限开辟了新的服务渠道。例如,利用手机短信等开展虚拟参考咨询服务;通过手机网站提供移动图书馆书目检索(移动 OPAC)服务;借助手机上的二维码识别将物理馆藏联通到互联网上;基于移动终端的定位功能构建增强现实的场景服务。这些新服务获得了用户的广泛好评,由此可见,依托比较成熟的移动通信网络、互联网以及多媒体技术,使人们不受时间、地点和空间的限制,通过使用手机、平板电脑、E-Book、笔记本等移动设备来方便灵活地获取图书馆的资源与服务,是无线通信网络环境下对数字图书馆服务功能的进一步延伸[1],并拥有广阔的发展前景。

2.3 具有代表性的数字化服务

传统图书馆最基本的功能是采访、编目、流通和库存。其中,读者接触最多的是馆藏检索。以此为例,在数字化时代,馆藏不仅包括各种数字化的馆藏信息,还包括各种数据库资源、镜像服务资源,以及经加工整理后的网络信息,对数字馆藏的要求是目录应与馆藏本身无缝连接,以便远处用户也能找到并显示书目信息和原始信息本身。此外,随着信息技术的广泛应用,数字图书馆发展出了一些新型的数字化服务,例如虚拟咨询、定题、学习共享空间和虚拟研究环境等。

---

[1] 陈雅,朱慧.我国数字图书馆的信息服务模式研究[J].数字图书馆论坛,2011(9):15-18

2.3.1 虚拟咨询服务

虚拟咨询服务 VRS（Virtual Reference Service）或称数字参考服务、网络参考咨询服务，是一种基于 Internet（或 Web）的帮助服务（Help Services）机制。主要是指在数字化、网络化的信息环境下，图书馆利用网络、计算机工具和技术，将馆藏资源与网络信息资源进行收集、整理和加工，通过电子邮件、FAQ 系统、实时问答等多种方式向用户提供的参考咨询服务。包括个人用户和企业用户。虚拟咨询服务是一种顺应时代发展的新型咨询服务方式，是图书馆发展到一定阶段的必然产物，是现代图书馆读者服务工作的核心业务。

虚拟咨询服务产生于 20 世纪 80 年代的美国。1984 年，美国马里兰州巴尔迪摩大学健康科学图书馆首先推出"参考服务的电子化访问"，被视为世界上首个真正有意义的虚拟咨询服务。1989 年美国佛罗里达州 Gainsville 大学 George A. Snlathers 图书馆创建电子邮件咨询服务，成为虚拟咨询服务发展的重要方向。1995 年密执安大学利用美国教育资讯信息中心 1992 年推出的基于 Web 表单的咨询服务建立"因特网公共图书馆"（IPL），IPL 发展至今，是世界上最成功的虚拟咨询服务之一。1997 年，加州大学 Irvine 分校推出利用桌面视频会议技术为学生提供实时交互式的虚拟咨询服务的科学咨询台，使得 1995 年出现的实时虚拟参考服务登上历史舞台。与此同时，英国建立了全国性的虚拟参考咨询系统，即 Ask A Librarian，图书馆进入了联合参考咨询服务的时代。随后，美国相继提出多个联合虚拟参考咨询服务。包括美国教育部资助的虚拟咨询台（Virtual Reference Desk，VRD）及美国国会图书馆与 OCLC 合作开发的合作虚拟咨询服务（CDRS）。

我国虚拟参考咨询服务起步较晚，1999 年清华大学启动的"图书馆百问"是我国虚拟咨询服务的最初形式。2001 年成立的网上联合知识导航站是我国第一个联合参考咨询服务系统，向用户提供实时在线咨询服务和表单、邮件咨询服务。其加盟馆包括浙江图书馆、宁波市图书馆等 16 家图书馆。2003 年中国科学院国家科学图书馆网上咨询台投入使用，是我国虚拟咨询服务的代表性机构之一。2005 年，高校图书馆联合虚拟咨询服务也在我国出现，即 CALIS 分布式联合虚拟咨询服务系统。该系可提供检索服务、表单咨询和实时咨询服务。2011 年 CALIS 推出了联合参考咨询云服务平台。除此之外，省立图书馆也相继推出了虚拟咨询服务系统，如广东省中山图书馆牵头成立的联合参考咨询与文献传递网。

1. 虚拟咨询服务内容

虚拟咨询服务与传统的参考咨询服务在提供的知识、信息或是情报的本质上没有变，但是服务形式、内容等方面发生了巨大变化，呈现出新的特点。虚拟咨询服务具有参考资源多样化、服务对象广泛化、服务方式多元化的特点。

虚拟咨询服务的参考信息源主要是数字化的知识资源,包括文字、图像、声音和视频,极大地丰富了信息源的数量和内容,使虚拟咨询工作获得了强有力的支持,为虚拟咨询服务能够向读者提供全面、准确、快捷的优质咨询服务提供了可靠的保障。尽管内容数量有所增长,虚拟咨询服务由于采用数字检索技术进行文献检索,检索效率不减反增。而且这种检索方式使得图书馆更好地进行知识管理,有利于对知识的不断开发和利用。另外服务过程和结果也可以通过计算机技术保存,有利于知识的积累。

虚拟咨询服务跨越时空障碍,服务对象范围从本馆读者扩大到社会用户,变得更加广泛。任何人均可通过网络向各地、各类型图书馆提出咨询问题和接受咨询答复。图书馆参考咨询服务对象的不断扩大,反映了图书馆全面开放的社会化趋势,同时也说明了未来图书馆将承担更多的社会责任,发挥更大的社会服务功能。图书馆信息资源更具有共享性,可以在更加广大的地域内开展信息咨询工作,因此也就具有更加广阔的生存和发展空间。

虚拟咨询服务采用计算机技术为用户提供了各种功能强大、灵活、方便、实用的检索工具。咨询员可通过工具帮助读者找文献线索,解决疑难问题,实现互动交流,提供快速、准确、及时的信息咨询服务。

虚拟咨询服务从产生到现在,经过二十多年的发展,形成了许多服务方式,包括电子邮件、FAQ、Web Form、网络聊天、视频会议、网络共享白版、网络呼叫中心、联合资讯服务等。其中,电子邮件—网络表单咨询服务模式、实时咨询服务模式、联合咨询服务模式和网络呼叫中心虚拟咨询服务模式是虚拟咨询服务的基本类型。

电子邮件—网络表单咨询服务模式是最简单、最流行的一种方式。分为基本的电子邮件(Basic E-mail)和网上表格(Web Form)两类。基本的电子邮件是在图书馆主页上设立电子邮件地址链接,用户通过点击链接启动电子邮件软件,将写好的问题发送给图书馆,图书馆解答问题后通过邮件发送给用户。网上表格是用户填写在网页上显示的表格,提出问题,然后点击"发送"即可将咨询的问题通过服务器发送给图书馆。咨询人员从网站数据库获取问题并进行逐一解答。

实时咨询服务模式是参考咨询员和用户通过网络以即时交互的方式来咨询问题的服务方式。这是一种真正的、在虚拟环境下用户与专家的交互过程。目前,国内外开展起来的实时参考咨询主要有以下几种形式:①实时参考咨询(Real-time Reference 或称 Live Online Reference)。其最大优点就是交互性和实时性。比较有名的系统有 ICQ、AQL Instant Messenger、Livehelper、Convey、Live Assistance、Virtual Reference Desk 等。②聊天室(Internet Chat)。这种方式能让双方及时进行文本信息的交互,双方所有信息都显示在一个界面上,实时进行交互。比较流行的软件产品有两类:即时通信系统和网络聊天室。③共览和传送(Co-Browsing&Escorting)。咨询馆员和用户能够同步利用彼此的浏览器,看到对方正在浏览的网页。当一方的内容改变以后,另一方的内容也随之改变。咨询馆员可以作为主动方,带领用户在一些 Web 页面中"穿插"浏览。另外,实时参考咨询还有其他功能,如实时监控(Real-time Monitoring)、表格共享(Form Sharing)、白板(Whiteboard)、分组(Group)、网络会议(Net meeting)、图像(Image)等。

联合咨询服务模式是由两个或更多的图书馆联合起来,为用户提供虚拟咨询服务的模式。这种服务模式下,多个图书馆通过一定协调机制共同向用户提供服务。该模式整合了多个图书馆的资源,提高了服务品质。正在成为目前虚拟咨询服务的主流形式。根据联合的范围来看有三种模式:一是全球性合作,如 OCLC Question Point 全球化的数字参考咨询服务合作,我国北京大学图书馆、清华大学图书馆、中山大学图书馆等加入其中;二是全国性合作,目前国内已建成的有全国图书馆信息咨询协作网,广东省立中山图书馆等多家图书馆合作开展的"网上参考咨询",三是地区性合作,如北京 30 多所高校参加的"北京高校网络图书馆参考咨询系统"等[1]。

网络呼叫中心是链接和协调不同虚拟咨询服务模式的系统软件。网络呼叫中心虚拟咨询服务模式一方面通过电子邮件、网络表单、实时交互工具来收集用户信息;另一方面利用图书馆的知识库对问题进行分类处理,简单或已回答过的问题通过智能化的网络呼叫中心自动匹配答案,复杂的问题根据网络呼叫中心的规则,以实时咨询或电子邮件咨询的方式分配给不同的咨询人员。

随着数字化图书馆建设的进一步推进及图书馆综合服务的不断提高,现在有越来越多的图书馆使用了一些 Web2.0 的工具,结合 RTX 腾讯通、QQ、微博等通信工具,通过数据接口,提供实时参考咨询服务。此外,随着 3G 时代的来临,移动终端成为数字图书馆服务的新平台,用户可以与手机、平板电脑的绑定,实现虚拟参考咨询。

2. 虚拟咨询服务对图书馆的作用

首先,虚拟咨询服务扩大了图书馆的用户群,加速了知识的传播。图书馆是一种公益性的社会组织,其存在意义是促进知识的保存、传播和共享。虚拟咨询服务的出现使得图书馆的这种社会职能得到更大的发挥,能够使任何人在任何地方都可通过互联网获得所需的文献和知识资源,大大扩展了用户群,同时虚拟咨询服务可以更快更好地帮助用户获取所需资源,高效高质的解决用户需求。

---

[1] 杨淑萍.国内外图书馆数字化参考咨询服务模式研究[J].江西图书馆学刊,2008,3(38):86-88

第二，虚拟咨询服务更符合无纸化办公的趋势。计算机技术的飞速发展，使我们的生活进入了数字时代，越来越多的科学研究、报告的编写都直接在计算机上实现，通过网络传递。虚拟咨询服务契合了无纸化办公的要求，也符合用户对信息快速传递的要求。

第三，虚拟咨询服务符合数字化图书馆的发展趋势。随着计算机的发展，越来越多的知识、信息将用数字化的方式存储和传播。电子化、数字化的文献也成为图书馆馆藏的重要组成部分。要充分利用纷繁复杂的数字化信息，单凭数据库自带的检索功能是远远不够的，用户迫切需要与数字化相应的虚拟咨询服务。虚拟咨询服务满足用户在图书馆以外的场所获取资源的要求，为各行各业提供专业知识，数字化资源方便用户在各种数字化设备上进行携带和传播，虚拟咨询服务迎合图书馆数字化的趋势，是数字图书馆的必然之选。

3. 虚拟咨询服务存在的问题及发展趋势

虚拟咨询服务是近二十年发展起来的，由于其自身存在的一些问题，在世界和我国的发展都还不充分，具体表现为以下几个方面。

（1）服务质量控制问题

目前虚拟咨询服务的主要形式是合作式的联合虚拟咨询服务。这种方式需要不同图书馆、咨询员通过表单、邮件、实时咨询等方式向用户提供服务，但是由于各图书馆资源情况不同，各馆员素质不同，很难向用户提供标准一致的虚拟咨询服务。如何对虚拟咨询服务的质量进行有效控制是虚拟咨询服务面临的重要的现实难题。

（2）知识产权问题

虚拟咨询服务中很大一部分内容是数字文献的传递，不可避免的涉及知识产权的问题。例如，图书馆在购得知识版权后，拥有数字文献的使用权，是否同时拥有收益权？向用户传递数字文献是否超越了授权范围？最终用户是否具备数字文献的处置和收益权？清晰地界定数字文献的版权是虚拟咨询服务发展的必要条件。

（3）合作图书馆之间缺乏相互协调

联合虚拟咨询服务是由一个发起图书馆联合多个图书馆建立起来的服务形式，这就涉及各馆之间合作及协调问题。首先是问题的分配。系统根据各馆特点对问题进行自动分配，这很容易因为用户使用自然语言造成判断不准确；另外，各馆员可能是领域专家，但不是全职工作人员，工作时间不确定，因此系统很难确切了解各馆资源，造成问题的分配具有一定的盲目性，难以保证资源的优化配置。第二个问题就是图书馆之间的协作问题。联合虚拟咨询服务目前的主要形式是各馆单独回答问题，面对复杂问题需要不同图书馆进行联合解答时，难以形成馆间相互协作。

(4) 利用率低

一方面，由于互联网的不断发展，商业网站参考咨询服务和搜索引擎吸引了大批用户。用户可直接在搜索引擎中找到问题的答案，对于已经解决的问题，不需要等待咨询人员的解答。由于商业网站的开放性和共建性，聚集了大量用户，对图书馆的虚拟咨询服务形成了新的挑战。另一方面，图书馆的虚拟咨询服务是公益性服务，宣传和推广不足，且提给虚拟咨询服务的问题大多不能通过搜索引擎找到，使得图书馆虚拟咨询服务网站流量较少，导致在网民中的认知度低。

除了以上几种一般性问题外，我国图书馆的虚拟咨询服务还存在数字内容质量不高、技术不纯熟、咨询馆员素质不高、组织管理体系不完备等问题。

在未来的发展中，首先，要建立全球统一的虚拟咨询服务质量控制体系，做好对信息源的控制、对咨询人员的控制、对咨询服务流程的控制和对参考咨询结果的控制，提高服务的质量；其次，要规范虚拟咨询服务的知识产权问题，找到对利益相关方都有利的解决方案；最后，建立超越各图书馆虚拟咨询服务部门的联合虚拟咨询服务组织加强各馆之间的协作。此外，我们还需要对咨询服务进行知识管理和积累、不断提高系统的智能水平、不断研究和推出新的互操作机制等，全方位地提高虚拟咨询服务质量。

2.3.2 定题服务

定题服务（Selective Dissemination of Information，SDI），也称为跟踪服务、对口服务，是指由信息服务机构根据用户的特定需求，确定服务主题，然后围绕主题进行文献信息的收集、筛选、整理，以定期或不定期的形式提供给用户的一种信息服务业务。

定题服务产生于 20 世纪 50 年代末，到了 80 年代有了长足的发展。50 年代末 IBM 公司的卢恩提出以自动化的方法，对科学家和工程师提供"近期资料通报服务"（Current Awareness Services），台湾同行译为新知服务，香港译为最新时事资料服务。就是利用电脑来处理信息，提供服务。IBM 公司在卢恩提出定题情报服务构想的第二年，开始推出 SDI—1 等系统，应用电脑技术开展定题情报服务。60 年代我国开展定题服务工作，当时只能采用手工操作，服务范围、信息服务的载体、业务工作的水平和质量等均受到很大限制。80 年代随着计算机在图书馆的普及、网络的快速发展以及大量电子出版物和检索软件的有力支持，SDI 走向网络，成为新时代图书馆的典型服务。

1. 定题服务特点及步骤

定题服务是一种特殊形式的检索服务。这种服务使用户能及时了解与研究课题相关的动态信息，为研究课题的顺利完成提供相关参考信息保障。SDI 的开展节省了用户查找资料的大量时间与精力，极大地满足了用户的需求，具有主动性、针对性、有效性的特点。

定题服务是一种主动性的服务工作。一方面，可以主动将重要的实时的信息立即推介给用户，实现"信息找人"，即个性化服务。另一方面，由于采用自动推介技术，信息自动传递，大大减少了用户的重复操作，有利于用户与馆员之间的交流。

定题服务是一种针对性很强的服务工作，其实质是信息服务内容的个性化，即对不同的用户采用不同的服务策略，提供不同的服务内容。

定题服务是一项连续性服务工作。它要求文献信息要不断更新、补充，动态跟踪其科研活动直到课题完成。只有保证自始至终地、及时地、连续不断地提供文献资料服务，才能满足课题研究不断深化的文献信息需求，才能保证课题研究持续有效地进行。网络环境可以保证文献资料及时发送到用户信箱中，使用户能够及时获得。

在提供定题服务时，应遵守主动性、全面性、典型性和时效性原则。

（1）主动性原则就是学科馆员发挥主观能动性，时刻关注学科用户的研究动态，及时与之沟通，了解用户的需求。学科馆员要了解国内外相关学科领域研究发展动态，了解其发展热点、态势和科研进展情况，主动收集有关文献并加以积累，选择具有前瞻性、针对性的服务课题，寻找有需求的用户。在定题服务过程中，学科馆员更要具有主动性，及时与用户沟通，以保障服务质量。

（2）全面性原则就是以用户研究所需为线索广泛收集与学科课题本身及其相关的文献信息资料。课题的研究需要足够多的文献信息资料。研究人员唯有占有最大范围内的资料才能全面了解课题的来龙去脉，才能站在课题研究的前沿位置，减少课题研究的盲目性，进而对课题研究进行创新；唯有占有大量的资料才能发现前人研究的不足和研究的空间，借鉴他人研究的经验教训，保证课题研究的顺利进行。学科馆员在定题服务中一定要尽最大可能收集最全面的资料，要保证所收集资料的完整性，从而保证信息资料的使用价值。

（3）典型性原则就是学科馆员从庞杂文献信息资料中去芜存精，筛选出最具代表性的资料，以保证推送资料的质量。信息技术的成熟，使得许多学科每天都会产生大量的新鲜资讯并被发布到网络。这导致学科研究信息资料查全的可能性越来越低，制作二次文献提供给用户使用也变得越来越困难。学科馆员在广泛收集的基础上，筛选出具有典型性的资料推送给用户就显得至关重要。在定题服务中，学科馆员既要广泛收集和阅览相关信息资料，防止以偏概全，又要进行有针对性的筛选，以获取典型性资料。

（4）时效性原则就是学科馆员在定题服务中要注意所收集的信息、加工整理和推送的信息资料具有时间效益。文献信息资料内容是具有一定使用时效的,如果学科馆员在收集信息资料过程中用时过长,则可能导致所收集的资料在整理过程中就已经失效。此外学科馆员不注意时效性还会拖延用户课题研究的进度,降低用户对图书馆的信任度。因此学科馆员在接受任务后要及时与用户沟通,了解用户需求,在受委托时间内尽快完成信息资料的收集整理推送工作,充分发挥信息资料的效益。

定题服务的主要程序包括以下 4 个方面。

(1) 接受课题:在正式接受课题委托时,课题委托人应按照要求,认真填写《定题跟踪服务工作单》,提交详细描述课题的背景资料,并且有责任向定题工作人员说明该课题的技术特征,以便工作人员全面了解项目的内容、特点、创新点、要求等。

(2) 确定检索范围:根据课题委托人提供的以往掌握的文献情况,确定检索范围,如检索时间段、语种分布、文献类型分布等,然后再选定相关的检索工具和数据库。定题跟踪服务根据课题委托人查全或查准的具体要求,工作人员可适当扩检或缩检。课题委托人根据情况,也可以推荐或指定检索范围,供工作人员参考。

(3) 制定检索策略:在充分理解课题的实质内容和用户的委托要求后,工作人员选择恰当的检索词,根据各个检索词之间的相互关系,制定出准确的检索策略,并根据检索结果和用户的反馈意见不断调整检索策略,直到查到满足需要的相关文献。

(4) 提供定题跟踪服务成果并建立档案:提供题录、文摘、原文等课题服务成果,并将课题服务全过程检索的情报资料和相关工作记录加以归档保存,作为今后开展定题跟踪服务的依据。

2. 定题服务的作用

定题服务可以推动学科的学术研究。学术研究是指借助已有的理论、知识、经验与方法对科学问题的假设、分析、探讨和推出结论的研究过程,其结果力求符合事物客观规律,是对未知科学问题的某种程度的揭示与解释。其过程主要包含对信息和文献资料的收集、整理、加工和利用。定题服务可以为研究人员提供及时的、有针对性的知识服务,帮助研究人员在浩如烟海的资料中获取需求信息和文献,节约研究时间,提高研究效率和学术研究质量与数量,使科研人员及时了解和掌握学科前沿和最新发展动态。还能为科研立项、成果查新、技术革新提供有力论证,促进科技与生产的发展,是"科研工作的生命线"。

定题服务有利于提高服务人员的业务素质,同时可以促进学科队伍的建设。定题服务人员需要在主动性、全面性、典型性、时效性原则下,为用户提供连续的、价值高的文献信息，必须深入地进行课题需求调研，准确地掌握课题研究对文献信息的各种需要，还必须将围绕课题收集到的文献信息进行有效的重组、浓缩和深加工，善于从中发掘、分析、选择、整理出最有价值的文献信息精品。所以定题工作人员在具有一定的学科知识和计算机知识的基础上，还需要不断丰富自己，完善自己，做好定题工作。同时，科研人员通过接受图书馆提供的定题服务可以不断接触学科领域系统、全面了解前沿研究信息和研究成果，从中吸收最新的学科、专业知识与研究方法，逐步完善和更新自己的知识结构，促进教师和科研人员队伍成长。

定题服务变被动服务为主动服务，充分发挥了馆藏书刊的作用，拓宽了文献服务的范围，提高了图书馆的地位。在定题服务过程中工作人员需要主动与用户联系，征求用户对定题服务的意见和建议，及时了解用户的研究进度，不断地更新、补充新资料，尽量让用户以最少的时间、最快的速度和最简便的方法获取最需要的文献资料，动态跟踪其研究活动直到课题完成。更大限度地发挥了馆藏书刊的作用。同时，由于用户不再局限于传统的特定机构或某些传媒，政府、大学、研究机构、社会团体、公司企业甚至于个人都可以提出需求，拓宽了文献服务的范围，使得图书馆的地位日益上升。

3．定题服务今后的发展

定题服务从产生到现在已经日趋成熟，但是也存在一些不足，在今后的发展中，我们应该重点从以下几个方面进行改进。

首先，加强网络信息资源建设。丰富的文献信息资源，是图书馆广泛而深入的开展定题服务的基础。随着网络技术日益发达，信息化的快速发展，网络信息资源不断丰富，要加强定题服务，加强网络信息资源建设。这种建设主要包括：其一，开发网络信息和建立网络专题资源库。图书馆要不断收集网络资源，并对收集到的网络资源进行筛选和分类，把国内外有关的信息资源连接起来，根据需要，建立网络专题资源库。其二，建立学科建设专题数据库。图书馆应尽量收集学科的学术信息，建立成果数据库、论文数据库、人才数据库等。其三，建立信息导航系统。在定题服务工作过程中，定题服务人员遇到的普遍难题是如何在纷繁复杂的网络资源中检索、筛选和优化文献信息资源。图书馆应根据学校学科建设的信息要求，在主页上用链接的方式建立信息导航系统，有计划、有步骤地对学科信息予以广泛收集、筛选、梳理、储存，使各学科用户在网上能迅速查到自己所需的文献信息。

其次，要加强定题服务人员队伍建设，提高服务质量。定题服务是一种面向科研的知识服务，面向科研服务是一种基于资源、技术、人力合作的更加复杂的多层次、全方位的合作，人的因素有很大的决定作用，要求图书馆服务能够嵌入到用户的科研活动中。这就是说,要加强定题服务,首先必须加强定题服务人员队伍。一方面,创建定题服务知识团队。另一方面,建立和完善学科馆员制度。组织一批既熟悉本馆所拥有的各种信息资源,具有较强的文献信息组织能力,又熟悉某一学科教学科研情况,对某一学科专业有较深了解和研究的图书馆员分别承担起专门为某学科用户提供深层次信息资源服务的工作,提高服务质量。

2.3.3 数字图书馆对 E-Learning 的支撑和学习共享空间的营造

E-Learning 是 Electronic Learning 的缩写,又称"数字化学习"。2000 年,美国教育部在其对外公布的《教育技术白皮书》中指出,E-Learning 是一种由新出现的沟通机制与交互方式组成的学习教育方式,强调利用数字化技术来改进和提供教育。主要包括:计算机网络、多媒体、专业内容网站、信息搜索、数字图书馆、远程学习与网上课堂等。

E-Learning 涉及的主要功能有信息资源共享、授课教学、学习论坛、自我测试等。信息资源共享指可以为学生提供文本内容、图形图像、3D 动画等多种资源,包括教学资料、考试资料、模拟题库、教学课件等各种素材,满足学生随时获取信息的需求。授课教学功能是通过网络环境实现的不受时间空间限制的个性化教育。学生可根据自己情况,进行在线学习。学习论坛为老师和同学的交流所提供的平台,在学习中遇到的各种问题可通过学习论坛进行交流讨论。自我测试可根据学生学习进度,分科目、章节、段落进行测试,也可根据设定题库抽取试题的方式进行在线考试,此功能可对测试或考试结果进行分析、评价,以及形成报告,对学生进一步学习提出建议。

E-Learning 是以现代信息技术与课程整合为途径的一种学习方式,与传统的学习方式不同,在 E-Learning 的环境中更加提倡学生的主动学习。学习过程不再依赖单一的现场讲授与课本的学习,而是在丰富的数字资源和便捷的数字化平台的支撑下,鼓励学生主动探索、发现知识,同时可以借助互联网与教师和其他学生开展协商讨论和合作学习。学生由知识内容的被灌输者逐渐转变为拥有更多主动权的探索者。E-learning 的其他特点还包括:学习时间的灵活调度、学习空间的虚拟化、学习内容的高度聚合和广泛连接,以及学习交往的平等性[1]。

1. 数字图书馆对 E-Learning 的支撑

E-Learning 环境下,图书馆在教育信息化中承担着调动、配置教育资源,实现

---

[1] 张芳.E-Learning 对高校图书馆服务的挑战[J].新世纪图书馆,2006(1):57-59

教学资源、信息资源整合的重任。具体来讲，图书馆是数字化内容的主要组织者与保存者，有责任为 E-Learning 提供信息整合、信息发布和信息交流的平台。一方面，图书馆要为教师制作课件等提供素材服务和发布服务，另一方面，为学生获得更好的学习体验，需将自己的服务嵌入到用户的信息空间，更为紧密地对资源进行信息集成和导航。因此图书馆可凭借自身的资源优势，应与学校各学院建立相应的 E-Learning 合作机制，成为 E-Learning 服务的主体。

（1）资源的重新整合

2000 年美国教育技术 CEO 论坛的报告明确指出："为了创造生动的数字化学习环境，培养 21 世纪的能力素质，学校必须将数字化内容与各学科课程相整合，以便提高学生的学习质量与效率。"换言之，实现 E-Learning 的途径就是将数字化内容与学科课程相整合，特别是在网络环境下实现这种整合。为此要求图书馆对教育资源的形态、内容做出相应的调整。资源的收集不再是网上资料的简单累积，而是大量数据、档案资料、程序、教学软件、新闻组、精品课程等教学资料的高度整合。资源的用途将以满足个性化需求为主，从被动提供固有信息产品转向有针对性地向用户提供个性化的新产品。

E-Learning 所营造的新型学习情境也将在很大程度上影响数字图书馆整合、提供资源的方式。例如，在有的学习情境中，学习者们因为共同的学习目标、学习兴趣、或者某一特定的问题形成了临时性的虚拟协作学习群体，此时 E-Learning 需要提供的是问题描述与理解技术、信息匹配、检索和推介技术；在另外一种情境中，学习者本身在现实世界中就同属于一个团体，其学习内容和过程具有很强的相似性，此时 E-Learning 需要提供的是对实际学习环境的模拟，以及对共享学习资源的会聚与梳理。

（2）信息素质的提升

信息素质即利用大量信息工具及主要信息源使问题得到解决的技术和技能，最早是由美国信息产业协会主席保罗于 1974 年提出的，其主要内容包括：信息意识、信息能力、信息道德。图书馆通过文献检索课等来实现对用户信息素质的培养。随着整个社会信息化的发展，资源获取方式、途径及简单的问题咨询已经不能满足读者的需求，为使图书资源真正被用户利用起来，图书馆在加强馆藏建设的同时，需要不断推出新服务，建立互动平台，这其中就包括以知识服务为目标的数字化教育学习环境的建设，即 E-learning 教育环境的建设。该环境不仅要让学生了解和掌握数字图书馆各类知识，还要让学生掌握通过网络检索各类资源的基本技能，帮助学生选择最合适的信息检索工具，引导学生利用网络重组信息资源和完成相关的研究任务，指导学生对各类信息进行合理利用和正确评价，提高学生的社会意识、法律意识和心理行为意识。

第2章　数字图书馆的资源建设与新型服务

（3）提供在线教育平台

数字图书馆提供 E-Learning 学习平台，教师提供教学内容，学生可不受时间和空间的限制，根据个人需求，访问 E-Learning 平台提供的学习资源，自主学习，不断提高知识技能。

这种学习方式目的性强，能快速解决工作中实际的问题。同时，E-Learning 学习平台也可为馆员提供专业技能知识，使馆员的学习由被动转化为主动，自觉获得和补充专业知识。

（4）"一站式"学科服务

E-Learning 强调资源的数字化获取，没有数字化学习资源，就谈不上自主学习、合作学习，所以数字化学习资源经过整合后的完整程度就显得格外重要。图书馆在提供教学信息服务平台时，应将资料提供、在线学习、论坛和测评等功能集中于一体，改善原来分散的学习流程及单向沟通反馈不及时现象，采用一个检索入口，一个检索策略的一站式服务，形成统筹规划、相互协调、协同利用的资源体系，大幅提高学习效率，改善学习体验。

2. E-Learning 对数字图书馆的影响

（1）教育资源的积累与创新

E-Learning 环境下，教育信息资源正在发生着巨大转变。传统教科书已经不再独享主导地位，占据主流的是各种电子图书、学术论文、研究报告、网络资源等参考资料，而且多媒体信息技术使学习方式及设备多样化，学习者已不仅通过文字来理解知识，还会通过图片、声音、影像等非文本资源来学习，未来还可能依靠更先进的设备，通过感知、操作等来进行体验式学习；此外，随着科技的进步，各种新型装备，如个人电子阅读器、智能手机等移动终端、多媒体互动学习平台、模拟空间练习器等都将成为学习者的钟爱。因此图书馆要建设与新型教育环境相配套的技术装备和信息服务。

（2）服务方式的创新

针对用户教与学的需求，图书馆的教育资源服务要主动将资源、服务与学习环境进行整合，提供以学科、课程为单元的知识服务。以课件为例，图书馆可把有关的开放课件资源站点地址进行组织与整合，建立分类导航图，简单明了地揭示资源的分布情况，方便用户浏览检索，全面提高学习者利用开放课件资源的效率。同时，图书馆的 E-Learning 门户还可针对特定学科开放课件资源的增强管理功能，例如自动发现、采集、组织、存储、整合与更新，针对该学科的 E-Learning 用户群体提供个性化的开放课件资源推送服务。

随着学习终端日新月异的发展，图书馆要及时把信息服务延伸到新型设备中，如 iPad 和智能手机等移动终端，有效地支持教师与学生之间的知识分享和教学互动，同时又能管理所提供信息资源服务中的版权事务，这些都迫使图书馆要持续地进行技术升级，以及服务的突破及创新。

（3）知名度的提高

网络技术和信息技术的发展，为图书馆开展教育资源服务提供了更好的条件，资源与服务可以在网上共享、传递，E-Learning 环境下，通过个性化、精品化、特色化、远程化、实效化的服务，图书馆也得到了更多宣传自己的机会。

3. 学习共享空间简介

学习共享空间（Learning Commons，LC）是 1992 年 8 月由美国爱荷华大学图书馆开设的"信息拱廊（Information Arcade，IA）"服务发展而来的。LC 是图书馆为适应学校教育改革的要求、为满足学生对协作式学习环境的需要而兴起的一种以学生为中心的，融合 IT 技术、多媒体设施、学习帮助服务和参考咨询功能为一体，以培育学生信息素养、实践技能、信息检索能力为目标的新型服务创新模式。学习空间不仅是一个具有物理意义的空间概念，而且是一个对体现教学参与者人际组合具有社会学意义的空间形态。这种新型学习空间环境，以一种"深度学习"的方式拓展或改变学习者的意识，加深学习者的内心体验，促进他们的社会交往，丰富他们的社会情感。21 世纪，学习共享空间在美国、加拿大、澳大利亚、新西兰、德国、爱尔兰等国的大学图书馆相继涌现，成为西方发达国家大学图书馆服务的潮流。国内最早的大学图书馆 LC 始于 2007 年复旦大学视觉艺术学院的"信息共享区"。在这之后，上海师范大学、厦门大学、武汉大学等高校图书馆也在积极规划和筹建学习共享空间。

LC 由实体环境和虚拟环境共同组成，前者是指读者学习、交流、合作和活动的物理场所；后者是指互联网络平台上运用现代信息技术为学习者构建的学习、交流、协作及共享思想和知识的虚拟场所。其主要功能一般包括 4 个方面：一是集成数字、印刷、多媒体资料等各种信息资源，配备先进设施，创建多功能数字化学习共享空间，继承和发展信息共享空间开放获取、资源共享和空间整合的优势，提供"一站式"服务环境，体现了资源的集成性。二是努力构建学习型社区，营造一种宽松和谐的学习氛围，强调"协作交流"在学习和知识创造中所发挥的作用，支持学习者学习、研究、交流和协作等活动，体现了学习的协作性。三是将教学与图书馆融为一体，不仅发挥各种教学资源和工具的优势，而且教师和教辅人员也由单纯的信息导航员转变为"真正的教师"，主动为学习者提供引导和帮助，体现了教辅的多元性。四是全面支持学习者的学习过程，从其提出信息需求，到信息收集，再到产生研究成果，整个过程都有相关人员进行指导和帮助，从而提高学习者的信息素养，培养终身学习和知识创造的技能，体现了支持的完整性。

第 2 章　数字图书馆的资源建设与新型服务

俄亥俄大学图书馆学习共享空间（Learning Commons）是 2004 年由学校图书馆（University Library）、计算机服务中心（Computer Services）、餐饮服务中心（Dining Services）以及大学学院（University College）合作建成的。主要包含 14 个要素：中央服务台（Central Service Desk）、计算机大厅（Computer Concourse）、参考指导部（Reference and Instruction Department）、图书馆工作站（Library Workstations）、用户休息学习区域（User Seating and Study Space）、公共打印区（Public Printing）、学生写作中心（Student Writing Center）、停车场入口（Parking Place Entrance）、小组学习室（Group study Rooms）、报告厅（Presentation Room）、图书馆培训室（Library Instruction Lab）、自适应技术教室（Adaptive Technology Room）、多媒体中心（Multimedia Center）、咖啡厅（CaffeBiolioTech），大大提高了俄亥俄大学图书馆到馆率、咨询率及借出率。

学习共享空间在我国台湾也很盛行。2005 年台湾师范大学图书馆整合信息检索（Searching）、多媒体（Multimedia）、信息（Information）、休闲阅读（Leisure）与数字学习（E-learning）五大特色服务，形成学习共享空间，取名"SMILE"。2006 年台湾大学图书馆的学习开放空间成立，内部划分为咨询小间、会议室、投影区与沙发区 4 个区域，各自提供服务。2008 年辅仁大学图书馆设立学习共享空间，将各项服务加以组合集中，为师生提供更加便利的服务。同年政治大学图书馆的数字资源学习区正式落成启用。提供服务包括咨询服务、信息检索、多媒体资源阅览、无线上网、团体讨论室、有线电视、音乐欣赏等。

2.3.4　虚拟研究环境中学科服务的升级与创新

E-Science，可翻译为"数字科研"，是一种新的数字化科学研究模式。它是以信息技术为依托，在科学领域的全球性合作即面向全球的科研人员开放共享、分布协同的研究方式，使科学研究信息化。

E-Science 的概念由英国学者 John Taylor 在 2000 年提出，是包括互联网技术、Web 技术、计算技术和存储技术等 IP 技术发展的产物，其实质是以应用需求为导向的基础设施，提供信息化的科学研究的环境和平台，使得不同学科领域的研究和科研活动能够有针对性地开发[1][2]。

虚拟研究环境（Virtual Research Environment，VRE），在美国也有研究人员用 Collaboratories with Cyber Infrastructure 来表示。VRE 是指一组能够不受组织边界约束来推动研究进程的联机工具、系统和操作方法。其主要目标是为分布在世界

---

[1] 宋琳琳.E-Science 发展情况简介[J].图书馆学研究，2005（7）：21-23
[2] 周晖.E-Science 环境下图书馆科学数据服务初探[J].科技信息，2012（2）：417

各地的科研人员构建起一个具有开放共享、分布协同和安全可控的网络化、数字化科研平台。它将帮助个体研究人员完成研究工作中日益复杂的研究任务，它还有助于跨学科、跨国界的研究组织之间的合作。借助 VRE 平台可以形成虚拟研究组织，用"Virtual Research Communities"（简称 VRC）来表述，VRC 是指由分散在不同地区借助信息技术共同进行研究工作的一些研究人员所组成的团体。VRE 支持的研究范围包括资源发现、数据收集、数据分析、仿真、协同、交流、出版、研究管理和项目管理等。

VRE 含有 4 个核心要素，即协作、知识、数据和实验。协作就是使虚拟研究组织的成员与其旗下团体进行通信和网络交流；知识即获取学术信息；数据就是获取第一手的实验数据集、统计数据集及分析这些数据集的工具；实验可以是特定领域的研究人员在进行模拟实验时所使用的有效工具，也可以是用于调研访问者的网站。

VRE 是一种结合了资源、服务和工具的框架结构，具有高协同性、高共享性、高智能性和高开放性与扩展性的特点。

（1）高协同性。VRE 为分布在全球各地的科研人员构建协同工作平台，在该平台上各地的科学家就像在一个工作室一样协同工作。

（2）高共享性。用户可根据需要通过网格中间件来存取和使用分布在全球各地的异构资源。包括原始数据，研究过程中产生的各种文档、目录，各种支撑性的文献资料、工具、应用程序以及最终产生的研究成果等。

（3）高智能性。VRE 通过网格技术等多种新技术将分布式计算技术、网络安全技术、协同工作技术、资源管理技术等技术与资源集成一体，动态使用现有资源，为合作、共享和开发数据创建强有力的环境。

（4）高开放性与扩展性。VRE 可以与其他应用程序、服务和资源有机集成，建立在一些开放标准之上，使研究人员、虚拟团队能够随时添加科研过程中所需的各种资源而不会受到任何技术上的制约。

1. 图书馆原有的学科服务

图书馆的学科化服务是介于信息服务和知识服务之间的深层次信息服务的一种新型服务模式。以学科馆员为核心，面向学科用户，按照科研方向来组织科技信息工作，通过学科信息存取和学科情报分析来满足用户在学科活动中的信息需求，并帮助用户提升信息获取及信息利用的能力。学科化服务的特点体现在：以用户需求驱动为中心、嵌入到用户科研过程中，以及提供智力增值服务。其内容包括信息环境数字化及学科服务层级化。信息环境数字化是指加强电子资源的建设，实现开放管理，并推送到科研人员的桌面，逐渐改变科研人员获取信息的习惯，以营造基于网络的知识服务环境。学科化服务从科技文献传递、参考咨询、学科专题培训讲座的基础普遍性服务到建立专题学科知识库,逐渐形成层级递增的学科化服务模式[1]。

2. VRE 给图书馆提出的新要求

图书馆拥有信息资源总量充足、品种丰富、特色鲜明、更新及时、利用方便、网络化程度高、能提供高水平的文献信息咨询服务等特点,在文献信息的数量、质量和服务等方面均能保障虚拟研究组织的科研需要,是 VRE 信息资源的后盾。VRE 结合资源、服务和工具为一体,具有高协同性、高共享性、高智能性和高开放性与扩展性,若将图书馆的学科信息服务嵌入到 VRE 的科研过程中,必将给科研人员带来极大便利,提高其研究水平与效率。综上所述,VRE 与图书馆合作,是二者可考虑的最佳方案[2]。

(1)资源整合与知识积累

数字图书馆是 E-Science 环境下"全球数字图书馆"的一个结点,是用户获取数据的主要来源,对数字图书馆的要求就是要借助先进的信息技术与其他科研机构紧密联系,从海量的信息和数据中快速准确地抽取解决问题的有用信息,并对这些信息进行整合和处理。数字图书馆需要通过信息资源整合,实现更大范围、更深程度的资源共享,满足用户全方位、多渠道获取信息的要求,实现外部知识系统与用户个体知识系统的融合,实现信息的无缝链接和集成,以达到更高效地利用知识和创造知识的目的[3]。

图书馆应该与 VRC 协作建设学科成果库,用以存放和保存本 VRC 成员的科研论文、科技报告、学位论文和其他形式的知识资产。通过知识积累服务,承担起对获取或转化后的知识长期保存的功能。在 E-Science 环境下,知识积累服务的实现将从对知识载体的积累转向对知识的积累,通过不同的结构链接方法使诸多交叉学科体系中的隐性知识转化为显性知识,开辟新的学科研究领域,使用户有效地收集到自己所需要的数据,从而达到知识创新的目的。

(2)一站式服务

数字图书馆利用掌握和能够获取的各种资源,为用户提供知识单元和知识集成服务称为知识提供服务,是数字图书馆发挥优越性的重要体现,E-Science 环境下数字图书馆需要提供满足用户获取知识的个性化需求的知识体系一站式服务,通过了解用户的动态知识需求、知识规律,对原始文献、数据等资源的连接、汇

---

[1] 周成效.E-Science 环境下专业图书馆学科化服务[J].情报探索,2011(10):40-42

[2] 黄艳娟,丛望,盛秋艳.基于 VRE 的图书馆学科服务模式设计[J].图书馆学研究,2010(19):66-68

[3] 陈小荣.基于E-Science环境下数字图书馆科研发展模式研究[J].河北科技图苑,2011(4):31-33

总、分析、统计、挖掘，实现知识的增值；完成知识的发现，加速知识链的循环；解决科研过程中的部分知识准备和科研的预备工作，形成一站式的服务。服务类型既要有以 E-Science 平台为中心的开放型服务模式，又应根据科研团队的研究需要自动地嵌入科研活动中，并且能主动地进行知识整合和推送服务，即嵌入式主动型服务模式。通过提供一站式的创新服务，帮助科研人员和虚拟学术团队获取所需要的知识，以实现提高服务质量和水平，达到让用户满意的服务目标。

（3）知识增值

在知识的搜寻、组织、分析的基础上，为用户提供经过组织、加工、重组的知识产品称为知识增值。知识增值及创新服务具体体现在信息产品的多个层面，例如：将信息根据其内在特征和价值进行鉴别、关联、重组，帮助用户从众多信息对象中挖掘出所需信息；关注不同形态的知识提供，开发隐形知识；注重揭示知识之间的关联性，提供创新知识和新的信息支撑工具等。知识增值的服务范围宽广，方向众多，图书馆的丰富资源对做好该项服务具有天然的优势，但是，如果只由图书馆单方面独立完成知识增值服务，也还有针对性不强的潜在风险，毕竟在一定的历史阶段人们需要解决和能够解决的现实问题是有限的，图书馆应与具体专业或学科的 VRE 结合，才更有可能取得有实际意义的研究成果。

（4）信息跟踪与态势分析

图书馆针对 VRE 的学科化信息服务应具有更强的主动性，除了推荐文献资源以外，还可以包括与科研教学论文发表相关的一体化宣传推广工作，图书馆可以提供学科最新发展的信息跟踪服务，并尝试开展针对课题内容的预见性学科态势分析。这些服务不仅能拓展学科化信息服务的广度，更能使学科化信息服务深入人心。学科馆员与外聘学科专家们可以通过与对口的 VRC 成员加强联系，了解他们的信息需求、服务要求，及时跟踪自己所负责学科的国内外学术发展动态，共同商议学科资源建设方向和信息服务项目，创造条件激发他们的潜在需求，使潜在需求向现实转化；通过信息发现、获取、分析、组织、利用以及情报研究，逐步提供以用户为中心的、主动的、有预见性的学科化信息服务[1]。

（5）个性化

图书馆需要以用户为中心不断向专业化发展，即以满足用户的知识需求为出发点，为用户提供个性化的服务。首先，图书馆应充分掌握用户需求的特点。其次，图书馆应与用户建立起直接的联系，建立图书馆工作人员与用户的互动模式，使图书馆工作人员深入掌握用户的文献需求情况，针对用户的具体需要和过程开展服务。再次，充分开展咨询服务、推送服务、Mylibrary 以满足用户的多样化需求。为用户

---

[1]黄艳娟,丛望,盛秋艳. 基于 VRE 的图书馆学科服务模式设计[J]. 图书馆学研究,2010（19）：66-68

解答在检索和利用信息过程中遇到的具体问题，通过 E-mail 或 RSS 方式，主动为用户推送相关信息，根据用户特定需求，为用户提供一对一的个性化服务[1]。

3. VRE 给图书馆带来的发展机遇

VRE 的出现，不仅给整个科研协作模式带来颠覆性的影响，也给图书馆带来发展的契机与挑战。作为未来数字图书馆的工作环境，VRE 的到来，必将改变数字图书馆的服务模式、建设机制和功能定位。

VRE 扩大了图书馆可调用的数字资源。数字图书馆内的信息资源多为比较正式的信息，以期刊、图书、会议录、学位论文等为主。而 VRE 中还有大量的附加类型的信息，如原始数据、模拟、非正式研究成果、注释等灰色文献。这些数字资源的出现将有利于扩大图书馆的数字资源。尽管 VRE 中各种资源的访问受权限控制，但如有需要，作为资源提供者的图书馆也可以共享、调用 VRE 中的各种资源。

VRE 将重新定位数字图书馆的服务角色。图书馆是 VRE 的资源后盾，为 VRE 提供信息，但随着机构库[2]的发展，这种服务将不再成为图书馆的独特优势，仅靠丰富数字资源作为支撑的数字图书馆服务也将面临新的挑战。数字图书馆需要重新定位自己的服务角色，不能仅仅为用户提供信息资源本身，而要深化发展知识服务，扩展信息资源与 VRE 中其他资源的关联，满足科研人员对于文献、信息等资源的深层次要求，例如提供这些资源中蕴涵的知识、概念、信息元之间的关系等[3]。

4. 实例

VRE 的发展是由 E-Science 推动的。E-Science 发源于英国，目前英国已在全国建立了 20 余个各类 E-Science 中心。美国在 20 世纪 90 年代也开始了研究工作，其他 E-Science 项目有美国的 TeraGrid、GridPhyN、IPG，欧盟的 DataGrid，意大利的 INFN2Grid，北欧的 NorduGrid，日本的 ITBL 等。由 E-Science 主导的 VRE 较有代表性的项目包括：微软技术计算集团与大英图书馆合作开发的研究信息中心（The British Library Research Information Centre，RIC）、英国联合信息与系统委员会启动的虚拟研究环境项目、IBVRE Project 和 BVREH Project 等。

---

[1] 刘加兰，陈芳，肖萌.E-science 环境下专业图书馆新的服务模式——知识服务[J]. 云南科技管理，2010，23（6）：18-20.

[2] 机构库（Institutional Repository，IR）是指收集并保存单个或数个大学共同体知识资源的知识库。早期有俄亥俄州立大学知识库，影响最大的是麻省理工学院的 DSpace，由该校图书馆与惠普公司共同开发。

[3] 苏建华. 虚拟研究环境下图书馆的发展[J]. 情报理论与实践，2009（4）：79-81

我国于 2001 年与英国开始生命科学领域的 E-Science 合作，同年清华大学主持的"先进计算基础设施北京上海试点工程"项目构成了跨地区、跨学科的 VRE；2002 年，上海市教委启动了 E-Institute 计划，2003 年教育部启动了 ChinaGrid 项目。另外，中国科学院曾把 E-Science 确定为"十一五"信息化工作的两大目标之一，大力推进信息基础设施建设，并以此为基础大力推进了各种应用网格，如生物网格、天文网格的建设。

第 3 章
Chapter 3

图书馆、出版社与新兴信息服务商的关系

一直以来,图书馆都是一个城市,甚至一个国家文化和历史的象征。它汇聚了人类不断发展的知识,保存着历史的传统,负责收集、储存、组织和管理知识信息,服务大众,被誉为"知识的宝库"。《图书馆宣言》中提到,"图书馆作为人们寻求知识的重要渠道,为人们和社会群体进行终身教育、自主决策和文化发展提供了基本条件。图书馆是地区的信息中心,是传播教育、文化和信息的一支有生力量,是促使人们寻找和平和精神幸福的基本资源"。由此可见,图书馆在社会生活中发挥着举足轻重的作用,它与出版业和新兴的信息服务关系密切。

3.1 传统图书馆与出版社的关系

3.1.1 图书馆与出版社

出版是人们对信息和知识,特别是原创性的新知识,进行采集、编辑加工和发布的一个有序化过程。常常被看做知识生产的上游,甚至是源头,通常包括书籍、报纸、刊物的出版。出版社则是进行出版活动的组织,它先付给作者一定的报酬,再把该作品通过合法的渠道进行市场推广和销售,并从中获得利益、名声和知识积累。出版社以市场为导向,主要以签名售书、在媒体刊发书评和书讯等作为营销手段。

图书馆肩负着开展读者教育、传播文化知识与科学技术、启迪大众智慧等社会责任,是社会生活中不可缺少的重要文化设施,是服务于社会公众文化的公益机构。作为"公益机构",它向大众提供无偿、免费的社会服务,追求社会效益的最大化;而出版社是提供文化服务的商业机构,以获取最大化的经济效益为目标。虽然二者属性并不相同,但一直以来,图书馆与出版业都保持了非常密切的合作关系。

3.1.2 传统图书馆与出版社的平衡关系

图书馆和出版社都属于文化产业,出版社居于产业链的上游,图书馆居于产业链的下游。出版社是图书馆馆藏资源最主要的来源,而图书馆是出版社产品的主要购买者和收藏者。图书馆向公众免费借阅图书会几乎不会影响出版社的销售量,这是因为图书馆的一本纸质图书一次只能借给一位读者,且传统图书馆的服务范围仅限于其周边有限的地理区域内。

图书馆与出版社互相促进,共同发展。图书馆对出版社的促进作用主要体现在 3 个方面:①图书馆向读者推荐、介绍图书,可以扩大出版社的影响,增加销量;②图书馆编制二次文献,可以提高文献的利用率,从而增强出版社的社会效益和经济效益;③各图书馆可以通过统计借阅次数得出数据,帮助出版社了解读者兴趣,从而确定出版方向。反过来,出版社也会在一定程度上促进图书馆的发展:①出版社编制专供图书馆采购图书使用的各种预告书目、新书通报;②出版社可以根据图书馆或其读者的需要来规划出版活动;③出版社还可以为图书馆量身定做急需的图书等。

3.2 数字化变革引发的关系变化

3.2.1 数字化对图书馆和出版业的影响

信息处理技术和网络通信技术的飞速发展给文化产业带来了深刻变革。数字图书馆和数字出版就是图书馆和出版业在数字时代的新发展。

数字图书馆是运用数字技术处理、存储和传播信息的公益性服务机构。它用数字技术存储不同载体、不同地理位置的信息资源，通过网络环境为用户提供方便、快捷、高水平的信息服务，其终极目标是打破时空的限制、跨越国界和语言的局限，实现资源共享。作为一项全新的社会事业，数字图书馆有着其发展的必然性。随着信息技术的发展，需要存储和传播的信息量越来越大，信息的种类和形式也越来越丰富，传统图书馆已经无法满足这些需要。数字图书馆允许用户在任意时间、任意地点通过网络访问数字图书馆，能够更好地满足用户的信息需求。

数字出版将数字技术引入出版流程的各个环节，例如，原创作品的数字化、编辑加工的数字化、印刷复制的数字化和发行销售的数字化。日常生活中常见的CD、VCD、传统图书报刊的电子版以及网络原创电子书等是数字出版的早期产品。数字出版是以获取经济利益为目标的商业活动，与传统出版相比，具有三大优势：①不仅可以保持纸书的版式，还可以附带音频视频等多媒体内容，为用户提供更优质服务；②所占空间很小，通常一张 DVD 光盘可以存储近千本图书，存储和携带都十分方便；③提供快速检索功能，用户能够快速、准确定位相关信息。

3.2.2 调整中的数字出版与数字图书馆的关系

数字图书馆和数字出版各自都拥有一片光明的前景，尽管从长远看两者势必相互促进，共同繁荣，但在现阶段的实际发展中却出现了矛盾和冲突，原有的平衡面临着严峻的挑战。

1. 数字图书馆对出版业的影响

图书馆秉承了人文关怀的精神，强调"以人为本"，其公益性服务的终极理念就是实现最大程度的资源共享。现代信息技术为打造一座没有围墙的图书馆提供了可能，不仅可以实现文献资源的数字化、服务手段的网络化，而且可以让一个图书馆的数字化服务拓展到全球范围，从技术上讲，数字图书馆服务无须太多周折就能达到其理想境界：将一份数字图书"借"给任意数量、任意地区的用户。从读者角度看，评判一个图书馆的好坏，已不再看其书库现代化程度、馆藏面积、藏书量多少，而更加看重其资源利用率是否高，它所能提供的服务是否强大，是否能提供多样化、个性化的服务。

但是图书馆在迈向理想境界的同时，还需要顾及信息服务产业链的整体情况。上文提到，传统图书馆与出版社能达到平衡的关键原因在于，虽然用户可以从图书馆借阅图书，但每人仅能借阅一本，且仅局限在有限的地理区域内，这几乎不会对出版社造成影响。但数字图书馆的发展突破了数量和地域的限制，其服务范围可能是全球各地的用户，这会严重影响出版业的发展。

具体来讲，数字技术可以使一本书在瞬间被无限复制，而且几乎没有成本。网络通信可使电子书在网上或手机等无线移动终端之间快速传播。数字图书馆按照本机构的服务理念向用户提供借阅服务，但是如果不在技术上或法律上对借阅后的复制和传播行为加以限制，不仅严重影响出版社的销售，而且将对整个出版行业造成致命性的打击。

2. 数字出版对图书馆的影响

首先，出版社对数字图书馆一直心有顾虑，不愿意向数字图书馆提供数字内容和数字版权，在一定程度上影响了数字图书馆的发展。尽管数字图书馆的职责是在尊重作者著作权的基础上，最大限度地满足读者的信息需求，保障信息的公共获取，但很多出版社还是担心数字图书馆不断扩大其公益服务的范围，最终将损害到出版社的利益。因此，有些出版社不愿意向数字图书馆提供大量优质的数字内容。从收入情况看，同样的数字内容如果是卖给数字图书馆，数出版社所得到的数字版权费用要少得多。更有甚者，个别图书馆还会以更低的价格从一些非正常渠道或经销商那里购买数字内容。为了保障自身的经济利益，前段时期出版企业不再热衷于授权给公益数字图书馆。随着人们对数字版权认识的不断提高，这种情况正在改变，越来越多的图书馆也认识到"仅考虑自身的服务，无限制地免费分发数字内容"的观点是片面的，从正常的渠道、以合理的价格购买并有限制地使用出版单位的数字资源是能够实现双方共赢的长久发展之路。

另一方面，掌握了信息技术的出版社也在向信息服务领域扩展，介入并取代了一些图书馆在该领域服务内容，甚至有些出版社越过数字图书馆，直接向用户提供原来由图书馆提供的信息服务。2005年底，哈珀柯林斯出版集团（Harper Collins）宣布组建数字仓库，同时将1万~2万种图书扫描入库，并全部制成有声在线形式，创建了全球出版业的首个数字仓库，同时建立网站服务用户。至2010年年底，中国90%以上的出版社都建立了自己的网站。在资源归属上，一些出版社只向图书馆提供使用权，图书馆的服务系统只起到了导航和接入的功能，而本身并不真实拥有完整的数字资源,因此造成了数字图书馆馆藏资源的虚拟化。这一趋势会导致一部分数字图书馆失去馆藏资源,在信息服务领域被边缘化。

3. 冲突日益凸显

数字出版是出版社实现版权资源增值利用的重要方式,其根本目标是获取最大程度的商业利润。出版社希望加强对数字版权的保护,这样就可以通过出售数字产品或转让数字版权来获得商业利润。可以说,出版业希望对数字版权的保护力度越大越好。数字图书馆是图书馆在数字时代的延伸,是公益性的社会服务机构。数字图书馆要实现其社会功能,就需要坚持对全体社会成员开放,提供公益性的信息服务。图书馆界人士认为过度保护数字版权会阻碍知识信息的传播,损害公共利益,认为对数字版权的保护力度要适度,这样才能实现信息资源的共享,满足公众的信息需求。

数字图书馆与数字出版几乎对立的经营理念源于二者性质上的不同。由于图书馆外借电子书打破了时空的限制,十分方便,相关业务急速增长,但出版商感到图书馆的外借模式严重影响了电子资源以及纸质图书的销售,有人认为这不是一种可持续的业务模式。在美国,一些大出版商,如麦克米兰(Macmillan)和西蒙·舒斯特(Simon & Schuster)不向图书馆销售电子书,阿歇特(Hachette)也不为图书馆提供在版图书的电子版,哈珀·柯林斯(Harper Collins)虽然提供了电子书,但将借阅次数限定为最多 26 次[1]。在国内,最大的问题是部分图书馆不尊重知识产权,购买那些产权不清甚至有侵权性质的低价数字内容。

虽然数字出版与数字图书馆在版权资源增值利用中存在利益冲突,但两者的矛盾并非不可调和。一方面图书馆要持续地做好服务,需要出版社提供数字资源;另一方面,出版社要充分发挥出版物的作用,就要尽可能地利用数字图书馆的新型服务。双方找到利益的契合点,实现互利共赢还是有可能的。但导致问题复杂化的是另一股商业力量却异军突起,其发展速度和规模十分惊人,不容小视,这股强大的商业力量就是新崛起的一批信息服务商。

3.3 新兴信息服务商对数字图书馆和数字出版商的影响

随着技术的升级换代,在信息服务领域,原本以图书馆与出版社两家为主的天下演变为三足鼎立的局面,即图书馆、出版社与新兴信息服务商的三方博弈。新技术给人们的生活带来了很多便利,同时也打破了原有的平衡,引起了公益机

---

[1] 吴建中. 转型与超越[M]. 上海:上海大学出版社,2012

构与商业机构之间的冲突，以及商业机构之间的利益争夺，造成了新的不平衡。

3.3.1　新兴信息服务商

以前我们提到信息服务业时，通常是指狭义的信息服务业，即专指信息传输过程中的信息技术服务，往往限定在电信、广播电视、卫星传输，以及互联网方面的信息技术服务。有时，信息服务也特指某个行业的信息服务，例如金融信息服务。但这里所说的信息服务业是广义的信息服务，主要原因在于：很多以信息技术服务为主的 IT 公司已经不满足于仅仅提供技术，而是大举涉足信息服务本身。它们一方面拥有先进的技术和充裕的资金，一方面还聚集了海量的数字资源，因而具备了开展信息服务的强大优势，典型代表就是谷歌、亚马逊和百度等公司。这些企业所大力发展的信息服务与传统的文化产业中的新闻出版和图书馆业务发生了冲突，体现在市场方面就是：大家都以信息服务为产品开展了商业竞争。

互联网是现代人们获取信息的首选，原因主要有 3 个方面：①互联网信息的扩充速度非常惊人，在很大程度上已经能够满足人们生活、学习和工作等各方面的信息需求；②互联网更新数据的频率很高，用户能够检索、浏览事件的最新动态；③搜索引擎的功能很强大，输入关键字，就能返回所有相关信息，并按照相关度进行排列，十分方便。在众多的搜索引擎中，最受用户青睐的是谷歌（Google）。1993 年后出生的人被称为"Google 一代"，他们在互联网环境中长大。"Google 一代"获取信息和知识的首要方式是互联网和搜索引擎，而不是传统的图书馆或新兴的数字图书馆。由此可见，掌握了互联网资源和搜索技术的新兴信息服务商牢牢占据了信息高地。

新兴信息服务商的种类多样，除了像搜索引擎这类的技术公司，还有许多电子资源的平台商、数据库商等，这些服务商一般都会购买或自建合法授权的数字资源，与出版社和图书馆都有很好的合作关系，这里我们重点关注的是依靠自身技术优势，但采用了颠覆性商业模式，即以非常规手段获取资源并借由广告等间接方式盈利的信息服务商，因为它们对信息服务业的冲击，使原本就处于转型中的信息服务产业变得更加复杂。

3.3.2　新兴信息服务商对数字图书馆的冲击

以搜索引擎公司为代表的新兴信息服务商给图书馆的信息服务带来了巨大的压力。下文以搜索引擎为例来进行详细说明。谷歌、百度等搜索巨头和数字图书馆均向用户提供信息服务，二者各有利弊。①从双方的资源储备来讲，数字图书馆通过其收录的数字馆藏来为用户提供信息服务,而谷歌、百度等搜索引擎以互联网中的全部信息向用户提供信息服务。两者的差距非常巨大,而且由于互联网中信息扩充的速度和规模、更新的速度和频率都远远超过数字图书馆,这种差距将会越来越大。导致的后果是搜索引擎的信息服务将会吸引越来越多的用户,而数字图书馆将流失大量用户,严重阻碍其发展,影响其社会功能的发挥;②从检索性能来讲,搜索引擎的搜索技术是非常先进的,谷歌的搜索能力受到了世界各国用户的一致肯定,百度作为最大的中文搜索引擎,在中文信息检索方面处于领先地位。用户输入关键字,就可以获得按照相关度进行排列的相关信息,十分方便。相比之下,数字图书馆的跨库检索功能就逊色得多。这对数字图书馆的发展是不利的。

但是并不是说数字图书馆处于绝对的劣势,数字图书馆在以下两个方面仍有着自身的独特优势:①数字图书馆会对馆藏的数字信息进行筛选和整理,真实性、可靠性和权威性更强,而且也更有条理。搜索引擎通过互联网提供的信息未经过人工干预,质量往往不高,且信息的可靠性也无从验证;②数字图书馆能够在法律许可的范围内向用户提供版权作品,未经授权的信息服务商却不能。根据版权法的规定,未经许可,商业机构不能向用户提供受版权保护的作品,这就限制了信息服务商的服务,而数字图书馆作为公益性的服务机构,适用版权法规定的合理使用权以及例外规定,可以在法律许可的范围内向用户提供版权作品。

3.3.3 信息服务商对数字出版的冲击

数字化服务是大势所趋,对于大多数出版企业而言,目前考虑的不再是要不要数字化,而是如何进行数字化。总体来说,可以分为两种模式:一种是出版企业购买信息服务商的技术,自己完成数字化的流程并提供产品和服务;另一种是将资源外包给信息服务商,由其完成后续的数字产品开发和市场营销。对于新兴的信息服务商来说,要想合法开展数字服务必须首先从出版商手中获取数字版权。这似乎是一拍即合的互惠互利关系,但真实情况却要复杂得多。信息服务商大力发展数字出版会影响到出版社自身数字出版业务的发展,等同于出版社亲手培养了一批强劲的竞争对手。亚马逊的网上书店和中国移动的手机报业务就是前车之鉴。

亚马逊(Amazon.com)是全球最大的网络书店,通过"选择加入"(opt-in)政策与出版社建立了合作关系。初期,亚马逊积极寻求与出版社的合作,出版社提供的内容是其提供网络服务的前提和关键。随着亚马逊不断壮大和电子商务的发展,与亚马逊合作的出版社越来越多,网站上的图书资源超过了任意一家出版社,它不再担心众多合作者中的某一家是否继续提供内容,逐渐在合作中占据了上风。相反,出版社在合作中慢慢变为被动,需要依赖亚马逊这一平台来宣传、推销图书。2011年，亚马逊宣布进军出版业，将出版 122 本书籍，包括纸质图书与数字图书。这意味着亚马逊与出版社在合作关系的基础上增添了竞争关系。不仅如此，亚马逊还准备开放部分后台数据，无论作家是否让亚马逊出版其作品，都可以直接查看其作品的销售情况。另外，还能让作者直接和书迷进行一对一的交流，实现作者和读者的无缝连接。亚马逊跳过出版社直接与作者签约、出版，最终削弱出版社在信息服务产业链中的作用，这引起了出版业的广泛担忧。中国移动与国内出版社合作开展手机报业务，手机报凭借其轻松快捷、内容全面及时的独特优势，得到了大量用户的喜爱，迅速发展壮大。在合作中，出版社从最初的主动地位逐渐沦为被动参与。而且，有些用户通过手机报浏览过信息后就不再购买出版社出版的报纸、杂志或期刊，这对出版社造成了很大影响。

一些不法企业利用现行版权法的不完善之处，在未获得版权许可的情况下开展数字出版业务，同样给出版业带来了沉重打击。典型事例是谷歌（Google）的图书馆计划。谷歌没有得到版权许可就大规模扫描图书，其中涉及大量版权作品，供用户检索使用。这不仅损害了版权人的权益，也损害了出版社的利益。

经过近几年的对峙，出版业已不再像当初那样感到恐慌，因为谷歌的终极目标是要扩大自己的流量，进而提高广告收入，"扫书"只是其试图扩张的渠道之一，并非挑战整个出版业的唯一通路，在出版业的联合抵制声中，谷歌在这一领域的图谋已逐渐淡化，并趋于合作。

3.4　解决之道

3.4.1　协调三方关系

1. 数字图书馆与数字出版联合

无论是从技术力量、资金力量还是从资源方面来说，数字图书馆与数字出版都无法单独与信息服务商抗衡，二者想要发展壮大，必须联合起来。互不理解、互相指责只会两败俱伤，最终获利的无疑是新兴的信息服务商。数字图书馆与数字出版应搁置争议，积极协商，找到利益契合点，共同发展，才能保证自身不被边缘化，获得发展。

数字出版的根本目的是数字信息资源的广泛传播利用，图书馆作为数字产品的重要市场和公共利用平台，能够帮助数字出版企业实现数字产品的市场价值：①数字图书馆可以统计数字出版物的借阅次数，帮助数字出版机构了解市场需求，合理配置资源，合理发展数字出版；②数字图书馆可以设置讨论区或者增设评论功能，帮助出版社了解用户对数字图书的反馈；③数字图书馆可以适当添加数字出版网站的地址链接，增加数字出版网站的访问量，提高其知名度；④数字图书馆可以宣传出版社新近出版的数字图书，促进数字出版业的发展。数字出版机构可以：①提供机器可读目录（Machine Readable Catalog，MARC）数据，节省数字图书馆查找出版信息和进行分类、编目的时间，提高工作效率；②帮助数字图书馆解决版权问题。出版社掌握大量的作者信息，它可以将数字图书的信息网络传播权授予数字图书馆，这会极大简化数字图书馆获取各个作者授权许可的繁杂程序。

2．数字图书馆、数字出版与信息服务商之间存在合作的可能

上文提到，信息服务商不能向用户提供受版权保护的作品。而数字图书馆作为公益性的服务机构，适用版权法中合理使用权和例外条款的规定，可以在法律许可的范围内向用户提供版权作品。这就可以成为数字图书馆和信息服务商协商合作的切入点。用户利用信息服务商的搜索引擎找到所需的信息，但是由于信息受到版权保护，信息服务商无法提供全文，这时可以设置链接或者说明，引导读者进入数字图书馆，帮助用户获取所需信息。这不仅增加了数字图书馆的访问量，也提高了信息服务商的服务水平。

数字出版和信息服务商之间建立互利合作关系的前提是明确界定数字资源的版权边界，在此基础上，信息服务商向数字出版机构提供必要的技术支持，而出版机构根据具体情况授予信息服务商数字版权。

虽然新崛起的信息服务商有可能会导致数字图书馆的馆藏资源不断萎缩，也可能会威胁数字出版的发展，但是数字图书馆和数字出版机构应当清楚地认识到，信息服务商的优势非常明显，介入信息服务行业已经是不可改变的事实。与其互不相容，不如以积极的心态寻求合作与共处，确立本机构在新的数字环境中的定位，挖掘并快速打造自身的新优势，争取建立平衡、和谐的互利关系。

3．数字图书馆、数字出版与移动互联网运营商之间的关系

鉴于移动互联网的快速发展，及其所蕴涵的巨大市场潜力，我们有必要关注一下数字图书馆、出版商与移动互联网运营商的关系。如 1.8.2 节所述，随着中国移动用户的高速增长，移动互联网已远远超过固定互联网，成为了范围最广、规模最大的互联网业务，以中国移动、中国联通、中国电信为代表的各大运营商对其主导权的争夺也日趋激烈。2011 年，中国移动全年实现营收 5 280 亿元人民币，在电信市场的收入总量中占比超过 50%，呈现了短期内的一家独大局面[1]。针对

---

[1] 官建文.移动互联网蓝皮书：中国移动互联网发展报告（2012）[M]. 北京：社会科学文献出版社，2012

移动互联网市场，各家运营商都在积极探索"终端+内容"的发展模式，积极开拓新业务，培育重点应用，提升流量价值。但是由于中国的特殊国情，在运营商与内容资源的提供方之间，大家的合作地位并不平等，处于弱势的出版商和其他一些内容服务商不仅在利益分配上声音微弱，而且还面临着运营商们自建平台的强劲竞争。

尽管白热化的利益博弈导致了暂时的垄断局面，但从长远看，运营商的垄断不可能保持长久，随着移动互联网中数据服务的成熟，处于同一产业链不同环节的各方都需要找准自身的定位，从事自己最为擅长的业务，从而促进而不是阻碍整个产业链的高效运转，过度伤害任何一方利益的运营方式都会导致整个产业的停滞，甚至是倒退。同时，在与运营商的竞逐过程中，同样会刺激内容提供商的快速发展，其谈判的主导权会逐步提高，受制于人的局面也会逐渐改善，迎来转机的时间不会太过遥远。未来的利益各方，应在更加公平、公正、公开的环境中进行合作，相互之间都是双向选择，对等谈判，制定更加公正的分账收益规则。

3.4.2 技术保障

技术是现代信息服务业的一个重要推动力量。出版技术能够保证数字出版物的质量、推动数字出版的发展，版权技术是保护版权人权益、规范数字产品市场的重要保证。

1. 建立统一的数据加工标准，发展数字资源建设技术

目前的数字出版格式主要有 PDF、OEB、LIT、CEB 等，各个格式应用的范围不同，且互不兼容，这给数字出版物的传播、图书馆编辑整理数字文献，以及用户的日常阅读造成了诸多不便。因此，要规范数字出版市场，必须确立一个统一的数字出版格式。

数字技术是实现资源充分利用的重要支撑。虽然现实的信息需求非常大，但是信息爆炸时代的很多信息仍然没有得到充分利用。开发数字技术来盘活现有资源、汇聚零散资源、挖掘特色资源、构建原创资源，将资源优势转化为社会效益和经济效益，这是发展和完善现代信息服务的必然要求。

建立统一的行业标准、建设数字资源都离不开先进技术的支持。相关各方要考虑长远利益，积极讨论协商，开发新的数字技术，促进信息服务业的发展。

2. 加强数字版权技术

数字版权技术是保护版权人的权益，平衡各方利益，规范现代信息服务的重要手段。目前主要的数字版权技术有 DRM 技术（Digital Rights Management）和数字水印技术（Digital Watermark）等。DRM 技术主要采用下载计费、数字底纹

加密、硬盘绑定等措施，实现对数字化出版物传播范围的控制。它可以严格控制电子图书的阅读期限、阅读次数，未经授权的读者不能将电子图书复制给其他人使用，也不能打印阅读。数字水印技术采用水印防复制技术、抗衰减技术和数字水印检验机读化技术，将一些标识信息（即数字水印）直接嵌入数字载体。通过这些隐藏在载体中的信息，可以达到确认内容创建者、购买者，传送隐秘信息或者判断载体是否被篡改等目的。数字水印的信息应是安全的，难以被篡改或伪造，能有效保护数字出版物。

技术措施不是解决数字版权问题的根本方法。毕竟，无法保证这些版权保护技术永远都不会被破解。因此还需要有效的法律法规做后盾。多方共同努力，多管齐下，才能促进信息服务行业的良性发展。

3.4.3 法律保障

在图书馆发展的早期，图书的传播依赖于手工抄写，抄写人与图书管理人员在相当长的一段历史时期是一个群体。因此，早期的图书管理员比常人更加珍视图书，对于图书被盗或损毁恨之入骨，但他们能够采取的防范措施主要是诅咒和锁链。在一些古老图书的最后一页，我们仍能看到古代抄写员留下的咒语，他们呼唤美索不达米亚、埃及、希腊和罗马的神灵，希望用他们的怒火烧死偷书贼和破坏者。这种方式一直延续到中世纪，教会图书馆的抄写员和管理员又为他们的诅咒赋予了宗教的力量。在西班牙图书馆中我们可以看到这样的咒语：

窃书者或是借书不还者，让那书在他手里变成毒蛇把它撕裂。他将瘫痪，全身萎缩。让他受尽折磨，苦苦求饶……直至死亡。让书虫啃噬他的内脏，并让地狱之火永久地灼烧他[1]。

从诅咒开始，到后来的锁链、磁条及版权法，我们不难体会到图书馆对于版权保护的重视程度，但同时我们也深切地感受到，随着一浪又一浪技术进步，使得出版物在形式上一次又一次地发生了翻天覆地的变化，而每一次变革都在提供阅读服务和保护知识产权之间给图书馆带来了新的难题。

进入数字时代，版权也从"印刷版权"演化为"数字版权"。业界普遍认为，数字版权是维系各方关系平衡的重要砝码。数字版权就是各类出版物、信息资料的网络出版权，通过新兴的数字媒体传播内容的权利，包括制作和发行各类电子书、电子杂志、手机出版物等的版权。通常来讲，出版社都具有本机构图书资料的数字版权。网络环境中，数字图书的盗版变得非常容易，且几乎没有什么成本。信息服务市场混乱、侵权行为时有发生、各方互不相让冲突不断的一个重要原因

---

[1] 默里斯图亚特·A. P. 默里. 图书馆：不落幕的智慧盛宴[M]. 广州：南方日报出版社，2012

就是现行版权法中并没有明确规定各个机构享有的权利与限制，信息服务市场无章可循、无法可依。因此，迫切需要完善版权法，有效规范数字环境下的种种新情况，为信息服务行业的发展提供法律依据。完善、合理的版权法应当平衡各方利益，明确规定什么机构享有什么权利，什么情况适用什么规定，明确区分各方的权利与限制，这样数字图书馆、数字出版机构以及信息服务商就能够依法开展服务，出现矛盾和冲突时有章可循。

1. 细化版权，明确权利主体

阅读权：各个机构向用户提供数字图书阅读的权利也是有区别的。数字图书馆可以向用户提供受版权保护的数字图书的全文阅读，信息服务商不能提供受版权保护的数字图书的全文，只能让用户检索到查询的关键信息。比如，谷歌无权向用户提供版权作品的全文阅读，只能够根据检索条件向用户展示一小部分文字。

复制权：允许用户摘录数字图书中的部分内容，用于文章的引用，但要限制全书性的粘贴和复制。允许图书馆为用户研究或者学习目的复制作品，为馆际互借和文献传递复制作品，为教学、科研目的复制作品。信息服务商未经法律许可不享有复制权。仍以谷歌为例，用户通过谷歌检索到所需的数字图书后，只能从屏幕上阅读信息，因为按版权法规定，谷歌没有复制权，不能向用户提供打印、保存和复制页面信息的服务。

网络传播权：根据《信息网络传播权保护条例》，信息网络传播权指以有线或无线方式向公众提供作品、表演或者录音录像制品，使公众可以在其个人选定的时间和地点获得作品、表演或者录音录像制品的权利。在目前的技术条件下，数字图书的复制和传播极为容易实现，且成本很低，这使得盗版和侵权的行为常有发生，需要版权法明确传播权的权利主体，规范传播行为。用户借阅、下载或购买了数字图书后不享有传播权，不得在现实或网络环境中任意传播数字图书。例如，用户将版权作品上传到"百度文库"，供其他用户分享的行为，违反了传播权的规定，属于侵权行为。目前对数字图书馆是否应享有传播权的争议很大。现行版权法规定数字图书馆不得进行网络传播，只能在单位内部无偿使用，这在一定程度上违背了数字图书馆保障公共获取的理念。对此，仍需各界积极协商，探索兼顾各方利益的合理规定。

2. 借鉴西方版权法，规范信息服务市场

通过借鉴西方版权法中的合理成分，服务我国的信息服务业。在西方国家中，公共借阅权（Public Lending Right）又称公共出借权，指的是图书馆出借图书，版权人按出借次数获取版税的权利。实施公共借阅权制度既考虑到了版权人的权益，又有效满足了公众的信息需求。它的实施可以调节版权人与公众的利益关系，使

各得其所。

版权补偿金制度指的是在公众使用版权人的作品，侵害了版权人的利益时，本着公共利益高于私人利益的原则，不过多或过重地处罚作品使用者，转而寻求合理补偿的制度。补偿金制度一方面制约了版权人的绝对权利，另一方面又满足了公众利用作品的需要，使版权人利益与公众利益达到妥协，缓和矛盾冲突，有利于著作权问题的解决。

3.5 数字出版支撑图书馆的转型与和谐关系建立的原则

3.5.1 数字图书馆与数字出版的辩证关系

随着技术和时代的发展，图书馆在发展过程中和出版社之间的关系发生了多次变化。最初出版社出版纸书，图书馆收藏纸书，形成馆藏并为读者提供服务；数字图书馆发展初期，图书馆大量扫描纸书形成数字馆藏严重侵犯出版社和著作权人的利益，引起剧烈冲突；之后，由出版社为图书馆提供大规模数字资源，并获得了属于自己的经济效益，从而实现了双赢和谐关系的建立。

1. 数字图书馆在资源获取过程中的困惑

图书馆从出现之初的重要功能就是建立馆藏、保存图书，并为读者提供服务。20 世纪 90 年代，兴起了数字图书馆的建设热潮，期间除了一系列标准、规范、体系结构、资源描述标准、存储与检索技术、互操作、服务接口等相关研究内容以外，数字资源如何在数字图书馆中提供服务是一个很大的问题。

一开始，图书馆的思路是从图书馆已有的馆藏中扫描生成数字版本并开展服务。这样形成的数字版本，对于进入公有领域的作品没有问题，即那些已超过版权期限的作品，这样的作品由于年代久远，所涵盖的范围非常有限，对于图书馆来说仅仅提供公有领域作品的数字资源服务，对读者来说远远不够。

由于当时国内和国际上对于数字内容作品的版权规定并不清楚，一些图书馆开始尝试将图书馆收藏的还在版权期限内的作品进行扫描生成数字版本并开展服务，随后快速发展到一些为图书馆服务的公司也开始大规模扫描图书。其中，引起广泛关注的是中国数字图书馆有限责任公司被诉侵权和 Google 图书搜索计划被美国出版商协会和美国作家协会告上法庭的事件。在中国，数字图书馆有限责任公司因为侵犯著作权人三本版权期限内的图书而被判赔偿著作权人八万元后，数字图书馆自行扫描版权期限内图书、提供数字版本资源服务的途径不再被大多数数字图书馆所采用。

之后，数字图书馆界还尝试过采用著作权集体管理的方式来解决数字内容作品的版权问题。著作权集体管理是指著作权集体管理组织经权利人授权，集中行使权利人的有关权利并以自己的名义进行权利许可、收取使用费并转付使用费、代理参与著作权有关的诉讼、仲裁等活动。但从这些年的实践来看，著作权集体管理对于数字图书馆的资源建设来说收效不大。

2. 数字出版是解决数字图书馆资源问题的根本途径

经过多方尝试，数字图书馆资源问题没有一个很好的解决方案，而数字出版的快速发展为解决这个问题带来了新的机会，两者的顺利对接是解决数字图书馆资源问题的根本途径。

下面是数字出版在解决数字图书馆资源问题过程中的若干优势。

（1）解决版权问题

数字出版企业在提供数字内容作品等各种数字资源内容的时候，将首先保证拥有资源内容的版权，这其中包括两个层面，一是数字出版企业需要保证提供的数字内容作品本身在组织和编辑的过程中，所包含内容的组成不能侵犯其他著作权人的权利（含信息网络传播权），同时，数字出版企业还需要保证拥有该数字内容作品本身的信息网络传播权。这两层含义对于数字出版企业都是不小的挑战，要求提供数字内容作品的出版商首先与作者签订的出版合同中包括信息网络传播权，还要求作者不能侵犯其他人的权利。但不管如何，数字出版企业为数字图书馆提供的将是版权无忧的数字内容作品。数字图书馆将无须再为作品的版权伤透脑筋。

（2）内容经过精心组织

提供数字内容作品的出版商在组织数字出版内容的时候，往往会针对某一个行业或某一个专业进行内容组织策划或形成一个与多个专题，并提供具有一定深度的专题内容，供数字图书馆方便地采用。

（3）精良的制作

提供数字内容作品的出版商在制作内容的时候有明显优势，即可以获取用于排版的原始文件和结构化的数字内容，这样制作出来的数字内容作品，相对于图书馆扫描制作的数字版本，在制作出的成品上有如下好处。

① 空间占用小：使用排版文件直接转换成的数字内容作品，或者采用更新的能同时输出印刷文件和数字作品文件的排版软件，直接转换生成的数字资源，其空间占用仅为扫描文件的 1/5～1/10，空间优化十分明显。

② 精美版面：对于扫描文件，当放大到一定的级别以后，将出现锯齿或模糊的情况；而出版商提供的转换生成的数字内容作品，由于保存了文字的编码信息

或字体的轮廓信息,利用计算机字体的显示技术,使得字体无论放大到多大都能清晰显示,达到"越放大越清晰"的阅读效果。

③ 便于检索、方便摘录:对于数字出版商提供的数字内容作品,由于直接生成的过程中保证了文字的编码信息,使得读者在使用的时候能够方便地进行查找和检索;扫描图书虽然能通过后期的 OCR 进行处理,但即使能达到 99% 的正确率和出版商万分之三甚至万分之一的错误率相比,也是相差甚远,出版商提供的数字内容作品可以提供正确的文字摘录。

(4)到位的服务

数字出版商在提供数字内容作品和数字资源的同时,往往提供相应的应用系统和服务。在国外,数字出版商一般只提供托管方式的服务;而在国内,数字出版商往往能提供在线托管的服务,还能提供本地镜像的服务。同时,系统出现问题时,数字出版商往往也会在第一时间内处理和解决。

(5)各负其责、互惠共赢

在传统出版的年代,出版商擅长从海量信息中过滤出有价值的内容,经过选题、策划、组织、编辑到审核出版,而图书馆擅长根据读者的需要挑选由出版商出版的作品并为读者服务;而到了数字出版的情况下,仍然由数字出版商和数字图书馆负责其擅长的部分,由数字出版商提供内容及系统、数字图书馆购买内容和服务并向读者提供,使得数字内容作品的社会分工就和原来传统出版的年代一样,可以做到各负其责、互惠共赢。

3.5.2　数字出版企业为数字图书馆服务的基本原则

数字出版企业为数字图书馆服务需要既能保证自己的利益,同时又能为数字图书馆服务提供充分的便利。为了能达到双方利益的和谐统一,数字出版企业在为数字图书馆服务构建数字出版资源内容和数字出版服务平台的时候需要遵循一些原则,其中包括:保证出版商利益与图书馆共享达到平衡的原则、合理使用的原则、规模化与专业化的原则、资源分类提供的原则、与图书馆 OPAC 系统互联的原则、接口标准化的原则、多种方式提供服务的原则、提供个性化服务与保护隐私的原则、提供访问量数据和使用情况分析的原则,以及作为信息系统提供服务需遵循的原则。

1. 保证出版商利益与图书馆共享达到平衡的原则

保证出版商利益与图书馆共享达到平衡的原则是一个根本性的原则,只有双方达到平衡才能保证这个机制能够长久运行,太过于强调任何一方的利益都导致合作陷入僵局。

达成平衡具有重要的意义：一方面，如果过多考虑图书馆的利益，出版商提供的数字内容都可以无限制地在数字图书馆中共享，不仅影响出版商对其他图书馆的销售，更有可能会影响出版商将数字内容作品零售给图书馆用户以外的读者，这样出版商的利益会受到极大损害，最终导致出版商将不愿意再提供资源。对于数字图书馆来说应该注意一个误区，数字化虽然让服务走出了图书馆的围墙，但并不意味着图书馆可以随意、甚至盲目地扩大服务对象的范围，甚至误解为凭借网络共享就可以为全社会服务，这种有意或无意地扩大服务对象群体的做法引发了诸多问题，需要审慎考虑。但即使是原有的服务对象，他们所处的地点、活动的范围和获取服务的方法与渠道被极大地扩展了。

另一方面，如果过于考虑出版商的利益，对数字内容作品的限制太过严格（一个极端的例子是不允许摘录），则图书馆用户会感到极不方便，使得数字化的优势发挥不出来、资源价值得不到最大化的利用，从而降低图书馆和读者的购买意愿，减低了数字资源的价值，甚至被迫降低售价，而这是数字出版和数字图书馆双方都不愿意看到的。

在寻求平衡的过程中，数字出版商由于占有资源的信息网络传播权，因此其控制力更大一些，因而更需要从全局角度来思考和处理这个问题，只有这样，才能在满足数字图书馆需要的同时，达成自己的商业利益，进而扩大市场。

为了能有效地达成平衡，数字出版商可以采用如下的办法来进行控制。

（1）图书馆规模及服务范围的控制方法

海外对图书馆特别是高校图书馆服务人群规模的控制方法，主要采用根据 FTE 数量在某个范围的方式来进行区分。FTE 是 Full-time equivalent 的简称，它相当于全职职员（或学生）的数量；例如，一个全职的老师或一个全日制的学生是 1 个 FTE，而半日制的学生则只能计算为 0.5 个 FTE。对于出版商，一个简单的例子是根据 FTE 数量来进行规模划分，如一个高校图书馆服务的 FTE 在 5 000 以下是一个价格，5 000～10 000 是一个价格，10 000 以上是一个价格。FTE 的好处是可以根据高校的规模来进行不同价格的销售。

对高校图书馆规模的控制还可以通过 IP 范围控制的办法来实现。一般来说，建设了校园网的高校一般都有自己的 IP 范围，可以利用这些 IP 范围通过系统的来区分用户是否属于服务范围。IP 范围控制是一个基本的控制方法，也是非常有效的方法，对于高校图书馆来说其意义尤其重要。遗憾的是，对于公共图书馆，由于其服务的范围往往是一个城市或一个区域所有的公众读者，除公共图书馆馆舍内部可以通过 IP 范围的方法进行控制以外，其服务的绝大部分区域无法使用 IP 范围的方式来进行控制。

采用 IP 控制的方法，需要有效表达 IP 范围。IP 范围专业的表达方式，可以采用一个 IP 地址加上掩码的方式来进行表达，这种方式简洁、高效，计算机识别起来非常方便，但用户使用起来往往比较费力；实际使用过程中可以采用从一个 IP 地址到另一个 IP 地址的方式表达范围，这个需要在系统设计的时候注意转换。另外一个需要注意的因素是，由于 IP 地址的快速消耗，IPv4 的地址即将被瓜分完毕，IPv6 在不久的未来将大规模进入实用阶段，因此，在 IP 范围设置的系统设计时，需要考虑同时支持 IPv4 和 IPv6。

（2）访问用户数的控制方法

采用访问用户数控制的方法也是一种常用方法。它可以直接用于控制访问系统的用户，与用户规模、用户访问量、用户活跃度等都有比较大的关系。访问用户数控制又分为注册用户数控制和并发用户数控制。

注册用户数控制是控制注册到系统中的用户总数不超过一个设定的数量，其好处是可以控制整个系统的总用户量；同时，这种方法对于将所有图书馆的读者全部通过相关接口进行统一用户管理或单点登录的方式进行同步的情况下，可以有效控制系统的总用户数量，对于数字图书馆来说，这种方式适合于较大规模用户同时访问的情况。

并发用户数控制方法是控制同时到系统访问的用户数量的方法。这种方法需要记录每一个用户的访问时间和离开时间，然后把正在访问的用户的总数量计算出来，这个数量达到数字图书馆购买的数量上限时，则下一个用户将被拒绝访问，直到有某一个正在访问的用户离开。

注册用户数控制和并发用户数控制两种方法各有特点，可以在不同场合分别应用。注册用户数能控制整个的用户规模，但无法控制同时访问的用户数量，这种方法还需要注意到的一点是，某些客户为了达到少购买注册用户数的目的，让不同的用户通过一个用户名来访问，为了应对这种情况，可以考虑多增加每个用户的个性化的服务，或控制每个用户只能从一个终端登录。并发用户数控制是一个比较好的控制方式，能综合控制用户规模和用户活跃度，但并发用户数对于访问量比较小的数字资源库，则缺少足够的区分度；同时，由于并发用户数的控制会比较严格，即使是增加少量的并发用户数也会导致较高的费用增加，因此，对于需要数十人同时上课这样突发性高并发情况就难以应对了。数字出版商和数字图书馆均可以按照自己的方式来设定和购买自己需要的用户数规模。

（3）资源控制方法

资源控制的方法是对于能够区分单行本（例如电子图书）的数字内容作品的控制方法。这种方法对于数据库类型（如条目式数据库）是不合适的。

单个资源的控制方法包括复本数的控制方法和单本使用次数的控制方法。复本数的控制方法是指对于单本的数字内容作品，按照购买的复本数进行控制，对于下载阅读的单行本数量进行控制，例如，对于一本电子图书，某数字图书馆购买了 5 个复本，则同一时间内只允许 5 个读者下载借阅这本电子图书，第 6 个读者希望下载的时候，只能等待前 5 个读者中的至少一个能够归还这本电子图书，归还过程可以是读者主动归还，也可以是到期后系统自动归还。

使用次数控制方法是一种更严格的控制方法。这是国外某些出版社为了防止数字图书馆的借阅冲击其零售市场而采取的更激进的控制方法，在数字图书馆中引起了很大争议，尚未被图书馆认可。其思路是对于购买的一本电子图书，只能对外提供 26 次的借阅，超过 26 次，该本电子图书将自动失效，或者需要数字图书馆支付额外的费用。其中 26 次这个数量，其来源经过是这样的：经统计，一本纸书在图书馆平均经过 26 次的外借使用以后，其磨损程度将不再适合对外借阅。由于这种方法使得图书馆不再拥有馆藏、严重限制了电子书的诸多优点，尚未被数字图书馆认可，建议数字出版商慎重考虑。

此外，需要说明的是：限制资源的复本数的方法一般只针对下载后的离线阅读的场景，对于在线浏览一般不控制其复本数，否则数字资源的优势将无法体现。

（4）时间控制方法

图书馆一个核心的功能，是对外提供资源的服务。对于在线阅读的资源，不需要进行时间的控制，而对于单本的、有复本数控制的资源，可以进行下载后可阅读时间的控制。即系统可以控制借阅下载的电子图书等数字资源的下载时间，而读者可以选择主动归还，或者到期以后系统自动进行归还。对于外借的电子图书等数字资源，其借阅的期限可以由数字图书馆的管理员来进行设定，一般来说，可以设置为 3 天、7 天、10 天或 15 天；期限设置得短，每个读者能离线阅读的时间短，但可以加快流通；期限设置得长，每个读者能离线阅读的时间长，方便了读者，但流通就比较有限了。另外，为了防止某个读者借阅大量图书不归还，还可以设定读者同时能借出的图书总量，但这个总量不宜设置得太小，太小不利于读者的阅读和使用。

时间控制的方法还有另外一种模式，就是数字图书馆对于持续更新的数字形式的连续出版物的订阅。连续出版物一般采用订阅一段时间周期里面更新的所有期的连续出版物，如数字期刊、数字杂志、数字报纸、数字年鉴等。目前，大多数图书馆的订阅周期为一年。订阅的时候把这一周期内的订阅费用全部交给数字出版商，出版商在周期内按照预定的刊期定期更新响应的内容。订阅期到时间以后将停止访问，除非继续下一周期的订阅。

综上所述，各种的用户规模区分和控制的方法，其核心目的，都是为了控制数字图书馆在限定范围内提供服务，从而保证数字出版商能在其他的数字图书馆和零售领域的市场利益，能够获得回报的数字出版商才有热情投入到更多更新的数字内容开发中来，达到数字出版商和数字图书馆的双方共赢。数字出版商可以根据自己的需要，选择其中的一种或多种方法来进行控制。如果数字出版商对于自己的市场规模有足够的把握，也可以选择不做控制。

2. 合理使用的原则

在数字出版为数字图书馆的服务过程当中,还有一个非常重要的原则,就是合理使用的原则。合理使用的原则就是在数字出版商为数字图书馆用户服务的时候,无论采用何种控制方法,都需要保证对于读者的合理使用权利,即读者需要能够出于学习和研究的需要,复制数字内容作品中的片断或部分内容。允许复制的内容,需要综合平衡读者摘录使用的便利性与因大规模复制而影响出版商销售两种情况,使得既保证读者能方便地摘录、又能保证出版商的商业利益。

还有一种特殊的情况,即主动推送,也需要考虑到数字图书馆的合理使用。图书馆的信息服务已由传统被动式的等待读者上门,转变为"以读者为中心"、及时主动地为读者提供个性化内容的主动式推送服务,利用网络信息技术和手段实现个性化信息的主动推送服务已经成为数字图书馆重要内容之一,也是图书馆进一步提高信息服务质量的方向。在出版商提供数字资源服务之前,数字图书馆采用的方法是将对应的内容进行扫描后推送给读者,而这种方式饱受争议,其中之一便是版权的问题。但数字出版商如果完全禁止,数字图书馆不能开展主动推送服务,也会影响其对资源的合理使用。一个折中的解决方法是:将数字资源内容的摘要信息作为推送的内容,再附上数字资源内容的访问链接,由于主动推送的目标对象往往也是数字图书馆的读者,拥有对数字资源内容的访问权限,这种方案既支持了数字图书馆主动推送的合理使用,又保证了资源内容产品仍然在服务系统的控制之下,保证了数字出版商的利益,是目前一种可行的解决办法。

3. 规模化与专业化的原则

到目前为止,国际和国内成功的为数字图书馆服务的数字出版商,在推出自己的数字出版产品的时候,无不遵循规模化与专业化的原则。规模化是指在提供的数字出版产品的时候,所提供的数字资源的规模,需要达到相当的资源数量;专业化是指在提供数字出版产品的时候,产品是在某个专业或行业相对比较深入的专业化资源,并且针对相应的专业和行业能提供特定的功能或特定的服务。

规模化能占据数量上的优势,专业化能占据质量上的优势,这两者能在市场上获得成功,其中的规律值得数字出版商和数字图书馆双方关注,如能达成共识则有利于更加默契的配合。

4. 资源分类提供的原则

为数字图书馆服务的数字出版商需要根据资源的特征和服务对象的情况,首先提供相应的分类法,并且将相关的数字资源内容对应到这些分类中。这些分类可以是中国图书馆分类法(简称中图法),可以是学科分类,也可以是某个专业的特殊的分类法。

5. 与图书馆 OPAC 系统互联的原则

OPAC 系统是 Online Public Access Catalogue 的简称，在图书馆学上被称作"联机公共目录查询系统"，是 ILS 系统（图书馆集成管理系统，Integrated Library System）的一个部分。OPAC 系统提供给读者查询图书馆藏书的功能。对于提供电子图书的数字出版商来说，如果能在 OPAC 系统中查询到电子图书的详细书目信息，对于提高电子图书的曝光率和访问量都会有较大的好处。

数字出版的资源内容服务系统和 OPAC 系统互联的方式一般采用提供 MARC 数据的方式。MARC 是 MAchine-Readable Cataloging 的简称，即机读编目格式，是图书馆对图书元数据进行编目的一种标准。MARC 中 856 字段中的 u 子字段是统一资源标识（可重复）的字段，可以将数字资源的访问地址（URL）放入 856$u 字段中，这样 OPAC 系统在检索到该资源并显示该资源的详细信息的时候，就会显示访问地址的信息，并引导用户访问该地址，从而使读者可以无缝地获得该数字资源内容。

MARC 数据是图书馆最经常使用的数据。图书馆对于 MARC 数据的质量要求非常严格，数字出版商提供的 MARC 数据至少要达到图书馆的入门级质量标准（一般称为简编），图书馆才有可能会接收该数据。而数字出版商编制 MARC 数据（即使是简编 MARC），也是一个不小的挑战。

6. 接口标准化的原则

某些图书馆担心出版商提供的 MARC 数据达不到要求，或者某些数据库类型的资源服务系统无法提供 MARC 数据，则需要提供相应的接口来进行访问，这其中最主要的是查询、检索、互操作的接口。数字出版商提供的接口需要按照数字图书馆的标准提供服务。

数字出版商涉及的标准中使用最多的是 OAI 和 OpenURL。其中，OAI 全称为 Open Archives Initiative Protocol for Metadata Harvesting，即采集元数据的开放仓储协议，是一种采集、收割各种资源及数据库元数据的互操作协议标准。OpenURL 即开放链接，是一种开放的信息资源与查询服务之间的协议标准，利用 OpenURL 可以在服务器之间传递数字资源对象的元数据。本书将在后续章节详细介绍相关的接口标准。

7. 多种方式提供服务的原则

随着技术、网络和便携设备的快速发展，数字出版商需要为数字图书馆读者提供多种方式的访问和阅读服务，其中通过 PC、平板电脑和智能手机等多种方式访问系统及阅读数字资源将被越来越多的数字图书馆所采用，因此数字出版商需要考虑对这种访问和阅读方式予以支持。

8. 提供个性化服务与保护隐私的原则

数字图书馆在提供服务的时候，非常注重为每一个读者提供个性化的服务，包括读者可以有自己的收藏夹、检索历史、借阅历史、阅读历史、下载历史，以及对资源的评论、打分等信息。数字出版商在提供相关系统时，需要对这些方面加强支持。

在存储用户个人信息的同时，数字出版商还要配合数字图书馆完善对用户隐私的保护。由于图书馆中的计算机大多是公用的，来来往往的读者都是临时使用这些机器，涉及个人隐私的信息都不能保存在客户端，即当一个读者随时离开他所使用的机器后，下一个使用者不应该看到前者的个人使用情况，包括做过哪些检索、看过哪些资源等，否则就有可能泄露前一个读者的隐私。

9. 提供访问量数据和使用情况分析的原则

访问量数据和资源的使用情况分析对数字图书馆来讲是非常重要的，这是数字图书馆的工作成果的重要体现，也是评判一个数字资源服务是否成功的标志之一。使用情况可按以下几个维度进行分析。

（1）按类型分析

按照访问量倒序的方式列出前面几个（一般为 10 个，又称为 Top 10）或全部的资源类型（资源类型不太多时）的访问情况，包括资源类别和访问量的数据；倒序的意思是访问量大的资源类别在前，访问量小的资源类别在后。

按类型分析的结果将提示数字图书馆哪些类型是热门访问的资源类型，数字图书馆未来可以在这些类别方面加强采购。

（2）按资源分析

按照访问量倒序的方式列出 10 项或 100 项访问最多的数字内容资源，包括资源的名称和访问的总量。按资源分析的结果将提示数字图书馆哪些具体的内容资源是最热门的资源，数字图书馆可以加强热门资源的采购量。

（3）按读者分析

按照访问量倒序的方式列出前面 10 项或 100 向访问最多的读者列表，包括读者的信息和访问的总量。其中读者有可能是注册读者，有自己的登录名和相关的信息；也可能是 IP 范围内的未注册的读者，这种情况下可以用 IP 地址来代表读者信息。按读者分析的结果将提示数字图书馆哪些读者是最为活跃的用户，哪些是使用量小的用户。对于活跃的用户可以征求他们关于如何在数字图书馆方面可以提供更好的改进服务的意见，使其保持或增强现有的活跃度；对于访问量小的用户需要分析其在使用数字图书馆中的困难和障碍，以便帮助其克服困难，从而提高数字图书馆的利用效率。

（4）按时间分析

按时间分析是指在一段指定的时间范围内统计数字资源内容的总的访问量，时间跨度可以是一天、一个月、一个季度、一个学期或一年，将访问量按时间范围编列形成访问量曲线，可以形象地显示出资源访问总量的动态变化。了解了这些变化，就可以为以后更好的服务提供数据基础。

读者的访问数据还有点击量、检索量、分类导航量、在线浏览量、下载量、热门检索词等多项数据。数字图书馆有可能会需要这些数据的详细情况，数字出版商应尽可能记录并提供这些数据。

10. 作为信息系统提供服务需遵循的原则

数字出版商在提供资源的时候，经常会提供资源内容的访问系统。作为资源内容的访问系统，需要遵循作为信息系统的一些原则，主要包括以下几个原则。

（1）易用性原则

系统应操作简便，系统设计时需要尽可能遵循简单实用的原则，做到对读者最低的技术门槛要求，不做培训或者简单培训即可进行操作；系统中要提供友好的信息提示，提示信息语言含义明确；界面需要简洁，能够清晰的表现出业务流程，有引导用户进行操作的机制。此外，系统应易于维护，即能够让管理员方便地进行维护。

（2）安全性原则

系统的安全性原则主要体现在两个方面，一是对于数字资源内容的安全性，二是对于信息系统运行维护的安全性。

数字资源内容的安全性是保护数字资源知识产权的基础。需要从两个方面进行安全性方面的控制。一方面，需要保证整个资源库以及批量资源内容的安全性，这主要是针对支持本地镜像的数字资源服务系统所要重点考虑的问题，需要通过技术手段保证整个库和批量数字内容不能被轻易地从系统后端批量复制出去，其最简单的方法是对于关键的数据（如密钥信息）或资源内容在服务器端进行加密或者加扰动，在使用的时候解密或者去除扰动，其中加密或者加扰动的信息与本地的环境（如硬件信息、IP 地址等）绑定，使得被复制的整库信息到其他环境中无法使用。另一方面，是要防止少数用户恶意的大批量下载，这个可以通过设定一个合理使用的最高阈值上限，并设置程序进行监控，一旦发现某个用户或者某个 IP 在一段时间内的访问量达到甚至超过这个阈值时，则系统立即向管理员发出警告，甚至直接停止该用户或 IP 地址的访问权限，等待管理员处理。这样可以保证资源内容的安全。

信息系统运行维护的安全性也有多方面的考虑。首先，系统的整体设计、平台选择、安全性设计以及应用程序的质量都是系统安全、稳定、可靠运行的前提；

其次，通过合理的网络设计，利用防火墙等技术实现网络安全性；需要通过包括及时打好补丁、系统漏洞监控等一系列手段防止黑客入侵数据库系统并盗取想要的客户资料；需要确保设备运行安全，针对设备可能出现的问题，尽可能全面的做好备份，有条件的用户则可做双机或多机热备，当系统出现软硬件故障时，可以立即切换，且不影响正常的使用；最后，严格的管理制度也是系统安全的重要保证，系统后台管理需严格遵守用户分层管理和权限控制。

（3）可用性原则

系统应具备 7×24 小时提供服务的能力，对系统的检修和升级应进行控制，使其能尽可能地减少对用户访问的影响。

（4）可扩展性原则

由于服务对象的规模会随时发生变化，因此，当访问量增大或主动扩充功能时，信息系统应能支持通过增加服务器等硬件的方式来进行系统性能的升级。

（5）可靠性原则

系统应具备完善的错误检验功能和容错处理功能；系统应能及时检测并提示由于网络故障、操作失误、程序错误等原因造成的操作异常中断；由于系统采用功能模块化部署，为了保障系统能平稳运行，功能模块之间需要存在一定的容错机制，从而保证不会出现当某个模块出现故障时，其他相关模块因无法获取相关数据而导致崩溃。

第4章
Chapter 4

▶面向数字图书馆的数字出版商务模式

为数字图书馆服务作为数字出版模式的一种,有着其独特的商务模式、技术要求和服务特点,本章将首先从商务模式入手进行介绍。

数字出版为数字图书馆服务有着多种多样的商务模式,有比较传统的单本销售模式、连续出版物销售模式,有根据传统商务模式进一步发展的数据库销售模式,还有与传统商务模式完全不同、颠覆式的商务模式,如开放存取等。

4.1 单本销售模式

对于出版社来讲,传统纸本内容的单本销售模式是最为熟悉不过的。传统的图书馆购买纸本图书作为馆藏的最基本内容,并在此基础上开展为读者的服务,包括纸本图书的外借、阅览室阅读,并基于已有的纸本内容开展各种服务,如查询检索服务、参考咨询服务、馆际互借服务等。

数字出版环境下,单本销售模式可以提供与传统纸本内容非常接近的商务模式。下面我们详细进行介绍。

4.1.1 电子图书

电子图书又称为 eBook,通俗地说是将图书的内容以数字的方式提供,通过客户端的硬件来进行阅读。客户端的阅读硬件可以是 PC 机、笔记本,更为方便的是可以通过移动设备来阅读电子图书,例如通用的平板电脑、智能手机,以及专门用于电子图书阅读的基于 eInk 的手持设备。

1. 电子图书的单本书销售模式

电子图书的销售按照单本方式进行销售,即每本电子图书都有自己的定价,图书馆根据自己的需要,可以一本一本地选择自己需要的电子图书,然后在支付相应的费用后,进行图书馆本地安装或开通在线的远程服务。

与纸本图书一样,单本销售的电子图书在服务的过程中有复本数概念。所谓复本数,就是一种电子图书需要购买多个复本,每一个复本只能供一个读者借阅下载使用,如果购买了 5 个复本,则最多只能有 5 个人同时借阅这种电子图书,第 6 个人来借阅的时候,需要等待前面 5 个人中的一个人主动归还该电子图书或某一个人的电子图书到期后系统自动归还。

为了能方便读者的查阅,一般会允许读者在线浏览部分甚至全部的电子图书内容,或者允许读者阅读检索到的相关页面内容。这也是对图书馆合理使用的一种尊重。

2. 采访中的注意事项

为了便于图书馆负责采购图书部门(一般是采访部或采编部)的工作,数字出版机构在电子图书销售之前需要提供电子版的书目,并将电子图书按照中国图书馆分类法（简称中图法）进行分类，供电子图书采购部门使用。

某些图书馆在购买电子图书的时候，需要供应商提供 MARC 数据供采访时使用。MARC 数据是图书馆使用的关于资源内容的一种元数据，是一种标准的描述图书信息的方法，采访过程中仅仅需要采访级的、也就是简编的 MARC 数据。这些图书馆获得采访级的 MARC 数据以后，导入到图书馆管理系统之中，首先用于和图书馆已有图书资源的查重，然后在此基础上，利用图书馆管理系统的功能选择需要购买的电子图书，并在此基础上确定复本数，最后将确定购买的图书列表反馈给供应商，供应商根据该列表进行交易，并作为电子图书产品发货的依据。

3．交易过程中的注意事项

电子图书在交易过程中，需要特别注意的包括如下几点：

（1）需要给每种电子图书有一个唯一编号。新出版的纸本图书都有 ISBN 号，但 ISBN 号在少量情况下会有一号多书的情况，因此电子图书的编号不能完全依靠 ISBN 号来编号，需要有一套能保证唯一的机制。

（2）在交易的过程中，需要注意购买的每本图书的复本数。交易的价格也会和复本数相关。并且，不同的电子图书，其复本数可能会不同。

4．发货中的注意事项

电子图书在发货的过程中，需要注意如下事项：

（1）区分是本地安装还是在线服务。对于本地安装，需要将相关的电子图书的资源内容和相应的授权一起发货到图书馆，在图书馆本地安装后使用；如果是在线服务，需要在服务的系统中进行相应的设置。

（2）发货过程中需要根据图书馆购买的资源的复本数进行发货，不同的电子图书复本数可能会有所不同。

5．对移动阅读支持的模式

现在，多数图书馆都有移动阅读支持的要求，希望可以接入到平板电脑、智能手机、手持阅读器之中。一般来说，移动阅读这项服务是一个基础的要求，应该包含在电子图书的基本服务之中，因此在制作电子图书的时候，需要能制作成可以移动阅读的格式，并且，需要提供电子图书服务的系统能支持移动阅读的下载。

最后，还要说明一点的是，与纸本图书销售一样，由于出版社非常多，图书馆购买图书直接找出版社购买往往会比较麻烦，而找一到两家能够提供绝大部分图书的供货商购买大部分图书则是一个通常的做法，购买电子图书也一样，图书馆希望找到一到两家大的供货商来提供服务。多个出版社可以组成一个联合体—

起提供服务，或者将电子图书委托给电子图书的集成商提供服务，都是数字图书馆所乐意看到的。

4.1.2 其他形式

除电子图书以外，数字出版商务模式中还有一些其他的形式为数字图书馆服务。

1．音频电子书

音频电子书即 AudioBook，是用音频的方式展示内容的数字资源，读者可以下载并收听相关的资源内容。与采用 TTS（Text to Speech）技术对普通电子书进行文字向语音的转换不同，音频电子书的音频内容，是由真人朗读图书并录音而成，具有更流畅、更富有感情的特点。音频电子书的制作成本比文字内容电子书的成本更高，但音频效果更好。目前，多家图书馆特别是海外的图书馆都开始收藏音频电子书。

2．纸本图书的数字化附加内容

纸本图书在出版的时候，可能会附加一些数字化的内容，例如介绍程序设计的图书附上一些示例的程序代码，或者作为教材、教辅的内容，附上相应的课件、音视频内容，甚至是这本书或这一类书的一个网上社区的一个访问许可。

当图书馆购买这类图书时，需要能够将其中的数字化附加内容管理起来，供数字图书馆的用户方便地使用。

3．为高校服务的半成品出版内容

在国外，还有另外一种为高校特别设计的模式，即出版机构为高校图书馆和教授提供的不是全本的电子图书，而是提供一些数字资源内容的半成品，供教授从中选择需要的内容，重新组合成为适合本校、本课程的教材、教辅内容，形成一种定制化和个性化的数字出版产品，为高校的教授和学生服务。

4.1.3 国内外成功案例

在单本销售模式下，国内外都有一些成功的案例。下面做一下简单的介绍。

1．EBSCO 电子图书（原 Netlibrary）

EBSCO eBook Collection 是 EBSCO 收购 Netlibrary 后提供的电子图书数字图

书馆服务。EBSCO 同时提供电子图书和音频电子书,其电子图书和音频电子书合计接近 30 万种,并且还在快速增长之中。EBSCO 为世界范围内数千家大学图书馆、公共图书馆等图书馆服务,同时,服务的机构类型主要包括以下 6 种:大学、公共图书馆、医疗机构及研究所、中小学、企业、政府。

EBSCO 提供的电子图书内容涵盖非常广泛,包括科学、技术、医学、生命科学、计算机科学、经济、工商、文学、历史、艺术、社会与行为科学、哲学和教育学等多种种类。

EBSCO 的电子图书可以按照单本图书进行选购,EBSCO 电子图书选购的界面如图 4-1 所示。

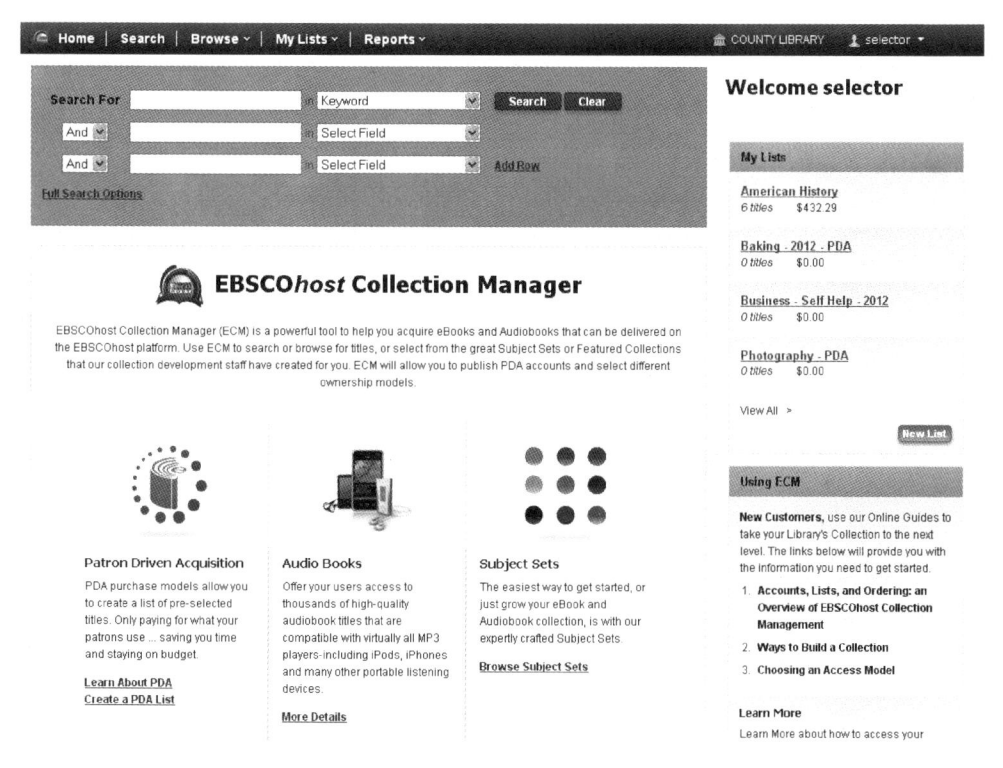

图 4-1　EBSCO 电子图书选购界面

选购电子图书的时候,可以通过书名、作者、出版社、关键词等多种方式进行查询、检索,并且根据查询检索的结果,选中部分图书内容,构建成自己的图书集合,系统可以自动计算出相应的图书集合的金额。

系统检索的结果页面如图 4-2 所示,用户可以在该页面中对每一本电子图书进行选择。

其中,电子图书可以按照"One User"即单用户的方式进行购买,也可以按照

"multi-user"即多用户、"unlimited user"即不限用户的方式来进行选购。某一本电子图书的这些选项是由出版该图书的出版社来设定的。

EBSCO 提供的电子图书全部通过托管的方式提供服务，数字图书馆的用户需要登录 EBSCO 的网站获取相关的服务，不提供在图书馆本地安装使用的方式。

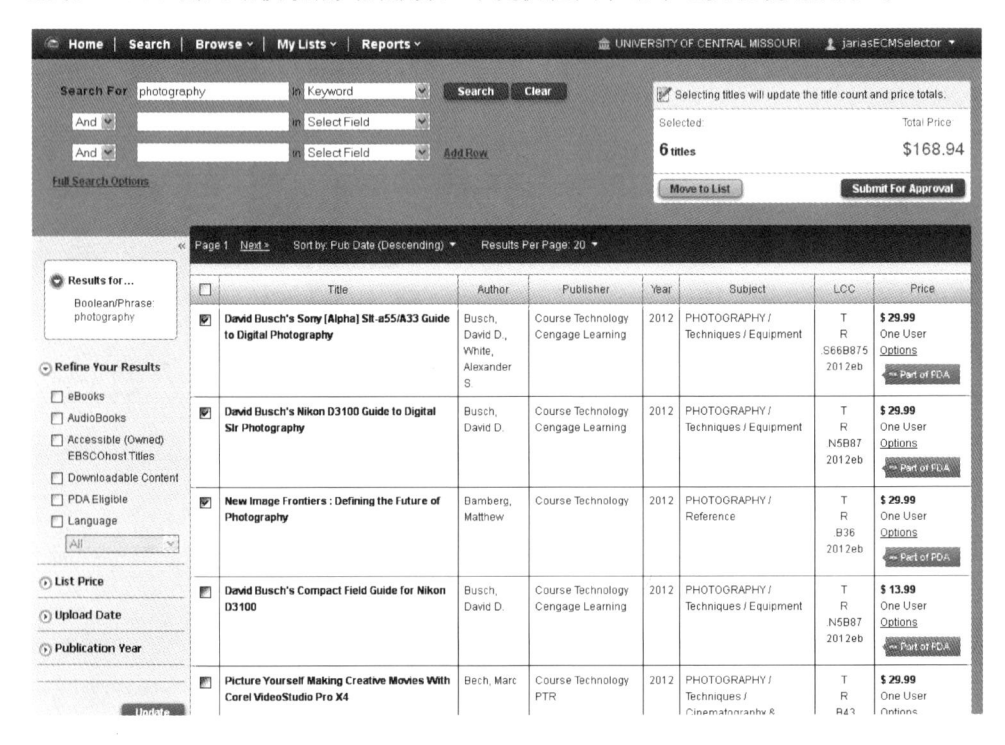

图 4-2　系统检索的结果

2．Apabi 电子图书

Apabi 电子图书是方正集团提供的产品，收录了全国数百家出版社出版的最新中文图书，绝大部分为 2006 年以后出版的新书。Apabi 电子图书为数字图书馆提供的电子图书数量超过 60 万种，电子图书涵盖社科、人文、经管、文学、科技等各个类别。Apabi 电子图书服务范围主要包括以下 5 种机构：高校、公共图书馆、政府及企事业单位、科研院所、中小学及教育城域网。

Apabi 电子图书可以按照单本图书进行选购，选购过程中提供按照通用的中国图书馆分类法（中图法）进行选书，也可以按照行业，如高校、电力、传媒、财政金融、法律等来进行选书。按照中图法选书的界面如图 4-3 所示。

第 4 章 面向数字图书馆的数字出版商务模式

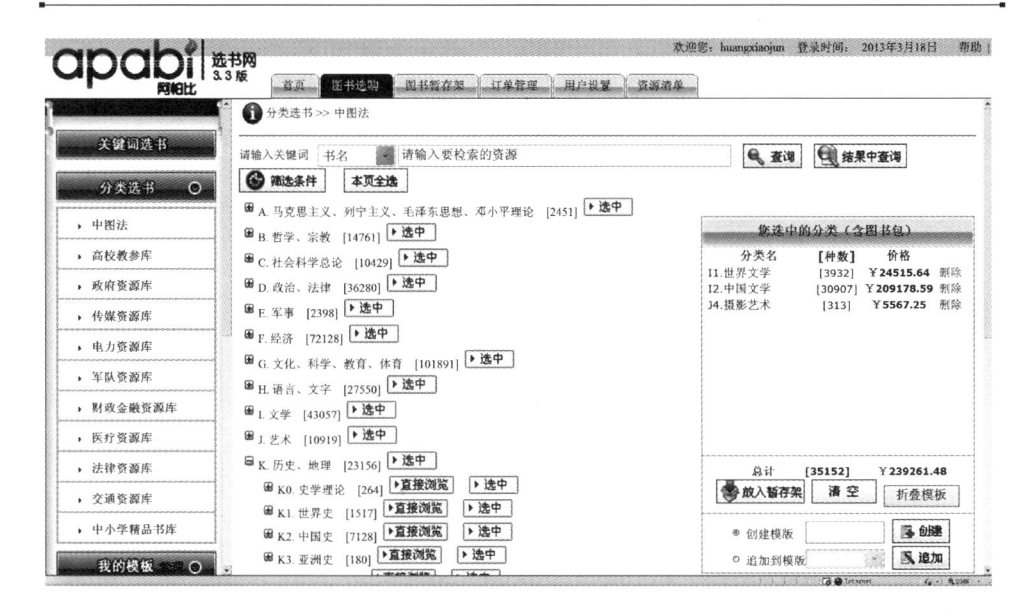

图 4-3 按中图法进行图书选择

选书过程中，可以按照书名、作者、出版社、ISBN、主题词、出版时间等条件进行选择，如图 4-4 所示。

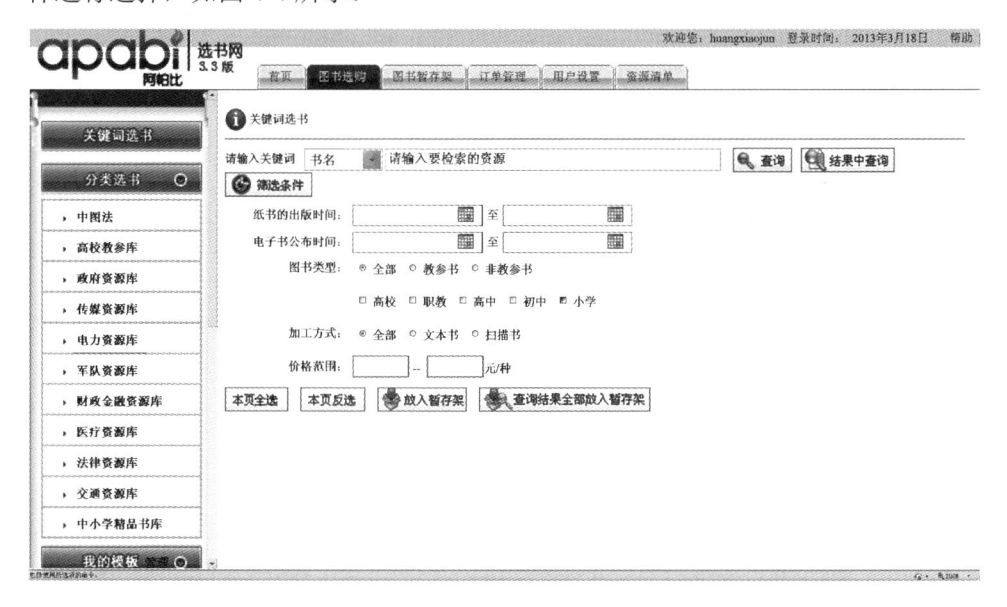

图 4-4 按检索条件进行图书选择

对于选中的电子图书，还可以选择不同的复本数，如图 4-5 所示。

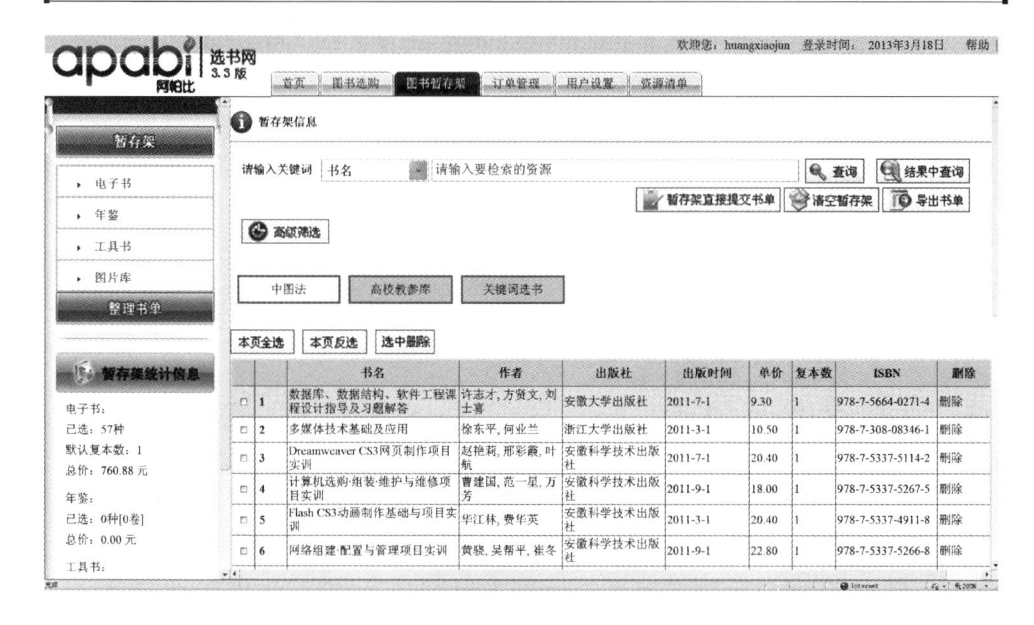

图 4-5　电子图书不同复本数的选择

Apabi 电子图书可以通过托管的方式提供服务，也可以在图书馆本地安装。如果图书馆购买的是通过托管方式提供的服务，需要登录 Apabi 公司的网站获取相关服务；如果图书馆购买的是本地安装模式，则需要在图书馆本地安装数字资源平台软件系统和电子图书数据，读者可以通过本地的服务器访问并获取电子图书。

Apabi 电子图书可以提供在线浏览和下载离线阅读两种方式，其中下载离线阅读可以支持在 PC 上的离线阅读，也可支持在平板电脑(iPad 及 Android 平板电脑)、智能手机（iPhone 及 Android 手机）及电子阅读器上的离线阅读。

4.2　连续出版物销售模式

按照出版术语标准的定义，连续出版物是指通常具有编号，无预定结束日期，具有固定名称，连续分册或分部出版的出版物。连续出版物主要包括期刊、报纸等类型。

连续出版物为数字图书馆服务的数字出版模式，报纸和期刊有所不同。数字报纸一般通过整版报纸的内容浏览为主，以文章的阅读和查询检索为辅提供服务。数字期刊，特别是学术类的期刊与数字报纸不同，往往是将期刊的内容拆成一篇篇文章，然后将文章，特别是学术文章，按照学科或专题重新组织，以单篇文章为主，以整份期刊阅读为辅，甚至不提供整份期刊的阅读方式。

4.2.1 数字期刊

为数字图书馆服务的数字期刊的主要商务模式是订阅模式，并且一般是按年订阅的居多，同时，数字期刊的服务提供方还会提供历史资源内容的回溯。

数字期刊按年订阅以后，在整年的时间范围内会定期更新。数字期刊为图书馆服务的销售模式，多数是以某一个学科或某一个类别形成一个资源包来进行销售，部分供应商会允许按种类一种一种选择期刊进行销售。

数字期刊又分为学术类的数字期刊和非学术类的期刊，后者主要是文学、生活、休闲、娱乐等方面的数字期刊，有时候又称为数字杂志。

1. 学术类数字期刊

学术类数字期刊在提供服务的时候，往往会收集某一学科领域内尽可能多的有代表性的学术期刊，然后将其中的学术论文分拆成篇，每篇再进行详细的标引，包括每篇文章的题名、作者、作者单位、摘要、主题词、所属学科、参考文献等，在服务的时候按照学科、专业、领域进行划分，并通过用户的检索提供相关的内容。

学术类数字期刊在为数字图书馆进行服务销售的时候，还是按照一类期刊或一种期刊进行销售，不会按照文章来进行销售。

学术数字期刊在服务的时候，会按照学科或领域划分自己服务的类别，这样不仅可以使得读者在使用和阅读的时候有一个分类的依据，更重要的，是可以让各类专业院校、研究院所、社会机构根据自己研究方向所在的专业、学科和领域购买自己所需要的学术数字期刊。

学术类数字期刊销售给数字图书馆的时候，往往会限定能够访问系统的读者的 IP 范围，并且通过访问的并发数来区分不同规模的数字图书馆。

由于学术类数字期刊属于连续出版物，因此，为了能保证学术期刊的更新速度，大多数都是通过托管的方式来进行服务，或者由部分镜像服务器来提供服务。

学术类数字期刊对于高校和研究机构来说，属于科学研究的基础设施，是不可或缺的，因此对于开始订购学术类的数字图书馆来说，除了有非常特别的原因以外，一般都会每年续购，不会中途停止。

学术类数字期刊对于检索到的学术文章，一般会提供原文的版式内容供读者下载使用（如 PDF 文件），并且考虑到读者的使用、交流和阅读的方便，学术类期刊下载的文章一般都是未加密的，极大保证了读者的合理使用。

2. 数字杂志

数字杂志一般是以文学、生活、休闲、娱乐等方面的内容为主，其重要程度在数字图书馆看来会远低于学术类数字期刊，但对于读者来说，仍然是非常受欢迎的一类数字内容。

和学术类数字期刊不同，数字杂志一般还是按照"期"来进行服务，即读者使用数字杂志的方法仍然是以阅读为主，而不像学术类数字期刊，其主要是以查询、检索为主。

数字杂志一般也是通过托管的方式进行服务，通过 IP 范围来进行管理和控制。并采用并发访问数量的方式来控制数字图书馆的规模。

4.2.2 数字报纸

数字报纸是指将用于印刷的纸张报纸的内容以数字的形式提供服务。为数字图书馆服务的数字报纸的内容，往往会汇集数十家到数百家报纸的内容提供服务，并且通过系统平台提供一个跨多种数字报纸的检索与访问的平台。

数字报纸的服务形式，由于每期报纸都包含很多的版面，并且包含非常多的大大小小的图片内容，其数据量往往非常之大，因此，先通过一个版面图显示报纸版面的轮廓信息，然后通过版面图中的热区的点击，以 html 的方式展示文章内容，可以让读者快速了解报纸整体信息，并且无需等待下载的过程，这种方式是比较友好的展现形式，也是国内采用较多的方式。

和数字期刊相比，数字报纸的更新频率就更高了。日报每天都出版报纸，因此需要每天将报纸的数字形式的内容以最快的速度上载到服务的网站上，只有这样，才能保证数字报纸的时效性，否则过了当天，报纸的新闻就成了旧闻，意义也就丧失很多了。

数字报纸有多种服务方式，下面将分别介绍。

1. 通过 PC 访问的数字报纸

通过 PC 访问的数字报纸是最为广泛的数字报纸。其又分为两种，一种是通过网站加热区访问的方式，另一种是通过客户端阅读软件下载的方式。

其中通过网站加热区的方式的样例如图 4-6 所示。

读者首先看到的是报纸的版面图，鼠标划过报纸版面的时候会通过边框提示当前选中的文章的区域范围（即热区），点击相应的文章，网站即可显示这篇文章对应的清晰图片和相应的文章内容。读者还可以通过版面导航在不同版面间进行切换。

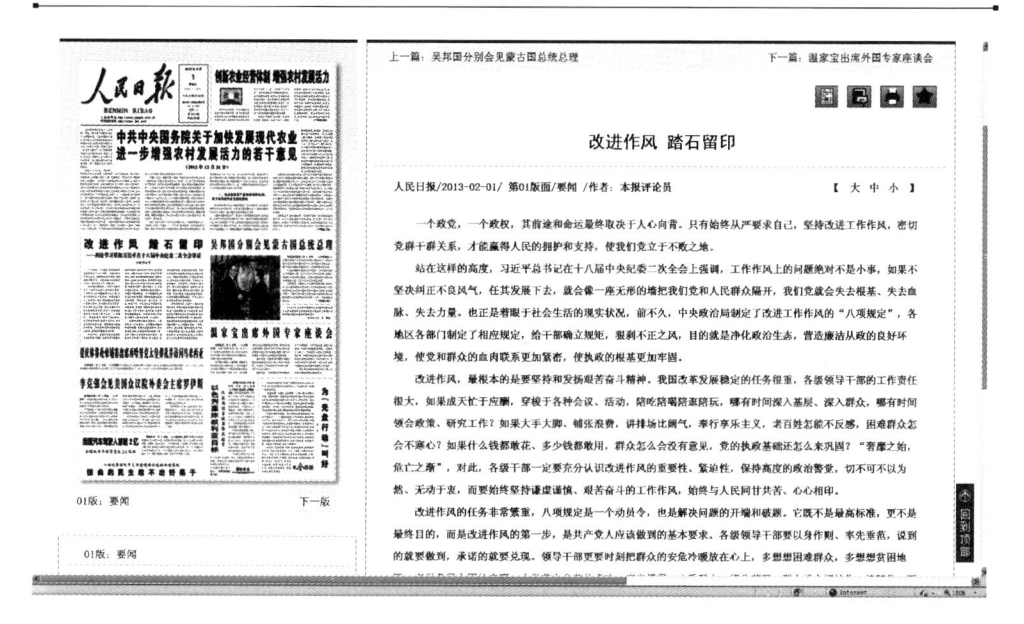

图 4-6　通过网站加热区访问数字报纸

客户端下载的方式是另外一种服务模式。读者在阅读数字报纸之前，需要预先下载一个数字报纸的阅读器，然后该阅读器可以根据读者感兴趣的报纸自动推送，读者可以阅读已经下载完成的报纸。

这两种方式各有利弊。版面图加热区的网站访问方式，其好处是读者可以直接阅读数字报纸的内容，无需等待，可以快速访问；缺点是阅读的时候需要保持网络畅通，没有订阅报纸的感觉。客户端下载的方式的好处是可以接受网站的推送，报纸推送或下载完成以后可以进行离线阅读；但读者如果想访问新的一期报纸内容的时候，需要等待下载完成后才能阅读。这两种方法都可以非常方便地看到数字报纸的版面内容，能对报纸的整体信息有比较好的了解。

2．通过触摸屏访问的数字报纸

另外一种数字报纸的服务方式是采用触摸屏的方式进行阅读。即数字报纸的服务机构每天将数字报纸的数据传递到图书馆本地，然后图书馆通过一台本地的具有触摸屏功能的大屏幕设备提供读者阅读，读者可以通过触摸屏选择不同的报纸，以及报纸的不同版面，并且还可以对报纸版面的局部内容进行放大，如图 4-7 所示。

为数字图书馆服务的数字报纸的销售，一般采用打包的方式进行，即购买一台触摸屏硬件，再加上其中的阅读软件，以及不同数量（数十份到一二百份不等）的数字报纸内容和不同时长（一般按年选择）的数字报纸传输服务。

图 4-7 通过触摸屏访问数字报纸

3. 通过手机访问的数字报纸

通过手机访问的数字报纸又称为手机报,指读者通过智能手机阅读数字报纸。

由于手机屏幕相对较小,手机报提供服务的时候往往是提供一个简单的版面图再加上文章列表,读者点击文章列表中的文章标题,再显示文章的具体内容。

4.2.3 国内外成功案例

连续出版物的数字出版有非常多的成功案例。下面选择几个有代表性的案例做一下介绍。

1. 爱思唯尔的数字期刊

爱思唯尔(Elsevier)是一家总部位于阿姆斯特丹的全球公司,在 24 个国家有超过 7000 名雇员。爱思唯尔提供的期刊服务称为 ScienceDirect,可以提供超过 2 500 种的数字期刊服务。全球范围内,ScienceDirect 获得了 134 个国家 1 100 万科研人员的认可,每月全文下载量达数百万篇,累计全文下载量已突破 10 亿篇。ScienceDirect 的内容也是快速增长,每年平均增长率为 15%。ScienceDirect 支持包括 CrossRef 和 COUNTER 在内的多项国际标准。

ScienceDirect 是数字图书馆的重要资源来源,其涵盖范围非常广,主要涉及的学科领域包括以下几个方面。

(1) 自然科学

① 化学;

② 化学工程；

③ 计算机科学；

④ 地球和行星学；

⑤ 能源和动力；

⑥ 工程和技术；

⑦ 材料科学；

⑧ 数学；

⑨ 物理学和天文学。

（2）生命科学

① 农业和生物科学；

② 生物化学，遗传学和分子生物学；

③ 环境科学；

④ 神经系统科学。

（3）社会科学

① 社会学；

② 商业管理和财会；

③ 决策科学；

④ 经济学，计量经济学和金融；

⑤ 心理学；

⑥ 人文学。

（4）医学

① 药理学，毒理学和制药学；

② 医学与口腔学；

③ 护理与卫生保健；

④ 兽医学。

爱思唯尔期刊 ScienceDirect 的销售要求图书馆购买一定量的绑定的纸本期刊，并且销售模式中，区分内容的价格和电子订阅的价格，并可以分别有不同的折扣。

ScienceDirect 的销售区分为不同的模式，按照不同的图书馆的类型，提供了不同的集合，如完整模式（ScienceDirect Complete）、标准模式（ScienceDirect Standard）和电子选择模式（ScienceDirect eSelect）；并且根据购买的客户的类型不同，有不同的版本（Edition），例如为小型的学院设置的学院版本（College Edition）、为政府设置的政府版本（Government Edition）和为企业设置的企业版本（Corporate Edition）。

ScienceDirect 还提供一些特别的数字期刊内容包，例如：

（1）核心数学主体包 Core Mathematics Subject Collection；

（2）爱思唯尔 Masson 法语医学包；
（3）细胞出版社集合；
（4）爱思唯尔 Doyma 西班牙语医学集；
（5）新科学家。

它们都是一些比较特别的数字期刊的集合，例如，细胞出版社（Cell Press）集合中包括细胞出版社出版的 12 种生命科学研究方面的被高引用的期刊。这些期刊被该领域研究人员认为是必读的期刊。细胞出版社出版的 12 种必读期刊如表 4-1 所示。

表 4-1　细胞出版社出版的 12 种必读期刊

刊　　名	ISSN
Cancer Cell	15356108
Cell	00928674
Cell Host & Microbe	19313128
Cell Metabolism	15504131
Cell Stem Cell	19345909
Chemistry & Biology	10745521
Current Biology	09609822
Developmental Cell	15345807
Immunity	10747613
Molecular Cell	10972765
Neuron	08966273
Structure	09692126

图 4-8 是 ScienceDirect 的访问页面。

2．同方期刊

同方期刊是由清华同方公司提供的学术期刊资源数据库，以学术、技术、政策指导、高等科普及教育类期刊为主，内容覆盖自然科学、工程技术、农业、哲学、医学、人文社会科学等各个领域。截至 2012 年 6 月，收录国内学术期刊 7900 多种，其中创刊至 1993 年的有 3500 余种，1994 年至今的有 7700 余种，全文文献总量达 3400 多万篇。

同方期刊分为多个专辑，包括基础科学、工程科技、农业科技、医药卫生科技、哲学与人文科学、社会科学、信息科技、经济与管理科学等。

同方期刊专辑下根据该公司自己定义的专业方向又分为 168 个专题，各专题收录的期刊种类和数量如表 4-2 所示。

第 4 章　面向数字图书馆的数字出版商务模式

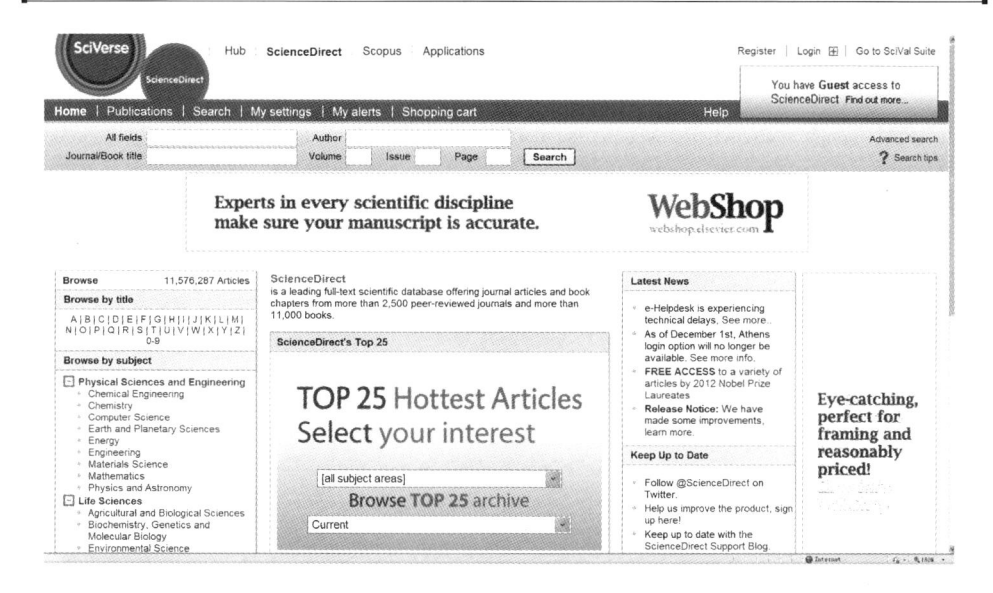

图 4-8　ScienceDirect 的访问页面

表 4-2　同方期刊收录的期刊种类和数量

基础科学 （766 种期刊）	基础科学综合（245）、自然科学理论与方法（7）、数学（53）、非线性科学与系统科学（10）、力学（19）、物理学（46）、生物学（90）、天文学（8）、自然地理学和测绘学（49）、气象学（38）、海洋学（26）、地质学（159）、地球物理学（41）、资源科学（18）
工程科技Ⅰ （988 种期刊）	综合科技 A 类综合（81）、化学（57）、无机化工（79）、有机化工（170）、燃料化工（22）、一般化学工业（15）、石油天然气工业（78）、材料科学（14）、矿业工程（77）、金属学及金属工艺（96）、冶金工业（78）、轻工业手工业（173）、一般服务业（4）、安全科学与灾害防治（32）、环境科学与资源利用（93）
工程科技Ⅱ （1146 种期刊）	综合科技 B 类综合（241）、工业通用技术及设备（58）、机械工业（62）、仪器仪表工业（36）、航空航天科学与工程（58）、武器工业与军事技术（39）、铁路运输（36）、公路与水路运输（88）、汽车工业（36）、船舶工业（28）、水利水电工程（85）、建筑科学与工程（194）、动力工程（44）、核科学技术（21）、新能源（4）、电力工业（139）
农业科技 （605 种期刊）	农业综合（184）、农业基础科学（26）、农业工程（37）、农艺学（6）、植物保护（24）、农作物（42）、园艺（44）、林业（96）、畜牧与动物医学（99）、蚕蜂与野生动物保护（16）、水产和渔业（34）
医药卫生科技 （1143 种期刊）	医药卫生综合（287）、医药卫生方针政策与法律法规研究（41）、医学教育与医学边缘学科（22）、预防医学与卫生学（72）、中医学（91）、中药学（26）、中西医结合（18）、基础医学（57）、临床医学（84）、感染性疾病及传染病（16）、心血管系统疾病（33）、呼吸系统疾病（6）、消化系统疾病（21）、内分泌腺及全身性疾病（14）、外科学（81）、泌尿科学（12）、妇产科学（18）、儿科学（17）、神经病学（22）、精神病学（10）、肿瘤学（36）、眼科与耳鼻咽喉科（28）、口腔科学（23）、皮肤病与性病（11）、特种医学（30）、急救医学（8）、军事医学与卫生（7）、药学（66）、生物医学工程（14）

续表

哲学与人文科学 （476 种期刊）	文史哲综合（74）、文艺理论（11）、世界文学（13）、中国文学（59）、中国语言文字（24）、外国语言文字（30）、音乐舞蹈（26）、戏剧电影与电视艺术（33）、美术书法雕塑与摄影（54）、地理（4）、文化（20）、史学理论（3）、世界历史（4）、中国通史（11）、中国民族与地方史志（21）、中国古代史（4）、中国近现代史（7）、考古（36）、哲学（16）、逻辑学（1）、伦理学（2）、心理学（9）、美学（2）、宗教（12）
社会科学 I （552 种期刊）	政治军事法律综合（196）、马克思主义（6）、中国共产党（47）、政治学（2）、中国政治与国际政治（109）、思想政治教育（8）、行政学及国家行政管理（47）、政党及群众组织（9）、军事（14）、公安（53）、法理、法史（16）、宪法（1）、行政法及地方法制（4）、民商法（9）、刑法（4）、经济法（5）、诉讼法与司法制度（21）、国际法（1）
社会科学 II （1151 种期刊）	教育综合（795）、社会科学理论与方法（6）、社会学及统计学（46）、民族学（15）、人口学与计划生育（12）、人才学与劳动科学（16）、教育理论与教育管理（69）、学前教育（2）、初等教育（3）、中等教育（20）、高等教育（79）、职业教育（21）、成人教育与特殊教育（19）、体育（51）
信息科技 （520 种期刊）	电子信息科学综合（61）、无线电电子学（90）、电信技术（82）、计算机硬件技术（10）、计算机软件及计算机应用（67）、互联网技术（11）、自动化技术（51）、新闻与传媒（52）、出版（24）、图书情报与数字图书馆（49）、档案及博物馆（28）
经济与管理科学 （1048 种期刊）	经济与管理综合（214）、宏观经济管理与可持续发展（120）、经济理论及经济思想史（17）、经济体制改革（61）、农业经济（104）、工业经济（107）、交通运输经济（22）、企业经济（64）、旅游（6）、文化经济（1）、信息经济与邮政经济（23）、服务业经济（2）、贸易经济（92）、财政与税收（33）、金融（68）、证券（5）、保险（7）、投资（7）、会计（36）、审计（15）、市场研究与信息（10）、管理学（19）、领导学与决策学（10）、科学研究管理（15）

同方期刊在销售的时候按照专辑和专题进行销售，通过控制 IP 地址的方式提供服务，并且在销售和服务的时候采用并发用户数的方式控制用户规模。

同方期刊采用托管加镜像的方式提供服务，托管的服务器在教育网和电信/联通上都有各自的入口，支持学科领域范围筛选和输入条件两种方式检索内容。

学科领域范围筛选：全部期刊文章按学科分成"自然科学与工程技术文献"和"人文与社会科学文献"两大部分，每个部分下再分成多个专辑，每个专辑下进一步分为学科、子库。例如，"自然科学与工程技术文献"下有"信息科技"，再进一步有"图书情报与数字图书馆"，以及下面的"情报学、情报工作"，以及最后的"情报事业"。可以选择不同层面的专辑和子库作为筛选的范围。

输入条件进行检索：分为"简单检索"、"标准检索"、"高级检索"和"专业检索"等。标准检索包括发表时间、文献出版来源、作者、作者单位、支持基金、主题、题名、关键词、中图分类号、中图法分类号等检索途径；专业检索可

第 4 章　面向数字图书馆的数字出版商务模式

以将"标准检索"中的检索字段使用布尔逻辑 and 或 or 结合起来自己编辑检索表达式进行检索。图 4-9 为同方期刊的标准检索的界面。

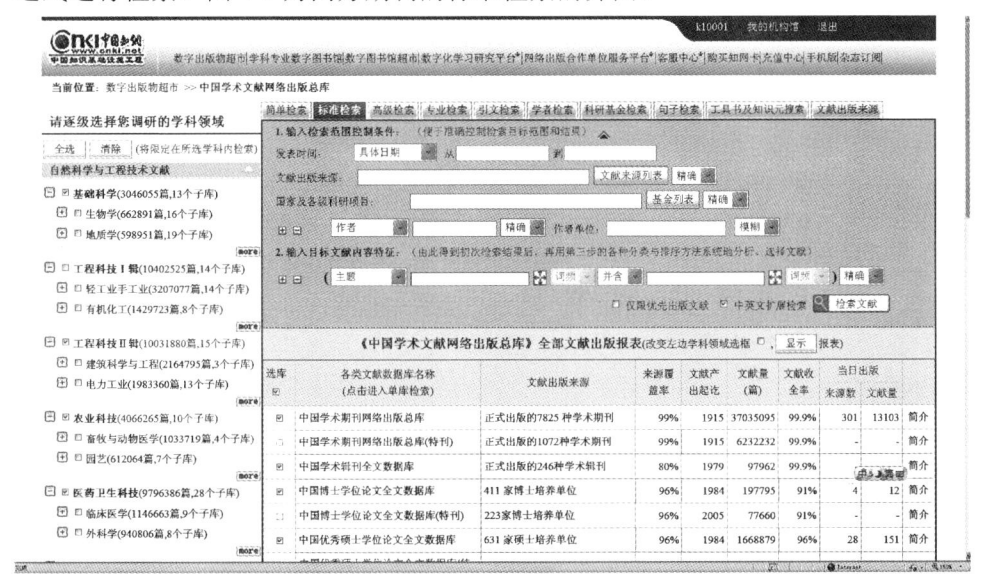

图 4-9　同方期刊的标准检索界面

3. 万方期刊及万方医学网

万方期刊是由万方数据股份有限公司提供的数字化期刊全文库，该库基本包括了我国文献计量单位中自然科学类统计源期刊和社会科学类核心源期刊。目前集纳了理、工、农、医、哲学、人文、社会科学、经济管理与教科文艺等 8 大类 100 多个类目超过 6000 种期刊。

万方期刊的类目及各类目下包含的期刊种类如表 4-3 所示。

表 4-3　万方期刊收录的期刊种类和数量

哲学政法	哲学（9）　　逻辑伦理（6）　　心理学（9）　　宗教（10）　　大学学报（哲学政法）（124） 马列主义理论（3）　　政治（73）　　党建（30）　　外交（8）　　法律（60）
社会科学	社会科学理论（180）　　社会学（8）　　社会生活（55）　　人口与民族（21）　　劳动与人才（13）　　大学学报（社会科学）（284）　　历史（55）　　地理（8）
经济财政	经济学（123）　　经济与管理（141）　　农业经济（26）　　工业经济（5）　　交通旅游经济（14）　　邮电经济（3）　　贸易经济（70）　　金融保险（79）　　大学学报（经济管理）（85）
教科文艺	文化（28）　　新闻出版（43）　　图书情报档案（60）　　科研管理（35）　　教育（355）　　少儿教育（49）　　中学生教育（55）　　体育（39）　　大学学报（教科文艺）（370）　　语言文字（97）　　文学（128）　　艺术（76）

续表

基础科学	数学（43） 力学（15） 物理学（42） 化学（39） 大学学报（自然科学）（239） 天文学、地球科学（230） 生物科学（85） 自然科学总论（148）
医药卫生	预防医学与卫生学（120） 医疗保健（38） 中国医学（93） 基础医学（61） 临床医学（105） 内科学（101） 外科学（101） 妇产科学与儿科学（23） 肿瘤学（33） 神经病学与精神病学（35） 皮肤病学与性病学（12） 五官科学（51） 特种医学（26） 药学（70） 大学学报（医药卫生）（131） 医药卫生总论（138）
农业科学	农业基础科学（24） 农业工程（43） 农学（9） 植物保护（13） 农作物（43） 园艺（39） 林业（75） 畜牧兽医（104） 水产渔业（26） 大学学报（农业科学）（56） 农业科学总论（102）
工业技术	大学学报（工业技术）（225） 一般工业技术（94） 矿业工程（70） 石油与天然气工业（88） 冶金工业（73） 金属学与金属工艺（70） 机械与仪表工业（82） 军事科技（29） 动力工程（49） 原子能技术（18） 电工技术（125） 无线电电子学与电信技术（165） 自动化技术与计算机技术（112） 化学工业（179） 轻工业与手工业（153） 建筑科学（142） 水利工程（69） 环境科学与安全科学（75） 航空航天（57） 交通运输（170）

万方期刊通过托管的方式提供服务，数字图书馆购买期刊后可以设置能够访问的 IP 范围，IP 范围内的用户可以访问数字图书馆购买的所有资源和相关服务。图 4-10 为万方期刊的访问页面。

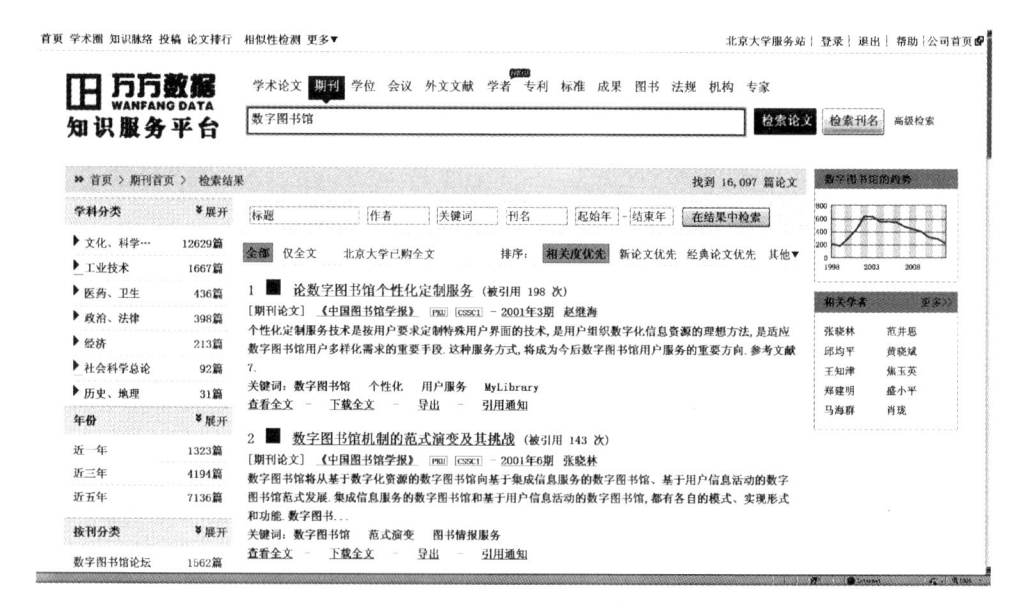

图 4-10 万方期刊的访问页面

第4章 面向数字图书馆的数字出版商务模式

万方期刊除了提供期刊内容的导航与服务以外,还利用大规模的期刊内容提供了学术圈、知识脉络和相似性监测等一系列服务。其中知识脉络是基于千万级的数据规模统计分析所发表的论文的知识点和知识点的共现关系,按照时间的顺序,体现知识点在不同时间的关注度,显示知识点随时间变化的演化关系,发现知识点之间交叉、融合的演变关系及新的研究方向、趋势和热点。图 4-11 是知识脉络发展趋势的界面展示图。

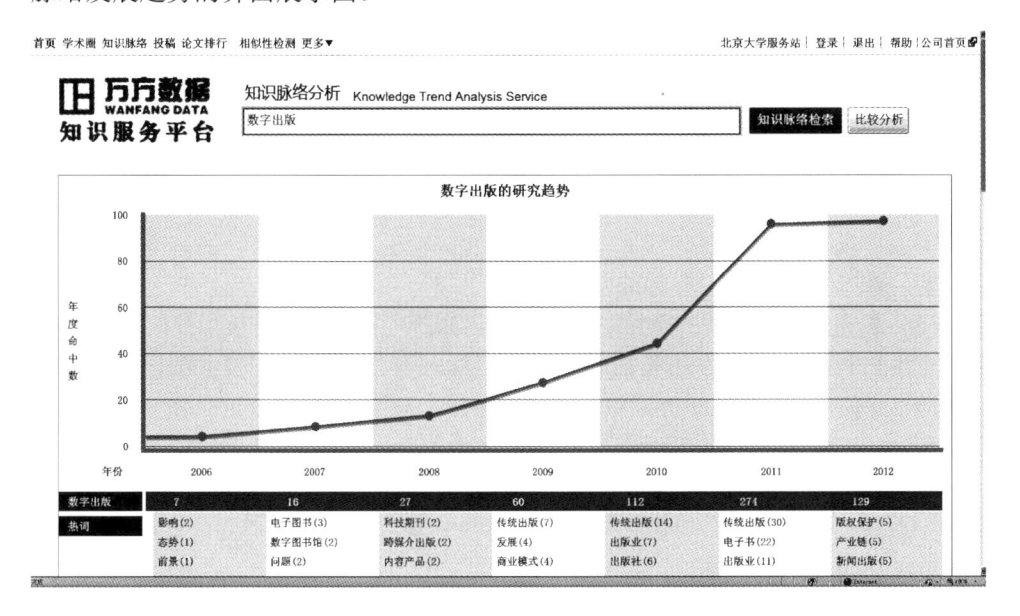

图 4-11 万方期刊的知识脉络

万方期刊还有一个重要的服务是万方医学网。万方医学网是万方数据股份有限公司联合国内医学研究机构、医学期刊编辑部、医学专家推出的,面向广大医院、医学院校、科研机构、药械企业及医疗卫生从业人员的医学信息整合、医学知识链接的服务系统,为用户提供期刊、学位论文、会议论文、科技成果等信息检索功能,并提供在线支持服务。万方医学网拥有 220 多种中文独家医学期刊全文、1000 多种中文医学期刊全文、4100 多种国外医学期刊文摘,其中包括中华医学会、中国医师协会等独家合作期刊 220 余种;中文期刊论文近 360 万篇,外文期刊论文 455 万余篇。万方医学网是数字出版专业服务的典型例子。

在万方医学网中读者可以按照科室限定、分类限定的方式进行医学期刊、医学论文的查询和检索,其中科室限定分类如下。

（1）大内科。包括普通内科、感染内科、心血管内科、血液内科、呼吸内科、消化内科、内分泌科、免疫内科、肾内科、肿瘤内科、神经内科、精神病临床心理科。

（2）大外科。包括普通外科、麻醉科、器官移植科、整形外科、创伤外科、脑外科、神经外科、心胸外科、乳腺外科、骨科、泌尿外科。

（3）妇儿科。包括妇产科、儿科。

（4）五官科。包括耳鼻喉科、眼科、口腔科。

（5）医技科。包括病理科、超声诊断科、检验科、输血科、理疗科、放射科、放疗科、药剂科。

（6）其他。包括医院管理、护理部、营养科、中医科、生殖遗传科、康复医学科、老年病科、男科、皮肤性病科、预防医学、特种医学。

分类限定又按照医学分类对期刊论文等进行进一步划分，例如：

（1）医药、卫生。包括一般理论、现状与发展、医学研究方法、预防医学、卫生学、中国医学、基础医学、临床医学、内科学、外科学、妇产科学、儿科学、肿瘤学、神经病学与精神病学、皮肤病学与性病学、耳鼻咽喉科学、眼科学、口腔科学、外国民族医学、特种医学、药学。

（2）生物科学。包括生物科学的理论与方法、生物科学现状与发展、细胞生物学、生物科学的研究方法与技术、生物科学教育与普及、生物资源调查、普通生物学、遗传学、生理学、生物化学、生物物理学、分子生物学、生物工程学（生物技术）、古生物学、微生物学、植物学、动物学、昆虫学、人类学。

其中二级分类再进一步划分成三级分类。摒弃万方医学网还可以通过期刊导航、学科导航、会议导航、关键词导航等各种方式进行相关学术论文的导航。图4-12为万方医学网的检索界面。

4．龙源数字杂志

龙源数字杂志是由北京龙源创新信息技术有限公司运营的龙源期刊网提供的数字杂志，目前全文在线的综合性人文大众类期刊品种已达到 3000 种，内容涵盖时政、党建、管理、财经、文学、艺术、哲学、历史、社会、科普、军事、教育、家庭、体育、休闲、健康、时尚、职场等领域；龙源数字杂志提供面向传统阅读人群的原貌版，即按照杂志的原版式展示阅读的版本，还提供针对不同客户的文本版，即以 html 文本的方式展示内容，还支持智能手机和手持阅读器。

龙源数字杂志为数字图书馆服务主要采用数据中心托管方式。可以通过 IP 范围控制的方式限制数字图书馆的访问用户，还可以通过读者输入用户名密码的方式经过图书馆确认后访问。

第4章 面向数字图书馆的数字出版商务模式

图 4-12 万方医学网检索界面

图 4-13 为龙源数字杂志为图书馆服务的界面。

图 4-13 龙源数字杂志为图书馆服务

图 4-14 为龙源期刊网原貌版的显示效果样例。

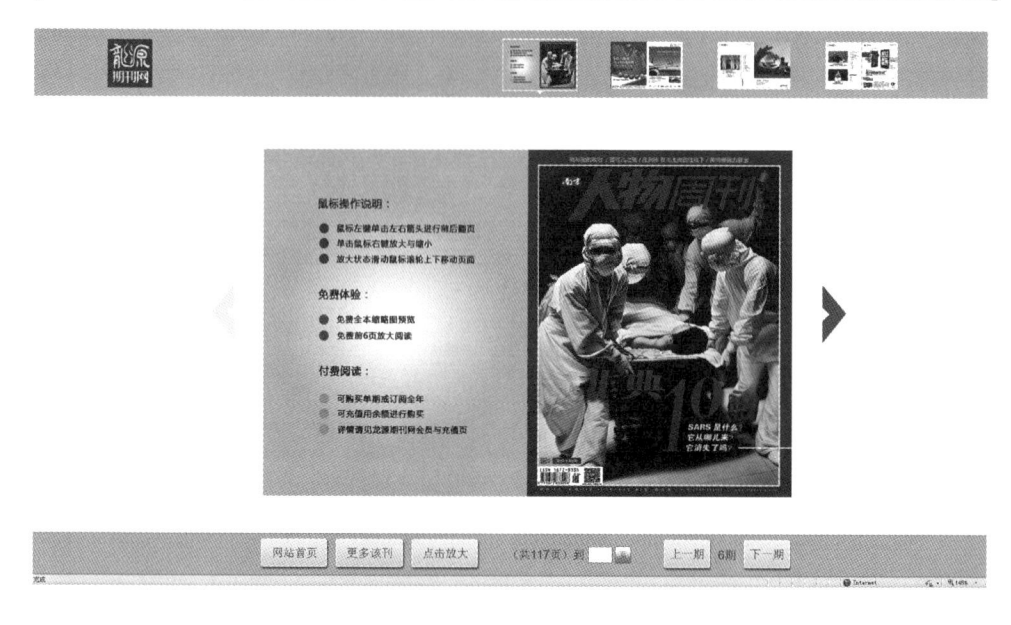

图 4-14　龙源期刊网原貌版

图 4-15 为龙源期刊网文本方式阅读的显示效果。

图 4-15　龙源期刊网文本方式阅读

5. Newsstand 数字报纸/数字期刊

Newsstand.com 是一家专门提供数字报纸和数字期刊的网站，其提供的数字报纸和数字期刊包括美洲、亚洲和欧洲三大洲的数十份报纸、期刊，并且提供数字报纸和数字杂志的推送服务。

表 4-4 为 Newsstand.com 提供的数字报纸和数字期刊的列表：

表 4-4　Newsstand.com 提供的数字报纸和数字期刊

美　　洲			
Barron's	NY Daily News	The Royal Gazette Limited	The Washington Post
Boston Herald	New York Law Journal	The Tifton Gazette	The Washington Times
Harvard Business Review	Reason	USA TODAY	
La Presse	The Scientist	USA TODAY Sports Weekly	
The Meadville Tribune	The Sun Chronicle	Valdosta Daily Times	
亚　　洲			
The Wall Street Journal Asia			
欧　　洲			
Cinco Dias	El Pais English Edition	South Wales Echo	Western Mail
El Pais	Kathimerini English Edition	Wales On Sunday	

Newsstand.com 提供的数字报纸和数字期刊可以推送到客户端。图 4-16 是客户端管理报纸下载的界面。

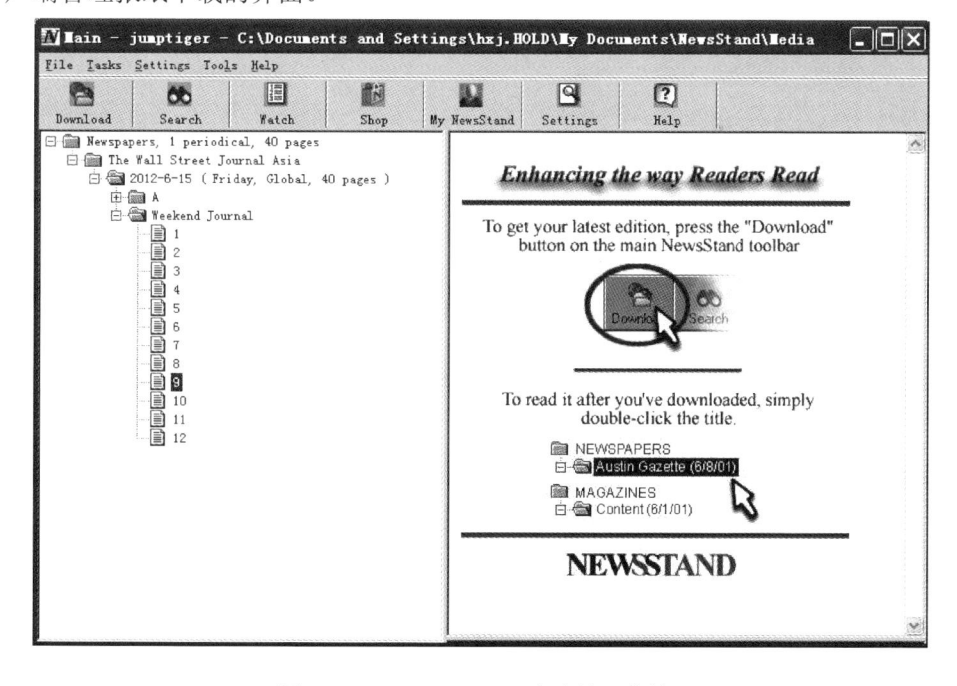

图 4-16　Newsstand.com 客户端下载管理

6. Apabi 数字报纸

Apabi 数字报纸是由方正阿帕比技术有限公司联合全国各大报社推出的数字报纸资源服务产品，完整收录报纸整报的数据，包括报纸的版面、文章、图片等相关内容。Apabi 数字报纸已经与 300 多家报社合作，覆盖了所有的报业集团，在线运营报纸 500 多种。

Apabi 数字报纸为数字图书馆服务可以按照种类选择不同的报纸。图书馆根据自己感兴趣的内容选择需要的数字报纸后下单订阅，可以在订阅期内（一般以年为单位）接受数字报纸的服务。

Apabi 数字报纸由于每日更新量非常大，采取在线托管的方式进行服务。可以通过 IP 范围和用户名密码的方式进行对读者范围的控制。图 4-17 为 Apabi 数字报纸的展示界面。

图 4-17　Apabi 数字报纸

Apabi 数字报纸还为图书馆提供触摸屏的阅读服务，包括向图书馆提供触摸屏硬件、阅读软件、数字报纸内容和数据传递服务。其中触摸屏硬件是一台有着大屏幕触摸屏的计算机设备，触摸屏在 40 英寸以上，通常为 46 英寸或 52 英寸，读者可以动手操作触摸屏设备进行报纸的选择、版面的翻阅和显示内容的放大。图 4-18 为 Apabi 数字报纸触摸屏阅读的界面。

图 4-18　Apabi 数字报纸触摸屏阅读

图 4-19 为对报纸版面内容放大后的界面。

图 4-19　对报纸版面内容放大的效果

4.3 数据库销售模式

数据库销售模式是数字出版为数字图书馆服务的另一种重要的服务模式。出版机构将大规模的数字出版内容拆分成条目式、章节化等内容形式，通过内容关联提供各种专业化的数字出版内容服务。

4.3.1 条目式数据库

条目式数据库是指将数字出版的内容形成条目化的数据，然后以各种方式进行条目内容的展示和服务，包括通过各种分类、各种检索、各种关联方式提供服务。

条目的内容一般包括文本、图形、图像等平面内容，有时候也包括一些Flash、音频、视频等多媒体内容，形成html页面供读者使用。工具书方式的数字出版往往采用条目式的服务。

条目的分类浏览一般包括形成条目的内容组织方式，例如，以工具书内容为主的条目式数据库，提供按工具书所属的类型进行导航、按条目名称进行导航等多种导航方式。

条目的检索可以提供多种字段项的检索，包括条目名称、条目内容、条目来源等多种字段，并且还可以根据不同的条目的结构，显示条目结构中的字段项进行检索。

条目的关联一般是通过事先确定好的条目的名称，在条目内容中进行搜索，找到和条目内容匹配并且适合展示的内容，在数据库中直接标记好相关的链接，展示适合直接在页面上显示的相关文本所对应的超级链接，读者可以通过超级链接直接链接到对应的条目内容。

数字图书馆服务的条目内容一般通过IP控制和用户名密码登录进行身份鉴别后提供服务。条目式数据库一般可以提供在线托管式服务和本地安装两种服务模式。

为了提供对于读者的合理使用，对于条目内容的使用一般不加以限定，读者可以非常便捷地直接从网页上复制相应条目内容的文本、图形、图像等，便于在其他地方的引用和参考；对条目式数据库的数字版权保护，一般采取如下几个措施进行控制。

（1）对本地安装的数据库整库进行控制

这种方式一般是通过将整库数据绑定相应的硬件，例如数字图书馆的服务器或一些加密设备，使得数据库整库不能被整个非法复制。

（2）对数据库中的版式内容进行控制

对于部分数据库内容（如工具书），需要展示其中的原版的内容，并且原版的内容可以下载和浏览，则可以对这一部分内容的使用进行加密和控制。

（3）对大批量下载进行控制

对下载的情况进行监控，当发现一个 IP 地址或一个登录用户，在短时间内批量套取大量条目内容的时候，需要发出警告并控制在一段时间内不允许该 IP 地址或登录用户访问系统资源，并通知系统管理员进行人工处理。

相对于传统的书报刊等出版物来说，条目式数据库是一种新型的数据库服务，这种服务由于可以方便地进行查询、直接提供检索结果、广泛的关联性而受到数字图书馆的欢迎。

4.3.2 学位论文数据库与会议论文数据库

学位论文是伴随着学位制度的实施而产生的，是高等院校或科研单位的毕业生为获取学位资格递交的学术性研究论文，主要指硕士和博士论文。学位论文一般都具有独创性，探讨的课题比较专深，有较高的学术价值。学位论文主要是供审查答辩之用，一般不通过出版社正式出版，通常收藏在各授予单位或指定的学位论文收藏地点。

目前，国内的高校大部分都通过论文提交系统来收集学位论文的数字化版本，然后将学位论文转换为统一的格式对外提供服务。一同收集上来的还有学位论文的元数据。这些信息也是非常好的用于检索和服务的基本资料。

学位论文一般是按照篇的方式来提供服务，并按照学科和专业来进行组织和导航。

举行学术会议以后，一般都会出版会议的论文集，会议论文数据库一般会收集相关会议的所有论文集，包括之前举行的会议的论文集，然后将论文集当中的论文分拆成篇，然后以单篇论文的方式进行标引和加工，按照学科和专业以及主题词来进行组织和管理，并提供相应的检索和服务功能。

学位论文和会议论文由于都属于学术资源，是属于学术论文的一部分，往往和期刊论文放到一起来提供服务，中间可以建立统一的学科和专业分类，并形成相应的内容关联，形成更好的服务效果。

4.3.3 电子书库

由于一本图书的文字量一般都在 20 万甚至 30 万字以上，其内容含量非常高，整本图书便于读者的阅读，但对于一些知识点的查询和使用，有其不方便的地方。

电子书库是将电子图书的相关内容分拆成章节甚至更小的单位，通过查询和检索的方式提供读者使用,使用的过程中不是按照单本图书的价格来进行销售,而是通过某一个专业方向的整库来进行销售;使用过程中也不是按照整书来提供下载和阅读,往往采用在线浏览的方式提供服务,需要下载的时候,往往提供一章、一节甚至更小的单位来提供服务。

电子书库是在传统的图书基础上进行进一步加工形成的数字出版产品,其形态介于单本销售的电子图书和条目式数据库之间。

电子书库的服务一般也是以 IP 范围加用户名密码验证后提供服务的。

4.3.4 专题数据库

专题数据库是指面向某一个专题的相关内容形成的一个专项的数据库,包括两种类型:

一种是同一种资源类型的较大规模的数据库,例如,大型的视频库、音乐库、图片库等传统的出版物之外的资源内容。

另一种是针对某一个专题方向,组织各种类型的资源形成的专题库,例如,面向某专业方向(如法律),组织相关的图书章节、报纸文章、刊物论文、工具书条目、图片、音频、视频以及相关资料形成的一个数据库。这种类型的数据库有时又称为专业数据库。

专题数据库一般采用托管的方式进行服务。

4.3.5 国内外成功案例

为数字图书馆服务的数字出版数据库的销售模式国内外厂商有很多,下面作一下简要介绍。

1. Ebrary 电子书库

Ebrary 电子书库是 ProQuest 公司旗下的电子书服务,提供超过 75 000 种电子书的订阅服务。Ebrary 电子书库整合了来自 400 多家学术、商业和专业出版商的图书和文献,覆盖商业经济、社科人文、历史、法律、计算机、工程技术、医学等多个领域。

Ebrary 电子书库和单本销售的电子图书在模式上有很大不同,主要体现在:

(1)一本书可同时多人使用

Ebrary 电子书库中的内容,可以一本书同时供多人使用。

(2)没有阅读时间限制

不需要借阅归还过程,也没有阅读时间限制。

(3)可以下载部分章节

Ebrary 电子书库中的电子书可以全本阅读，也可以下载部分章节。

（4）提供订阅方式

Ebrary 电子书库提供每年的订阅方式的服务，而不必购买整本电子书，从而可以降低使用的门槛。在订阅期内可以无限制使用，但超过订阅期以后由于并不拥有电子书的内容将不能再对其访问。

以上 Ebrary 的特点使得其区别于其他电子图书提供商，是一种新的商务模式。这种模式由于限制少受到了图书馆的欢迎，但由于其模式与传统出版的模式完全不同，出版社加入这种模式非常谨慎。

Ebrary 电子书库为不同的客户提供不同的方案，包括学术图书馆、公司、政府、公共图书馆、高中。

Ebrary 电子书库提供免费的电子图书 MARC 数据，使得图书馆可以链接到 Ebrary 电子书库。

Ebrary 电子书库还提供符合 COUNTER 标准的使用统计记录。图 4-20 是一个使用报告的样例。

CATEGORY	PAGES VIEWED	PAGES COPIED	PAGES PRINTED	UNIQUE DOCUMENTS
Social Science	17 018	60	563	249
History	14 739	67	490	255
Business & Economics	5 922	45	255	148
Technology & Engineering	803	1	27	25
Architecture	802		84	25
Fiction	799			14
Art	663		127	26
Reference	486	6		7
Education	449		101	25
Political Science	5 972	74	969	195
Literary Criticism	5 695	28	429	155
Science	5 457	4	271	125
Medical	4 374	47	478	169
Philosophy	4 011	7	2 509	143
Psychology	3 889	10	234	81
Language Arts & Disciplines	2 951	18	527	71
Music	2 981	44	378	46
Computers	2 178	1	4	47
Performing Arts	1 797	13		46
Mathematics	1 683			36
Law	1 236		1	45

图 4-20　Ebrary 电子书库使用报告

Ebrary 的检索结果阅读界面样例如图 4-21 所示。

2. Safari IT 专业电子书库

Safari 由世界两大著名 IT 出版商 O'Reilly & Associates，Inc.和 The Pearson Technology Group 共同组建，主要提供 IT 方面的电子图书。提供 IT 方面图书的还包括多个 IT 领域的著名公司，主要包括 Adobe Press，Cisco Press，HP Press，IBM

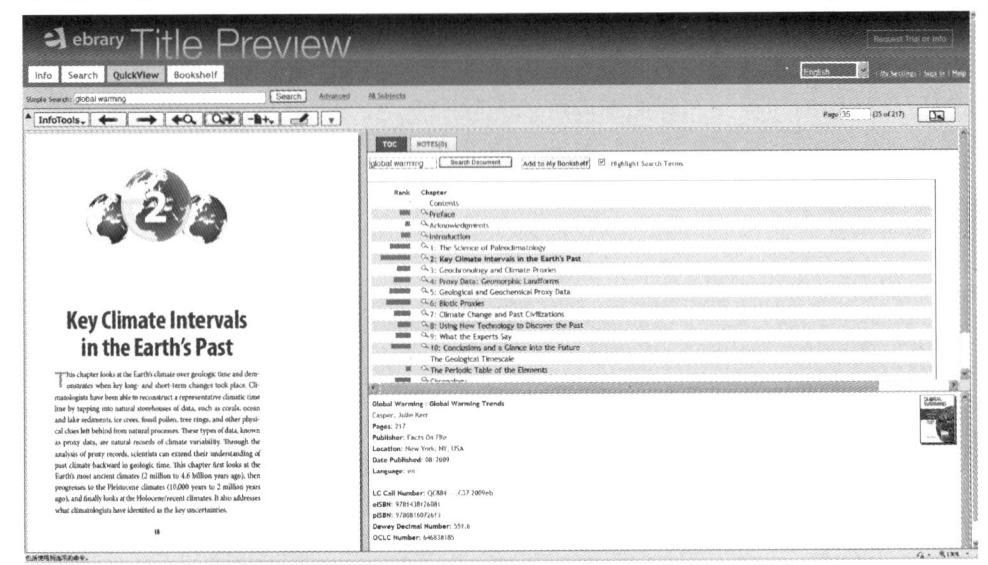

Press，Macromedia Press，Microsoft Press，Novell Press，Sun Microsystems Press。

图 4-21　Ebrary 的检索结果阅读界面

由于 IT 技术的飞速发展，IT 技术内容的变化非常之快，IT 图书的出版效率和时间是一个非常重要的因素。Safari 在这方面就做得比较好，许多图书还未出版就已经收录进了 Safari，因此，部分 Safari 数据库中看到图书的速度比其印刷版的出版速度要快。

Safari 提供的电子书库，通过托管的方式提供服务。读者可以查询检索电子书库中的全文内容，还可以下载其中的部分章节。

Safari 通过并发用户数控制数字图书馆的规模。

图 4-22 是 Safari 电子书库的检索结果页面，可以按照学科分类浏览检索结果，也可以按照章节内容进行浏览。

由于是 IT 方面的专业内容，还提供了直接显示源代码的功能，如图 4-23 所示。

3. LexisNexis

LexisNexis 是一家以法律资源为主的专业数据库。LexisNexis 服务的领域包括法律、企业、政府、税务、会计、学术和风险合规评估等。LexisNexis 最早推出的网上信息服务是 Lexis®和 Nexis®。作为励德爱思唯尔集团中的一员，LexisNexis 拥有 13 000 名员工，为全球 6 大洲，超过 100 个国家中的客户服务。LexisNexis 的资源主要来自于法律和顶级的新闻出版物。在全球，LexisNexis 为客户提供 40 000 种法律、新闻和商务资源，超过 50 亿个可搜索的文档。

第 4 章　面向数字图书馆的数字出版商务模式

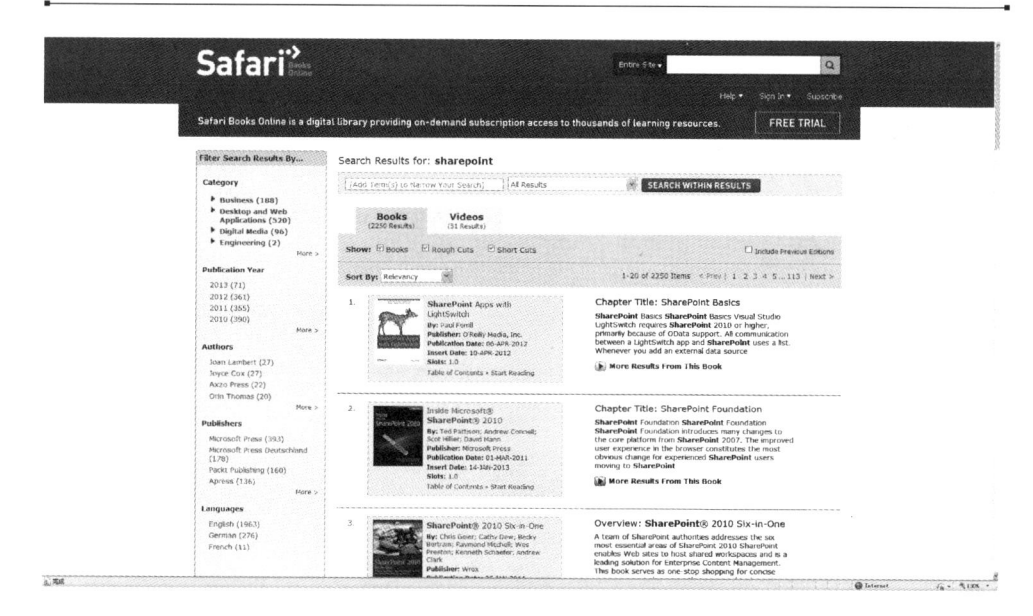

图 4-22　Safari 电子书库的检索结果页面

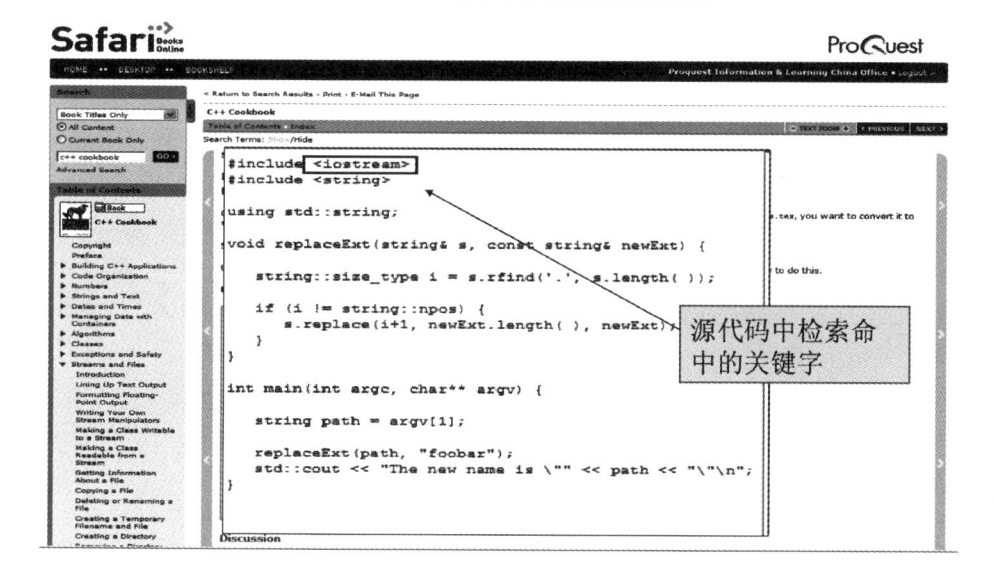

图 4-23　提供直接显示源代码的功能

法律研究内容方面，收录的内容包括：美国联邦与州政府的案例；美最高法院案例；美最高法院上诉案例；美地方法院及州法院的案例及判决书；联邦律法及规则；欧洲联邦律法；专利数据库、英联邦国家法律法规和案例、WTO 之相关案例和条文等。

LexisNexis 是世界著名的数据库，全球许多著名法学院、律师事务所、高科技公司的法务部门都在使用该数据库。

LexisNexis 提供的内容既包括正式出版的内容，还包括一些未出版的资源内容。

LexisNexis 通过托管的方式提供服务，不提供本地安装的服务模式。图 4-24 为 LexisNexis 的检索结果页面。

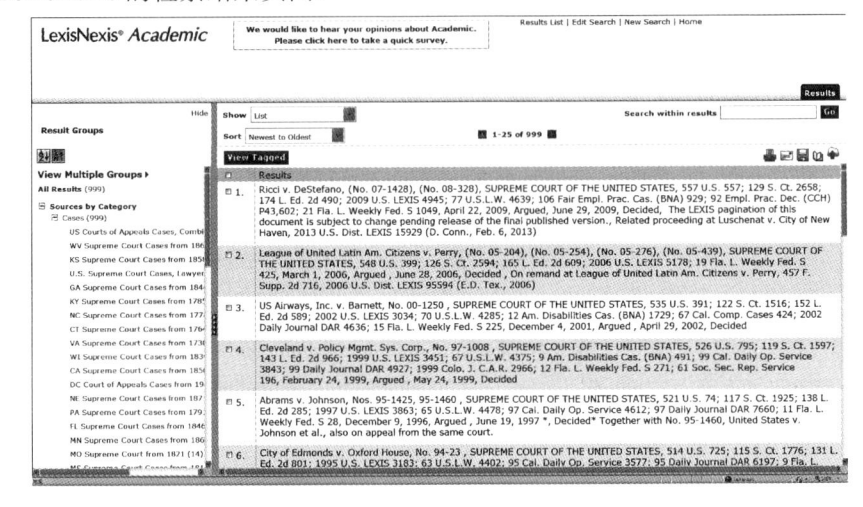

图 4-24　LexisNexis 的检索结果

图 4-25 为全文内容的显示界面，读者可以打印、发送邮件或下载全文内容。

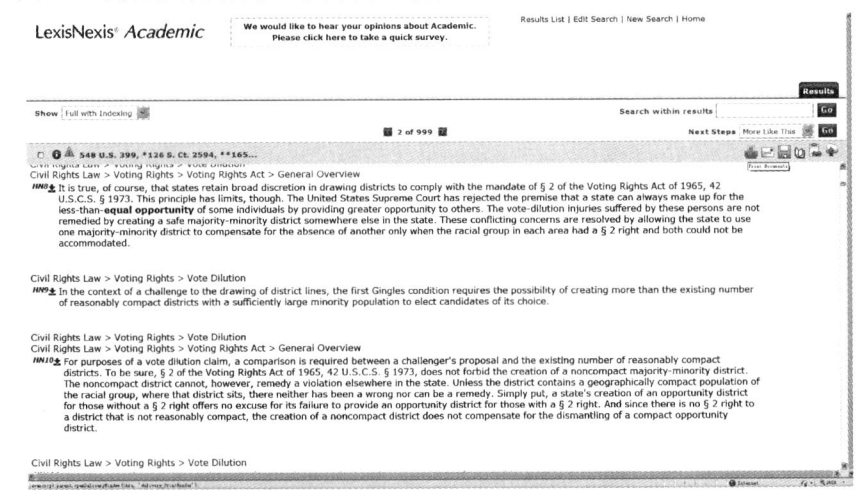

图 4-25　LexisNexis 全文内容显示

4．万方学位论文库

万方学位论文库是由中国科技信息研究所提供，并由万方数据股份有限公司加工建库而成的。收录国内高校及科研院所的博硕士论文全文，涵盖自然科学、数理化、天文、地球、生物、医药、卫生、工业技术、航空、环境、社会科学、人文地理等各学科领域。

万方收录论文的起始时间从 1977 年开始，目前有 144 万余篇论文，是目前国内收录学位论文数量最多的公司，每年增加 10 万篇以上。

万方学位论文提供多种方式的论文导航和筛选功能，主要包括以下几个方面。

（1）学科分类

可以通过学科分类来进行导航，例如，①数理科学和化学，②工业技术，③经济，④文化、科学、教育、体育，⑤生物科学，⑥天文学、地球科学，⑦医学、卫生。

（2）授予学位

可以按照授予学位的级别来分类，如硕士、博士、博士后。

（3）年份

按照学位论文的年份来分类，如近一年、近三年、近五年。

也可以按照具体的年份来导航，如 2012 年、2011 年等。

万方学位论文库的服务类型可以提供元数据和全文服务；可以提供托管的在线服务的方式，也可以提供本地安装的镜像服务方式。图 4-26 为万方学位论文的查询检索及浏览的界面。

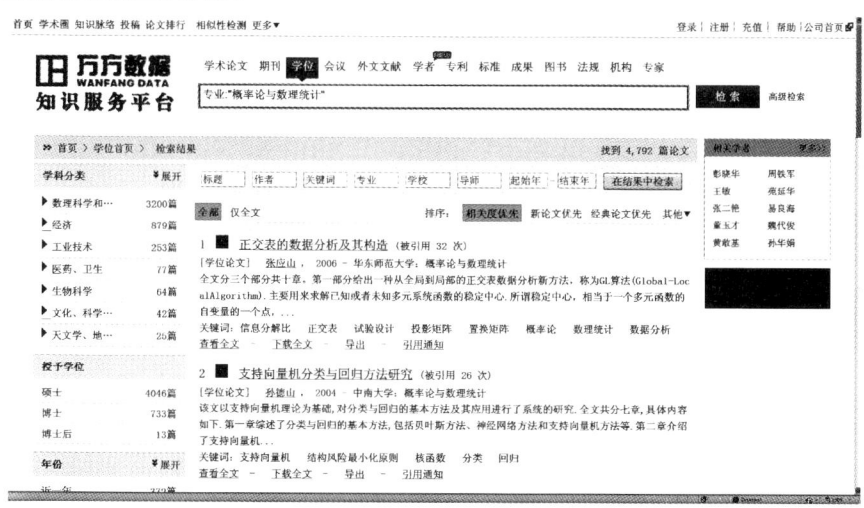

图 4-26　万方学位论文检索和浏览界面

5. Apabi 工具书条目式数据库

Apabi 工具书条目式数据库是由方正 Apabi 公司与多家出版社联合推出的条目式数据库。该数据库是一个以条目型数据为主体、检索为主要功能的数据库产品，由北京大学图书馆、复旦大学图书馆、芝加哥大学图书馆、哈佛大学燕京图书馆、普林斯顿大学图书馆指导设计，中国大百科全书出版社、上海世纪出版集团、中华书局、中州古籍出版社、天津古籍出版社等多家出版社参与建设，以中国国内专业工具书资源为主体的全文检索型数据库产品。该数据库累计发布了 2000 余种工具书。

Apabi 工具书库为用户提供文本格式的条目以便进行检索，以条目数据形式展示的同时可直接定位到原书位置，并可以进行原版原式的内容比对及浏览翻阅，读者可方便地进行知识引证、查询、浏览及学习；条目信息均可以直接引用，并附有条目所在书名、作者、出版社等出处信息，便于引用时进行参考。另外可以同时进行打印、发送 Email、收藏和评论等操作。通过工具书检索平台检索到的条目内容均以知识点的方式进行内容级的关联，通过某个知识点可以实现在本工具书内、其他工具书之间及与非工具书的普通电子图书之间的关联。

Apabi 工具书库提供按书浏览、按学科筛选的功能，并提供按照字词、人物、地理、事件、法规、图片、翻译、书目文献、知识概念、作品鉴赏、典章制度、机构团体、操作指南等图书馆和读者便于使用的查找方向进行检索，并可以按照字典、词典、百科全书、目录、索引、文摘、手册、表谱、图录、名录、类书政书、丛集汇要等工具书类型作为检索限制条件进行检索。

Apabi 工具书库可以通过托管方式进行服务，也可以通过本地安装的方式服务。图 4-27 是 Apabi 工具书库界面样例。

图 4-27　Apabi 工具书库界面

Apabi 工具书可以通过条目内容中的超链接来链接到其他的条目，如图 4-28 中的"麻黄"可以引导到"麻黄根"的条目，可以翻阅原书以对比工具书原来的展示方式，还可以链接到其他相关资源，包括相关电子书、相关条目、相关新闻、相关图片等，如图 4-28 所示。

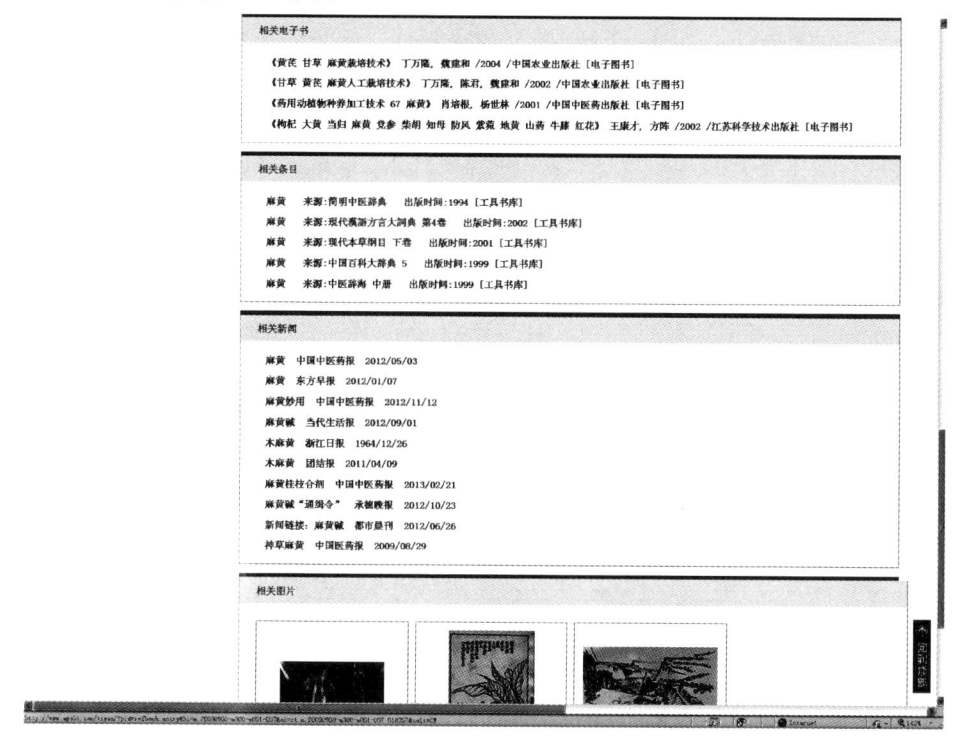

图 4-28　Apabi 工具书中相关资源的链接

4.4　开放存取

商业出版机构不断提高期刊价格，数据库的价格也不断攀升，导致图书馆所能购买的纸质资源与数字资源不断萎缩，其信息服务功能面临挑战。纸质资源的出版周期较长、数据库的更新速度较慢导致学者无法在第一时间了解最新科研成果和行业的最新发展动态。数据库商与期刊社签订独家出版协议，不允许文章在其他数据库上发布，阻碍了信息资源的交流、传播与利用。面对这些问题，国际学术界、科技界、图书馆界联合发起了一场开放存取运动，反对商业机构的暴利经营活动，致力于实现无障碍的学术交流，快捷、充分地共享信息资源。

4.4.1 开放存取的基本概念

开放存取(Open Access,OA)是网络环境下的一种新型学术交流理念与机制。在开放存取的环境下,用户可以利用互联网即时、免费、不受任何限制地获取学术资料的完整信息,用于学习、科研、教育等活动。这一新理念的目标是推动科研成果、科学信息的及时交流和广泛传播,实现最大程度的信息共享。

开放存取主要有两种实现形式:开放存取仓储(Open Access Repository)和开放存取期刊(Open Access Journals)。

开放存取仓储一般不对内容进行评审,存储的内容包括学术论文和报告等。开放存取仓储可分为学科仓储(Discipline Repository)和机构仓储(Institutional Repository)。前者根据科目类别,对某一特定学科的各类资源进行搜集、整理、存储和传播,便于该领域的研究人员获取信息、进行学术交流。后者依托国家机构或高校建立,存储的是该机构的工作人员创造的各种数字资源,包括论文、报告、研究数据、课件等。

开放存取期刊既可以是新建的电子期刊,也可以由传统期刊转变而来,成本低廉,形式多样,内容可涵盖众多学科。它以刊发学术论文为主,通过同行评审制度来控制质量,允许用户通过网络免费获取全文。开放存取期刊坚持"作者付费发表,读者免费使用"的收费模式来支付同行评议、稿件编辑加工等费用。一般来说,这些费用由作者所在的研究机构或基金项目支付。

开放存取的优势主要表现在 3 个方面:①大大丰富了整个社会的学术资源,用户不必再通过图书馆,直接通过网络就能获取所需的学术信息;②时效性强,有效解决了纸质文献出版周期长、数据库更新迟滞的问题,帮助用户及时了解最新动态,避免重复性研究;③在一定程度上打击了商业机构的垄断信息和谋取暴利行为,为科研人员和普通民众及时、充分、无障碍地获取学术信息开辟了新途径。

有研究表明,采用开放存取方式发表的论文,由于其获取更加方便,比非开放获取的文章具有更大的研究影响力,其影响因子甚至会大于非开放获取的文章。这也是开放获取的可能的好处之一。

4.4.2 开放存取的发展历程

开放存取模式的起因是学术界对出版商垄断行为的不满。很多读者、研究机构和学术图书馆认为他们的成果是由自己花费很大精力研究出来,通过出版机构

（如期刊社）发表后，又销售给学术图书馆和科研人员，即向同一研究群体收费，并且，每年期刊，特别是数字期刊资源库的销售都有不少比例的上涨，而且，研究人员想要获取这些论文等研究成果也非常不方便。基于此，开放存取的模式一经提出就有一批机构开始提供开放存取的服务。

1. 初步发展

2001年，美国开放社会研究所（Open Society Institute, OSI）在布达佩斯召开会议。与会者就开放存取的内涵、组织形式达成共识，提出了《布达佩斯开放存取先导计划》（Budapest Open Access Initiative, BOAI）。这次会议标志着开放存取进入稳步发展的阶段。2002年，正式发布的《布达佩斯开放存取先导计划》提出了开放存取的思想和实现方法。2003年，《贝塞斯达开放式出版声明》（Bethesda Statement on Open Access Publishing）公布，详细规定了开放存取应满足的条件：一、在承认作者身份的条件下，允许用户复制、使用、传播作品；二、作品及其附属资料发表后，应立即存储在至少一种在线知识库中。同年，德、意、法等多国的研究机构共同签署了《关于自然与人文科学知识开放存取的柏林宣言》（Berlin Declaration on Open Access to Knowledge in the Sciences and Humanities），旨在利用互联网整合各国的科学和文化资源，为研究人员和普通用户创造免费、开放的信息服务环境。上述文件规定了开放存取的基本概念、实施方法和目标，为开放存取的发展奠定了基础。

2. 政策支持

各国政府、团体机构对开放存取都表现出了极大的热情，积极制定政策来发展开放存取。比如，英国最大的慈善机构惠康基金会（Wellcome Trust）规定：所有接受资助的文献必须在文献出版的6个月内实行开放存取。2004年，世界经济合作与发展组织（Organization for Economic Cooperation and Development, OECD）通过了《公共资金资助的研究数据的开放存取宣言》（Declaration on Access to Research Data from Public Funding），旨在建立适宜机制来实现受公共资助的研究数据的开放存取。同年，国际图书馆协会与机构联合会（International Federation of Library Associations and Institutions, IFLA）发布了题为《IFLA支持开放存取运动》的公告，公告指要实现全球学术文献的开放存取，需要更多的政策和制度支持，鼓励、支持开放存取出版物的建设和发展。2008年，美国国立卫生研究院（National Institutes of Health, NIH）的强制性开放存取政策开始实施，规定论文公开发表6个月后，必须提交给生命科学期刊文献数字化资源库（PubMed Central），供公众免费使用。法国、德国、瑞典、荷兰、日本、印度等国家也制定了开放存取政策，努力为其创造一个健康的发展环境。

3. 实践活动

各研究机构和高校纷纷建立了自己的开放存取平台，越来越多的开放存取期刊投入使用，这对学术交流和信息传播都起到了促进作用。

2003 年，瑞典隆德大学（Lund University）图书馆开发开放存取期刊目录（Directory of Open Access Journals，DOAJ[1]），为用户提供可免费获取的开放存取期刊。目前 DOAJ 已发展为涵盖多语言、多学科的高质量免费期刊数据库。生物医药中心（BioMed Central, BMC[2]）自 1999 年成立以来，借助网络来免费提供经过同行评议的生物医学领域学术期刊，至今已涵盖了生物医学的主要领域。1991 年，美国洛斯阿拉莫斯国家实验室建立 arXiv 电子印本[3]仓储，目标是促进科学研究成果和信息的交流，便于科研人员在第一时间了解本学科的最新发展动态，避免重复性研究。它是典型的学科仓储，存储内容主要是物理学、数学、计算机科学与生物学领域的论文。arXiv 电子印本仓储是世界上最大的电子印本仓储，也是开放存取运动的先驱和典范。

开放存取期刊还有美国的 High Wire Press[4]、Free Full Text 和日本的"日本科学技术信息集成系统"（Japan Science and Technology Information Aggregator, Electronic，简称 J-STAGE[5]）等。主要的开放存取仓储还有美国的 DSpace[6]、PubMed Central[7]、英国的 sHERPA[8]和英、德、法等国建立的 DRIVER[9]等。

4. 国内发展

我国的开放存取仍处于发展初期。2002 年，"中国科学数据共享"会议上提出了要打破信息壁垒，实现合理的开放存取。2004 年，路甬祥教授和陈宜瑜院士分别代表中国科学院和国家自然科学基金委员会签署了《柏林宣言》，表明了中国科学界和科研资助机构支持开放存取的立场，支持科学资源开放存取。2005 年，中科院与国际科学院网络组织（International Academy Panel，IAP）召开了"科学信息开放存取政策与战略国际研讨会"，邀请欧美多国的著名学者和决策人员介绍所在国或机构在开放存取方面的发展，并就开放存取的政策、运行模式、法律和技

---

[1] http://www.doaj.org/
[2] http://www.biomedcentral.com/
[3] http://arxiv.org/
[4] http://highwire.stanford.edu/
[5] https://www.jstage.jst.go.jp/browse
[6] http://dspace.mit.edu/
[7] http://www.ncbi.nlm.nih.gov/pmc/
[8] http://www.sherpa.ac.uk/index.html
[9] http://www.driver-repository.eu/

术问题进行了深入讨论。

目前我国主要的开放存取系统有中国科技论文在线、中国科学院科技期刊开放存取平台[1]等。2003年建立的中国科技论文在线[2]目标是解决高校师生、科研人员发表论文困难的问题。作者将论文上传到网站接受审核,通过后在7个工作日内就可以快速发表,版权归作者所有。截至2012年6月,该网站的首发论文已经超过6万篇。中国科学院科技期刊开放存取平台提供开放存取期刊网站链接、开放文献获取、期刊引证分析报告、文献学科咨询、期刊数字出版等服务,主要目的是宣传开放存取的理念、探索开放存取期刊平台的运营模式。

(1) 中国科学院科技期刊开放获取平台

中国科学院科技期刊开放获取平台是由中国科学院主管、科学出版社与国家科学图书馆共同承办的。截至2012年6月,平台中收录了180种期刊,65万余篇论文,另外还具有OA动态、学术快讯、出版动态、会议资讯、政策法规等栏目。

中国科学院科技期刊开放获取平台主要提供OA期刊网站链接、开放文献获取、期刊引证分析报告、文献学科咨询服务、期刊数字出版等服务,主要目的是为了集中展示、宣传、导航中国科学院期刊,进一步宣传中国科学院支持科技信息开放获取的理念,并在此基础上,探索OA期刊平台的运营模式,希望能创造新的期刊数字出版模式、手段和方法,强化科技期刊学术交流功能。

中国科学院科技期刊开放获取平台是一个文献资源门户网站,提供OA期刊的导航、检索、元数据展现以及全文链接,想要获取OA论文的全文,还需要链接到提供OA期刊的原始网站。

OA期刊门户的好处是可以集中展示大规模的OA期刊的相关信息,读者可以看到相关研究内容的OA期刊的信息,但开放获取平台一般仅提供文献下载链接服务(部分OA期刊不允许开放获取平台存储全文),全文内容需要访问原始网站获取,在某些时候(如编辑部文章下载地址更换或者文献服务器维护)读者无法正确获取全文内容,会影响读者的使用体验。

目前中国科学院科技期刊开放获取平台还是公益性的,没有商业服务的计划。

(2) 中国科技论文在线

中国科技论文在线创办于2003年,是经教育部批准,由教育部科技发展中心主办的科技论文存储管理与检索服务的网站。

中国科技论文在线的建立目的,主要是为了解决高校师生、科研人员论文发表困难等问题。该网站主要的模式是OA仓储,即研究人员把相关的研究论文上载到中国

---

[1] http://www.oaj.cas.cn
[2] http://www.paper.edu.cn

科技论文在线网站后，经过简单审核就可以在 7 个工作日内快速发表。与其他 OA 仓储网站一样，中国科技论文在线所发表论文的版权归作者本人所有。中国科技论文在线可为在该网站发表论文的作者提供该论文发表时间的证明，并允许作者同时向其他专业学术刊物投稿，在保护创作者的知识产权基础上，可以快速发表论文。发表的论文专业领域按自然科学国家标准学科分类与代码分为 39 类。

由于有教育部的背景，并且已有数十所高校认可在中国科技论文在线发表的文章为研究生答辩前成果，该网站收录的论文也是快速增长，截止 2012 年 6 月，首发论文已经超过 6 万篇。

表 4-5 是截至 2012 年 6 月，在中国科技论文在线发表的论文认可为符合研究生答辩前成果的高校列表，不同高校对于发表在中国科技论文在线有不同的补充要求，如东南大学、湘潭大学等高校要求评价参考值在三星及以上的文章可认为达到研究生学位论文申请答辩、学位授予前成果考核标准的要求；中国地质大学（北京）审定通过在"中国科技论文在线"上刊出的学术论文，凭论文清样和刊载证明认可为研究生毕业要求的论文，但不作为核心期刊论文。

表 4-5　截至 2012 年 6 月中国科技论文在线认可的高校列表

东南大学	湘潭大学	天津大学	重庆邮电大学	中国矿业大学
青岛大学	河海大学	武汉理工大学	天津工业大学	浙江工业大学
华东交通大学	陕西师范大学	宁波大学	南京师范大学	大连理工大学
重庆大学	中国地质大学（北京）	北京邮电大学	北京服装学院	电子科技大学
天津科技大学	中国传媒大学	广东工业大学	太原理工大学	哈尔滨理工大学
辽宁工程技术大学	西北大学数学系	重庆工商大学	苏州大学	浙江理工大学
江南大学	兰州大学	长安大学	中国农业大学	南京工业大学
哈尔滨工业大学电气工程学科	北京交通大学	湖南大学计算机与通信学院	暨南大学	华南理工大学研究生院
山东理工大学	—	—	—	—

中国科技论文在线对于首发的论文，并不收取作者的费用，而且网站提供免费自行下载打印开具证明的功能，并且中国科技论文在线已开通星级证明打印功能，网站在接收到打印星级证明申请以后会免费邮寄星级证明到作者填写的地址；对于读者，也是遵循开放存取的原则，对读者完全免费。图 4-29 为中国科技论文星级证明的样例。

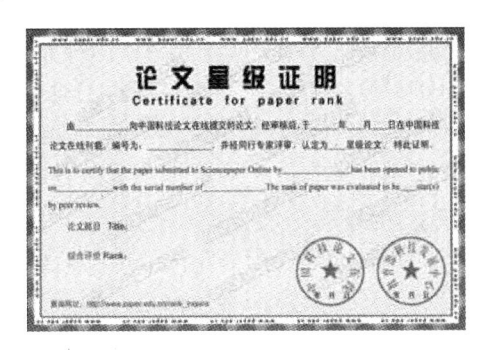

图 4-29　中国科技论文星级证明

4.4.3　开放存取的商务模式

开放存取的基本模式，是由想要发表文章的作者或者其资助者付费，在保留作者版权的前提下，读者与其他机构（如图书馆）可以免费地检索、下载、阅读、打印、复制、传播等对文档内容使用，开放存取运营机构可以为作者提供发表时间的证明。简单地说来，就是"作者付费存放、读者免费获取"。

和传统的出版模式相比，开放存取的核心是读者可以免费获取相应的学术资源，并且开放获取可以大大缩短论文发表的时间，并且可以通过最大范围的传播来扩大论文等相应研究成果的影响力。

开放存取仓储（Open Access Repository，以下简称 OA 仓储）和开放存取期刊（Open Access Journals，以下简称 OA 期刊）也是开放存取两种主要的商业模式，OA 期刊是指以开放存取的方式出版的期刊，目前国际上已经有数百种甚至更多的期刊采用开放存取的方式来出版；OA 仓储即研究机构或作者本人将未曾发表或已经在传统期刊中发表过的论文作为开放式的电子档案储存。OA 仓储中的一种方式是预印本的方式，预印本（Preprint）是指在文章还没有正式印刷出版就通过数字化的方式进行发布的一种电子版本方式，论文作者可以快捷地发表论文，读者可以快速地获取相关学术内容。

4.4.4　开放存取对图书馆的影响

开放存取和图书馆作为信息资源共享的不同方式，其目标都是向用户提供信息，双方可以相互促进，共同发展，但同时也会分流图书馆的读者，带来新的挑战。

这种促进关系体现在两个方面，其一，开放存取能够促进图书馆的发展：①开放存取资源免费开放，减轻了图书馆对商业机构的纸质和数字资源的依赖，为图书馆提供了扩充馆藏资源的新渠道，缓解了图书馆的"资源危机"；②开放存取资源的时效性很强，图书馆可以整合开放存取资源，增强馆藏信息的时效性，更好地满足用户的信息需求。其二，图书馆也可以支持开放存取的发展：①通过对科研人员进行宣传，加深对开放存取的认识，增强对开放存取的认可程度；②在网站上加入开放存取资源的列表等，指导用户使用开放存取资源，提高开放存取资源的利用率。

但是，开放存取在缓解图书馆资源危机的同时，也向图书馆的服务模式提出了挑战。在开放存取环境下，图书馆不再是获取学术信息的唯一渠道，用户可以利用网络随时随地、无限制、免费地利用社会的学术资源，这可能会造成图书馆访问量减少。对此，图书馆必须积极调整自身的服务方式和管理模式，加强资源建设，深化信息服务。具体措施有：①高校或研究机构的图书馆可以建立自己的开放存取平台，发布本机构研究人员的研究成果、论文、报告，发展特色馆藏资源；②整合开放存取期刊或仓储中的信息，在网站上提供开放存取资源的列表和链接，丰富图书馆的馆藏资源，为用户提供更好的信息服务。

4.4.5 开放存取对数字出版模式的颠覆与重建

开放存取运动发展的主要原因就是要对抗现有的商业出版模式，争取学术成果的共享和自由交流。开放存取通过数据库直接进行学术交流，提高学术信息的共享和利用，在一定程度上挑战了一直以来出版机构主导的学术交流局面。而且，开放存取作为一种新的出版模式，其成本比传统出版要低，必然会在一定程度上影响出版机构的销量，造成出版机构利润降低、市场份额缩小。

具体来讲，开放存取的模式是利用互联网等全新的信息技术对于论文出版的一种全新的尝试，充分利用了互联网模式下单篇论文发表与获取的边际成本非常小甚至接近于免费的特点。从商务模式上讲，开放存取颠覆了出版者向作者付费，读者或机构购买出版内容的传统模式，使得出版商特别是期刊社的传统模式遭遇非常大的挑战。不过，开放存取出版仍处于发展阶段，规模有限，商业出版仍然占据着主导地位。对于能否与其和谐共处，甚至在一定程度上将其纳入自身的出版流程中，出版界一直抱着非常谨慎的态度，远不如图书馆界对其的关注度高，采取的措施也相对较少。

实际上，开放存取在发展过程中也不是一帆风顺。在爱思唯尔和斯普林格等大的出版商的论文中，开放存取的论文的比例仍然是非常之低。我国出版界对于开放存取的了解相对来说比国外发达国家要少，实际参与的就更少。我国出版界如果能参与到这样一个新的数字出版模式中，重建一种新的商务模式，是一个挑战，也是一个机会。

4.4.6 开放存取面临的问题

1. 开放存取的理念不够深入

开放存取是面向社会大众的信息共享理念，但目前只有科研人员、图书馆界人士等相关群体了解这一理念，普通民众对开放存取的了解很少，这样社会上对开放存取资源的巨大需求就无法释放出来。加上有些高校和科研机构只认可在传统、权威刊物上发表的文章，直接影响科研人员对开放存取的态度。社会对开放存取缺乏认识、专业机构对开放存取认可度低限制了开放存取的进一步发展。

2. 开放存取的发展机制有待进一步完善

开放存取出版的费用由作者支付，虽然这些费用大多数情况下由所在的研究机构或资助机构来支付，但是有些没有获得资助的研究就需要作者自行支付费用。一些作者可能因为无力支付或者不愿支付费用而放弃开放存取出版，这不利于开放存取的发展。另外，开放存取平台的文献质量有待进一步提高。一些开放存取平台并没有对文献质量进行审查，存在一些质量较差的文献资料，这会影响公众以及专业人员对开放存取的认可程度，不利于扩大其影响力。执行同行审查制度的开放存取平台也存在"人情稿"等不良现象，因此必须进一步完善审查制度，严格监督审查过程。

3. 开放存取缺乏有力的外部条件支持

开放存取的环境中，用户的下载、复制、传播行为不受限制，这使各种侵权行为更难以监管、控制。目前，国内外对网络版权保护的规定都不够明晰，这会使作者对开放存取心有顾虑，影响开放存取的发展。开放存取的政策支持还远远不够。虽然各国已经制定了一些政策，但仍无法满足开放存取的发展需要。政府和相关机构应制定完备的发展条例，规范开放存取的各个环节，加大财政扶持，才能真正促进开放存取的发展。

开放存取是学术交流和信息共享的新模式和新理念。虽然发展的时间并不长，但是已经展现出了巨大的发展潜力，并取得了喜人的成果。要实现资源共享的目标，必须充分利用这一新模式、新理念。虽然开放存取的发展存在很多不足之处，面临重重阻碍，但是社会的信息需求将不断推动开放存取向前发展。

第 5 章
Chapter 5

▶ 数字出版与数字图书馆的技术互鉴与资源服务系统设计

　　数字出版和数字图书馆在各自的发展过程中都运用并积累了很多技术，在本套丛书的第二分册《数字出版技术通论》中对数字出版领域中涉及的技术进行了比较详细的阐述，考虑到有些技术对数字图书馆做好资源建设和新型的数字化服务有较强的借鉴意义，同时，数字图书馆领域中运用的一些技术对未来的数字出版也有很重要的参考价值，本章将就双方可以互相借鉴的重要技术进行一个简要的介绍，其中有些技术是双方已经都在关注或应用的，但为了叙述方便，将根据双方的应用程度简单地分为出版领域中可供借鉴的技术和图书馆领域中可供借鉴的技术；同时，本章还将介绍数字图书馆资源服务系统的设计。

5.1 数字出版领域中可供借鉴的重要技术

除了本套丛书《数字出版技术通论》等分册中阐述的各种技术外,数字出版领域中还有一些关键技术可以满足数字图书馆新型服务的需要,主要包括文档技术、数字版权保护技术、移动阅读技术和知识服务的关键技术。

5.1.1 文档技术

为数字图书馆服务的数字出版在文档技术方面,重点关注平面内容,并在此基础上增加音频、视频、文档交互等相关的多媒体交互特性,此外还需要能够满足图书馆的便于管理的要求。

为便于数字图书馆的跨平台阅读,需要结构化版式文档技术。结构化版式文档技术,是在文档格式中,同时描述版式信息和文档结构信息的一种文档技术,可支持版式显示或屏幕自适应的显示。下面就相关的文档技术进行介绍。

1. Adobe 公司的 ePub、PDF 与 Tagged PDF 技术

在数字出版领域,很多移动终端采用国际数字出版论坛(International Digital Publishing Forum,IDPF)制定的 ePub 阅读格式。ePub 按阅读顺序组织文字和图形图像等内容,所以在移动终端上可以根据屏幕的大小,进行自适应地排版和显示。ePub 技术虽然适合手持设备,但由于缺乏版式信息和文档逻辑语义信息,对阅读呈现效果的规范性存在不足。另外,由于传统的出版物排版制作主要为了印刷,较少考虑数字出版,因此由传统的排版技术转换成 ePub 存在着很多困难,特别是版面中数学公式、表格、图形等复杂对象,在移动终端上无法高质量的呈现。但是,对于书、报、刊等类型正式出版物的数字内容,要求阅读的版面规范。对于数字图书馆来说,有很多学术的内容需要用到特别的版式信息和文档逻辑语义信息,包括数学公式、化学公式、表格、拼音、注音、竖排等特别的要求,因此 ePub 对于数字图书馆的应用来说略显不足。

Adobe 早在 1985 年就制定了专门服务于印刷行业的标准文档格式 PostScript,Adobe In Design 和方正飞腾等排版软件生成的 PS 文件都是遵循这种文档格式标准的。PostScript 文档能够精确地描述符合印刷要求的版面信息,但也有弊端,比如存在文件不能打包、携带图像数据量巨大、很难找到 PS 文件浏览软件、不能处理透明图像效果等问题。

Adobe 在 1993 年推出了 PDF 版式文档格式。PDF 继承了 PostScript 图文页面描述的全部优势，同时还具备了数据量小、便携、易于浏览和网络传输、页面描述能力更强、使用编辑工具便于修改等特点。PDF 可以包含多个页面，具有良好平台无关性和可扩展性。PDF 规范中，将各种构成文档的要素用对象的概念来表示，并按照一定规则组织在文件中。PDF 文档作为一种结构化的文件格式，是由一些称为"对象"的模块组成的。并且每个对象都有自己独立的并且不重复的数字标号，通过这些数字标号，其他对象就可以引用这些对象。

由于 Adobe 在全球版式技术领域的领军地位，Adobe 提供的 PostScript 和 PDF 技术也已经相当普及，几乎所有的上下游印刷厂商推出的软硬件系统解决方案都支持 Adobe 的格式标准，常见的一些流程类软硬件系统也将 PDF 作为在流程中进行数据信息传递的主要格式。所以 PDF 在 2000 年左右已经成为事实上的印刷行业电子文档的工业标准。在 PDF 的发展过程中，其文档格式被修改过许多次，主要是随着编辑制作软件 Adobe Acrobat 的版本升级而更新。

在当今阅读终端移动化和多样化的趋势下，屏幕自适应这一特性对文档格式来说，已经成为能否适应移动阅读要求的先决条件。PDF 作为纯版式文档，缺少基本的逻辑结构信息，这使得 PDF 很难像其他有逻辑结构信息的文档格式那样针对屏幕范围对内容进行重新排列，所以在智能手机等小屏幕设备上很难做到完美的阅读体验。

为了在 PDF 中弥补结构化信息方面的不足，Adobe 在 2001 推出的 PDF1.4 中引入了 Tagged PDF 支持结构信息的表达，尝试在版式文档中加结构信息。由于 PDF 是以版式信息为基础的技术架构，Tagged PDF 在实际使用中，还不能很好地支持高质量的屏幕自适应，例如，对版式信息中的剪裁对象的处理，表格结构的描述，以及复杂效果的描述等。在版式文档中，剪裁是一种限定输出区域的操作，多个剪裁操作可以相互作用，并影响后续的绘制内容，Tagged PDF 很难对这种情况进行结构化描述。版式文档中存在大量拼接的图元、相互叠加的图层，这些数据并不能直接用于构造文档的逻辑结构，而需要根据空间关系进行拼接、叠加等操作后才能确定其所要展示的内容。基于 Tagged PDF 技术，Hardy 等人提出一种利用 XML 模板生成 Tagged PDF 文档的方法。但该方法对 PDF 文档的内容有较高的要求，使用中存在一定的困难。Hardy 等人在 2007 年提出了基于 XML 的版式文档格式 MARS，在 MARS 中使用 XML 对结构信息进行描述。MARS 用 XML 描述文档与 PDF 的技术架构非常相似，也是以版式信息描述为主，其结构信息描述的方式没有解决 Tagged PDF 的缺点。此外，Bloechle 在 2006 年提出了 XCDF 格式，通过引用版面中的文字、图像、图形等内容来构造一个包含完整版面信息与流式信息的文档。与 Tagged PDF 相比，XCDF 没有类似 PDF 的历史包袱，其中版面信息与结构信息的结合更为紧密合理，并且采用了 XML 来描述相关信息，使得其构造使用更为方便。2008 年，Bloechle 在 XCDF 的基础上提出了一种从已有固定版式文档中重新构造文档逻辑结构的方法 Dolores。2009 年 Bloechle 又对 XCDF 格式进行了优化，缩小了所生成的文档体积，使其更利于使用。

2. 微软公司的 XPS 技术

不断增长的应用需求，对文档技术提出了新的挑战，使得目前文档技术正处在一个技术突破、更新换代的关键阶段。因此，国内外厂商都非常重视，纷纷投入到文档技术的新一轮竞争中来。以 PDF 版式文档格式闻名的 Adobe 公司，在 2005 年开始代号为"MARS"的下一代版式文档技术研发计划；微软公司也推出了基于 XML 的 XPS 版式文档技术。

早在几年前，微软就一直想进入数字化印刷和出版这个庞大的市场，但是由于 Adobe 在印刷行业中的地位以及 PDF 和 PostScript 的广泛应用，使得微软始终没有机会能够成功进入这个市场。

正因为 PDF 非结构化格式本身的先天不足，以微软为首，多家出版企业一起联合推出了 XML 格式的固定版式格式——XPS（XML Paper Specification）。XPS 支持包括文章、段落、列表、表格等基础标记来描述固定版式文件中的文章基本结构信息。2005 年，在老牌 RIP 厂商 Haliquin 的技术支持下，微软推出了 Metro 版式文档格式，也就是 XPS 版式文档格式的前身，XPS 是一种固定版式的电子文件格式，它可以保留文档格式并支持文件共享。XPS 格式可确保在联机查看或打印文件时，文件可以完全保持预期格式，且文件中的数据也不会轻易地被更改。XPS 以竞争者的姿态进入这个市场，它基于 XML 技术，能完成 PDF 在图文页面描述和打印、印刷领域的各项要求。

2005 年，微软提出 XPS 这种版式文档格式主要目的是为了维护文档的一致外观，即文档的显示效果不因平台的不同而发生变化，这点是和 PDF 一样。换言之，XPS 就是微软针对 Adobe 公司的 PDF 的特性而专门设计的文档格式。

XPS 使用了 ZIP 包作为文档容器,使用 XAML 作为文档描述的手段,使用.NET 技术作为开发平台，该格式可以很好地和微软的 Windows 操作系统以及.NET 技术融合在一起。而且，作为微软的产品的一分子，XPS 具有一些先天优势，例如，被用作 Windows Vista 的默认支持的文档格式，可在 IE/XPS Viewer 中打开，可由预装的虚拟打印驱动直接生成，可由 Microsoft Office 系列软件中直接导出等。相比之下，Adobe PDF 还需要安装相应的软件才能够完成 PDF 文件读写，XPS 所具有的优势无疑将会给用户提供更多的便利，随着 Windows Vista/Windows 7 等系统的普及，微软的庞大用户群会给 XPS 的发展带来强劲的动力。

作为 PDF 的竞争者，XPS 除了具有 PDF 的很多特性，例如，支持超链接、搜索引擎、透明度调节，以及文档版权管理等，它还有一些 PDF 没有的特点，如基于 XML 的 XPS 文档使得其他应用程序更易于搜索，在屏幕色彩和打印图像方面 XPS 比 PDF 更具优势。

图 5-1 展示了 XPS 文档的逻辑结构。每个 XPS 包中可以存在多个文档，每个文档可以包含多个页，每个页有自己资源和描述，不同页之间可以共享资源。

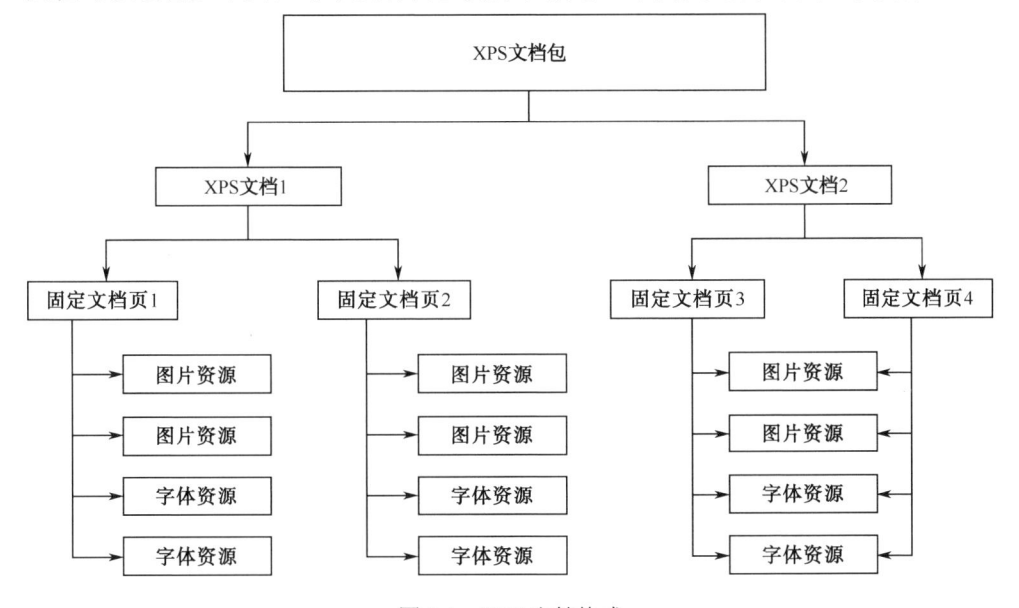

图 5-1　XPS 文档格式

由于 XPS 采用了 ZIP 包作为文档容器，我们可以将其打开，看到其物理构成。XPS 采用 ZIP 作为文档容器，很大程度上是因为其采用了 XAML 作为其描述手段，有很多的信息冗余，采用 ZIP 压缩可以更好地节省空间。此外 ZIP 包可以将多个文件组织成为一个文件，这样不用将精力浪费在如何将各种结构信息、页面描述整合为一个文件上。但是由于解压和压缩都需要额外的操作，这必然带来性能上损耗。当然这个损耗在现在硬件的条件还是可以接受。

图 5-2 展示了文档逻辑结构是如何对应到上图的物理结构上去的。我们可以清楚看到，XPS 由于采用了 ZIP 包的形式，我们可以将不同的描述部分分开，形成单独的文件，存储在不同的目录下，使得结构明了清晰。

XPS 的描述手段 XAML 和 SVG 中采用的方式类似，除了对基本图元的支持以外，也支持动画等特性。XAML 作为一种页面描述语言，在微软的其他技术（WPF 等）中也有所应用。

2007 年 7 月，微软也发表声明称，已经向国际标准组织 Technical Committee 提起申请，将 XPS 作为通用标准格式。这个标准的含义是"一个基于 XML 的电子纸张排版及页面描述语言"。2009 年 7 月，微软获得了 Ecma 的支持，成为了 Ecma 的标准，并且后者已经成立了一个技术委员会来推广 XPS 格式。

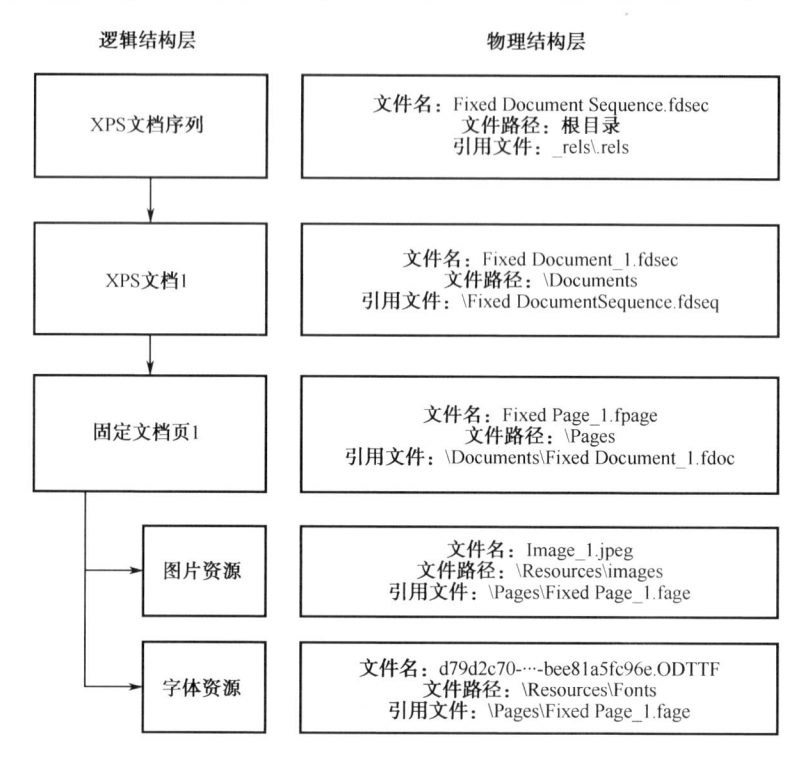

```
逻辑结构层                物理结构层

┌──────────────┐    ┌────────────────────────────────────────┐
│ XPS文档序列   │    │ 文件名：Fixed Document Sequence.fdsec  │
│              │    │ 文件路径：根目录                        │
└──────┬───────┘    │ 引用文件：_rels\.rels                   │
       │            └────────────────────────────────────────┘
       ▼
┌──────────────┐    ┌────────────────────────────────────────┐
│  XPS文档1    │    │ 文件名：Fixed Document_1.fdsec         │
│              │    │ 文件路径：\Documents                    │
└──────┬───────┘    │ 引用文件：\Fixed DocumentSequence.fdseq │
       │            └────────────────────────────────────────┘
       ▼
┌──────────────┐    ┌────────────────────────────────────────┐
│ 固定文档页1  │    │ 文件名：Fixed Page_1.fpage             │
│              │    │ 文件路径：\Pages                        │
└──────┬───────┘    │ 引用文件：\Documents\Fixed Document_1.fdoc│
       │            └────────────────────────────────────────┘
       ├──▶┌──────────┐  ┌────────────────────────────────────┐
       │   │ 图片资源 │  │ 文件名：Image_1.jpeg               │
       │   │          │  │ 文件路径：\Resources\images         │
       │   └──────────┘  │ 引用文件：\Pages\Fixed Page_1.fage  │
       │                 └────────────────────────────────────┘
       └──▶┌──────────┐  ┌────────────────────────────────────┐
           │ 字体资源 │  │ 文件名：d79d2c70-····-bee81a5fc96e.ODTTF│
           │          │  │ 文件路径：\Resources\Fonts          │
           └──────────┘  │ 引用文件：\Pages\Fixed Page_1.fage  │
                         └────────────────────────────────────┘
```

图 5-2 XPS 中文档逻辑结构和物理结构的关系

3. CEBX 结构化版式文档技术

为了在移动终端上阅读高质量的数字内容，需要结合版式文档的高质量版面显示特点，以及非版式文档的屏幕自适应呈现内容的优点。实现屏幕自适应呈现内容的关键是文档格式必须具备内容阅读顺序、文档结构等信息，使文档格式既有版式信息又有结构信息。其中，版式信息可以实现所见即所得，适合于个人计算机上阅读、打印和印刷；结构信息可以实现内容呈现时的实时排版，在内容呈现时达到屏幕自适应的效果。

近几年，北京大学根据国标上版式技术的发展趋势以及版式应用的需求，开展了结构化版式技术、版面理解等领域的研究工作，已经发表 7 篇相关论文，其中有 2 篇论文在国际数字图书馆领域的顶级会议上发表，为方正集团开展版式技术研发工作提供了坚实的基础。

方正集团从 2005 年起启动了一代版式技术研发计划。CEBX 是北大方正技术研究院于 2009 年推出的一种文档格式，CEBX 全称为 Common e-Document of Blending XML，即基于混合 XML 的公共电子文档。这种格式的文档具有数据结构化、可靠且与设备无关、更好的阅读体验、更好的安全性，以及面向互联网等特点，应用领域相当广泛，包括电子图书、数字期刊、数字报纸等多个方向，并可在数字出版为数字图书馆服务中提供跨平台阅读的结构化版式文档基础。

在 CEBX 中,数据描述采用 XML 技术,以版式(Fixed-layout)描述信息为基础,辅以版面对象的结构化信息,然后通过压缩和加密方法放入容器中。基于结构化信息可以实现版面内容的重排(Reflow),从而获取更好的屏幕自适应特性。版面数据主要包括基础图元、表格、表单、多媒体等对象描述,再加上脚本、安全性描述等信息。脚本数据用于增强 CEBX 的动态交互特性,而安全性描述中则包括了对于本地安全以及 DRM 安全的支持。

CEBX 除了版式文档的基本特性以外,在网络应用、移动阅读等新的阅读模式下增加了一些新特性。

(1)数据结构化

随着计算机技术的进步,XML 技术在各个领域被广泛接受。各机构、公司纷纷推出了采用 XML 技术的文档格式,例如 ePub、OOXML、ODF、UOF 等。XML 标记描述的是文档的结构和意义,而不是页面元素的格式化信息,由于这种非专有的且易于阅读和编写的优点,使得它成为在不同的应用间交换数据的理想格式。另外,XML 使用的是非专有的格式,具有良好的易扩展性和易移植性,因此,CEBX 在版式文档描述的基础之上,采用 XML 技术来描述文档数据,使得数据的描述和显示分离,实现了文档数据的结构化,能够比较方便的与其他系统进行数据交换、解析、编辑、阅读,保证了文档操作和应用的灵活性。

(2)原版原式

CEBX 具有原版原式的呈现特点,即阅读显示与印刷一致,真实地保持了原有文件中文字、图表、公式、色彩等版式和信息,实现了版面保真的显示效果。由于 CEBX 规范建立在一个概念性的成像模型基础之上,这种特性不会随着平台变化而发生改变,该成像模型屏蔽了平台间的差异,使得上层的数据描述能够独立于平台。原版原式的呈现特点可以保证电子文件等在交换、办理、发布、存储管理等过程中版式固定,保持显现的一致性,符合文档长期保管要求。因此,在很多领域,特别是为数字图书馆服务的数字出版领域里都有着重要的应用价值。比如在不同的机器上阅读时,电子图书中的数学公式、化学公式、表格、拼音、注音等有相同的符合规范的表达,图书、报刊等的版式对广大读者也不容忽视。

(3)设备自适应性

原版原式解决了显示效果还原的问题,但是在某些场景下,用户为了能够获得更好的阅读体验,要求文档内容能够根据显示设备的特性进行自适应调整。CEBX 通过加入文档逻辑结构信息,可以同时融合版式阅读和流式阅读的特性,既可以在普通的计算机屏幕上对数字内容进行原版原式的呈现,也可以通过页面对象的逻辑结构信息,在手机、专业阅读器、GPS、PDA 等屏幕狭小的移动设备上进行流式重排以提供给用户更好的阅读体验。此外,通过加入对颜色管理系的支持，CEBX 能够更好地还原色彩，以适应不同设备来获得更好的展示效果。

（4）动态交互特性

CEBX 支持更加丰富的交互元素描述，加入了动作、脚本、注释乃至电子表单，以使文档带有更强的动态交互特性。动作提供了基本的交互支持，在文档、页及页面对象等结构中，均可包含动作对象的引用，比如执行到指定区域的跳转、播放多媒体数据、执行某个 JavaScript 脚本等。脚本可为应用程序提供灵活的扩展和定制功能。如目前广泛使用的 Lua 脚本，它具有体积小、启动速度快、自动内存管理、可扩展的特点；同时还支持面向过程编程和面向对象编程。注释使用户可以通过鼠标或键盘等方式与文档进行交互，在阅读过程中添加自己的体会和感受。电子表单则提供了系统化的数据收集与回馈功能，例如数据收集、报表统计、电子教材/试卷实时批改、阅读时互动交流等基于电子文档之上的智能化互动应用。

（5）全面的安全性支持

CEBX 支持数字签名和分段授权，并可以实现本地安全、DRM 系统等多重安全特性。本地安全保护个人文档内容不被偷取、篡改。数字签名进行验证，配合文档修改的历史记录，为文档流转、历史回溯、身份认证提供支持。CEBX 还提供对第三方 DRM 系统的支持。CEBX 的安全策略能针对整个文档进行保护，还能够支持丰富的权限表描述，如分段加密等，可以为文档提供最小粒度的安全保护，能有效支持电子商务时代更多样化的商业模式，如图书/文档的试读、借阅、分章节购买、分资源类型购买（例如仅购买多媒体图书中的文字内容或图像内容）、按需印刷等。

（6）多样化的互联网应用

CEBX 版式处理技术既能对版面对象的位置、大小、颜色等信息进行准确描述，又能处理复杂的版面信息，如裁剪、透明、水印、渐变等。在提供如此丰富的显示效果的同时，CEBX 还可实现图文及多媒体信息的动态和实时混排。对于 PC、移动阅读、印刷出版等应用领域的不同应用平台，CEBX 可进行相应的裁剪以实现"一次出版，多种平台引用，多途径传播"的目的，能够较好的适用于互联网飞速发展、不断变化的环境。CEBX 还支持互联网应用中推荐的流式数据边下载边阅读的模式，从而提供适应互联网应用的特性。

与 PDF 一样，CEBX 有多个子集，其中，CEBX/A 表示 CEBX for Archiving，主要面向于文档存储领域。CEBX/M 表示 CEBX for Mobile，主要面向于移动阅读领域。

CEBX 采用"容器+文件"的方式描述和存储数据，其容器采用的打包技术称为 XDA。XDA 全称为 XML-based Document Archive，采用 Little-Endian 字节序。XDA 可以较好地支持文件随机访问、增量修改、线性化、加密等。容器就好像一个虚拟存储系统（Virtual Storage System），将各类数据描述文件组织起来，并提供特定的访问控制接口。

5.1.2 数字版权保护技术

数字版权保护，英文为 Digital Rights Management，简称 DRM，也经常翻译为数字版权管理。数字版权保护技术应该涉及数字内容使用权限的描述、认证、交易、保护、监测、跟踪，以及对使用者拥有者之间关系的管理，这几乎涉及数字内容生存周期中的每一种状态。

在为数字图书服务的数字出版过程中，需要能保证数字出版产品不能够被非法利用、非法传播，特别是对于单本销售商务模式（如电子图书）的数字出版产品尤其重要。

对电子图书来说，DRM 技术就是从技术上防止数字内容的非法复制，或者在一定程度上使复制很困难，最终用户必须得到授权后才能使用数字内容。典型的电子图书 DRM 系统架构如图 5-3 所示。

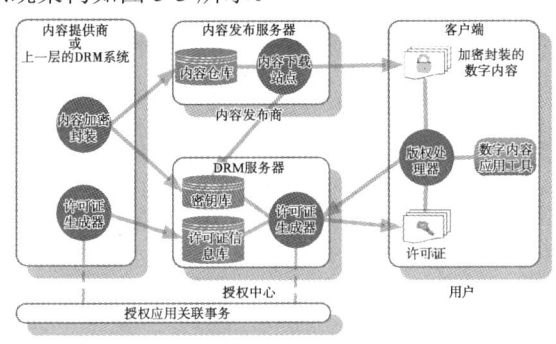

图 5-3 典型的电子图书 DRM 系统架构

1．DRM 基础技术

与数字版权管理密切相关的一些技术基础，包括密码技术、安全电子交易协议、数字内容标识技术、权利描述语言等。

（1）密码技术

密码技术是实现所有安全服务的重要基础，是实现机密性、数据完整性、认证和不可否认性的关键。与 DRM 相关的一些密码技术，包括密码体制、消息摘要、数字签名与密钥管理等。加解密技术在 DRM 系统中应用比较广泛，如消息通信加密、证书内容加密、数据库信息加密等。

（2）安全电子交易协议

DRM 涉及目前常见的安全电子交易协议主要有安全套接层（Secure Socket Layer，SSL）协议和安全电子交易（Secure Electronic Transaction，SET）协议。

（3）身份鉴别技术

身份鉴别技术多种多样，从最简单的用户名密码、硬件标识技术到公钥基础设施（Public Key Infrastructure，PKI）技术，甚至正在研究的生物识别技术都可看作身份鉴别技术。

（4）数字内容标识技术

数字内容标识技术用于唯一标识数字内容，帮助内容提供商管理和追踪数字内容的使用，是 DRM 的基本技术之一。目前，最受关注的数字标识有统一资源标识符（Uniform Resource Identifier，URI）、统一资源定位符（Uniform Resource Locator，URL）、统一资源名称（Uniform Resource Name，URN）和数字对象标识符（Digital Object Identifier，DOI）。

（5）权利描述技术

DRM 权利描述语言用于描述数字内容或服务的使用权利，即描述参与者对资源拥有的使用权利。权利（Rights）、资源（Asset）和参与者（Party）是权利描述语言（Rights Expression Language，REL）三个最基本的实体，它们之间的关系如图 5-4 所示。权利是关于资源的使用或访问许可，包括权限、前提条件和限制条件等。资源指的是与权利相关的具有唯一标识的数字内容或服务。参与者是与资源相关的法人实体或个人，包括版权所有者、作者、内容提供商和用户等。

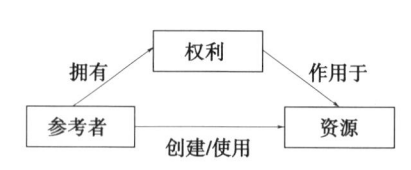

图 5-4　权利描述语言基础实体模型

（6）防篡改技术

现有的大部分 DRM 系统中，数字内容的解密使用、使用权利的解析验证都由客户端 DRM 应用程序（如 DRM 控制器）负责，而客户端设备是由用户控制的。对 PC 机等通用设备而言，DRM 应用程序的运行环境是不安全的，必须采取一定的防篡改（Tamper Resistance）技术来保护 DRM 应用程序的安全性，确保数字内容的合法使用。

2. 为数字图书馆服务的数字出版版权保护技术

为数字图书馆服务的数字出版版权保护技术实现对电子图书等数字内容的版权保护，主要包括以下几个方面。

（1）数字内容安全

采用随机密钥对数字内容进行加密，随机密钥由服务器端保存和管理，客户端必须得到授权后才能使用数字内容。

（2）数字版权的合理使用

通过向客户端发放许可证（Voucher），使数字内容的实现合理使用。许可证可以与客户端的硬件信息绑定,这样就可以从使用范围上保证数字资源的合理使用;同时还可以从数字资源的内容上控制其他合理使用方式,如 E-book 在指定时间内可阅读(借书和还书)、阅读时限定一次可复制有限个文字等。

(3) 数字内容完整

通过消息摘要和加密技术保证数字内容的完整性,通过验证消息摘要,确保加密的数字内容没有被篡改,加密的数字内容包括正文及元数据等信息。

(4) 数字内容安全传输

DRM 系统可实现服务器之间、服务器与客户端之间交换的所有信息的安全,并能够有效防止 E-book 交易信息的重放攻击等。

(5) 数字内容可计数

通过多个参与版权管理的服务器之间的配合,可实现 E-book 的可计数性。

这里提到的可计数性包括两方面含义:一方面,类似传统纸质书的交易,电子图书的交易数量是可计数的:数字图书馆从出版商或内容集成商买 E-book,是按"本"购买的;另一方面,数字图书馆按"本"向读者借出 E-book,一本一本地借给读者;读者只能在数字图书馆从出版商或内容集成商购买的复本数范围内下载借阅,例如,数字图书馆购买了某本图书的 5 个复本,则最多只能有 5 个读者能同时下载借阅这本图书,第 6 个读者需要等到前面 5 个读者中借阅的图书到期或读者主动还回这本电子图书后才能下载借阅。

可计数还需要是安全可信的:出版社能知道卖了几本书、图书馆买了几本书,读者借出和还回了几本书,DRM 系统能保证该统计数据的公正性和不可篡改性。

(6) 跨平台的数字版权保护技术

数字版权保护技术是数字出版和资源服务的关键技术之一,针对电子图书的 DRM 技术,首先将电子图书的内容进行加密,然后将密钥经过加密后与客户端硬件绑定形成用于阅读的数字许可证,通过使用数字许可证来保护电子图书的版权。用户得到电子图书后,必须获得相应的阅读许可证才可以使用该内容。

为数字图书馆服务的数字出版的 DRM 系统的参考体系结构包括 3 个主要模块:内容服务器(Content Server)、许可证服务器(License Server)和客户端(Client)。内容服务器包括存储数字内容的内容仓库、存储产品信息的产品信息库和对数字内容进行安全处理的 DRM 打包工具。该模块主要实现对数字内容的加密处理并将处理结果和内容标识元数据等信息一起打包成可以分发销售的数字内容。另外一个重要功能就是创建数字内容的使用权利。数字内容密钥和使用权利信息发送给许可证服务器。许可证服务器包含权利库、内容密钥库、用户身份标识库和 DRM 许可证生成器。该模块主要用来生成并分发数字许可证,还可以实现用户身份认证等交易事务,数字许可证是一个包含数字内容使用权利(包括使用权限、使用次数、使用期限和使用条件等)、许可证颁发者及其拥有者信息的计算机文件,用来描述数字内容授权信息,由 REL 描述,数字许可证还包含数字内容解密密钥等信息。许可证生成器能对许可过程进行监控和审核,在授权过程中每一次授权的变化,都需要与之前的授权进行比对和核查,使得变化以后的授权始终是在原授权范围之内的、保证授权链是完整的和可追溯的,在此机制下生成包含数字内容解密密钥等信息在内的数字许可证,从而有效保证授权的真实性、安全性和可靠性。客户端主要包含 DRM 控制器和数字内容使用工具。DRM 控制器负责收集用户身份标识、硬件特征等信息,控制数字内容的使用。如果没有许可证,DRM 控制器还负责向许可证服务器申请许可证,数字内容使用工具主要用来辅助用户使用数字内容。

跨平台的数字版权保护技术不仅支持在计算机上阅读电子图书,还支持在手机、平板电脑、手持阅读器等多种手持设备上阅读。

(7)实现数字内容权利控制

DRM 系统实现对被保护数字资源的权利控制,包括 3 种类型的权利:即展示权利(如显示、打印等)、传输权利(如借书)和使用权利(如摘录)。对于电子图书等数字内容,常见的权利包括:

① 最基本的权利是阅读。阅读的权利可分为在 PC 上阅读、在手持设备上阅读或者在任何设备上阅读等。

② 拥有的电子图书的复本数。用户一般只购买电子书的一个复制;但是对于数字图书馆来说,需要购买一种电子图书的多个复本。

③ 电子图书是否可以打印。如果电子图书可以打印,可以指定允许打印的次数。

④ 电子图书是否可以借阅,可以指定借阅的时间段。

⑤ 能否复制电子图书中的部分文字。如果可以复制部分文字,则需要定义指定允许复制的字数等。

⑥ 阅读器支持在多种阅读平台上实现对数字内容的权利控制。

除了以上提到的基本功能之外,针对特定的应用,DRM 系统还可实现其他的特色功能,如超级分发、分段授权、硬件适应、多设备共享等。这些功能不但实用而且易用,具有更好的用户体验。

5.1.3 跨平台阅读技术

跨平台阅读技术是指在包括 PC、平板电脑、智能手机、手持阅读器等多种阅读终端上可以对数字出版内容阅读进行支持的技术。

为数字图书馆服务的数字出版跨平台阅读技术主要包括 3 个方面,支持跨平台阅读的文档格式,跨平台阅读客户端软件,以及支持跨平台阅读的数字图书馆服务支撑系统及服务接口。

1. 跨平台阅读的文档格式

为了能支持为数字图书馆服务的数字出版的跨平台阅读，一般有两种解决方案：一种是采用 PDF+ePub，另一种是采用结构化版式文档（如 CEBX）。

（1）PDF+ePub 跨平台阅读方案

由于 PDF 文件具有版式不变的特性，非常适合数字出版的需要，其对于各种版式的排版效果都能非常准确地表达，包括字体、字号、数学公式、化学公式、花边、渐变、竖排等各种排版效果，对于色彩的管理也非常好，非常适合在 PC 端的阅读。但由于 PDF 文件所带信息过于丰富，在计算能力非常有限的移动设备上，解释效率非常低，速度比较慢；更重要的是，PDF 由于不带有结构化信息，在智能手机等小屏幕设备上阅读版式方式显示的 PDF 会非常不便。如果显示整个版面，则文字内容无法看清；放大到文字内容可以看清的大小，则一行的内容无法完整展示，需要左右拖动才能看清一行的内容。

而 ePub 则相反，ePub 中含有的信息非常简练，非常适合在移动嵌入式设备中阅读，解析起来比较简单，内容可以自适应重排，读者无须在整版显示还是放大显示中选择。但 ePub 由于比较简单，一些复杂的内容，特别是数字图书馆中需要的学术性内容无法展现。

PDF 加上 ePub 一同解决跨平台阅读的问题，使得二者可以取长补短，是解决问题的方法之一，即在 PC 上显示 PDF，在嵌入式设备中显示 ePub。

但这种方案有一个弱点，就是在数字出版加工、发布和销售以及数字图书馆使用的时候需要同时加工和管理两种文档，为使用带来了一定的不便，并且在移动平台上对于学术内容的支持略显不足。

（2）基于结构化版式文档技术的跨平台阅读方案

基于结构化版式文档技术（如 CEBX）是另外一种解决方案。这种方案在出版机构加工生成带逻辑结构化信息的结构化版式文档，数字图书馆购买以后，在通过数字图书馆的服务平台进行管理和服务的时候可以只管理一种文件格式，读者也可以只下载一种文件格式，然后根据自己的需要选择需要展示的方式，并且可以实时切换版式与流式的阅读方式。

2. 跨平台阅读的客户端软件

跨平台阅读的客户端软件需要支持多个平台，主要包括 PC、平板电脑、智能手机、手持阅读器等。

跨平台阅读的客户端软件一般需要支持如下功能：

（1）电子图书等数字内容文档格式的解析与显示。

（2）版面操作：版面放大、缩小、页面拖动；流式：字体放大、缩小、内容重排。对于结构化版式文档（如 CEBX）需要实现版式流式实时切换。

（3）页面笔记功能：添加画线、加亮、圈注、书签、批注等。

（4）翻页功能：前（后）翻页；直接跳转到指定的页面；翻到首（末）页。

（5）全文查找、内容摘录功能。

（6）支持播放动画、声音等音频、视频文件。

（7）下载带版权保护的数字内容，获取数字内容使用许可证，并按照许可证授予的权限解密数字内容并保证阅读的内容不被截取和复制，同时能保证读者的合理使用。

做得比较好的客户端阅读器软件还需要支持如下功能：

（1）兼容电子词典功能，可以通过屏幕取词翻译。

（2）支持多种显示模式，如在 PC 上支持标准窗口模式（即标准的 Windows 操作 UI）和阅读模式（便于阅读的模式）。

（3）支持简体中文、繁体中文和英文界面，并支持实时切换。

（4）支持读者交互功能，如可以选取文字将其发送到微博、SNS 网站等。

PC 平台上的阅读软件可以做得比较丰富。图 5-5 是 PC 上阅读模式的样例。

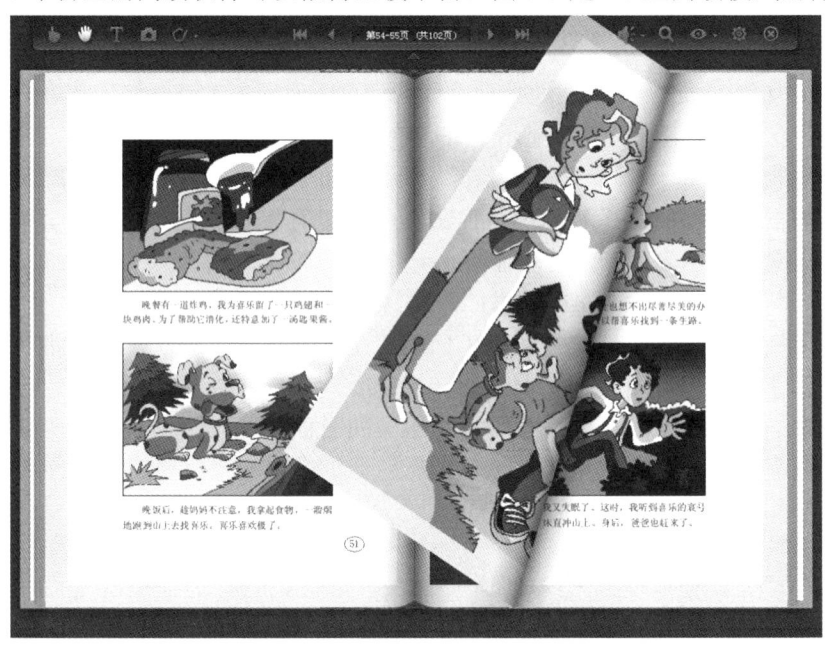

图 5-5　PC 上阅读模式

图 5-6 是 Adobe 的 ePub 阅读软件 Adobe Digital Editions 阅读企鹅出版集团出版的图书的阅读界面样例。

图 5-7 是版式流式切换、保持公式的样例，其中公式包含整行公式和行内公式。

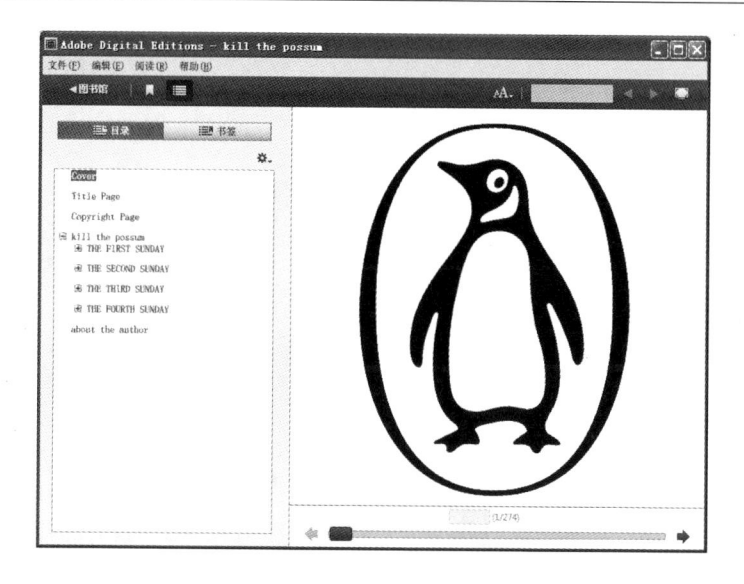

第 5 章　数字出版与数字图书馆的技术互鉴与资源服务系统设计

图 5-6　ePub 图书的阅读界面

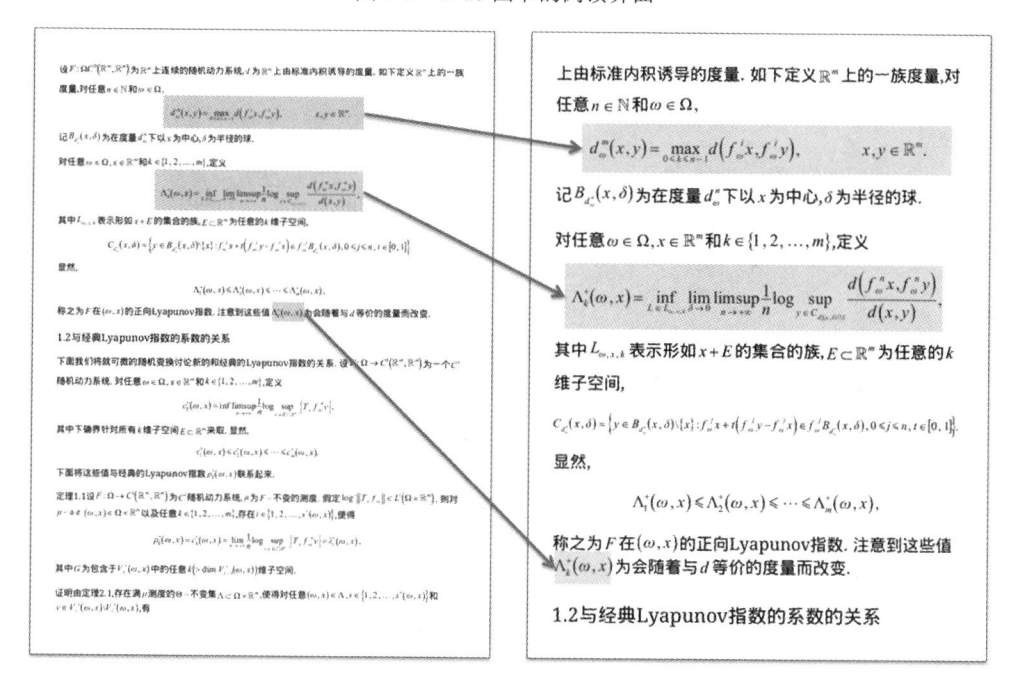

图 5-7　版式流式切换保持公式的样例

下面三个图为版式切换为流式、保持拼音排版样式的样例，其中图 5-8 为版式显示效果。

切换为流式并保持拼音排版样式的显示效果如图 5-9、图 5-10 所示。

图 5-8 版式显示效果

图 5-9 流式显示并保持拼音排
版样式的显示效果

图 5-10 流式显示并保持拼音排
版样式的显示效果（续）

3. 支持跨平台阅读的数字图书馆服务支撑系统及服务接口

为了能支持跨平台阅读，还需要数字图书馆服务支撑系统及服务接口的支持。

数字图书馆服务支撑系统对于不同平台的客户端有不同的处理方法，对于 PC 客户端一般采用如下步骤：

（1）读者通过数字图书馆服务支撑系统的页面进行查询检索，然后对于选中的图书点击下载或借阅。

（2）数字图书馆服务支撑系统发送一个引导文件到 PC 客户端，PC 客户端自动启动已经安装的客户端阅读软件（如未安装，可提示读者安装）。

（3）客户端阅读软件根据引导文件的信息向服务器端发出获取许可证的请求，需传递客户端的特别的信息（如硬件或其他信息）到服务器端。

（4）服务器端绑定客户端的信息后给出阅读许可证。

（5）客户端获取许可证后解析许可证并下载已加密的数字内容文档，并解析许可证并对数字内容文档进行处理，然后在客户端展示内容。

对于移动阅读的设备，一般采用国际上比较通用的开放式出版发布系统（Open Publication Distribution System，ODPS）进行处理，主要包括如下几步：

（1）客户端通过数字图书馆服务支撑系统的接口获取相关数字资源内容列表，包括推荐列表、分类浏览列表等。

（2）客户端展现列表中的内容，对于分类列表，可以进一步获取分类下的数字资源内容列表。

（3）对于选中的数字资源内容，用户选择借阅、下载后，客户端向服务器端发送相关的信息，服务器端生成阅读许可证，客户端获取许可证和数字资源内容文件后在客户端解析并显示数字资源内容。

为了能使读者在借阅、下载前就了解数字资源内容的相关内容，数字图书馆服务支撑系统还需要提供在线浏览的功能，图 5-11 是在线浏览的界面样例。

图 5-11　在线浏览的界面

5.1.4 版面理解和智能标引技术

为数字图书馆服务的数字出版需要将出版的书、报、刊的内容进行结构化整理，从而完成对数据的进一步应用，如数字图书和数字报纸、数字报刊合订本。另外，还存在着对于这些数据的大量加工、挖掘应用，如提供报纸资料的结构化检索，新闻热点分析、企业竞争分析等。

由于电子版式文件的种类不同，版式理解技术的主要应用领域大致分为报纸类版式文件理解和图书类版式文件理解等。在这各个领域中版式理解技术存在着大量的共性，同时也由于应用目的、内容、形式的不同存在着差异，需要研究版式文件通用技术、面向图书版式理解的相关技术、面向报纸版式理解的相关技术这三方面。

版式文件通用技术主要解决在版式文件理解中存在的通用性问题，如文字的提取、噪声的去除、图文的关联和文字内容的组合等。主要研究内容包括：对于内码改变、或无内码的文字进行筛选，以及字符内码的纠正；去除版面中与正文内容无关的版面信息数据（如修饰用文字、修饰花边、报纸、图书的页眉、页脚、页边注等）；自动辨别正文的排版形式，将版面中的段落内容按照阅读顺序进行组合形成局部的段落流式内容；图片与图片说明的关联，即利用版式文件的排版特征，自动对图片和图说进行合并操作。

为了提供图书结构化数据，在图书版面理解中除了需要使用通用的版式理解技术，同时还要针对图书版式在以下领域进行研究：图书版心区域的提取，用于获得图书的有效正文内容；图书版式内容的自动组合；图书章节（大纲）内容自动提取；图书目录的自动提取；图书结构的提取；前言、正文、目录、附录、后记的定位和页码确定；图书 CIP 信息提取；图书参考文献提取等。

与面向图书领域的版面分析技术类似，报纸版式理解技术也是着重于解决报纸内容信息的结构化问题，但由于报纸内容的形式、内容、应用场景、时效性要求的不同，导致对报纸版式的理解技术主要集中于以下几个要点：报纸版心的定位，版面页眉、页脚的定位，可以自动搜索版面上的页眉和页脚区域，可以有效地从这些区域中提取报名、日期、版次、版名等报刊标引项；智能文章合并技术，包括正文合并（利用正文块类型、相关度、位置等数据合并出属于一篇文章的所有文字块）和文章合并（利用正文与标题的位置关系、正文和标题排版类型，正文与标题的语义关系综合进行关联度判断，从而完成文章合并功能）；动态智能文章语义分析，利用动态智能分析技术，可以对不同的语义分析环境进行定制，以达到客户化的智能语义分析和稳定的系统构架之间的统一。利用该技术，可以针对特定报刊、图书，准确地提取其中的特定语义信息、如报刊名称、文章作者、报道地点、时间等。

5.2　数字图书馆领域中可供借鉴的重要技术

5.2.1　语义网

万维网（World Wide Web，WWW）由 Tim Berners-Lee 于 20 世纪 90 年代提出，经过近 20 年的发展，已经成为人们进行信息交流与共享的主要平台，但仍然存在一些局限性。网络上信息资源具有明显的非结构性、无序性、海量性、动态性等特点，使得基于关键词的信息搜索效果并不理想，从互联网上搜索真正想要的信息并不容易。其主要原因在于，现有互联网技术并没有对信息的含义进行规范化描述，计算机只按照预定的 URI 来定位信息，而并不关心信息的内容，这显然不能满足用户以内容为导向的检索需求。解决这一问题的关键是，利用计算机强大的海量数据处理能力，使计算机能够具备理解的能力，并进一步地自动处理与利用信息。因此，在 2000 年世界 XML 大会上，Tim Berners-Lee 进行了题为"Semantic Web"的演讲，对语义网的概念和体系结构进行了介绍。

简单地说，语义网是使互联网信息能够被机器理解和处理的一种构想，是对当前 WWW 的一种扩展和延伸，其中的信息被赋予明确定义的含义，使机器和人能够协同工作，更好地进行信息查询、整合与共享。一些常见的、规范化的关键技术包括 XML（Extensible Mark-up Language）、RDF（Resource Description Framework）和 OWL（Web Ontology Language）等。

1. 语义网概况

关于什么是语义网并没有一个严格的定义，Tim Berners-Lee 对语义万维网做了如下的描述：语义网并不是一个孤立的万维网，而是对当前万维网的扩展，语义万维网上的信息具有定义良好的含义，使得计算机之间以及人类能够更好的彼此合作。在 Tim Berners-Lee 看来，语义网可以为网页内容赋予有意义的结构，为代理软件抓取网页重要信息提供了方便，可以更好地支持人机协同办公；在不久的将来，随着机器处理和理解信息的能力不断增强，一些新的功能也将层出不穷。准确理解语义网，可以从两个方面入手。第一，语义网为从异构信息源中获取的数据进行加工与整合提供统一规范的格式，而原来的互联网主要关注文档、文件的交换与传递。WWW 的主要处理对象是文档，而语义网的主要处理对象是文档所包含的数据。第二，语义网也为记录数据如何与真实世界的实体相联系提供了一种标记语言，这就使得分布式的数据库集合通过一些共同的事实（Facts）建立联系，随着联系的规模不断扩大，也就形成了交织的语义网络。

2. 语义网与 Web N.0

关于 WWW 的进化扩展版本有许多不同的称谓，如下一代互联网（Web of the Next Generation）、社会网络（Social Web）以及更流行的表述方式如 Web 2.0 和 Web 3.0。关于 Web N.0 的具体含义，业内有诸多争论，以下对 Web 2.0 和 Web 3.0 两种术语进行讨论。

Web2.0 是由 O'Reilly Media 在 2003 年提出来的概念。Web 2.0 强调用户的作用，关注用户的体验与感受，关注用户对信息内容的需求和利用习惯，深刻体现了信息服务的用户导向原则。Web 2.0 的成型应用元素包括 Blog、RSS、Web service、Wiki、Tags、Bookmark、SNS、Ajax 等。Web 2.0 也被称为社会网络。

Web 3.0 的概念是最早见于 Zeldman 在 2006 年的一篇博客，一经提出便很快成为了互联网业界的热门词汇。Web 3.0 包含多层含义，它用来概括互联网发展过程中可能出现的各种不同的方向和特征。Hempel 认为 Web 3.0 从不断革新的 Web 2.0 服务中衍生而来，并将提供一个颇具盈利能力的商业模式。虚拟实境路线图（Metaverse Roadmap）项目的首席作家 Smart 将 Web 3.0 定义为第一代虚拟实境，它是一种包含着电视级质量开放视频（TV-quality Open Video）、3D 仿真、增强现实、人为制定语义标准等诸多关键要素的 Web 发展阶段。尽管关于 Web 3.0 的定义及发展模式至今没有定论，但是学界对一个基本问题已经达成共识，即 Web 3.0 的核心是语义网，它规定了未来网络的语言结构，为未来网络内容的编写提供语言支持。Web 3.0 时代的到来预示着一个"语义的、社会化的、服务的"全新网络形式的诞生。

3. 语义网的基本原则

从根本上说，语义网依赖于以下 3 条基本原则：

（1）语义网是有关资源的网络。这里的资源不仅仅是传统的网页，从字面上说它几乎可以包括任何事物，例如一本书、一个人、一个网站等。

（2）每一种资源都由统一资源标识符（Uniform Resource Identifier，简称 URI）唯一确定。URI 是用于资源定位的 ASCII 字符串（ASCII-strings），它可以是网站的网址，可以是一本书的 ISBN 号，也可以是一个人的社会保险号。但是，URI 规定只能使用英文字符，这显然不利于世界上大多数非英语国家和地区的人来使用。国际化资源标识符（Internationalized Resource Identifiers，IRI）是 URI 的一种补充。IRI 扩充了 URI 中的非保留字符集，使之包含所有的 Unicode 字符（Unicode 字符集包括了当今世界上所有书写文字的字符）。

（3）语义网上的资源都使用元数据进行描述。而元数据则以某种正式的规范化语言进行表达，例如 XML，RDF 或 OWL。

4．语义网的架构

传统的 WWW 的构建并没有事先的规划与指导方案。自其诞生以来，一直按照一种不受控的方式在发展，这就导致从万维网产生的许多新技术或新标准在不同设备（如浏览器）中并不能以相同的方式来解释和呈现。为避免重蹈覆辙，在构建语义网的过程中，Tim Berners-Lee 及其团队为语义网描绘了一幅系统的设计蓝图，展示了一种分层的体系结构，如图 5-12 所示。

在语义网的架构中，从底层到高层每层的含义是：

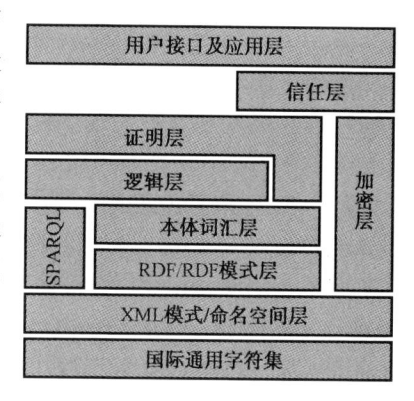

图 5-12　语义网七层架构

第一层是 UNICODE 和 URI/IRI 层，确保在语义网中使用的是国际通用字符集（Unicode），并且提供使用 URI/IRI 对对象进行标识的方法。

第二层是 XML+XML Schema+NS 层，使用名称空间和 Schema 定义可以把语义网的定义与标准的 XML 整合到一起。

第三层为 RDF+RDF Schema 层，通过这一层可以对具有 URI 的对象进行解释和说明，并可通过 URI 引用定义的词汇表，在这一层还能给出资源的类型和链接。

第四层为本体词汇（Ontology Vocabulary）层，该层是在 RDF 基础上对定义的概念及其关系的抽象描述，用于描述应用领域的知识，描述各类资源及资源之间的关系，实现对词汇表的扩展。

高层（五至七层）：逻辑层（Logic）、证明层（Proof）和信任层（Trust）。逻辑层主要提供公理和推理规则；证明层利用已经建立的逻辑规则对资源、资源之间的关系以及推理结果进行校验以证明其有效性；信任层将随着数字签名和其他技术的使用而逐渐发挥作用，建立一定的信任关系，从而证明语义网结果的可靠性以及其是否符合用户的要求。信任处于语义网的最高层，是一个至关重要的概念：只有当用户信任它操作的安全性和它所提供信息的高质量时，万维网才能发挥它的全部潜力。

在这个架构中，核心层为 XML、RDF、Ontology，这三层用于表示网络信息的语义。XML 提供了结构化的语法，为网络信息语义的表达奠定基础；RDF 则定义了对象的属性和类，并且还提供了类的泛化等简单语义；Ontology 提供了明确表达描述属性和类的含义及术语间关系的机制，具有较强的语义表达能力。

5.2.2 本体

本体是语义网的关键组成部分,被看作对世界进行知识表示的一种工具。术语"本体"来源于哲学,在哲学中,本体论是形而上学的一个分支,研究存在的本质,即什么是最一般意义上真实存在的,以及如何描述它们。在计算机科学和信息科学领域,本体是一种代表一系列概念集合的数学模型,根据 Gruber 的定义,本体是一个概念体系的显式的形式化规范。

本体的应用非常广泛。首先,它可以用于网站的组织和导航。现在有很多网站在页面左侧展示出了概念层次结构中最高层的术语,用户可以点击其中之一来浏览相关子目录。其次,它可以用于提高网络搜索的精确度。搜索引擎可以更加精确地根据本题中的概念查找相关页面,而不是收集所有出现某些关键词的页面。此外,本体可以用来在网络搜索中进行探索性查询。如果一个查询失败了(没有找到相关文献),搜索引擎可以向用户推荐更一般的查询,甚至搜索引擎自身可以主动进行二次查询。如今,本体已广泛应用于知识工程(Knowledge Engineering)、人工智能以及计算机科学领域;同时,本体还广泛应用于知识管理、自然语言处理、电子商务、智能信息集成、生物信息学和教育等新兴领域。

本体的构建需要用到一些特殊的语言,如 XML、RDF 或 OWL,在开发本体的过程中,根据开发人员对表达能力的不同要求来选择最合适的语言。

1. 本体结构

虽然在计算机和信息科学领域中,本体被赋予了与原有含义大不相同的技术性含义,但是它们仍然存在某些共同点,表现在对个体(Individuals)、类目(Classes)、属性(Properties)和关系(Relations)的表达和描述。

个体(实例)是本体的基本组成部分。本体中的个体可以是现实中的一切具体事物,如人、动物、桌椅或花草树木等,也可以是抽象的事物,如数字、文字或算法等。

类目(概念)是一些抽象的客体的集合。一个类可以是其他类的子类,也可以包含其他的类,一个本体中的所有类目形成了有序的、组织化的层次结构。

属性用于描述个体与类目的特定信息,例如一个类"书籍"(Book)有属性"题名"(Title),其属性值为一个字符串类型的值"数字图书馆导论"(Introduction to Digital Library),这种将一个类与具体数据类型相联系的属性通常被称为数据属性;同时这个类可以有属性"由……出版"(bePublishedBy),其属性值为另一个类"出版社"(Publisher),这种将两个类进行联系的属性通常被称为对象属性。

本体中不同客体的关系大致包含两种:第一种是包含关系,表示为"is-a",

它表示一个类是另一个类的成员(例如"科技书"是"书籍"的一部分),这种关系的结果是出现了层次结构,子类与父类的等级关系可以通过树形图来描绘;另一种是用户定义的关系,例如一个对象属性"由……出版"将"书籍"与"出版社"两个类联系起来。第一种关系体现了本体的规范性,第二种关系体现了本体的灵活性和可扩展性。

2. 上层本体与领域本体

根据应用的领域范围,可以将本体划分为上层本体(Upper Ontology)和领域本体(Domain Ontology)。上层本体描述最一般化的概念,例如空间、时间、事件、行动等,独立于特定的问题与领域,作为大众沟通的工具,可以说是真实世界中的常识。常见的上层本体包括都柏林核心集[1](Dublin Core,DC)、推荐上层合并本体[2](Suggested Upper Merged Ontology,SUMO)、基因本体[3](Gene Ontology,GO)等,以下对其进行简单介绍。

(1)都柏林核心集提供了一套供描述文档资源的预定义属性(目前有15项)。它比较全面地概括了电子资源的主要特征,涵盖了资源的重要检索点、辅助检索点或关联检索点,以及有价值的说明性信息。这15项元数据不仅适用于电子文献目录,也适用于各类电子化的公务文档目录,产品、商品、藏品目录,具有很好的实用性。

(2)推荐上层合并本体是由 IEEE 标准上层知识本体工作小组所构建并提出的。这个工作小组的目的是发展标准的上层知识本体,以促进数据互通性、信息搜寻和检索、自动推理和自然语言处理。目前它被分成了具有依赖关系的11个部分,如结构本体、基础本体等。

(3)基因本体是一个在生物信息学领域中广泛使用的本体。基因本体开发了具有三级结构的语义词汇标准,即根据基因产品的生物过程、细胞组件以及分子功能而分别给予定义,与具体物种(动物、植物、微生物或其他)无关。此外,这三级结构下面又可以划分出不同的亚层次,层层向下构成一个本体系统的树型分支结构。

领域本体是专业性的本体,描述的是特定领域中的概念和概念之间的关系,提供了某个专业学科领域中概念的词表以及概念间的关系,或在该领域里占主导地位的理论。常见的领域本体包括葡萄酒本体[4](Wine Ontology,WO)、足球本

---

[1] http://dublincore.org
[2] http://www.ontologyportal.org
[3] http://www.geneontology.org
[4] http://www.w3.org/tr/owl-guide/wine.rdf

体[1]（Soccer Ontology，SO）、音乐本体[2]（Music Ontology，MO）等，以下对其进行简单介绍。

（1）葡萄酒本体描述了关于酒和食物最合适的搭配情况。

（2）足球本体描述了足球运动员、运动规则、场地、赞助商等与足球运动密切相关的信息。

（3）音乐本体为音乐相关内容，如音乐家、专辑、演唱会等，提供了主要的概念和属性。

3. 关联数据

随着网络上本体数量的不断增加，如何在这些本体之间建立联系成为了一个关键的挑战。设计人员在开发同一领域的本体时，由于文化背景、教育背景、思想观念等方面的差异，往往会从不同的角度出发对知识进行不同的考察与组织，进而设计出不同的本体。这些本体的分散性为其使用带来诸多不便，因此人们需要将同一领域的不同本体进行统筹规划，以形成更具普遍意义的表达。由此，便产生了关联数据的概念构想。

关联数据是一种 W3C 推荐的最佳实践（Best Practices），用来在语义网中使用 URI（Uniform Resource Identifier）和 RDF（Resource Description Framework）发布、分享、连接各类数据、信息和知识，发布和部署实例数据和类数据，从而可以通过 HTTP 协议揭示并获取这些数据，同时强调数据的相互关联、相互联系以及有益于人机理解的语境信息。简单来说，关联数据就是一些 RDF 格式的数据，即用三元组（主体—谓语—客体）来表示资源。而关联数据和 RDF 数据最主要的区别在于关联数据是要发布到互联网上并供给任何需要的人检索和使用的，其资源的定位和标识并不是利用 URI，而是 URI 和 HTTP 协议的组合，被称为统一资源定位符（Uniform Resource Locator，URL）。

W3C 的语义网和关联数据组织的 Open Linked Data 项目[3]已经使 20 亿条传统网页上的数据自动或半自动地转换成了关联数据。其中，DBpedia 项目[4]从维基百科的词条里抽取结构化数据，以提供更准确和更直接的维基百科搜索，并可使其他数据集与维基百科在数据节点上相链接，如图 5-13 所示。关联数据技术使得维基百科衍生出众多创新性应用，如手机版本百科、地图整合、关系查询、文件分类标注等。DBpedia 也由此成为世界上最大的多领域知识本体之一，被美国科技媒体 ReadWriteWeb 评为 2009 年最佳的语义网应用服务。

---

[1] http://www.daml.org/ontologies/273
[2] http://musicontology.com
[3] http://linkeddata.org
[4] http://dbpedia.org

4. 本体的表达能力

信息的描述可以根据表达需要进行详细或简略的描述。鉴于本体是一种描述真实世界信息的数据模型，根据表达能力的不同水平进行分类（见图 5-14）。

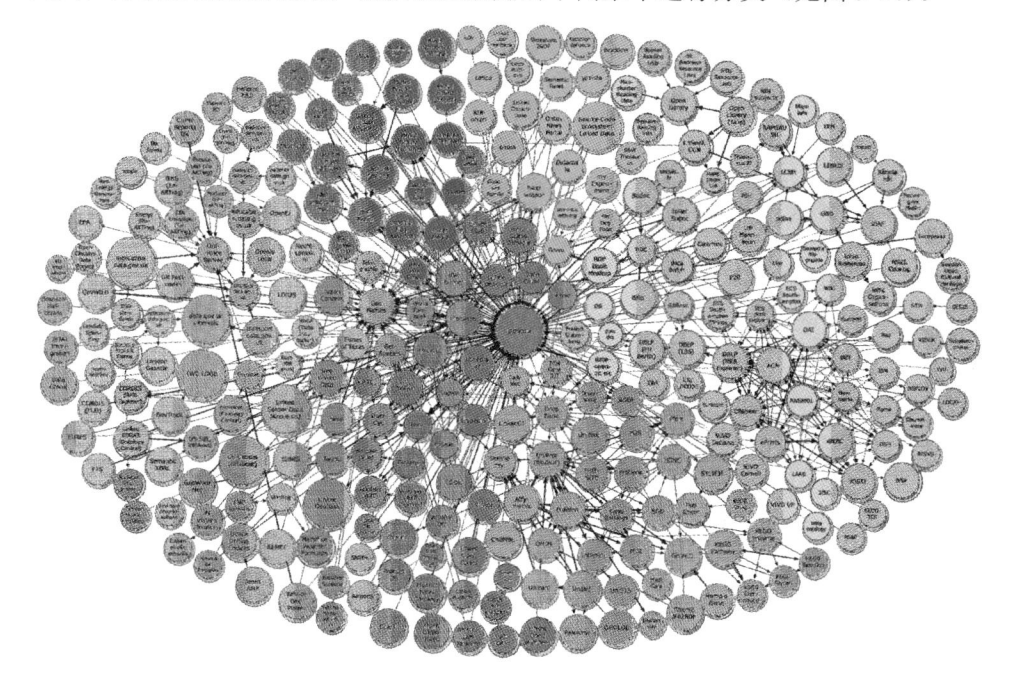

图 5-13　与 DBpedia 关联的数据集

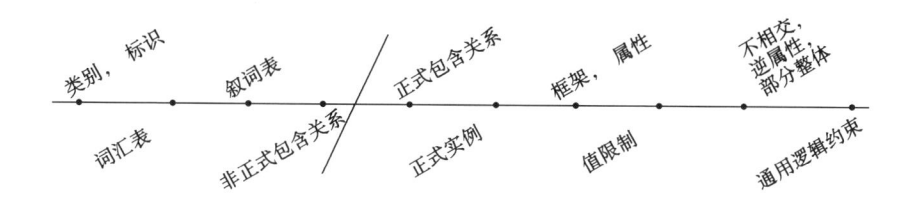

图 5-14　本体的表达能力

如图 5-14 所示，从左到右，本体的表达能力逐渐增强，分割线左侧的 4 种本体属于轻量级本体（Lightweight Ontology），右侧的 6 种本体属于重量级本体（Heavyweight Ontology）。

（1）轻量级本体

① 受控词表（Controlled vocabulary）是有限个术语的列表，目录对某些资源的特定属性进行组织和整理并用特定的规范化语言进行表述。

② 词汇表（Glossary）是一系列以自然语言表达的术语和意义。
③ 叙词表（Thesauri）通过词间关系反映了额外的语义信息。
④ 非正式包含关系（Informal "is-a"）通过少量的顶级类（Top-level Classes）来体现一般化与专门化的概念，这样的本体不包含严格的"子类—父类"关系。

（2）重量级本体

① 正式包含关系（Formal "is-a"）明确了不同类目之间的从属关系，利用严格的包含关系形成层次结构。

② 正式实例（Formal instance）包含正式的实例关系和实例检测。

③ 框架（Frames）提供了属性继承的机制。

④ 值限制（Value restriction）通过限定来明确属性所应该满足的要求。

⑤ 不相交（Disjointness）、逆属性（Inverse）、部分整体（Part-of）等关系类型可以使类和属性的表达更加复杂。

⑥ 通用逻辑约束（General logical Constraints）是描述逻辑研究的重要内容，可以用于逻辑推理和结论推导等领域。较强表达能力的本体语言可以指定术语之间的一阶逻辑限制（First-order Logic Restrictions）。

为了适应不同表达能力的本体要求，人们设计了 XML、RDF 和 OWL 来对概念和关系进行规范化描述，其中，XML 的表达能力最弱，而 OWL 的表达能力最强。其他的一些开发语言，如 OIL、DAML 和 DAML+OIL 等，都是 OWL 的前身。此外，还有专业性较强的语言，如知识交换格式（Knowledge Interchange Format，KIF）是一种基于一阶逻辑的形式语言，用于各种不同计算机程序之间进行知识交换。

5.2.3 资源描述框架（RDF）

资源描述框架（RDF）是万维网联盟（WWW Consortium，W3C）提出的一组标记语言的技术标准，以便更为丰富地描述和表达网络资源的内容与结构。资源描述框架通常被称为一种语言，但实际上它是一个数据模型（Data Model）。它的基本思想是以"主语—谓语—宾语"三元组的形式对资源进行描述。其中，主语指代资源，谓语指代资源的某种属性，反映了主语和宾语之间的某种关系。这种描述资源的机制是语义网的重要组成部分，它具有如下优势：

（1）与 XML 相比，RDF 可以用更富有表现力的方式来描述资源之间的关系；

（2）RDF 使用 XML 编写并可以被序列化为 XML 文件；

（3）RDF Schema 提供了定义 RDF 文档的结构、内容和语法的方式；

（4）RDF 文档可以通过优化查询语言来进行查询，如 SPARQL（SPARQL Protocol and RDF Query Language）。

1. RDF 三元组与序列化

RDF 将资源转化为多个"主语—谓语—宾语"三元组,更具体地说,应该是"资源—属性—属性值"三元组。其中,资源是可拥有 URI 的各种事物,其涵盖的范围非常广泛,比如"http://www.daml.org/book/1.1/";属性是拥有名称的资源,比如"Author";属性值是某个属性的值或某种资源,比如"Introduction to DL"或某个 URI "http://www.xia.li"。值得注意的是,不仅是资源,属性和属性值都拥有特定的 URI。关于 RDF 三元组的表示,一般来讲有三种方式:图、表、XML 文档。如图 5-15 和表 5-1 所示。

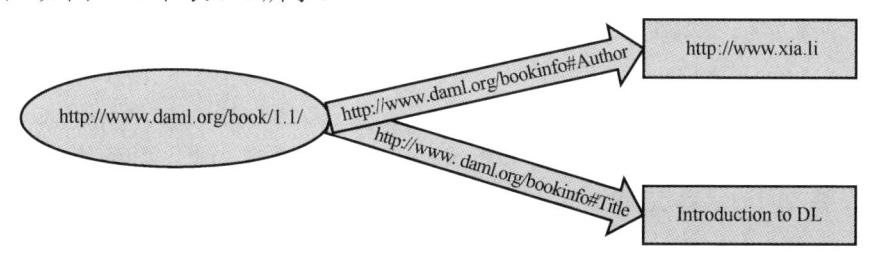

图 5-15 RDF 图

表 5-1 RDF 表

主 语	谓 语	宾 语
http://www.daml.org/book/1.1/	http://www.daml.org/bookinfo#Author	http://www.xia.li
http://www.daml.org/book/1.1/	http://www.daml.org/bookinfo#Title	Introduction to DL

```
<rdf:RDF
xmlns:rdf="http://www.w3.org/1999/02/22-rdf-syntax-ns#"
xmlns:bi="http://www.daml.org/bookinfo#">
<rdf:Description rdf:about=" http://www.daml.org/book/1.1/">
<bi:Title>Introduction to DL</bi:Title>
<bi:Author>http://www.xia.li</bi:author>
</rdf:Description>
</rdf:RDF>
```

从 XML 文档来看,RDF 的每一个元素都存在于相应的 RDF 命名空间中。每一个资源都使用带有 About 属性的 Description 元素来描述,这里的 About 属性主要用来定义资源的 URI。该资源的各种属性通常表示为 Description 的子元素。

在我们的实例中,我们定义了命名空间 RDF 和 BI,其中前者是约定俗成的词汇集(类似的还有 DC、FOAF 等),后者由用户自定义。在第一个三元组中 Title 谓词连接的是资源和字符串,在第二个三元组中,Author 谓词连接的是两个不同的资源。

我们通常使用解析器来检验 RDF/XML 文档的有效性。在线的 W3C Validator[1] 就可以检查文档的语法并返回以不同形式呈现的 RDF 三元组。

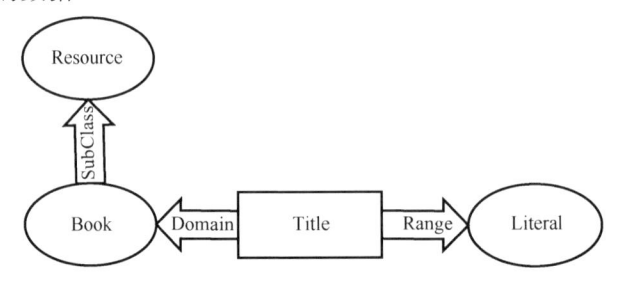

2. RDF Schema

RDF Schema 是可扩展的知识表示语言，作为对 RDF 的扩展，它提供了描述应用程序专用的类和属性的框架。RDF Schema 中的类与面向对象编程语言中的类非常相似，这就使得资源能够作为类的实例和类的子类来被定义。

关于 RDF Schema 的一些建模规则或用语如下：

（1）核心类。包括 rdfs：Resource、rdf：Property 以及 rdfs：Class。所有用 RDF 表达式所描述的事物都被看成是 rdfs：Resource 的实例。rdf：Property 是用来刻画 rdfs：Resource 实例的所有特性的类。最后，rdfs：Class 用来定义 RDFS 中的概念。

（2）核心属性。包括 rdf：Type、rdfs：SubClassOf 和 rdfs：SubPropertyOf。rdf：Type 关系建立了资源和类之间的 Instance-of 关系的模型。rdfs：SubClassOf 关系建立了类之间的包容层次模型。rdfs：SubPropertyOf 关系建立了属性之间的层级结构关系模型。

（3）核心约束。包括 rdfs：ConstraintResource、rdfs：ConstraintPropety、rdfs：Range 和 rdfs：Domain。rdfs：ConstraintResource 定义了所有约束的类。rdfs：ConstraintProperty 是 rdfs：ConstraintResource 和 rdf：Property 的子集，它包括了所有用来定义约束的特性。

这样，在 RDF 基础之上，RDF Schema 可以定义类、子类、超类，并且可以定义特性和子特性等关系还可以定义对它们的约束，如定义域（Domain）和值域（Range）等。

图 5-16 为一个简单的 RDF Schema，Book、Resource 和 Literal 是类，Title 是 Book 的一个属性。其中，Book 是 Resource 的子类，Title 的定义域是 Book，值域是字符串类型的数据（Literal）。

图 5-16 RDF Schema 实例

---

[1] http://www.w3.org/rdf/validator

将这个图中所反映的类间关系转化为 XML 序列的形式如下：

```
<rdf:RDF
xmlns: rdf="http://www.w3.org/1999/02/22-rdf-syntax-ns#"
xmlns: rdfs="http://www.w3.org/2000/01/rdf-schema#">
<rdfs:Class rdf:ID="Book"Rdfs:comment="The book class">
    <rdfs:subClassOf rdf:resource="#Resource" />
    </rdfs:Class>
<rdf:Property  rdf:ID="Title">
    <rdfs:domain rdf:resource="#Book" />
    <rdfs:range rdf:resource="#Literal">
</rdfs:Property>
</rdf:RDF>
```

从图 5-16 中我们还可以看出，属性与类之间是通过有向箭头联系起来的，类 A 通过属性 B 与类 C 联系起来并不一定代表反过来也成立。事实上，为了阐述属性作用的方向性，RDF Schema 提供了一套特殊的机制，即定义了 4 种不同类型的属性——传递（Transitive）、对称（Symmetric）、相反（Inverse）、函数（Functional）。

对图 5-16 所示的概念模型进行实例化（有一本"书"的"标题"是"数字图书馆导论"），得到如下 RDF 文档[1]：

```
<rdf:Description rdf:about="http://www.daml.org/book/1.1/">
<demo:Title>Introduction to DL</demo:Title>
<rdf:type rdf:resource="http://www.daml.org/Book" />
</rdf:Description>
```

或者可以简化地写成：

```
<demo:Book rdf:about="http://www.daml.org/book/1.1/">
<demo:Title>Introduction to DL</demo:Title>
</demo:Book>
```

这两种写法是完全等价的，也体现了 RDF 在编写时的灵活性。

注意，RDF 与 RDF Schema 的文档必须是定义在同一个文件中的，这与 XML 和 XML Schema 有所不同。

3. RDF 的局限性

RDF 和 RDF Schema 可以表示某些本体知识，其表达能力较 XML 已有较大提升，但是仍存在若干方面的局限性，比如：

（1）属性的局部辖域。rdfs：Range 为一个属性定义的值域是相对于所有类的，

---

[1] 注意这个例子是对 RDF Schema 的实例化，它本身并不是 RDF Schema 文档，而是 RDF 文档。

无法定义只适用于某些类的值域限制。如无法定义牛只能吃植物，而其他动物可能吃肉。

（2）类的不相交性。RDF Schema 只能表现类目间的子类与父类的关系，如"男人"是"人类"的子类，但不能表现类间的不相交特性，如"女人"和"男人"不能有重叠。

（3）基数约束。有时候我们需要对一个属性的不同取值的数量加以约束，如一个课程至少要有一个教授来讲解。RDF Schema 不提供机制来解决这样的约束问题。

因此，需要一个比 RDF Schema 更为强大的语言或模型，使其能够提供更多的功能。

5.2.4 网络本体语言（OWL）

网络本体语言（OWL）是用来定义和实例化网络本体的语言，它于 2004 年 2 月成为一项 W3C 的推荐标准[1]。一个 OWL 本体包含了对描述对象的各种类及其相关属性和实例的描述。OWL 与 RDF 有很多相似之处，但 OWL 是一门具有更大的词汇表和更强机器解释能力的语言，设计 OWL 的目的在于允许计算机程序来获取和处理信息（而不是人类）。对于构建语义网来说，OWL 具有如下几点优势：

（1）OWL 定义本体时，需要对类（或概念）和属性进行组织以形成等级化的层次结构。

（2）OWL 能够用于建立更多的复杂关系，具有充分描述各种本体和知识的表达能力。

（3）OWL1 定义了三种不同的子语言——Lite、DL、Full，每个子语言在不同层次上实现用户需求且都是严格向上兼容的，开发人员可根据具体情况考虑使用任意一种子语言。OWL2 的子语言分别为 EL、QL 和 RL。

（4）OWL 以 RDF 和 RDF Schema 为基础，使用基于 XML 的 RDF 语法，可以被序列化为 XML 文档。

1. OWL 中的实例、类与限制

OWL 中类的概念基本上与面向对象的语言中类的概念相同，元素 owl：Class 用于用户定义所需的类。在 OWL 中规定了两种预定义的类：

（1）owl：Thing：任何事物都是类 owl：Thing 的一个成员（实例），任何用户定义的类都被视为 owl：Thing 的子类。

---

[1] http://www.w3.org/2004/OWL/

(2) owl：Nothing：空类，它是任何类的子类。

OWL 的属性与 RDF 的属性相似。在 RDF 中，通过 rdf：Property 来定义一个属性，而在 OWL 中，有两种不同的属性及相应的两种定义方法：

(3) owl：DatatypeProperty：描述类与其实例之间关系的属性。

(4) owl：ObjectProperty：描述两个不同类的实例之间关系的属性。

下面的例子中展示了 Book 类的 Title 和 isPublishedBy 属性的定义，其中 Title 是一个类型属性，isPublishedBy 是一个对象属性。

```
<owl:DatatypeProperty rdf:about="&demo;Title">
<rdfs:domain rdf:resource="&demo;Book"/>
<rdfs:range rdf:resource="&xs;string"/>
</owl:DatatypeProperty>
<owl:ObjectProperty rdf:about="&demo;isPublishedBy">
<rdfs:domain rdf:resource="&demo;Book" />
<rdfs:range rdf:resource="&demo;Publisher" />
</owl:ObjectProperty>
```

除了对属性进行定义外，OWL 也可以对属性设置一些约束，包括如下两种形式：

(1) 全称量词（∀）。利用 owl：AllValuesFrom 来规定属性可能的取值范围，即要求所有取值都只能从指定的类中选取。

(2) 存在量词（∃）。利用 owl：SomeValuesFrom 来定义被约束属性的取值方式，即要求所有取值都必须至少从指定的类中选取一个。

为了表达更复杂的类间关系，OWL 提供了"布尔组合"机制。无论是由 owl:Class 还是用类表达式定义的类，都可以设定其布尔组合（并、交、补），而且布尔组合可以任意嵌套。以下分别展示 3 种布尔组合的使用方法。

```
<owl:Class rdf:about="&demo;Publisher">
<rdfs:subClssOf>
    <owl:Class>
        <owl:complementOf rdf:resource="&demo;Book"/>
    </owl:Class>
</rdfs:subClassOf>
</owl:Class>
```

这是一个补集的例子。假定这个本体所描述的事物只有两种："出版社"（Publisher）和"书籍"（Book）。可以认为"出版社"是"书籍"的补集（complementOf），每个"出版社"的实例也是"书籍"补集的一个实例。当然，也可以使用 owl：DisjointWith 来实现相同的目的。

```
<owl:Class rdf:about="&demo;politicalBook">
<rdfs:intersectionOf rdf:parseType="Collection">
    <owl:Class rdf:about="&demo;Book"/>
```

```
            <owl:Restriction>
            <owl:onProperty rdf:resource="&demo;belongsTo"/>
            <owl:hasValue rdf:resource="&demo;political"/>
            </owl:Restriction>
    </rdfs:intersectionOf>
</owl:Class>
```

这是一个交集的例子。定义了两个类的交集,其中一个是匿名类——所有属于"政治性事物"的对象,它与"书籍"的交集记为"政治书"。

```
<owl:Class rdf:about="&demo;Book">
<rdfs:unionOf rdf:parseType="Collection">
    <owl:Class rdf:about="&demo;politicalBook"/>
    <owl:Class rdf:about="&demo;militaryBook"/>
</rdfs:unionOf>
</owl:Class>
```

这是一个并集的例子。假设书籍只有两种:"政治书"(politicalBook)和"军事书"(militaryBook)。那么此时"书"这个类等价于"政治书"和"军事书"两个类的并集(unionOf)。

2. 从 OWL1 到 OWL2

如前所述,OWL1 于 2004 年起称为 W3C 的推荐标准,而 OWL2 作为 OWL1 的后续技术于 2009 年起成为 W3C 的推荐标准。OWL2 与 OWL1 在整体结构上非常相似,并且是严格向后兼容的,OWL2 几乎所有的基本模块在 OWL1 中都可以找到。此外,RDF 的中心地位没有改变。但是,OWL2 添加了更多的用于描述属性和类的词汇和功能,例如类之间的不相交性(Disjointness)、基数限制(Cardinality Restriction)、枚举类(Enumerated Classes),以及更丰富的属性类型(传递性、对称性、函数性、逆函数性)等。

为了更清楚地认识 OWL2 的新功能,我们考虑这样一个陈述:"我父亲的兄弟是我的叔叔"。这个语句在 OWL1 中是不能直接描述出来的,而人们通常用语义网规则语言(SWRL)来解决这一问题。SWRL 是为了弥补 OWL1 的不足发展起来的,它以 OWL1 的子语言 OWL DL 以及其他规则标记语言为基础。用 SWRL 描述上述问题如下:

$$hasUncle(x,z) :-- hasBrother(y,z), hasFather(x,y)$$

这个语句也被称为霍恩语句(Horn-clauses),可以这样理解:如果 y 和 z 是兄弟关系,且 x 和 y 是父子关系,那么 x 和 z 一定是叔侄关系。

OWL2 解决了 OWL1 在描述此类问题上的弱点,它使用了一种概念叫做属性链(Property Chain),表述如下:

$$hasFather \circ hasBrother \subseteq hasUncle$$

如前所述，OWL 使用基于 XML 的 RDF 语法，因此将上述关系以代码形式表示如下：

```
<owl:ObjectProperty rdf:about="hasUncle">
  <owl:propertyChainAxiom rdf:parseType="Collection">
    <owl:ObjectProperty rdf:about="hasFather"/>
    <owl:ObjectProperty rdf:about="hasBrother"/>
  </owl:propertyChainAxiom>
</owl:ObjectProperty>
```

3. SPARQL

SPARQL[1] 是为 RDF 开发的一种查询语言和数据获取协议，它是为 W3C 所开发的 RDF 数据模型所定义，但是可以用于任何可以用 RDF 来表示的信息资源。自 2008 年起，它便成为 W3C 的推荐标准。SPARQL 允许从 RDF 数据库（或者三元组库）中查询三元组，由于三元组库是一个庞大无序的三元组集合，SPARQL 查询通过定义匹配三元组的模板即图模式（Graph Pattern）来完成。表面上看，SPARQL 的查询模式和从关系数据库中提取数据的结构化查询语言（SQL）非常类似，主要体现在 SELECT-FROM-WHERE 语句上。

（1）SELECT 语句用于从数据集合中选取数据，并确定数据返回的格式。与 SQL 不同的是，SPARQL 的查询结果可以是表、图或布尔逻辑值。

（2）FROM 语句用于表明被查询的数据集合。

（3）WHERE 语句利用图模式实现对数据的析取，有条件地从数据集合中选取数据。

下面的例子提供获取了一本"书"（Book）所有作者（Author）的姓名（Name）的集合。

```
PREFIX demo: <http://www.daml.org/book/1.1/>
SELECT ?X
FROM < http://www.daml.org/book/demo.rdf>
WHERE {
Demo;Book demo:Author ?X
}
```

在这个例子中，@prefix 定义了命名空间前缀 Demo。SELECT 语句明确了变量 X 可能呈现的所有不同的值，FROM 语句定义了待查询的文件的位置，WHERE 语句的内容通常包括在大括号之内，并有一个或多个限定条件组成。在查询过程中，FROM 所指向的待查询文件中所有的三元组都会被遍历并匹配是否符合 WHERE 语句中设置的限定条件。

---

[1] http://www.w3.org/TR/rdf-sparql-query/

下例提供了一个更为复杂的查询过程以更加清晰的描述 WHERE 语句中各种过滤条件的使用方式。我们假设每本"书"都有一个"价格"属性，属性值为某个浮点数（Float），下面这个查询返回了价格在 31～40 元的书籍。

```
PREFIX demo; <http://www.daml.org/book/1.1/>
    PREFIX rdf: <http://www.w3.org/1999/02/22-rdf-syntax-ns#>
SELECT ?books ?names
FROM <http://www.daml.org/book/demo.rdf>
WHERE {
    ?book rdf:type demo:Book
    ?book demo:Author ?names
    ?book demo:price ?price
FILTER (?price>30)
FILTER(?price<=40)
}
```

5.2.5 信息检索

信息检索（Information Retrieval），从广义上讲是"信息存储与检索"，它是指将信息按照一定的方式进行组织和存储，并根据用户需要找出相关信息的技术和过程。信息检索包含了"存"和"取"两个基本内容。其中，"存"是指将海量信息进行数字化表示并存储在高度组织化的数据库系统中；"取"是指根据用户的信息需要，进行快速、高效、准确的查找，从数据库中获取相关文档资源。狭义的信息检索就是"取"的过程，通常被称为信息查询（Information Seek 或 Information Search）。

传统的信息检索主要包括标引、检索模型、检索评价等重要概念，而对于现代检索来说，智能检索、知识挖掘、全息检索等新兴领域正在成为学界研究的热点。同时，信息检索所依赖的数据库也从存储各种数据的表格延伸到一些新的领域，如数字图书馆和万维网；其内容也不再局限于结构化的文本信息，而是扩充了很多复杂的多媒体内容，如音频和视频文件。

1. 信息检索过程

检索系统的内容和用户的查询请求都是动态变化的。在一些系统中，数据内容比较稳定而查询请求变化很快，如在线档案馆；在另一些系统中，数据内容可能实时变化但查询请求相对稳定，如股票交易系统。

从数据库中检索相关文档的过程包括三个部分：用户提问、信息标引和检索匹配（见图 5-17）。从用户角度看，信息需求通过形式化的查询加以明确，检索系统通常提供特定的检索入口以规范查询；从系统角度看，海量的文档资源经过标引后存储于数据库之中；从匹配过程的角度看，候选文档根据检索提问式从数据集合筛选得出，并根据相关度进行排序。检索的结果可以通过用户反馈（User Feedback）进一步优化。

2. 文档标引和加权

（1）标引词的确定

对于信息检索系统来说，标引处理模块所承担的主要任务是：对信息资源中具有检索价值的特征信息，如题名、作者、主题内容、类别等进行提取和标识，并组织成索引文档，为用户的查询和访问提供准确而有效地检索入口。索引文档中的词汇即为标引词，它主要有两种来源：一是直接从文档中选择出现频率（包括相对频率和绝对频率）较高的词语作为标引词，这种方式被称为抽词标引；二是根据专家学者的对文档内容的理解和把握人为地选

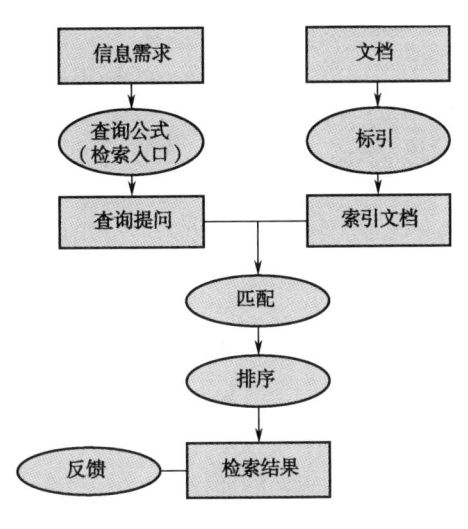

图 5-17 信息检索过程

择一些有代表性的词语作为标引词，这种方式被称为赋词标引。随着计算机技术的发展，又出现了自动抽词标引和自动赋词标引两种概念。标引词的使用使得检索系统不需要逐个遍历所有文档，而只需要对代表每个文档的检索词进行匹配。特别地，为了解决汉语文献的自动标引，须解决汉语中词的自动切分问题，常见的处理方法包括切分标记法、词典切分法、单汉字法、N-gram 法等。

检索词表的规模大小可以根据 Heaps 定律大致确定。这个定律是语言学中词汇增长的经验法则，它描述的是词表规模与文本长度之间的关系（见图 5-18）。Heaps 定律用公式表达如下：

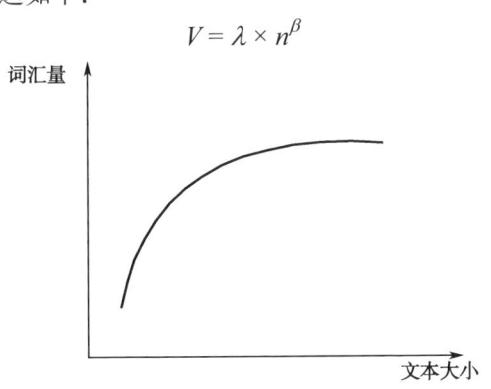

$$V = \lambda \times n^{\beta}$$

图 5-18 Heaps 定律

其中，V 代表标引词的数量，n 代表数据集合中词汇的数量，λ 和 β 是经验参数，例如，$30 \leq \lambda \leq 100$，$\beta \approx 0.50$。注意，Heaps 法则只适用于文档数量较多的情况。

随着数据库规模的扩大，检索词也相应增加，这就降低了检索匹配的效率。为缩小检索词表的规模，可以采用一些优化策略来筛选那些最相关和区分力最强的词汇，例如使用单词的规范形式（特指英文中的词性变化）、忽略标点符号、去除语义不相关的词汇（通常采用停用词表）等。

一种更先进、更有效的优化策略是采用叙词表（又称检索词典）。它是一种将文献作者、标引者和检索者使用的自然语言转换成规范化的主题检索语言的术语控制工具，可灵活应用于检索过程的不同阶段。使用叙词表的优势在于，它可以真正实现含义相同的不同词汇的规范化描述。例如，索引文档中已经存在一个叫做"自行车"的标引词。当用户查询词汇中包含"脚踏车"时，数据库系统可以自动查询叙词表并发现"自行车"和"脚踏车"具有相同的含义，继而将"脚踏车"转换为"自行车"进行后续检索匹配。

（2）标引词的加权

权重（Weight）是标引词与文档的相关性的度量标准。最简单的加权方法是使用"二元权重"，即一个标引词存在时权重记为 1，不存在时权重记为 0。此外，权重还可以根据词语在文档中的出现频率进行赋值。

简单的加权方式已经不能满足用户对信息资源精确检索的要求，所以学术界也提出了多种基于统计学方法的加权方案，其中最为流行的一种是词频-逆文档频率法（Term Frequency-Inverse Document Frequency，TF-IDF）。这种方法考虑到标引词所在文档的上下文情况，例如，在一个描述图书馆的数据库中，其中的主要文献都涉及图书馆的相关内容，那么此时"图书馆"作为一个标引词的区分力不大，即使它在某篇文献中反复多次使用；相反，"数据挖掘"作为一个标引词所具有的区分力相对较大，可以突出某篇文章特色的研究主题。逆文档频率法基于这种思想：标引词的重要性与其在特定文档中出现的频率成正比，与含有该词语的文档数量成反比。这种加权方案最初由 Jones 提出，他将逆文档频率的计算方法表述如下：

$$\text{idf}_i = \log \frac{N}{n_i} \tag{5-1}$$

其中，N 代表文档总数，n_i 代表包含标引词 i 的文档数量。

结合标引词的绝对频率 tf_{ij}（代表标引词 i 在文档 j 中的出现次数），可以得出标引词在文档中的权重：

$$w_{ij} = \text{tf}_{ij} \times \text{idf}_i \tag{5-2}$$

有时候，为了调整检索结果的数量和匹配精确度，在式（5-1）中加入某个调整参数 α：

$$\text{idf}_i = \log\frac{N}{n_i} + \alpha \tag{5-3}$$

对于式（5-2）中的绝对频率，也可以相对频率进行替换：

$$w_{ij} = \frac{\text{tf}_{ij}}{\text{maxtf}_j} \times \text{idf}_i \tag{5-4}$$

其中，maxtf_j 代表文档 d_j 中所有标引词出现次数的最大值。

这种加权方法综合了词的绝对（相对）频率和逆文档频率，从局部和全局两个方面计算词的重要程度，计算方法简便且效果较好，已经在实际中得到了较为广泛的应用。以下是一个逆文档频率法的实例。

假设数据库中有 d_1、d_2、d_3、d_4 四个文档（$N=4$），索引文档中有 k_1、k_2、k_3 三个标引词，其分布情况如表5-2所示。

表5-2 索引词分布情况

	k_1	k_2	k_3
d_1	0	2	1
d_2	0	3	4
d_3	0	2	0
d_4	1	0	0
n_i	1	3	2

根据上表，文档 d_1 中 k_1 没有出现，k_2 出现两次，k_3 出现一次，其他部分以此类推。由此可计算出逆文档频率及相应的权重，如表5-3所示。

表5-3 逆文档频率及权重表

	k_1	w_1	k_2	w_2	k_3	w_3
d_1	0.60	0.00	0.12	0.25	0.30	0.30
d_2	0.60	0.00	0.12	0.37	0.30	1.20
d_3	0.60	0.00	0.12	0.25	0.30	0.00
d_4	0.60	0.60	0.12	0.00	0.30	0.00

用向量表示四个文档的权重情况如下：

$$d_1 = \begin{pmatrix} 0.00 \\ 0.25 \\ 0.30 \end{pmatrix} \quad d_2 = \begin{pmatrix} 0.00 \\ 0.37 \\ 1.20 \end{pmatrix} \quad d_3 = \begin{pmatrix} 0.00 \\ 0.25 \\ 0.00 \end{pmatrix} \quad d_4 = \begin{pmatrix} 0.60 \\ 0.00 \\ 0.00 \end{pmatrix} \tag{5-5}$$

为了进行对比，在此展示利用"二元加权法"所得到的权重向量如下：

$$d_1=\begin{pmatrix}0\\1\\1\end{pmatrix}\quad d_2=\begin{pmatrix}0\\1\\1\end{pmatrix}\quad d_3=\begin{pmatrix}0\\1\\0\end{pmatrix}\quad d_4=\begin{pmatrix}1\\0\\0\end{pmatrix} \qquad (5\text{-}6)$$

显然，利用逆文档频率法得到的加权结果更加精确。

3. 信息检索模型

在信息检索中，匹配用户提问的文档将被检索出来。提问式是一个由标引词组成的向量：

$$q=(k_1,k_2,\cdots,k_n)$$

为了计算用户提问与数据库中每个文档的相似程度，人们设计了不同的检索模型，最经典的当属布尔模型、向量空间模型和概率模型。给定一个用户提问 q 和文档集合 D，则相似度函数为：

$$\mathrm{sim}(q,d\mid d\in D)$$

相似度函数量化了提问与文档的相关程度，筛选出来的文档将根据相似度大小进行排序。

（1）布尔模型

布尔模型（Boolean Model）是一种简单的信息检索模型，它建立在经典集合论和布尔代数的基础上。目前很多搜索引擎都是用布尔模型作为其检索依据。布尔模型的基本原理是，标引词集合中的每一个标引词在一篇文档中只能有两种状态：出现或不出现，其相应的权值为 1 和 0；用户提问 q 只能由三种运算符构成："与"（∧）、"或"（∨）、"非"（¬）。

在布尔模型中，相似度的定义如下：

$$\mathrm{sim}(d_j,q)=\begin{cases}1 & \text{如果 }\exists q_c\in q\mid q_c=d_i\\0 & \text{其他情况}\end{cases}$$

其中，q_c 是 q 的一个子集。

下面是一个布尔模型应用的实例。

假设用户给出一个提问：

$$q=k_1\wedge(k_2\vee\neg k_3)$$

根据提问可以得出符合条件的 3 种情况，对其进行"或"操作得到如下提问向量：

$$q=\begin{pmatrix}1\\0\\0\end{pmatrix}\vee\begin{pmatrix}1\\1\\0\end{pmatrix}\vee\begin{pmatrix}1\\1\\1\end{pmatrix}$$

与式（5-6）所示的文档向量相比较可以发现，只有 d_4 是符合要求的；d_3 虽然部分匹配但是在布尔模型中不会被检索出来。

布尔模型具有简单、易实现的突出优点,但是随着对信息检索理论研究的不断深入,人们对布尔模型的诸多缺点也有了越来越清晰的认识,主要表现在以下两个方面:

布尔模型"非此即彼"的二值匹配是一种僵硬的匹配机制。布尔模型认为一篇文献对于一个提问而言,要么是"相关的",要么是"不相关的",而且对于每一个检索条件,不能区别其重要程度,这就严重影响了检索结果的准确性。

布尔模型构造检索式的过程对于用户来讲是不友善的。布尔模型将用户的需求转换为形式化的表达式,一般用户构造查询并不容易,构造不利可能造成结果过多或者过少,这就使得用户在与信息检索系统进行交互时处于困难的境地。

(2)向量空间模型

向量空间模型(Vector Space Model,VSM)是康奈尔大学 Salton 等人在 20 世纪 70 年代提出并倡导的一种信息检索思想,其原型系统是"SMART"(System for Mechanical Analysis and Retrieval of Texts)。布尔模型建立在线性代数和矩阵计算等数学理论基础之上,利用代数论原理揭示文档之间、文档与提问之间的关系。向量空间模型的基本原理可以从三个方面来加以说明。

1)构造文档向量

对于任意一篇文档 $d_j \in D$,都可以利用"标引词的确定"中所示技术进行标引,提炼索引词,然后根据"标引词的加权"中所示 TF-IDF 方法进行赋权,进而构造出文档表示向量:

$$d_j=(w_{1j},w_{2j},w_{3j},\cdots,w_{tj})$$

其中,w_{ij} 代表第 i 个索引词(k_i)在第 j 篇文档(d_j)中的权重值,t 为检索系统(或词表)中全部索引词的总个数。

2)构造提问向量

提问向量的构造方式与文档向量非常相似,表示如下:

$$q=(w_{1q},w_{2q},w_{3q},\cdots,w_{tq})$$

其中,w_{iq} 代表第 i 个索引词(k_i)在提问(q)中的权重值,t 为检索系统(或词表)中全部索引词的总个数。

关于权重 w_{iq} 的计算,一方面可以采用与构造文档向量相同的计算方法;另一方面,一个推荐性的公式为:

$$w_{iq}=(0.5+0.5\times\frac{\mathrm{freq}_{iq}}{\mathrm{maxtf}_q})\times\log\frac{N}{n_i}$$

其中,freq_{iq} 表示用户提问中第 i 个索引词(k_i)的出现次数,maxtf_q 表示所有索引词出现的最大次数,N 表示所有提问数,n_i 表示所有提问中包含索引词 k_i 的提问数量。

3）文档向量与提问向量的匹配

在索引词权重的确定过程中，所使用的权重值均为大于或等于 0 的实数，这是向量空间模型与布尔模型最大的区别。在向量空间模型中，文档与提问之间的相似度（反映相关程度）可以作为检索结果排序的依据，其计算公式如下：

$$\text{sim}(q,d_j) = \frac{q \cdot d_j}{|q| \cdot |d_j|}$$

其中，$|q|$和$|d_j|$分别代表提问向量和文档向量的模，"·"符号表示两个向量的内积。由于向量的每一个分量均为大于或等于 0 的实数，所以 $\text{sim}(q,d_j)$ 的值介于 0 和 1 之间。这个公式本质上是在求两个向量夹角的余弦值（$\cos\alpha$），夹角 α 越大，表示两个文档越不相关。

下面是一个向量空间模型应用的实例。

假设用户做出一个提问 q，如下：

$$q = \begin{pmatrix} 0.5 \\ 0.9 \\ 0 \end{pmatrix}$$

从提问中可以看出，索引词 k_1 和 k_2 同时出现，但 k_2 的重要性大于 k_1，而 k_3 不出现。

利用式（5.3）中的文档向量进行运算，可以分别得出如下结果：

$$\text{sim}(q,d_1) = \frac{0.5 \times 0 + 0.9 \times 0.25 + 0 \times 0.3}{\sqrt{0.5^2 + 0.9^2 + 0^2} + \sqrt{0^2 + 0.25^2 + 0.3^2}} = \frac{0.225}{0.40206} = 0.5596$$

$\text{sim}(q,d_2) = 0.2576$

$\text{sim}(q,d_3) = 0.8742$

$\text{sim}(q,d_4) = 0.4856$

对文档相似度进行排序，依次为 d_3、d_1、d_4、d_2。

向量空间模型基于部分匹配策略和索引词加权处理模式，使得检索效果有明显的改善。但是，这个理论本身也存在一些问题，例如计算量比较大、检索结果不稳定等。更重要的是，向量空间模型有一个很重要的假设，即从文档中抽取的词汇之间是相互独立的（两两正交），这一假设在实际的文本信息处理中是很难满足的。

（3）概率模型

概率模型（Probabilistic Model）是一种基于概率论原理的信息检索模型，它兴起于 20 世纪 70 年代后期和 80 年代初期，以其简单、直观、自适应等特性受到广泛关注。其主要思想是，根据用户的提问 q，可以将 D 中的所有文档分为两类，一类与检索需求 q 相关（记为集合 R），另一类与检索需求不相关（记为集合 $\overline{R}$）。在用户提出检索请求时，并不知道理想的结果集合有哪些特征，因此只能进行一种试探性的猜测。随后，用户对初始检索结果集合中文档是否相关进行判断，系统根据这种反馈信息进行优化与改进。在经过多次交互之后，检索结果越来越接近理想的结果集合 R。在这个过程中，用户的相关反馈（Relevance Feedback）起到了至关重要的作用，当用户对检索结果满意时，反馈过程即可结束。由经典概率模型引申出三种不同的概率模型，分别是二元独立模型（Binary Independent Model）、二元一阶依赖模型（Binary First Order Dependent Model）和双泊松分布模型（Two Poisson Independent Model）。

在概率模型中，文档和用户提问均以索引词向量来表示，但这里的权重都是二元的，其出现的频率不在考虑范围之内。对于给定的一个用户提问 q，存在两个概率 $P(R|d_j)$ 和 $P(\overline{R}|d_j)$，分别表示文档 d_j 与提问 q 相关和不相关的概率，基于此，d_j 和 q 之间的相似度可以定义为：

$$\text{sim}(d_j,q) = \frac{P(R|d_j)}{P(\overline{R}|d_j)}$$

然后，根据贝叶斯公式和索引词的正交假设进行推导[1]，可以得出如下公式：

$$\text{sim}(d_j,q) \approx \sum_{i=1}^{n} \log \frac{P(k_i|R)}{1-P(k_i|R)} + \log \frac{P(k_i|\overline{R})}{1-P(k_i|\overline{R})}$$

其中，$P(k_i|R)$ 代表索引词 k_i 出现在相关文档集合 R 中的概率，$P(k_i|\overline{R})$ 代表索引词 k_i 出现在不相关文档集合 $\overline{R}$ 中的概率。

就概率模型而言，其优点表现在 3 个方面：
① 采用严格的数学理论为依据，为人们提供了一种数学理论基础来进行检索决策；
② 采用相关反馈原理，反映了人们认识世界的渐进性；
③ 人机交互的友好性，没有使用普通用户难以理解和运用的布尔逻辑方法。

同时，它也有如下 4 方面缺点：
① 索引词权重以 0/1 方式计算，没有考虑到词频等加权因素；
② 参数估计难度较大，条件概率值难估计；
③ 沿用了索引词之间相互独立的基本假设（同向量空间模型）。
④ 对用户反馈的依赖性较强。

概率模型的实际应用比较广泛，尤其是垃圾信息过滤（Spam Filter）方面。例如，邮件系统会设置某种标准来判断收到的邮件是否为垃圾邮件，如果用户认为某个邮件不是垃圾邮件但被误判为垃圾邮件，那么过滤器会"吸取教训"并重新调整判断标准，这体现了概率模型自适应的特征。

（4）PageRank

网页排名（PageRank）又称佩奇排名，是一种搜索引擎根据网页之间的超链

---

[1] 推导过程较为复杂，此处略。

接进行计算的技术。作为网页排名的要素之一，PageRank 以 Google 公司创办人 Larry Page 之姓来命名，他和 Sergey Brin 于 1998 年在斯坦福大学发明了这项技术。此技术通常和搜索引擎优化有关，Google 用它来描述网页的相关性和重要性。

PageRank 算法的独创性在于它不依赖用户提问来进行结果排序，互联网上网页之间的相互连接影响甚至决定了网页的质量。例如，一个权威的、高质量的网站指向了另一个网站，那么后者也很有可能具有较高的重要性。PageRank 算法的基本思想是，被越多优质的网页所指的网页，它是优质网页的概率就越大。基于这个思想可以提炼出一个简单直观的公式：

$$PR(i) = \sum_{j \in B(i)} PR(j)$$

PR(i)表示网页 i 的 PageRank 值，$B(i)$ 表示所有指向 i 的网页。公式的含义是，一个网页的重要性等于指向它的所有网页的重要性相加之和，但这只是对 PageRank 的粗略描述，它存在一个严重的缺陷：无论 j 有多少个超链接，只要 j 指向 i，i 都将得到与 j 一样的重要性。例如，一个网站 A 被网站 B 和 C 链接，其中 B 是一个知名网站（PR 值高），C 是一个普通网站（PR 值低），这时无法做出 A 比 B 质量高的判断。为解决这个问题，一种方法是当 j 有多个超链接（假设个数为 L），每个链接得到的重要性为 PR(j)/$L(j)$，于是公式变换为：

$$PR(i) = \sum_{j \in B(i)} \frac{PR(j)}{L(j)}$$

如果要得到 A 比 B 更优质的结论，就要求 A 得到多个重要网站的超链接或者海量不知名网站的超链接。这是符合常理的，因此可以认为上式将 PageRank 的核心思想准确地表达出来了。但此时仍存在一个问题，即如果没有网页链接到这个网站上，那么它的 PR 值就是 0，这对于新网站来讲是不公平的，因此人们赋予 PageRank 算法引入了平滑系数（Smoothing Factor）使网站获得一个初始的 PR 值。

$$PR(i) = \frac{1-\alpha}{N} + \alpha \sum_{j \in B(i)} \frac{PR(j)}{L(j)}$$

公式中的 N 是数据库中所有的文档数，α 是平滑系数。

下面是一个 PageRank 应用的实例。

为简单起见，假设网络中仅有 4 个网页——A、B、C、D，其相互连接情况如图 5-19 所示。

表 5-4 为对网站的迁入链接（Incoming Link）和外向链接（Outgoing Link）进行统计的链接统计表。

该例中，每个网页的初始 PR 值：

PR(A)=PR(B)=PR(C)=PR(D)=0.25

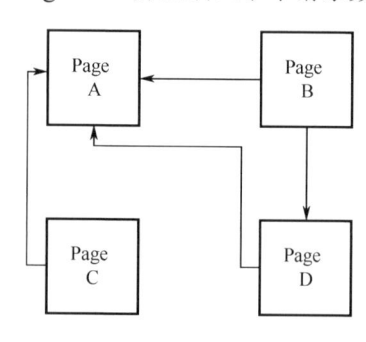

图 5-19 网页超链接结构

表 5-4　链接统计表

	迁 入 链 接	外 向 链 接
A	3	0
B	0	2
C	1	1
D	0	1

因为网络中不同网页的结构时时发生变化，网页 PR 值也需要不断地重新计算，根据上图所示的链接结构，计算出每个网页的新 PR 值（假设 $\alpha=0.85$）。

$$PR(i)= \frac{1-\alpha}{N}+\alpha \sum_{j\in B(i)} \frac{PR(j)}{L(j)}$$
$$=0.0375 +0.85\times \sum_{j\in B(i)} \frac{PR(j)}{L(j)}$$

依次计算每个网页的 PR 值如下：

$$PR(A)=0.0375+0.85\times \left(\frac{PR(B)}{L(B)}+\frac{PR(C)}{L(C)}+\frac{PR(D)}{L(D)} \right)$$
$$=0.0375+0.85\times \left(\frac{0.25}{2}+\frac{0.25}{1}+\frac{0.25}{1} \right)$$
$$=0.56875$$
$$PR(B)=0.0375+0.85\times 0$$
$$=0.0375$$
$$PR(C)=0.0375+0.85\times \frac{PR(B)}{L(B)}$$
$$=0.14375$$
$$PR(D)=0.0375+0.85\times 0$$
$$=0.0375$$

由于 PR 值是递归计算的，所以只有当每个网页的 PR 值不再改变时，计算方可结束。下表显示了多次迭代过程中每个网页 PR 值的变化情况。

根据此表，经过 3 次迭代之后 PR 值就不再变化了。如果网页 B 和 C 被选为候选网页（匹配用户需求），那么 C 会排在 B 之前显示。

表 5-5　PR 值的迭代计算过程

	初始值	1 次迭代	2 次迭代	3 次迭代	4 次迭代
PR(A)	0.25	0.56875	0.20750	0.13073	0.13073
PR(B)	0.25	0.03750	0.03750	0.03750	0.03750
PR(C)	0.25	0.14375	0.05344	0.05344	0.05344
PR(D)	0.25	0.03750	0.03750	0.03750	0.03750

（5）语义距离

随着自然语言处理技术的发展，语义研究成为目前自然语言理解领域的热点和前沿课题，语义距离（Semantic Distance）的概念近年来在词汇语义领域受到了很大的关注。一般来说，语义距离表示概念的语义之间关联度。相对上述几种信息检索模型而言，语义距离模型的特殊之处在于，它并不是计算数据库文档与用户提问之间的相似度，而是去量化它们的差异。如果差异比较小，则可以认定文档与提问之间比较相关。更具体地，语义距离模型是在更加抽象的知识表示（Knowledge Representation）层面衡量文档与查询之间的差异，而不是对文档向量和提问向量进行计算与匹配。

在语义距离模型中，文档是否相关是由逻辑推理决定的，不涉及到统计或概率的计算问题。学界已经提出一些计算语义距离的方法和思路，在此总结几种比较有代表性的算法。

① 模式匹配（Pattern Matching）

这种算法将用户提问转化为一种模式（pattern），并在文档集合中进行。尽管这种算法对于匹配文档全文非常有效，但它不适用于用户提问较短的信息检索系统。

② 概念外推（Concept Abduction）

概念外推问题最初是用于求解供需双方的最优化均衡。该算法成型于一个解决电子市场供需双方的匹配问题的项目中，其基本假设是"特定的供给方与特定的需求方是相关的"。这个算法的一个问题是它不能保证得出最优解。

③ 概念覆盖（Concept Cover）

概念覆盖法旨在获取一个涵盖了给定查询所要求的所有信息的文档集合。该算法的核心是计算超图中的最小横断面（minimal transversals）。20世纪80年代的人工智能领域中对相似的算法已经有过探索，并相应地开发出真值维护系统（Truth Maintenance Systems）。

④ 最优概念覆盖（Best Concept Cover）

最优概念覆盖是对概念覆盖方法的一种优化和改进。最优概念覆盖旨在提供少而精的检索结果，即使没有覆盖所有用户要求的信息内容。例如，用户提问 $q=k_2 \wedge k_5$，而文档为 $d=k_2 \wedge k_3$。由此覆盖面被定义为 q 和 d 的共同部分 k_2，而用户所需要的信息 k_5 没有被提供（这一部分表示为 missing=k_5），文档额外提供但用户不需要的部分为 k_3（这一部分表示为 rest=k_3）。查询与文档之间的语义距离由"missing"和"rest"的量化值来计算，missing 和 rest 的词汇量越小，文档与查询的相似度越高。

（6）其他模型

信息检索有关的模型还有很多，在此给出一个简单的列表供读者参考。

① 扩展布尔模型；

② 模糊集合模型；
③ 潜在语义索引模型；
④ 神经网络模型；
⑤ 贝叶斯网络模型；
⑥ 浏览模型；
⑦ 结构化检索模型。

4. 信息检索的评价

信息检索评价是指对信息检索系统的性能进行评估的活动，其评价的重点在于检索系统满足用户信息需求的能力。从信息检索系统诞生以来，对检索系统的评价就一直是推动其研究、开发与应用的一种主导力量。随着信息资源的爆炸式增长，信息检索所扮演的角色也越来越重要，检索评价也逐渐发展成为一项专门的技术。

（1）信息检索评价的类型

针对一个检索系统，从系统评价的总体流程划分，主要可以从功能和性能两个方面对其进行分析评价。

① 功能评价。任何系统都必须实现其设计的各种功能，功能评价的主要目的在于测试系统是否支持某项功能或者某项功能的实现情况是否满足预期目标。这一阶段的测试相对容易，主要诊断系统的健壮性，当通过基本的功能测试与分析后，即进入了检索性能的评价阶段。

② 性能评价。对于检索系统的性能来说，最基本的评价因素是时间和空间。系统的响应时间越短，占用的内存空间越少，则系统的性能越好。除此之外，还要求检索结果能够按照相关度进行排序，这是因为用户对检索需求并非完全明确，检索出的文献也并非是准确的结果。

（2）信息检索评价的基本程序

任何评价工作都对应于一定的规则和程序，意向完整的信息检索评价功能应该包含以下几个步骤：

① 明确评价对象与目标。评价工作一般针对特定的对象而进行，因此，开展评价研究首先要明确评价的对象和评价的目标，这是选取评价指标、设计评价方案的基础和依据。

② 设计评价方案。这是评价工作成败的关键所在，在设计评价方案时，需要考虑选择何种评价方法，针对所评价的系统需要获取哪些相关数据，通过哪些变量来反映数据变化情况，采用何种工具分析数据等。总之，评价方案要能反映评价对象的客观、真实的情况。

③ 实施评价方案。对评价方案经过充分的论证并得到认可后，即进入方案的实施阶段。这一阶段要充分利用抽样、测试、数据收集、数据分析等方法，切实

践行评价方案中的步骤和要求。

④ 提出结论与改进方案。评价研究的最终步骤是对评价活动的分析与总结，尤其是关于评价对象存在问题的分析与合理化建议的提出。

（3）信息检索的评价指标

目前，得到普遍认同的检索效果的评价标准主要有查全率、查准率、收录范围、输出格式，其中以查全率和查准率最为重要。

① 查全率与查准率。

查全率（Recall Ratio，R），是检出的相关文献量与系统文献库中相关文献总量的比率，查全率=检出相关文献量/文献库内相关文献总量。

查准率（Precision Ratio，P），是指所检出的相关文献占所有检出文献的比率，查准率=检出的相关文献量/检出的文献总量。

查全率和查准率的计算方法如表 5-6 所示。

表 5-6　检索评价使用的 2×2 表

	相关文献	非相关文献	总计
检出文献	a	b	$a+b$
未检出文献	c	d	$c+d$
总计	$a+c$	$b+d$	$a+b+c+d$

根据上表分别写出查全率与查准率的公式：

$$R = \frac{a}{a+c}$$

$$P = \frac{a}{a+b}$$

注意，在计算过程中，未检出的相关文献数量 c 无法准确获取，故其计算结果一般为估算的近似值。

查全率和查准率是衡量检索系统检索性能的两个最重要的指标，两者结合使用可以在一定程度上反映检索系统的基本检索效果如何。在实际应用中，两者往往呈现出一定的矛盾性，因为查全率强调尽可能全面地查出所有相关信息，查准率则强调尽可能准确地查出相关信息，所以查全率高会导致查准率低，查准率低会导致查全率高。

② 替代指标。

目前，评价测试通常将查全率和查准率结合起来形成某种单一的指标，以调和查全率和查准率之间的矛盾，调和数（Harmonic Mean）就是其中的一种，它的计算公式如下：

$$F = \frac{2}{\frac{1}{R} + \frac{1}{P}}$$

调和数 F 的取值范围一般是 $[0,1]$。

当然，还有其他的一些替代性指标，如平均排序倒数、平均查全率和平均查准率等。

③ 面向用户的评价指标。

检索活动的主体是用户，检索服务应当以用户为中心，关注用户的检索体验。基于这种思想，在信息检索系统的评价中涌现出多种面向用户的性能评价指标，比较典型的是覆盖率和新颖率。

覆盖率（Coverage）是指实际检出的相关文献中用户已知的相关文献所占比例。

新颖率（Novelty）是指检出的相关文献中用户未知的相关文献所占的比例。

参照图 5-20，可以分别得出覆盖率和新颖率的计算公式。

$$\text{coverage} = \frac{|R_k|}{|U|}$$

$$\text{novelty} = \frac{|R_u|}{|R_u| + |R_k|}$$

图中的 R 代表相关文献的集合，A 代表检索结果的集合，U 代表用户已知的相关文献，R_k 检出文献中用户已知的部分，R_u 检出文献中用户未知的部分。

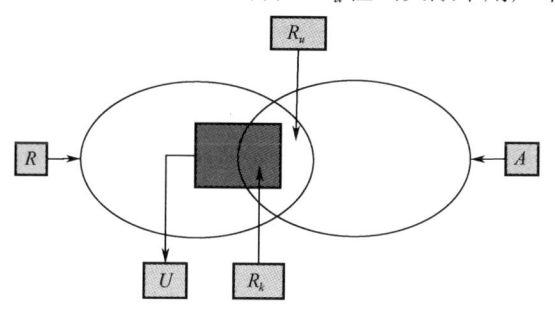

图 5-20 变量 R、A、U、R_k、R_u 关系图

④ 收录范围。

收录范围其实是查全率、查准率等评价标准的基础，它的改变会引起查全率标准、查准率等标准一系列的变化。传统检索评价中，收录范围被用作衡量查准率的辅助指标，揭示数据库内收录内容的广泛程度。在网络环境下，多媒体、多语种的信息使检索系统的收录范围更加广泛，同时其数据库的结构更加复杂、更新更加频繁，这就为信息检索提出了新的问题。

⑤ 输出格式。

输出格式是指检索结果的表现形式，通常包括文献名、文献号、语种、作者信息、摘要等。输出结果要保证结构清晰、有条理，方便用户进行相关性判断。而且，检索系统应该提供内部相关文献之间的链接（例如参考文献），使用户可以方便地进行二次检索。

本节强调了信息检索领域中的一些复杂问题，随着互联网信息的不断膨胀，如何从复杂的大型数据库中高效查找用户需要的信息成为当下信息检索领域的重点和难点。如果不能在出现信息需求时及时快速地获取信息，那么即便拥有海量的数据也无所裨益。

5.2.6 自然语言处理

自然语言是人们日常交流中使用的语言，如汉语、英语、德语、法语等，它是人们互相沟通的工具。与自然语言相对的是人造语言，即人工设计创造出来的语言，如计算机语言 C++、Fortran、Prolog 等。所谓自然语言处理（Natural Language Processing，NLP），是利用计算机对自然语言的形、音、义等信息进行加工处理的过程，即对自然语言的基本构成单位字、词、句以及篇章的识别、分析、理解、生成等的操作。人类历史上以语言文字形式记载的知识占到知识总量的 80% 以上，由人工进行文本编辑、文本校对、文本生成、文本理解、文本翻译等繁琐的语言文字处理工作通常是高成本、高错误率和低效率的。如果能利用计算机实现语言文字处理自动化，把人们从一些机械的重复性劳动中解放出来，无疑是一件很有意义的事情。在信息化社会中，自然语言处理作为语言信息处理技术的一个高层次的研究方向，一直是人工智能界所关注的核心课题之一。

1. 概述

美国计算机科学家 Manaris 对于自然语言处理的定义是，自然语言处理可以定义为研究在人与人交往以及在人与计算机交互中的语言问题的一门学科。自然语言处理要研究表示语言能力（Linguistic Competence）和语言应用（Linguistic Performance）的模型，建立计算框架来实现这些模型，提出相应的方法来不断地完善这些模型，并根据这些模型设计各种实用系统，探讨实用系统的评测技术。自然语言处理也被称为自然语言理解，因为自然语言处理的核心是通过一些模型的构建让计算机"理解"人类的语言。于是，如何判断计算机是否"理解"自然语言，就成为该领域一个非常关键的问题。在人工智能界，人们普遍认为可以采用著名的图灵测试（Turing Test）来判断计算机能否进行思考：如果一个人 C 去询问两个他不能看见的对象（一个是正常思维的人 B、一个是机器 A）任意一串问题，

第 5 章 数字出版与数字图书馆的技术互鉴与资源服务系统设计

如果经过若干询问以后，C 不能得出实质的差别来分辨 A 与 B 的不同，则此机器 A 通过图灵测试。通过图灵测试的机器被认为是具有人工智能的。而在自然语言处理领域，为了验证机器是否"理解"了某种自然语言，通常有四条判别准则：

（1）问答（Question-answering）：机器能正确地回答输入文本中的有关问题；
（2）文摘生成（Summarizing）：机器有能力产生输入文本的摘要；
（3）释义（Paraphrase）：机器能用不同的词语和句型来复述其输入文本；
（4）翻译（Translation）：机器具有把一种语言翻译成为另一种语言的能力。

可以看出，自然语言的理解过程是将一种表达形式转换为另一种表达形式的过程。

2. 自然语言处理发展史

自 20 世纪 40 年代至今，自然语言处理的研究已有 70 年的历史了，随着网络信息时代的到来，它也已经成为现代语言学和计算机科学中一个备受关注的学科分支。

从 20 世纪 40 年代到 50 年代末是自然语言处理的萌芽期，其间比较重要的三项研究是：图灵算法计算模型的研究、Chomsky 关于形式语言理论的研究以及 Shannon 概率和信息论模型的研究。这一时期的研究主要分为采用规则方法的符号派和采用概率方法的随机派两大阵营。符号派进行了形式语言理论、生成句法和形式逻辑系统的研究；而随机派学者则利用贝叶斯方法等统计学原理取得了一定的进步。由于在这一时期，多数学者注重研究推理和逻辑问题，只有少数学者在研究统计原理和方法，所以，符号派的势头明显强于随机派。

最早的自然语言理解方面的研究工作是机器翻译。1949 年，美国洛克菲勒基金会副总裁 Weaver 首先提出了机器翻译设计方案。1954 年，美国乔治敦大学在 IBM 公司的协同下，用 IBM-701 计算机进行了世界上第一次机器翻译试验。最初的机器翻译，是将不同语言的单词和短语的对应译文编制成一个计算机可识别的大辞典，翻译时一一对应，技术上只是对词语的顺序进行调整使句子尽可能通顺。但是，人们显然低估了自然语言的复杂性，在语言处理的理论和技术均不成熟的情况下，当时的机器翻译没有取得太多进展。

20 世纪 60 年代中期到 80 年代末期是自然语言处理的发展期，这一时期的工作重心仍然是机器翻译。从 20 世纪 60 年代开始，法国格勒诺布尔理科医科大学应用数学研究所自动翻译中心开展了机器翻译系统的研制，在 Vauquois 的带领下，工作团队提出了机器翻译金字塔模型，并设计了一套机器翻译软件 ARIANE-78。通过大量的科学实验的实践，机器翻译的研究者认识到，机器翻译中必须保持原语和译语在语义上的一致，不应有语义的缺失。由此，语义分析在机器翻译中越来越受到重视。美国斯坦福大学 Wilks 提出了"优选语义学"（Preference Semantics）

的理论,并在此基础上设计了英法机器翻译系统。另一个基于语法和语义分析的代表性系统是 1972 年美国 Woods 设计的一个实验性的自然语言信息检索系统 LUNAR,这是第一个采用扩充转移网络(Augmented Transition Network,ATN)分析程序来处理英语语法问题的系统。

在这个时期,统计学方法在语音识别的研究中取得广泛应用。其中特别重要的是隐马尔可夫模型(Hidden Markov Model)和噪声信道与解码模型(Noisy Channel and Decoding Model)。此外,逻辑方法在自然语言处理中取得了很好的应用,Woods 在 LUNAR 系统中,就使用谓词逻辑来进行语义解释。

90 年代以后,随着计算机的运算速度和存储容量的大幅增加,自然语言处理的基础设施条件大幅改善。同时,网络技术的普及与发展使得基于自然语言的信息检索和信息提取的需求变得更加突出。人们逐渐认识到,单纯用基于规则的方法或仅用基于统计的方法都无法成功进行自然语言处理。基于统计、基于实例和基于规则的语料库技术在这一时期蓬勃发展,各种处理技术开始互相融合,自然语言处理(包括机器翻译)进入了繁荣期。

特别需要指出的是,90 年代以后的自然语言处理发生了两个重要的变化:

(1)系统输入方面,要求自然语言处理系统能处理大规模的真实文本,更具实际应用价值;

(2)系统输出方面,不要求能对自然语言文本进行深层的理解,但要能从中抽取有用的信息。

同时,随着对大规模真实文本重视程度的提高,相关的基础性工作也得到了加强:

(1)大规模真实语料库的研制。语料库中存放的是在语言的实际使用中真实出现过的语言材料,大规模真实文本语料库是研究自然语言统计性质的基础。

(2)大规模词典的编制。主要是指规模为几万甚至几十万词,含有丰富的语料信息(如词间关系),并能够被计算机直接利用的词典。

3. 自然语言处理的难点

自然语言处理的研究范畴比较广泛,大致可以列举为以下几点:

(1)文本朗读(Text to speech)/语音合成(Speech synthesis)

(2)语音识别(Speech recognition)

(3)中文自动分词(Chinese word segmentation)

(4)词性标注(Part-of-speech tagging)

(5)句法分析(Parsing)

(6)自然语言生成(Natural language generation)

(7)文本分类(Text categorization)

(8)信息检索(Information retrieval)

（9）信息抽取（Information extraction）

（10）文字校对（Text-proofing）

（11）问答系统（Question answering）

（12）机器翻译（Machine translation）

（13）自动摘要（Automatic summarization）

（14）文字蕴涵（Textual entailment）

尽管目前有许多理论应用于自然语言处理，但还没有一种理论能很好地解决自然语言处理中的复杂问题。在这些问题中，最难解决的是自然语言的多义性，这是由语言的灵活性和复杂性所造成的。当人们表达问题时，通常不需要清晰地陈述问题的每一个细节，实际上，大量的信息蕴涵在说话者所处的语境之中，在人脑处理语言时，通常结合上下文环境对句子含义进行准确的理解。此外，关于语言的表达、句子的构造等方面具有多种多样的表现形式，进而使计算机在处理自然语言时面临着多义性问题。多义性又被称为模糊性，通常表现为以下几种形式。

（1）词性的多义性

一个单词在不同的句子中可以作为不同时语法成分使用。如：

他是北京大学的教授。

他在北京大学教授数学。

其中，"教授"在第一个句子中作为名词使用，而在第二个句子中却作为动词使用。

（2）词义的多义性

一个单词在与不同的单词搭配使用或在不同的语言环境下使用时，可以具有不同的语义。如：

本店所有电器保修一年。

该工厂已经超额完成车辆保修任务。

其中，"保修"在第一句中代表"保证提供修理服务"，而在第二句中表示"保养和修理"。一词多义现象在古汉语中尤为常见。

（3）语法的多义性

一个短语或句子可以被理解为多种不同的语法结构。如：

学生工作

这个短语既可以看成"学生"这个主语在进行"工作"这个行为，也可以看成一个特定的名词。

（4）指代关系的多义性

指代关系是代词与其所指代的对象之间的关系，代词与其所指代对象的一一对应关系具有不确定性。如：

我把蛋糕放在桌子上然后吃了它。

其中,"它"既可指蛋糕,又可指桌子,对不具备日常生活知识的计算机程序来说,显然是难于确定的。

(5) 语境的多义性

语境的多义性指从文章中无法确定句子的确切语义,而必须根据上下文所描述的气氛或讲话人的语气、态度等因素加以确定。如:

你能把门关上吗?我冷。

你能把门关上吗?我都说了多少次了!

在上面的两句话中,说话人的语气显然是不同的,但对于计算机而言,"你能把门关上吗"代表的是相同的信息。除此之外,在汉语处理过程中,一些语气助词常被列入停用词表中,因此损失了部分语义,如:

我们游泳去吗?

我们游泳去吧。

我们游泳去啦。

三句话因为语气助词的不同表达了三种不同的含义,如果将语气助词忽略,那么所提炼的信息只能是"我们"和"游泳"。

(6) 表达方式的多义性

表达方式的多义性是指对于同一个概念可以采用不同的方式来表达。如:

我骑着自行车上学。

我骑着脚踏车上学。

这两句话中,自行车和脚踏车指的是同一个概念,但是对于计算机而言,单纯的字符串匹配无法识别二者的同义性。

除了多义性这一主要问题之外,与西方语言相比,汉语处理还有其他的一些特殊之处,表现如下。

- 汉字的特殊性。西方语言(如英语)最基本的字母只有十几个或几十个,但汉字数量大、字形也非常复杂,给计算机处理(如编码)带来了困难。
- 书面汉语的特殊性。书面汉语中,词跟记号之间没有分隔标记,自动分词成为书面汉语分析的另一道难关。在英文的行文中,单词之间是以空格作为自然分界符的,而中文只是字、句和段可以通过明显的分界符来简单划界,唯独词没有一个形式上的分界符。
- 汉语语音的特殊性。汉语语音的音节结构简单,音节界限也很分明,但有声调和变调等问题,对于语音识别和语音合成来说,既有有利的一面,也有不利的一面。

另外,现有的自然语言处理理论和技术大多都是以英语为研究对象语言发展起来的。而汉语无论在语音、文字表示,还是在词汇、语法、语义及其语用等各个层面上,都与之存在着很大的差异。这就使得西方语言的研究成果难以直接移植到中文研究中,对从事中文信息处理的研究者来说是一个不小的挑战。

4. 自然语言处理主要技术

中文自然语言处理自 20 世纪 70 年代起步,至今已有将近 40 年的发展史,在智能中文人机接口、跨平台中文处理、中文虚拟平台、中文文本处理等方面的研究都已经取得了令人鼓舞的进展。总结起来,中文自然语言处理的一些关键技术有 N-Gram 模型、词性标注、神经网络等,这些方法中有些是基于统计学原理的,有些是基于语言学分析的,以下分别介绍。

(1) 统计模型

自然语言处理中的统计模型是一种经验主义方法,涉及语言学、计算机科学、数学等多个学科领域的概念和方法。统计语言模型首先要利用语料库反复进行训练、算法调整,当达到一定要求后便可应用。统计方法的关键是语料库中有足够的信息量,以确保在学习过程中模型能够学习到足够多的知识。

① N-Gram 模型。

N-Gram 是大词汇连续语音识别中常用的一种语言模型。N-Gram 模型基于这样一种假设:第 N 个词的出现只与前面 N-1 个词相关,而与其他任何词都不相关。整句的概率就是各个词出现概率的乘积,这些概率可以通过从语料中统计 N 个词同时出现的次数直接得到。N 的值不宜过大,否则会导致计算量倍增,常用的是二元的 Bi-Gram 和三元的 Tri-Gram。该模型利用上下文中相邻词间的搭配信息,计算出具有最大概率的句子,从而实现对语言信息的处理。

N-Gram 方法的基本原理是,设 w_i 是文本中的任意一个词,如果已知它在该文本中的前两个词 w_{i-2} 和 w_{i-1},便可以用条件概率 $P(w_i|w_{i-2},w_{i-1})$ 来预测 w_i 出现的概率。一般来说,如果用变量 W 代表文本中一个任意的词序列,它由顺序排列的 n 个词组成,即 $W=w_1w_2\cdots w_n$,则统计语言模型就是该词序列 W 在文本中出现的概率 $P(W)$。利用概率的乘积公式,$P(W)$ 可展开为:

$$P(W) = P(w_1)P(w_2|w_1)P(w_3|w_1,w_2)\cdots P(w_n|w_1,w_2,\cdots,w_{n-1})$$

根据上面的公式,为了预测词 w_n 的出现概率,必须知道它前面所有词的出现概率,这显然是非常复杂的。如果任意一个词 w_i 的出现概率只同它前面的两个词有关,问题就可以得到极大的简化。这时的语言模型叫做三元模型(Tri-Gram):

$$P(W) \approx P(w_1)P(w_2|w_1)\prod_{i=3}^{n} P(w_i|w_{i-2},w_{i-1})$$

N 元模型就是假设当前词的出现概率只同它前面的 N-1 个词有关。

② 神经网络语言模型。

神经网络语言模型的理论基础是仿生学,通过模仿人脑神经元的结构和功能来模拟人对自然语言的处理过程,从而建立自然语言处理系统。神经网络分为前向和反馈两种类型，其中，前向多层神经网络是最常用的网络模型。神经网络模型利用多层神经网络计算得到 N-Gram 概率，其优点是能够避免高阶 N-Gram 模型面临的高维数问题，以及数据稀疏引起的估算结果不准确的问题；而缺点是模型构建及学习过程中计算量过大，通常需要大规模并行机群支持，才能得到较好的效果。

③ 词性标注。

词性标注的主要难点在于词性的多义性，也被称为词性兼类，它是自然语言中的一个非常普遍的现象。对于人来说，词性上的歧义比较容易排出，但是对于没有先验知识的计算机来说就比较困难了。词性兼类在汉语中非常突出，据不完全统计，常见的词性兼类有几十种，且其使用频率相当高。在这方面，英语词性标注相对简单，一个比较成功的系统是基于概率统计方法的 CLAWS 系统，它承担了英国国家语料库（British National Corpus，BNC）一亿条英语词的词性标注任务。

CLAWS 系统采用的是词性标注的二元模型。令 $C=c_1, \cdots, c_n$ 和 $W=w_1, \cdots, w_n$ 分别代表词性序列和词序列，则词性标注任务可视为在已知词序列 W 的情况下，计算如下条件概率极大值的问题：

$$C^* = \mathrm{argmax} C\, P(C|W)$$
$$= \mathrm{argmax} C\, P(W|C)P(C)/P(W)$$
$$\approx \mathrm{argmax} C \prod_{i=1}^{n} P(w_i|c_i) P(c_i|c_{i-1})$$

数学符号 $\mathrm{argmax} C$ 表示通过考察不同的候选词类标记序列 C 来寻找使条件概率 $P(C|W)$ 取最大值的那个词序列 W^*。后者应当就是对 W 的词性标注结果。公式第二行是利用贝叶斯定律改写的结果，由于分母 $P(W)$ 对给定的 W 是一个常数，不影响极大值的计算，故可以从公式中删除。接着，引入独立性假设，认为词序列中的任意一个词 w_i 的出现概率近似只与当前词的词性标记 c_i 有关，而与周围（上下文）的标记无关。即词汇概率

$$P(W|C) \approx \prod_{i=1}^{n} P(w_i|c_i)$$

然后，近似认为任意词性标注 c_i 的出现概率只同它紧邻的前一个词性标注 c_{i-1} 有关。因此有

$$P(C) \approx \prod_{i=1}^{n} P(c_i|c_{i-1})$$

$P(c_i|c_{i-1})$ 是词类标记的转移概率。

④ 其他。

基于统计学的自然语言处理方法还有很多，在此不一一赘述，现将其列表如下，供感兴趣的读者参看。

最大熵模型（Maximum Entropy Model）

条件随机域模型（Conditional Random Field Model）
最大熵马尔科夫模型（Maximum Entropy Markov Model）
支持向量机（Support Vector Method）
模式匹配（Pattern Matching）

（2）分析模型

① 词法分析。

词法分析（Morphological Analysis）包括词形和词汇两个层次，其中词形主要是对各种词形和词的可识别部分的处理，如前缀、后缀及复合词的分析；词汇的重点在于确认词性以及做到部分理解词与词、词与文档之间的关系。由于中文信息的词与词之间没有明显的分隔符，因此，词法分析首要任务是对文本信息进行词语切分。汉语自动分词是中文信息处理中的关键技术，只有对汉语词进行正确的切分后，才能准确地提取文献的特征信息，对文献进行正确标引。常用的分词技术是正向最大匹配法和逆向最大匹配法。

② 句法分析。

句法分析（Syntactic Analysis）是对句子中的词汇或短语进行分析以便揭示句子的语法结构。其核心思想是通过对句子结构的分析，自动抽取标识单元来代替由统计方法得到的关键词进行标引。

③ 语义分析。

语义分析（Semantic Analysis）是在词法分析和句法分析的基础上进行的，它是指对自然语言文本含义的识别和理解，它涉及各语言单位（字、词、句、段、篇、章）所包含的意义及其在语言使用过程中所产生的意义。

④ 语用分析。

语用分析（Pragmatic Analysis）主要研究外部环境如何影响信息交流活动所传递的意义，也即是说提炼与上下文或语言交际环境有关的语义信息，包括背景信息和联想意义等，是在更高层次进行的语义分析。在处理自然语言时要考虑有关人的主客观情况，而不能仅根据字面意思进行分析。

⑤ 话语分析。

话语分析（Discourse Analysis）是一种对交际用语进行动态和静态分析的研究方法。这里的交际用语既包括在这些交流过程中可听到的口头语言或可看到的书面语言，也包括听话者或读者在交流过程中的所思所想。除了分析语句的组成成分和相互关系外，话语分析更强调从实际用语中总结归纳出特定的语言策略，即人们传达意义所使用的某种句法结构特征和语言组织特征，进而提取语言所表达的潜在意义。

（3）语义表示

语义表示是随着语义网的兴起而产生的一种自然语言处理方法，它的主要作用是解决词义和表达方式多义性问题，也就是一词多义和多词一义问题。该方法的核心是通过叙词表或词典来分析词汇之间的语义关系，基本的词间关系如下：

① 上位词。指具有更广泛含义的词汇，如交通工具是自行车的上位词。

② 下位词。指具有更窄含义的词汇（与上位词相对），如自行车是交通工具的下位词。

③ 同义词。指具有相同含义的词汇，如自行车和脚踏车是同义词。

④ 反义词。指具有相反含义的词汇，如冷和热是反义词。

⑤ 同名异义词。指具有多种不同含义的词汇，如"保修"可以是"保养修理"之意，也可以是"保证维修"之意。

如果系统中配备了一个相对完善的词表或词典，那么它就可以识别"我骑着自行车上学"和"我骑着脚踏车上学"是在描述同一件事情。但是要编制这样一套词表要花费相当多的精力和资金投入，很多处理英文信息的系统都是基于WordNet[1]开发的。WordNet是由Princeton大学的心理学家，语言学家和计算机工程师联合设计的一种基于认知语言学的英语词典。它按照单词的意义和词间关系组织形成一个"单词的网络"。对于中文处理而言，虽然已经有《汉语主题词表》等大型的权威综合词表，但是几乎没有可以直接在计算机系统中使用的版本。

5. 自然语言处理的应用及前景

传统上，具有篇章理解能力的自然语言理解系统可用于机器翻译、信息检索、自动标引、自动文摘等领域，具有十分广阔的应用领域。随着自然语言处理技术的发展，新的应用方向也不断涌现出来。其中，文本处理领域主要应用包括基于自然语言理解的智能检索、智能机器翻译、文本聚类、智能自动作文系统、信息过滤与垃圾邮件处理、文学研究、文本数据挖掘与智能决策等；语音处理领域主要包括智能客户服务、机器同声传译、机器聊天与辅助决策、智能交通信息服务、智能解说（如体育新闻实时解说）、多媒体挖掘、多媒体信息提取与文本转化等。

以下对一些比较有代表性的自然语言处理系统（或工具）进行简单介绍。

（1）OpenNLP

OpenNLP[2]是一个基于Java机器学习工具包，用于处理自然语言文本，它囊括了大多数常用的自然语言处理功能，如句子切分、部分词性标注、名称抽取、解析等。

（2）FudanNLP

FudanNLP[3]主要是为中文自然语言处理而开发的工具包，也包含为实现这些任务的机器学习算法和数据集。其主要功能包括文本分类、中文分词、词性标注、

---

[1] http://wordnet.princeton.edu/

[2] http://opennlp.apache.org

[3] http://code.google.com/p/fudannlp/

实体名识别、关键词抽取、结构化学习等。

（3）Standford NLP

Standford NLP[1]是由 The Stanford NLP Group 开发的一系列开源软件的统称，它提供了丰富的自然语言处理工具，主要是分词（Segmenter）和解析（Parser），同时也支持中文处理。

（4）语言技术平台

语言技术平台（Language Technology Platform，LTP）[2]是哈工大社会计算与信息检索研究中心开发的一整套中文语言处理系统。LTP 制定了基于 XML 的语言处理结果的表示方法，并在此基础上提供了一整套自底向上的丰富而且高效的中文语言处理模块，以及基于动态链接库的应用程序接口，可视化工具，并且能够以网络服务的形式进行使用。

随着信息时代的到来，中文信息技术已经深入到社会发展和人们生活的方方面面，自然语言处理成为了数字出版和数字图书馆邻域中不可或缺的技术手段。要使机器可以理解数字出版物中用自然语言描述的内容，可以"思考"、甚至能与人类进行沟通和互动。

5.2.7 自动文摘

1. 简介

文本摘要，简称文摘，是对文献的中心思想所进行的简单、准确的描述，它是人们处理和传递信息时常用的一种资料。中华人民共和国国家标准《文摘编写规则》（GB 6447—86）中，文摘被定义为："以提供文献内容梗概为目的，不加评论和补充解释、简明、确切地记述文献重要内容的短文。"相应地，文档自动摘要就是自动从文档或文档集合中摘取精要或要点，其目的是通过对原文本进行压缩、提炼，为用户提供简明扼要的内容描述。随着文献数量的急剧增长，人工编写文摘的低效率和高成本的问题逐渐凸显出来，因此人们开始关注自动文摘的编制技术。自动摘要的研究始于 1958 年，由美国 IBM 公司的 Luhn 在 IBM Journal of Research and Development 上发表了一篇有关自动文摘的论文，开创了自动文摘研究的先河。随后，美国马里兰州大学的 Edmundson、美国俄亥俄州立大学的 Rush 和英国 Lancaster 大学的 Paice 等众多学者纷纷参与到自动文摘提取的研究中来。

进入 20 世纪 90 年代，计算机和互联网的日益普及，网络已经成为人们发布

---

[1] http://nlp.stanford.edu/software/index.shtml
[2] http://ir.hit.edu.cn/ltp/

和获取信息的主要渠道。信息数量的激增使得人们无法从众多的数据中快速搜寻到自己所需要的信息，于是人们开始借助搜索引擎通过限定检索条件从海量数据库中查询信息。但是，现有的搜索技术并不能完全满足用户的检索需要。一方面，用户并不是搜索专家，无法准确地构造出最恰当的检索条件进行检索；另一方面，由于互联网的数据量极大，每次检索到的结果通常比较多，用户需要逐一浏览并筛选，严重制约了用户获取信息的效率。因此，自动文摘的价值充分显现出来，越来越多的学者从心理学、情报学和计算机语言学等角度展开研究，并提出了一些实现自动文摘的新方法。美国耶鲁大学的 Schank、意大利 Udine 大学的 Fum 和美国 GE 研究开发中心的 Rau 等分别应用脚本分析、一阶谓词逻辑和框架等表示文档的结构和意义，从而分析和推理得到文档的摘要。同时，作为信息获取的主要工具，文献检索系统（包括搜索引擎）有必要为用户提供简明的文档摘要，以方便用户对文档内容有基本准确的了解和把握。

自动文摘是计算语言学和情报科学共同关注的课题。从理论角度讲，对自动文摘的研究将有助于构建人类理解和概括自然语言文本并从中提炼有价值信息的认知模型。从实用角度讲，自动文摘系统的使用将大幅度降低编制文摘的成本，缩短原始文献出版和文摘出版之间的时间间隔。此外，互联网上的数字化信息急剧增长，要想在信息的海洋中找到所需信息，不仅需要先进的信息检索技术，还应该拥有一个能自动提炼信息的智能系统，方便用户对信息做出甄别。

2．传统自动文摘

在自动文摘近 50 年来的发展史上，专家学者们提出了各种各样的文摘方法。一般来说，自动摘要系统都由信息分析、主题信息的提取、摘要生成 3 个步骤构成。因这 3 个步骤所采用的方法和思路不同，自动文摘也可以划分成不同的类型。一种常见的类型划分方法为：基于统计的文摘、基于理解的文摘、基于信息抽取的文摘和基于结构的文摘，这种划分方法也反映了自动文摘发展历程中所采用的代表性研究方法的演变。

（1）基于统计的文摘

基于统计的文摘方法，是将文本看作字符的线性序列，统计关键词在文本中出现的频率，并以此作为摘要提取的依据，这种方法也被称为自动摘录（Automatic Extraction）。其基本思想是：文章中存在一些能反映主题内容的词，包含这些词的句子是文章的关键句，将关键句联系起来就可以形成文章的内容摘要。注意，关键词的选取可以是根据词频统计得出，也可以由用户特别指定。

利用统计学思想处理文本的基本步骤包括 4 项（见图 5-21）。第一，计算词的权重；第二，计算句子的权重；第三，对文本中的句子按权重值排序，选择权值最高的为文摘句；第四，将所有文摘句按照其在原文中出现的顺序依次输出。在计算各种权重值的过程中,常用的统计依据是:词频(Frequency)、标题(Title)、位置(Location)、句法结构(Syntactic Structure)、线索词(Cue)和知识性短语(Indicative Phrase),以下分别说明这6种形式特征如何解释文本的主体内容。

文本处理 → 词权计算 → 句权计算 → 文摘句提取 → 文摘输出

图5-21 基于统计的自动摘要方法流程图

① 词频。词频是指词语在文档中出现的频率,它是挑选关键词进而确定关键句的重要标准之一。Luhn在研究中发现,最能代表文章主题内容的词往往是中频词,而根据句子中有效词的个数可以计算出句子的权值。1995年美国GE研发中心的Rau等人开发了自动新闻文摘系统(Automatic News Extraction System,ANES),该系统采用相对词频作为词的权重。

② 标题。标题是对文章内容最精炼的概括,借助停用词表(Stopword List),在标题、副标题或小标题中剔除功能词或只具有一般意义的名词,其他的词往往与原文内容有较为密切的联系。

③ 位置。调查显示,段落的主题句位于段首的概率为85%,位于段尾的概率为7%。因此,有效利用特殊位置的句子可以提高文摘的准确性。在对网页文本进行摘要提取时,尤其需要考虑位置因素所带来的重要性差异,HTML文件的位置是利用各种标签(如<head>、<body>等)来限定的。

④ 句法结构。句式与句子的重要性之间存在着某种联系,比如文摘中的句子大多是陈述句,而疑问句、感叹句等则不宜进入文摘。

⑤ 线索词。线索词是能够指示句子价值的词语。在Edmundson的文摘系统中有一个预先确定的线索词词典,其中的线索词分为3种:褒义词(Bonus Words)、贬义词(Stigma Words)、无效词(Null Words),相应地,三种词分别取正值、负值、零值。句子的权值就等于句中每个线索词的权值之和。

⑥ 指示性短语。1977年,英国Lancaster大学的Paice提出根据各种指示性短语来选择文摘句的方法。指示性短语和线索词有功能上的相似性,但指示性短语的可靠性要强得多。常见的指示性短语有"综上所述"、"总之"等。

目前,许多自动摘录系统都综合考虑了上述两种或多种形式特征。例如新加坡南洋大学研制的图书馆新闻删节系统(Library Newspaper Cutting System),提供了题名法、位置法、关键词法和指示性短语法4种自动摘录方法供用户选择。但总体而言,学界对多种形式特征的综合应用研究还不够深入。

由于自动摘录技术从文本形式特征的角度出发提炼关键词、关键句和关键段落,而任何领域、任何主题的文章都不同程度地符合这些规律,所以自动摘录的适用范围是非常广泛的,这是其最为突出的优点。然而,这也使其对文本的规范性要求很高，如果一篇文章在某些形式特征上违反常规，那么自动摘录的效果可能受到较大影响，所以说自动摘录的质量是不稳定的，这是其主要的缺点。此外，自动摘录还存在以下三方面的不足。

① 不连贯。机械地抽取原文语句所形成的文摘往往缺乏内容上的连贯性，给用户的阅读和理解带来负担。

② 不简洁。为强调某个中心思想，作者常常在文章中的不同位置用不同形式的句子对其进行重复。这些语句很有可能全部被识别为关键句并进入文摘之中，造成文摘内容的重复和冗余。而且，要通过计算机程序识别"同义句"的难度也是很大的。

③ 不全面。自动摘录只抽取出现频率较高的一些语句，这些语句包含了原文重点探讨的某个主题，但对于其他提及较少的内容可能忽略不计，影响了文摘的全面性。

（2）基于理解的文摘

基于理解的自动文摘，是随着人工智能技术，特别是自然语言处理技术的发展而兴起的一种文摘提取方法。它与统计分析方法的不同之处在于，对文本进行形式特征分析的同时，还利用领域知识对文本的语义进行判断和推理，得出文摘的语义描述，最后根据语义描述自动生成文摘。

基于理解的自动文摘通常有以下步骤（见图 5-22）。

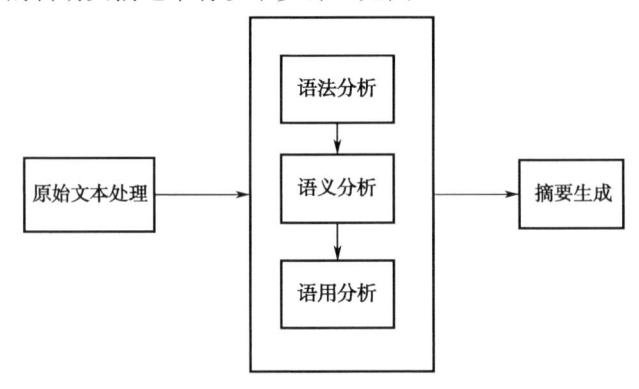

图 5-22　基于理解的自动摘要方法流程图

① 语法分析。借助词库、句法结构库对原文中的句子进行语法分析（最重要的是文本标注），获得语法结构树。

② 语义分析。运用领域知识库中的语义知识将语法结构树转换成以逻辑和意义为基础的、计算机能"理解"的语义网络。目前大多数的语义模型都是基于本体（Ontology）来构建的。

③ 语用分析和信息提取。根据知识库中预置的领域知识和推理规则在语义网

络中进行逻辑推理，并将提取出来的关键内容存入一个信息表，这个信息表是产生摘要的基础。

④ 文本生成。将信息表中的内容转换为一段完整连贯的文字输出。

如何将篇章内容在计算机中进行描述以使其意义可以被计算机"理解"，影响到语义分析、语用分析以及文摘生成的整个过程，针对这个问题的解决方法包括脚本（Script）、框架（Frame）、一阶谓词逻辑（First-order Predicate Logic）和概念从属结构（Concept Dependency Structure），每种方法各有其适用范围，目前已由相应的系统实现。

总体而言，基于理解的自动摘要方法是一种可以深度挖掘文章主题内容的文本处理策略，但它的适用领域是受到严格限制的。原因在于：第一，面向大规模语料的语义分析技术尚未成熟，如果想获得高质量的文本分析结果，就必须将待处理的语料限制在某个特定的范围之内进行特殊处理；第二，理解文摘方法的基础是脚本、框架等知识表示技术，这些技术需要根据领域知识预先拟定，如果想把适用于某个领域的文摘系统推广到另一领域，则需重新拟定规则，这种充实和组织领域知识的沉重负担使基于理解的文摘系统难以移植。

（3）基于信息抽取的文摘

信息抽取（Information Extraction）是指从非结构化的文本中提炼出用户需要的结构化信息。在一个自然语言文本中，存在着用户需要的或感兴趣的信息，但它们分散在文本的不同位置，用户需要理解全文然后才能获取这些信息。在信息抽取系统中，结构化信息一般用模板结构来表示，这个模板是由一些槽（Slot）组成的。槽是一些预留的空白处，用来指代信息的不同侧面的内容。信息抽取系统通过对非结构化文本进行分析，按照预定义的模板，将用户需要的信息填写在模板相应的槽中。基于信息抽取的自动摘要方法流程图如图5-23所示。

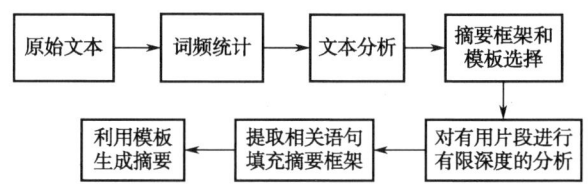

图5-23 基于信息抽取的自动摘要方法流程图

基于信息抽取的自动文摘是一种模板型文摘，它以文摘框架（Abstract Frame）为中心，主要分为选择与生成两个阶段。这里，文摘框架就是一个预先设定的模板。图5-24为一个手机类文章的文摘框架。

在选择阶段，主要利用特征词从原文中抽取相关语句来填充文摘框架；在生成阶段，利用文摘模板（Abstract Template）将文摘框架中的内容转换为通顺的段落输出。文摘模板是带有空白部分的现成的"套话"，其空白部分与文摘框架中的槽相对应。图 5-25 是关于手机的文摘模板。

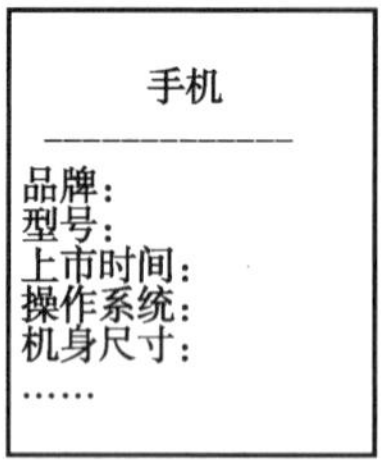

图 5-24　手机主题的文摘框架 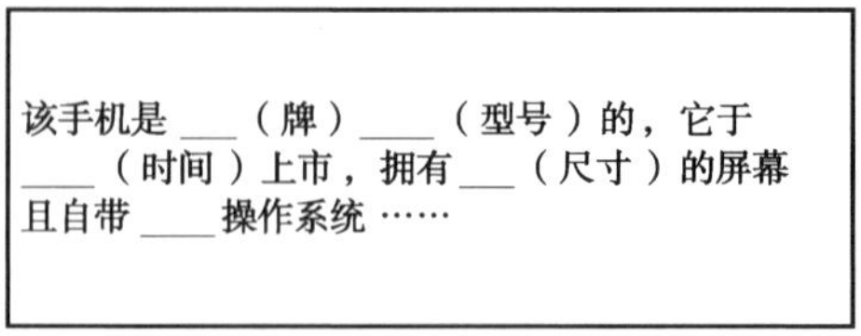　　　　图 5-25　手机主题的文摘模板

与基于理解的自动摘要方法相比，基于信息抽取的文摘只需要对有用的文本进行有限深度的分析，在提取文摘时灵活性和效率都有明显提升，因而有一定的实用性。但是，由于文摘框架的编写完全依赖于领域知识，所以信息抽取仍然是受领域限制的，不过文摘框架比脚本、逻辑结构等更易于编写。在应用到不同领域之前，必须先为该领域设定一个文摘框架，这样，在处理文本时才能根据主题调用相应的文摘框架。另外，信息抽取的主要依据是特征词或特征短语，这样得出的填充内容并不是完全准确的，因为一些有价值的文本片段可能因为描述方法、使用语言的灵活性而被忽略。最后，因为文摘的生成是基于模板的，所以同一领域的不同文章所采用的摘要格式是千篇一律的，比较呆板。

（4）基于结构的文摘

基于结构的文摘将文本信息视作一个由很多句子相互联系而成的语义网络，不同的语句承担了不同的功能（如表明主题、过渡等），如果能明晰文章结构即语句之间的关联，那么自然可以找到文章的核心部分。但是，由于语言学对篇章结构的研究不够深入，使得可以用于构建文本结构网络的形式规则较少，因此基于结构的自动文摘到目前为止还没有一套成熟的方法，不同学者识别篇章结构的手段也有很大差别。目前已被采用的比较有代表性的方法包括基于关联网络的自动摘要、基于修辞结构的自动摘要和基于语用功能的自动摘要。

① 基于关联网络的自动摘要。

关联网络法的核心思想是：如果将一个文本的各个语句视为节点，并在两个有语义联系的语句之间引一条边，那么就得到了一个以句子为单位的关联网络。在关联网络中，与一个节点相连的边数称为该节点的度。节点的度越大，则节点在网络中的重要性越高。将重要性较高的结点抽取出来，即可构成文摘。

关联网络法可以进一步细分为基于句子的关联网络法和基于段落的关联网络法。苏联的 Skoroxodcko 将文章视为句子的关联网络，句间的关系建立在词间的同义关系基础之上，和很多句子都有联系的中心句被确认为文摘句。美国康奈尔大学的 Salton 等人则将文章视为段落的关联网络。文献中的每个段落被赋予一个特征向量，两个段落特征向量的内积作为这两个段落的关联强度。如果两个段落的关联强度超过一个预定的阈值，则认为这两个段落有语义联系。如果一个段落与很多段落都有语义联系，那么这个段落可以作为"中心段"被提取出来，形成文摘的一部分。

对于篇幅较长的文章，句子之间的关系错综复杂，所形成的关联网络也将十分庞大，其时空开销也非常大的。相比之下，段落之间的关系更简明，相应的关联网络也小得多。另外，由段落拼接起来的文摘连贯性比较好，但由于最重要的段落中也包含一些无关紧要的句子，所以基于段落抽取方法不够简练。

② 基于修辞结构的自动摘要。

修辞结构法于20世纪90年代初由日本东芝（Toshiba）公司提出。Ono等人将修辞关系归纳为举例（EG）、原因（RS）、总结（SM）等34种不同的类型。在进行自动摘要时，首先根据连接词等推导出修辞结构树，然后对修辞结构树进行简化，最终保留下来的内容依据它们之间的修辞关系组织成一篇连贯的文摘。但是这种方法对连接词的依赖性较强，如果一篇文章中连接词数量较少，那么文章的思想提炼可能就会不全面。

③ 基于语用功能的自动摘要。

语用功能法的提出主要是针对科技文献。因为科技文献的写作有比较严格的规范和要求，科技文献中不同部分承担着不同的语用功能，根据语用功能可以将文章的主体部分识别出来从而形成文摘。

日本北海道大学的Maeda将句子的信息功能分为背景（B）、主题（T）、方法（M）、结果（R）、例子（E）、应用（A）、比较（C）和讨论（D），并认为T、M、R和D是主干，应进入文摘；E、A、C和B是枝叶，应排除在文摘之外。美国纽约Syracuse大学的Liddy通过对大量人工文摘的调查归纳出文摘的基本结构：背景—目的—方法—结果—结论—附录，如果将文摘中承担这些功能的片段识别出来，就可以组成文摘。

语用功能法在科技文献的文摘编写中发挥着重要的作用，但是如果要将这种方法推广至其他类型的文献，就需要对不同类型的文献结构进行分别的研究，发掘其在结构上和形式上的异同。实际上，就科技文献本身而言，也存在不同的子类型，如理论研究、实验证明和研究综述等，这些文献也有不同的写作规范。

如上所述，基于结构的自动文摘方法的优点在于，它能避免自动摘录的不连贯，也能避免基于理解和信息提取方法受到专业领域限制的缺陷。但是，这种方法不能让计算机真正地理解文本的主题思想，仍具有较大的局限性。

3. 自动文摘的评价

对于文摘质量的评价一直是自动摘要领域所面临的一个重要困难，这主要是由于摘要评价活动具有很强的主观性。针对同一篇文档，不同背景、不同学历、不同专业的人可能撰写出不同的摘要，很难对其质量做出准确的判断。正因如此，自动文摘的评测没有形成一致的标准。一般来讲，摘要评价方法为人工评价，也就是聘请若干摘要专家对摘要的内容、概要性、流畅性、一致性等方面进行评价，然后综合所有专家的意见得到一个总的评价。显然，人工评价的效率低、成本高和主观性强的弊端严重制约了评价工作的大规模开展，因此研究人员提出了一些自动评测方法，主要包括内部评价法（Intrinsic Methods）和外部评价法（Extrinsic Methods）。

（1）内部评价法

内部评价方法是指在提供参考摘要的前提下，以参考摘要为基准评价系统摘要的质量。这样，可以借助自动文摘与人提取的标准摘要进行相似度比较，系统摘要与参考摘要越吻合，其质量越高。内部评价法常用的一些指标如下。

① 文摘的可读性和覆盖程度。

这两个指标是基于理解的定性指标。其中，文摘的可读性主要的评测依据是连贯性和一致性，但连贯性和一致性很难有一个统一、客观的表示方法，所以有学者提出使用摘要中的指代关系、语法特征和主题特征等标准来衡量。文摘的覆盖程度主要强调文摘的长度与包含原文信息的权衡：文摘过短，会导致所表达的内容丢失；文摘过长，又会显得不够简练。一种常用的评测方式是人工提取摘要中应该包含的几个要点，然后检测自动文摘对要点的覆盖情况。

② 检全率（Recall）和检准率（Precision）。

这两个参数与第 5 章信息检索的评价指标在原理上是相同的。给定某个摘要专家撰写的参考摘要 E 以及一个待评测的系统摘要 A，可以根据摘要中句子的共现关系构建关联表如表 5-7 所示。

表 5-7　参考摘要 E 和系统摘要 A 的句子关联表

	属于 S 的句子数	不属于 S 的句子数	合计
属于 J 的句子数	A	B	A+B
不属于 J 的句子数	C	D	C+D
合计	A+C	B+D	A+B+C+D

那么该系统摘要 A 相对于 E 的检全率 R 和检准率 P 定义为：

$$P_E(A)=\frac{A}{A+C}, \quad R_E(A)=\frac{A}{A+B}$$

这里，$P(A)$ 和 $R(A)$ 呈现负相关关系，即检全率高则检准率低，检准率高则检全率低。为了权衡查准率和查全率，可利用 $F=2PR/(P+R)$ 来计算 E-measure 值作为评价准则。

③ Kappa 准则。

不同于查全率和查准率，Kappa 准则在评价摘要质量时考虑了摘要之间具有的随机一致性这个因素，其评价公式如下：

$$K = \frac{P(C) - P(R)}{1 - P(R)}$$

其中，$P(C)$ 是系统摘要句子和参考摘要句子之间的一致性概率，$P(R)$ 是系统摘要句子和参考摘要句子的随机一致性概率。参考表 5-7，得出 $P(C)$ 和 $P(R)$ 的计算公式如下：

$$P(C) = \frac{A+D}{A+B+C+D}, \quad P(R) = \frac{(A+C)(A+D)+(C+D)(D+D)}{(A+B+C+D)^2}$$

Kappa 值通常在 [-1,1] 范围内，Kappa 值越大表明摘要的质量越高。Kappa 值为 1 说明系统摘要和参考摘要达到最强的一致性，Kappa 值为 0 说明系统摘要和参考摘要之间的一致性是随机的，Kappa 值为负则意味着系统摘要和参考摘要之间不一致。

④ 相对效用。

相对效用（Relative Utility）是 Radev 和 Ram 在 2003 年提出来的自动摘要系统评价方法。它要求专家对文摘中的每个句子进行评价，给出每个句子的效用值。效用值与重要性呈现正相关关系，一个句子的效用值越高，这个句子的重要性就越高，摘要过程中应该尽量选择效用性高的句子。一个摘要的相对效用定义为该摘要中句子的总效用值与可能的最大总效用值之比，见下式：

$$S = \frac{\sum_{j=1}^{n} \delta_j \cdot \sum_{j=1}^{N} u_{i,j}}{\sum_{j=1}^{n} \varepsilon_j \cdot \sum_{j=1}^{N} u_{i,j}}$$

其中 n 为句子总数，N 为评判人数，$u_{i,j}$ 为第 i 个评判人对第 j 个句子给出的效用值。假设摘要长度限定为 e 句话，那么对于系统评分最高的前 e 句话有 $\delta_j=1$，对于其他句子则有 $\delta_j=0$；相应地，对于专家评分最高的前 e 句话均有 $\varepsilon_j=1$，对于其他句子则有 $\varepsilon_j=0$。

⑤ 内容相似程度。

内容相似程度是通过计算摘要之间的相似度值来对摘要质量进行评价。一个系统摘要和若干参考摘要之间的相似程度为该系统摘要与每个参考摘要之间相似度值的平均值，相似程度越高，摘要质量越好。计算摘要之间相似度通常采用 Salton 提出的余弦度量法或者 Crochemore 和 Rytter 提出的最长公共子串法。其中，余弦度量法是计算两个向量的内积，而最长公共子串定义为

$$lcx(X,Y) = [length(X) + length(Y) - d(X,Y)]/2$$

式中 X 和 Y 分别是两个词串，lcs(X,Y)表示最长公共子串的长度，length(X)和 length(Y)分别表示 X 和 Y 的长度，$d(X,Y)$ 表示 X 和 Y 之间的编辑距离（Edit Distance）。

（2）外部评价法

外部评测又被称为基于任务的文摘评测方法，即为文摘系统提供一个应用环境，评测用系统摘要替代原文在完成特定任务时的性能，根据任务的反馈情况来改进摘要的生成以提高文摘系统的性能。很多任务都可以作为外部评价的载体，如自动问答、信息检索和分类等。相对于内部评价法而言，外部评价法的优点在于主观性较少，方便对多个系统文摘进行对比评价，也有助于检验自动文摘的具体应用情况。但是，外部评价法的缺点在于，每次测评只针对一个特定的任务，不利于系统性能的全面改进。由于内部评价方法可以直接对文摘进行评价，并且独立于应用环境，所以现在仍是研究的重点。

迄今为止，最大规模的外部评测是 1998 年的 TIPSTER SUMMAC 的评测，这是由美国政府资助，第一次大规模、独立于开发者的自动文摘评测。评测者分别根据文摘或原文，对 5 个主题类别的相关性进行判断。此外，文本理解会议（Document Understanding Conference，DUC）[1] 也曾采用外部评价方法来评测各个科研机构研究的自动文摘系统。

4. 中文自动文摘的研究成果

我国大约从 1985 年开始介绍国外自动文摘的研究情况，从 80 年代末开始研究自动文摘实验系统，至今已有 20 余年的历史。在中文自动文摘研究中，由于中文本身的语言特点以及自然语言理解方面的困难，目前的技术发展尚不成熟。与西文自动文摘相比，中文自动文摘的主要难点在于，第一，汉字之间没有空格，为词语的识别和切分带来困难；第二，汉语的词汇极为丰富，同一个概念可以用很多不同的词汇表达，这给词频统计带来了很大的困难；第三，汉语字词在句子中词形没有变化，对中文文章深层含义的理解则更是计算机难以完成的任务。尽管如此，我国科学家仍然通过自己辛勤工作研制出了很多算法和系统，如表 5-8 所示。

表 5-8 中文自动文摘研究成果

序号	研究者	研究机构	研究内容	研究时间
1	王永成等	上海交通大学	基于仿人算法的 ABS 系统	1988
2	李小滨、徐越	中科院软件所	依靠语法、语义的分析设计 EAAS 系统	1990
3	马希文	北京大学	收集用户需求，进行语法语义分析，生成框架抽取有关信息	1990
4	王开铸等	哈尔滨工业大学	基于自然语言理解的 MATLAS 系统	1992

---

[1] http://duc.nist.gov

续表

序号	研究者	研究机构	研究内容	研究时间
5	王开铸等	哈尔滨工业大学	基于自动摘录的 HIT-863Ñ 型系统	1994
6	吴立德	复旦大学	对文本分词和统计的 FDASCT 系统	1996
7	李明、程晓岚	南京大学	以字频为基础方法	1996
8	郭炳炎等	山西大学	用基于统计的方法分析文本结构	1996
9	王永成等	上海交通大学	OA 系统，集成了位置法、指示短语法、关键词法和标题法多种方法	1997
10	钟义信等	北京邮电大学	按用户需要抽取信息填写固定格式	1997
11	姜贤塔、陈根才	杭州大学	采用基于语料库的方法	1998
12	杨建林	南京大学	一种使用自动聚类思想的自动文摘方法	2001
13	胡舜耕等	北京邮电大学	基于多 Agent 技术的自动文摘系统	2001
14	张清军、朱才连	中国科学院测量与地球物理研究所	基于 LBS 的中文自动文摘技术	2004
15	王萌等	华中师范大学计算机科学系等	基于 HowNet 概念获取的中文自动文摘	2005
16	谈文蓉等	西南民族大学	文献近似分类算法及汉语文献生成处理	2006
17	索红光等	北京理工大学等	利用时间戳改善文摘句子抽取质量和排序的方法	2007
18	王萌等	广西工学院	基于全局和局部信息的自动文摘算法	2007
19	石子言、吴庆	东北师范大学	基于篇章消解算法的特定领域自动文摘系统的研究	2008
20	陈戈、段建勇、陆汝占	上海交通大学	基于潜在语义索引和句子聚类的中文自动文摘方法	2008
21	蒋效宇等	北京理工大学等	将基于查询条件的句子权值计算融入句子重要度计算的文摘技术	2008
22	吴晓锋、宗成庆	中国科学院自动化研究所模式识别国家重点实验室	基于 LDA 的条件随机场（Conditional Random Field, CRF）自动文摘（LCAS）方法，研究了 LDA 在有监督的单文档自动文摘中的作用	2009
23	俞辉	中国石油大学	一种基于 LSA 和 pLSA 的多文档自动文摘策略	2009
24	王海、胡珀	武汉职业技术学院、华中师范大学	从优化问题的角度提出一种基于遗传算法的句子抽取型文摘选择策略和方法	2009
25	蒋昌金等	华南理工大学等	基于主题词权重和句子特征的自动文摘	2010
26	胡琪、邹细勇	中国计量学院光学与电子科技学院	将 MapReduce 分布式并行框架应用在多文档自动文摘技术中的实验模型	2011
27	张明慧等	苏州大学计算机科学与技术学院等	基于 LDA 主题特征的自动文摘方法	2011
28	魏桂英、刘冰	北京科技大学	一种自动文摘中主题区域划分的方法	2011
29	倪维健等	山东科技大学	以支持向量机算法为基础，设计了两种有效的处理非平衡自动文摘数据的分类方法	2012

5.2.8 云计算

1. 概述

随着计算机技术和网络信息化的不断发展，云计算技术作为一项新型网络应用技术，正在受到世界各国的关注和重视。云计算是并行计算、网格计算、分布式计算和网络存储等技术发展融合的产物，其基础是不同技术和设施的"整合"。云计算将海量数据资源集中在云存储中心，用户可以通过简单的客户端（如浏览器）来使用云端提供的各种服务。云计算的主要目标是能够通过网络技术对网络环境中所有资源进行统一管理、维护和控制，用户可以按需随时随地获取"云"中的内容。

关于云计算的概念，目前学术界尚未达成一致的看法。其中，中国电子学会云计算专家委员会给出的定义是，云计算是一种基于互联网的、大众参与的计算模式，其计算资源（计算能力、存储能力、交互能力）是动态、可伸缩、且被虚拟化的，以服务的方式提供。美国商务部技术与标准研究所 NIST 指出，云计算是一种能够广泛、方便和按需地通过网络获取一组共享的可配置的计算资源的模式，这些计算资源包括网络、服务器、存储、应用和服务等。这两个概念基本概括了云计算的总体特征，可以看作对云计算比较权威的表述。

云计算不仅是资源的简单汇集，更重要的是它提供了一种管理机制，使得整个互联网的资源作为一个虚拟"资源池"对外提供服务，同时也赋予用户透明获取和使用资源的自由。从技术上讲，云计算只是传统技术的融合与发展；但从服务模式上讲，云计算是对传统资源管理方式的巨大变革与创新。

2. 云计算的特点

云计算旨在为用户提供快速、便捷的数据存储和应用服务，使互联网成为用户的数据中心和计算中心，也使用户的操作活动从"桌面"转移到"云端"。云计算的主要特点可以概括为四个方面。

（1）数据存储的可靠性

数据是云计算的核心。数据的安全存储是正常进行事务处理和操作的基础和前提。数据丢失或损坏的主要原因是硬件问题、系统问题和人为失误。云计算提供了可靠的数据存储中心，用户的数据可以实时同步传递到云端，并且可以通过网络在终端设备（如个人电脑、平板电脑等）上操作，避免了用户将数据存放在个人电脑上而出现的数据丢失或病毒感染等潜在问题。同时，云计算使用了数据多副本容错、计算节点同构可互换等措施来保障服务的可靠性，一台服务器的损坏既不会丢失数据，也不会影响其他服务器的正常工作，这就有效地确保海量数据的安全性。

(2) 网络服务的便捷性

云计算的目标是为用户提供快捷方便的服务。云计算时代，用户不再需要安装和升级终端设备上的软件和硬件，云服务端的运营维护人员能够帮助用户维护硬件设施、安装升级软件、防范网络攻击。对于用户而言，只需要通过网络浏览器就可以方便、快捷地使用云计算提供的各种服务。

(3) 数据处理的高效性

信息社会需要面对的两大问题是海量资源的存储和处理。云计算所提供的基础设施可以为数字图书馆解决海量信息存储和数字资源长期保存问题，所有资源被汇集于一个虚拟的"资源池"中统一管理。资料显示，Google 云计算已经拥有100 多万台服务器，Amazon、IBM、微软、Yahoo 等均拥有几十万台服务器，而企业私有云一般拥有数百上千台服务器。云计算赋予用户前所未有的强大能力，可以高效完成普通计算难以处理的各项任务。

(4) 数据资料的共享性

云计算的数据保存在云端服务器中，用户可以将个人的操作系统接入云中，与其他操作系统共享数据和文档。数据的共享性可以使更多的用户充分利用已有数据资源，减少资料收集、数据采集等重复劳动，而把精力重点放在事务处理上。

3. 云计算的模式与架构

根据美国国家标准与技术学会的意见，云计算模式由三种服务模式、四种部署模式和五种基本属性组成，以下对其分别介绍。

(1) 服务模式

云计算的服务模式大致有 3 种：软件即服务（Software as a Service，SaaS）平台即服务（Platform as a Service，PaaS）设施即服务（Infrastructure as a Service，IaaS）。在不同的服务模式下，用户的权限不同，所进行的操作和使用的服务也不同。

① SaaS。基于云平台开发的各类应用服务以应用程序的形式呈现给用户。用户不需要管理云计算所涉及的服务器、操作系统和存储设备等基础设施，也不需要在本地机上安装应用程序，只需要通过简单的客户端就可以使用服务。

② PaaS。供应商为用户提供各种程序开发工具，用户不需要管理云计算所涉及的服务器、操作系统和存储设备等基础设施，但可以在基础设施上部署应用程序。这种服务方式旨在为开发者提供一个平台来开发各种云应用软件，把开发平台作为一种服务提供给用户。

③ IaaS。用户使用处理、储存、网络以及各种基础运算资源，部署和执行操作系统或应用程序等各种软件。用户不能管理底层的云计算基础设施，而是以此

为基础部署和运行任意软件，包括操作系统、应用程序和网络组件等。

表 5-9 是对 SaaS、PaaS 和 IaaS 不同方面的对比。

表 5-9　SaaS、PaaS、IaaS 对比

	服务内容	服务对象	使用方式	系统实例
SaaS	基于互联网的应用程序服务	需要软件应用的用户	用户上传数据	Google Apps
PaaS	应用程序部署和管理服务	程序开发人员	用户上传数据、程序	Microsoft Azure
IaaS	基础设施部署服务	需要硬件资源的用户	用户上传数据、程序和环境配置信息	Amazon BC2

（2）部署模式

按照服务对象和服务范围的不同，可以采用多种方式部署云服务。主要包括私有云服务、社区云服务、公共云服务及混合云服务。

① 私有云服务。私有云服务中，云基础设施被某一单位或组织拥有，所提供的网络资源服务只供给组织内部的人员使用，而不向外界其他人员开放。私有云较多适用于政府机关部门和大型公司企业，其优点在于它可以按照组织内部的具体情况对资源结构进行相应的设计，保证了网络资源的可靠性和可控性。但通常要建立一套完善的私有云服务需要耗费大量的资金。

② 社区云服务。社区云服务是指在一定的地域范围内，由云计算服务提供商统一提供计算资源、网络资源、软件和服务能力所形成的云计算形式。结合社区内部网络互联和技术整合的便利性，通过对区域内部计算资源的统一管理，从而满足社区内用户的共同需求。

③ 公共云服务。公共云是指网络资源由一个提供云计算服务的组织所拥有，该组织将服务提供给外部客户使用，而并非为组织内部所用。公共云的优势在于使用者不需要进行投资建设，而只需要到相关站点免费或付费使用所需要的应用程序和服务。目前共有云的实例包括亚马逊的弹性计算云（Amazon EC2）、IBM 的 Blue Cloud、谷歌的 AppEngine 和微软的 Azure 服务平台。

④ 混合云服务。混合云是两种或两种以上云的有机结合，它既可以将网络资源提供给自己内部的机构和员工使用，同时也对外界进行开放。由于混合云在一定程度上整合了其他云服务的优势，所以目前多数的云计算部署都采取混合云的模式。

（3）基本特性

与传统的计算机服务不同，云服务有自己的一些鲜明特征。

① 按需自主服务（On-demand Self-service）。消费者可以单方面按需部署计

算资源，而不需要与服务供应商进行协商与交流。

② 宽带网络接入（Broad Network Access）。云计算的基础是网络接入，用户通过互联网获取各种资源和服务，通过客户端进行访问和使用。

③ 资源集合（Resource Pooling）。计算资源包括存储器、处理器、内存、网络带宽和虚拟机器等，这些资源被集中整合、统一管理，同时不同的物理和虚拟资源可根据客户需求动态分配。

④ 快速灵活（Rapid Elasticity）。云计算可以快速灵活地提供服务，并可以对资源动态调度，并且用户可在任何时间购买任何数量的资源。

⑤ 计量式服务（Measured Service）。云计算服务的使用是可以准确计费的，其收费标准可以是基于流量的一次一付，也可以是基于广告的收费模式，还可以按月根据用户实际使用收费。计量的对象往往是带宽和计算资源的消耗。

（4）架构

云计算可以按需提供弹性资源，它表现为一系列服务的集合。云计算的体系架构可以大致为分核心服务、服务管理和用户接口 3 个层面，如图 5-26 所示。其中，核心服务层即云计算的 3 种服务模式的集成，这些服务具有可靠性强、可用性高等特点，可以满足多样化的用户需求；服务管理层为核心服务层提供支持，包括服务质量（QoS）保证、安全管理、资源监控等，确保核心服务的正常运行；用户访问层提供服务端和用户端交互的接口，云计算通过 Web 门户将用户的桌面应用迁移到互联网，从而使用户随时随地通过浏览器就可以访问数据和程序。

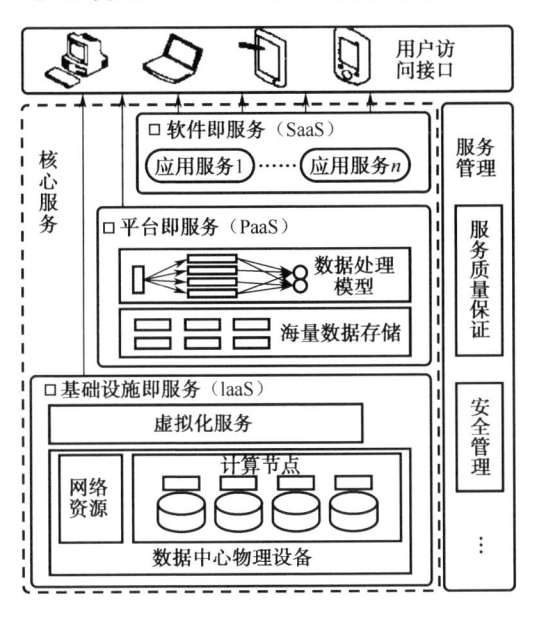

图 5-26 云计算体系架构

4．云计算的关键技术

云计算以用户为中心实现资源的按需部署。为此必须解决资源的动态分配、监控和自动化部署等问题，而这些有需要以虚拟化、数据管理、分布式计算等技术为基础。如前所述，云计算本身并不是技术上的创新，更准确地说它应该是多种不同技术的融合与发展，本节将重点介绍云计算的关键技术，包括虚拟化技术、数据存储技术和处理技术 3 个主要方面。

（1）虚拟化技术

虚拟化技术是云计算、云存储服务得以实现的关键技术之一。它将应用程序和数据在不同层次以不同的方式加以展现，从而使得不同层次的使用者、开发及维护人员，能够方便地使用相应的应用程序来使用、开发和维护数据。换句话说，虚拟化技术封装了特定层次的人员所不关心的内容，呈现的只是有需求和有意义的数据资料以及相关操作接口。

虚拟化是一个接口封装和标准化的过程，它为在虚拟容器里运行的程序提供适合的运行环境。通过虚拟化技术，可以屏蔽不同硬件的差异所带来的软件兼容问题，并将硬件资源通过虚拟化应用程序重新整合后分配给其他软件使用。虚拟化技术的核心问题是脱离硬件依赖，使得呈现给用户的界面是标准化的、统一的。对于云计算和云存储来说，需要抽象的地方很多。以云存储为例，用户并不关心数据的存储情况（如在什么位置存储、以什么形式存储），他们所关心的是如何有效利用已有数据，这些数据是否安全等，因此，虚拟化技术使用户可以专注于他们的业务工作，由云服务提供商统一存储和管理经过封装操作的数据。

在云计算环境下，每一个应用程序的部署方式与其物理平台没有关系，所有的程序和数据都通过虚拟平台进行管理、扩展、迁移、备份。云计算虚拟化的对象包括 IT 资源、软件、硬件、操作系统和存储网络等，它们都可以在云平台中统一管理。

总之，虚拟化技术打破了物理平台（硬件资源）之间的壁垒，把物理资源转变为逻辑上可管理的资源。未来的信息资源将透明地运行在各种物理平台上，资源的管理都将以逻辑方式进行，完全实现资源的自动化管理，而虚拟化技术则是实现这一目标的最佳工具。

（2）数据存储技术

为了保证可用性、可靠性和经济性，云计算采用分布式存储的方式来存储数据，主要包括三个方面：分布式文件存储系统、分布式对象存储系统和分布式数据库技术。

① 分布式文件存储系统。

云计算的数据存储技术主要有 Google 的非开源的 GFS（Google File System）和 Hadoop 开发团队开发的 GFS 的开源实现 HDFS（Hadoop Distributed File

System)。大部分 IT 厂商，包括 Yahoo、Intel 等的云计划采用的都是 HDFS 的数据存储技术。

Google File System 是一个基于安装有 Linux 操作系统的大量普通 PC 构成的集群系统。整个集群系统由一台 Master 和若干台 TrunkServer 构成。GFS 中文件备份成固定大小的 Trunk 分别存储在不同的 TrunkServer 上，每个 Trunk 有多份复制，也存储在不同的 TrunkServer 上。Master 负责维护 GFS 中的元数据，即文件名及其 Trunk 信息。整个系统由 Master 和 TrunkServer 协调工作。客户端先从 Master 上得到文件的元数据，根据要读取的数据在文件中的位置与相应的 TrunkServer 通信，获取文件数据。

② 分布式对象存储系统。

对象存储系统是传统的块设备（Block Device）的延伸，具有更高的智能性和方便性：上层对象通过 ID 来访问下层对象，而不需要了解对象的具体空间分布情况。最典型的代表是 Amazon 的 S3（Amazon Simple Storage Service）服务。

S3 是一个全球存储区域网络（SAN），它表现为一个超大的硬盘，用户可以在其中存储和检索数字资源，这些资源被称为"对象"，对象存储在存储段（bucket）中。如果以硬盘进行类比，对象就像是文件，存储段就像是文件夹（或目录）。对象和存储段通过统一资源标识符进行查找。

③ 分布式数据库系统。

分布式数据库系统通常使用较小的计算机系统，每台计算机可单独部署在一个地点，每台计算机中都有 DBMS 的一份完整复制，并具有自己局部的数据库，位于不同地点的许多计算机通过网络互相连接，共同组成一个完整的、全局的大型数据库。分布式的数据库系统克服了中心式数据库系统的一些缺点，实现了较低的数据传送成本、较高的系统稳定性以及较灵活的系统功能扩充。但同时，分布式数据库也受到若干不安全因素的干扰，包括黑客攻击、病毒攻击、网络环境的脆弱性和数据库系统本身的潜在安全隐患等。Google 的 BigTable 就是一个典型的分布式结构化数据存储系统。

BigTable 是一种为了管理结构化数据而设计的分布式存储系统，这些数据可以扩展到非常大的规模，例如在数千台商用服务器上的达到 PB 规模的数据。BigTable 凭借其广泛的适用性和较高的可靠性，已经在超过 60 个 Google 的产品上得到了应用，包括 Google Analytics、Google Finance、Google Earth 等。BigTable 采用了很多数据库的实现策略，但是 BigTable 并不支持完整的关系型数据模型；相反，它为客户端提供了一种简单的数据模型，客户端可以动态地操纵数据的布局和格式。

（3）数据处理技术

处理云计算中的海量数据信息的常用技术是并行计算。并行计算的主要目的是快速解决大型且复杂的计算问题。为执行并行计算，计算资源应包括一台配有多处理机（并行处理）的计算机、一个与网络相连的计算机专有编号，或者两者结合使用。云计算中，海量数据被分配在多个节点上，利用多个计算机的计算能力并行处理，从而提高任务完成效率。Google 的 MapReduce 和微软的 Dryad 都是典型的并行计算实例。

以 MapReduce 为例。MapReduce 不仅仅是一种数据处理模型，同时也是一种高效的任务调度模型。这种模型不仅适用于云计算，在多核和多处理器、Cell 处理器（Cell Processor）以及异构机群上同样有良好的性能。MapReduce 模型的核心是 Map 和 Reduce 两个函数块，程序员只需要指定 Map 和 Reduce 函数来编写分布式的并行程序。程序员在 Map 函数中指定对各个分块数据的处理过程，在 Reduce 函数中指定如何对分块数据处理的中间结果进行归约（Reduction）。在集群上运行的 MapReduce 程序会自动将输入的数据分块、分配和调度，同时还将处理集群内节点失败以及节点间通信的管理等。

5. 云计算与数字图书馆

（1）数字图书馆的云服务

数字图书馆的云服务都是基于对海量数据的存储和操作，这些数据包括文献信息、读者信息和业务信息等。随着数字技术的发展，图书馆服务内容将趋于数据化，数字化内容不仅表现为各种电子文本，如电子书、电子期刊等，也表现为数字化的图像、声像制品等。这些数字化内容形成了庞大的"数据云"，它们是图书馆云服务得以存在的基础。

图书馆可以借助现有的云计算架构来实现数字图书馆云服务，将图书馆服务从本地化升级为基于互联网的云端服务。在图书馆的云服务中，用户可以在任何计算机上通过专有账户进入图书馆私人空间，在那个私人空间中保留了很多个人的阅读习惯、历史记录等信息，而系统本身也会利用数据挖掘技术将用户所关注的信息排放在最前面，这一切工作都可由"云计算中心"来完成。

作为图书馆界的先驱，OCLC（Online Computer Library Center）很早就开始了类似于云计算的网络服务，其最具代表性的产品是 WorldCat Local。WorldCat Local 借助 WorldCat 海量的书目数据信息和图书馆馆藏信息，为各个成员馆定制了基于本馆馆藏的 OPAC（Online Public Access Catalogue）。图书馆将本地 OPAC 外包给 WorldCat Local 后，自己不需要维护 OPAC，只需要准确地上载本馆馆藏信息和流通信息到 WorldCat Local 中，由其统一管理和发布书目信息以供查询。类似的产品还有 EBSCO 的 Discovery Service 和 ProQuest 的 Serial Solutions，这两个产品都是利用自身的海量数据，提供基于网络的个性化定制服务。

云服务的开展加速了各个图书馆之间资源的整合，从而降低了图书馆的运行成本和硬件的投入成本。随着图书馆的数据中心逐步向"云计算中心"转移，图书馆工作也从简单的数据采集者向数据使用者过渡，这对工作人员提出了更高的要求。OCLC 的 Janifer Gatenby 撰文指出，云图书馆员（Cloud Librarians）需要掌握云计算相关知识，熟练地利用云进行数据处理与分析工作，适应今后图书馆的发展方向。

（2）云计算给数字图书馆带来机遇

① 降低图书馆的运营成本。

运营成本包括信息技术的投入和设备维护两方面的成本。图书馆可以利用云计算服务中提供的存储、平台和较强的运算能力来处理业务，而不需要单独购买和安装应用程序，大大降低了图书馆信息技术的投入成本。例如，云计算提供的 SaaS 服务在图书馆中的应用将降低在服务器和软件授权的购买的成本。另外，为了确保图书馆资源管理系统正常运行，图书馆管理人员需要经常对图书馆的计算机和服务器等设施设备进行维护、升级和更新。在云模式下，有关的技术人员不必在升级图书馆的相关硬件管理上耗费精力，上述日常维护工作由云服务提供商来完成，这样就允许管理人员有时间进行其他工作。另一方面，云存储的虚拟化技术提高了硬件利用率，在管理上也更加灵活，节省了图书馆的人力资源。

② 动态分配资源，确保服务器正常运行。

云计算的特性之一是可以对资源进行动态分配。目前的数字图书馆或数字资源平台都是由各图书馆独立搭建，由于访问量的不确定性，有时会出现服务器空闲的情况，有时又面临着服务器过载的情况，这样对软硬件资源的利用是不合理的。云计算"按需所取"的服务方式和云计算提供的超强的运算能力，可以让图书馆从云计算服务提供商那里获取最适合的运算能力：访问人数较多时，可要求分配较多的运算资源，以保证线路的通畅；访问用户较少时，则归还多余的运算能力，减少资源浪费。这样，图书馆便可根据自己的经费投入和设备状况优化数字资源平台的资源配置，达到最大化地满足读者需求。

③ 有利于信息资源的整合与共享。

信息资源整合是指依据一定的需求，通过各种技术把不同来源和不同通信协议的信息体系完全融合，使不同类型、不同格式的信息资源实现无缝连接。经过整合的信息资源系统，具有集成检索功能，是一种跨平台、跨数据库、跨内容的新型信息资源体系。

云计算的基础是"整合"，能将所有的硬件能力集中起来对外服务，图书馆将所有馆藏资源整合起来放入一个"资源池"中，用集群存储架构对数据进行集中存储与调用，以"按需所取"的服务方式提供给用户。通过云模式，可以在不同数字图书馆之间建立信息共享机制，实现硬件设备的共享。另外，用户可以借助云平台随时获得相关数字图书馆的信息和资源，从而避免了地域差异带来的不方便等问题，既节省了资源在网络中传递的时间，又解决了用户在获取信息上的时间浪费问题。无论何时何地，都可以通过互联网获取他们需要的文献资源，享受图书馆的服务。如果不同图书馆都将其可共享的资源存放在"池"中，还可以减少图书资源的重复购买，减轻资源建设和维护的负担。

④ 提升数字图书馆的服务水平。

信息资源整合的根本目的是为了提高信息服务的水平和质量。对于数字图书馆而言，服务是联系读者与信息资源的桥梁，云计算的应用加深了图书馆以读者为中心的理念。随着云计算技术的发展和服务至上理念的革新，数字图书馆的信息资源服务将朝着一体化的交互式信息服务模式发展，主要表现在以下几个方面。

（a）一体化的综合信息服务。云计算环境下的信息服务实现了用户的统一认证、统一检索入口和统一结算，构建了一体化的综合信息服务平台。首先，通过用户在网络中的身份标识来实现跨系统的同一用户认证和单点登录；其次，通过对异构数据库的资源整合形成统一检索平台，用户可同时对多个数据库进行检索；最后，在不同的数据库中进行检索，而在综合信息服务平台进行统一结算，提高服务效率和信息获取效率。

（b）精准的智能信息检索服务。在云平台的搭建过程中，采用数据仓库技术将信息资源进行整合，同时自动聚类、数据挖掘等技术将使得信息检索更加智能。一方面，检索系统可以识别并处理用户的自然语言提问，进而自动地构造检索式进行检索；另一方面，通过数据挖掘，系统主动为用户提供各种可能的个性化资源和服务机制，并以清晰、直观的形式呈现检索结果。在云计算环境下，计算机将代替网络用户对网络进行阅读，然后进行计算归纳，用户所能读到的只是自己所需要的答案。

（c）个性化信息服务。个性化信息服务是一种用户导向的、定制化的信息服务，它是根据用户的知识结构、信息需求、行为方式和心理倾向等，为具体用户创造符合个性需求的服务环境。云计算的出现丰富了数字图书馆用户的个性化服务方式，主要表现在以下几个方面：在终端的选择上，传统的数字图书馆只能通过计算机访问图书馆的资源，而云计算技术支持各种手持式设备，如平板电脑、智能手机等终端访问图书馆，这样用户可以随时随地享受到图书馆的服务；在用户交互方面，云计算能提供即时通信和在线帮助进行实时的交互；借助"云"，用户能够找到馆员，每个用户的个性化和社会化需求能及时表达并得到满足，馆员也可以发现用户，分析资源流向和用户行为，把众多用户的隐性知识显性化，使得个人知识转化为群体知识；在信息推送方面，云模式下的几百万台的计算机通过整合提供强大的计算能力，快速地对海量业务数据进行分析、处理、挖掘，在短时间内提取出有价值的信息，这样不仅可以为更多的读者提供更好的检索结果，而且可以通过数据挖掘实现书目信息的个性化推送。

(3) 云计算给数字图书馆带来挑战

① 云计算提供商地位的上升对图书馆的挑战。

在云模式中，图书馆能够进行资源整合并实现资源的共享，但是这些云服务都是由特定的提供商所提供的，他们为了扩大其用户群体必然不会满足于仅仅提供服务这个层面，它们也正在收集更多的资源，提高自身在用户心中的地位。其中最典型的就是 Google 公司。Google 的宗旨是"组织世界上的所有信息，使得人人皆可使用并从中受益"，它所整合的对象是全世界的数字资源。谷歌书籍图书馆项目（Google Books Library Project）和开放内容联盟（Open Content Alliance）等吸收了大量的数字资源，这里不仅是互联网上流行的资源，也包括大量图书馆的书目信息和全文内容。显然，通过服务提供商的搜索引擎，用户可以享受到全世界的信息资源，而不需要借助图书馆这一中介，这势必会对图书馆的社会地位产生冲击。图书馆存在的核心价值之一，就是信息组织和信息发布，如果 Google 等云计算服务提供商承担了这方面工作，那么图书馆的社会功能和地位无疑会被削弱。

② 版权问题。

在云计算环境下，各图书馆通过相关协议彼此共享信息资源，用户可以在更大的范围上获取信息。但是，数字图书馆需要保证在将自己的资源交给云服务提供商管理后，完全拥有被托管资源的知识产权，能够自主管理和控制这些资源，同时其他的用户没有权限对这些资源进行管理，否则就会带来版权纠纷。OCLC 在 2008 年 11 月推出 WorldCat 记录使用与传递政策（Policy for Use and Transfer of WorldCat Records），试图取代 20 年前的 OCLC 衍生记录使用与传递指南（Guidelines for the Use and Transfer of OCLC-Derived Records）。根据这一政策，如果是出于非商业的目的，OCLC 成员及非成员机构均可免费使用 WorldCat 数据库中的任何数据记录，而用于商业目的时，则需要获得 OCLC 的授权。OCLC 成员机构可以向其他成员单位转让自己持有的馆藏记录，甚至在获得 OCLC 授权的前提下，也可以转让 OCLC 的数据记录，在转让过程中，OCLC 鼓励相关机构通过保留 OCLC 记录号、提供政策链接等方法来声明所转让的书目记录对 WorldCat 的版权归属关系。而出于商业目的的转让行为必须套用相关的记录使用表格，并向接受转让的机构提供该政策完整的副本。任何对相关政策内容链接的隐藏、移除、模糊行为及无效链接均不被认可。这个政策中对权利归属问题的规定受到了很大质疑，最终不得不在 2009 年 5 月宣布撤销。这是探索信息资源网络化应用过程中的一个典型的版权纠纷案例，为云计算的广泛应用提供了前车之鉴。

③ 资源的开放性问题。

数字图书馆在将数字资源上传至云中构建云计算资源时，还得考虑数字资源的选择性整合问题，即是否将全部数字资源都上传至云服务器？如果不是全部上传，应该将哪些资源上传？对于上传的资源，哪些可以公开使用，哪些只能由特定成员使用，这些都是值得考虑的问题。例如 OCLC 的书目数据是各成员馆提交上来的，从理论上说，OCLC 的书目数据属于全体成员馆，非成员馆在使用这些数据时，就会受到 OCLC 规则的制约，影响了数据的开放性。此外，各个国家对数据开放、使用许可和所有权的管理是不同的，尤其是各个国家对数据管理的法律制度有较大差异，而云计算是一个跨地域的服务，如何协调不同国家和地区数据管理体制的差异，将成为图书馆引入云计算时面临的一个巨大挑战。

④ 数据质量问题。

由于图书馆云服务是数据服务驱动的，所有的功能都建立在数据服务基础上，数据质量的好坏决定了云服务功能的有效性。数据质量包括很多方面，包括数据的准确性、完整性、权威性、可靠性等。由于云服务的发展仍不够成熟，对于数字资源的整合仍存在许多不足，例如 WorldCat Local 中的元数据质量比较低，信息记录通常是不完整的且不完全符合使用标准。另外，现阶段仍缺乏对数据质量进行合理评估的工具，使得图书馆机构以及用户对于云数据的质量持有质疑态度。统计数据表明，大多用户仍怀疑云数据的质量，只有 21%的企业完全信任基于云的数据，30%的 IT 用户对云数据有较高信任度，而只有 11%的商业用户对此有相当少的信心[1]。当然，云服务供应商在不久的将来会改变过去只关心集成工具的策略，开始提供针对数据质量、数据管理和云数据治理的应用程序。

6. 云计算的应用与发展前景

云计算技术已经被越来越多的企业所采纳和利用。2010 年 5 月，Google 发布了 Google Storage for Developers，这是一项允许企业在 Google 云端服务器存储数据的服务。2010 年 7 月，阿里巴巴董事会主席马云表示公司未来将加大在云计算、云存储上的投入。2011 年 3 月，美国最大的电子商务公司亚马逊宣布，将推出云存储服务，用户可使用亚马逊的云服务器储存音乐、照片、视频等数字化文档。

尽管还存在不同的声音，但是越来越多的运营商认同了未来发展的云模式，北美和西欧的运营商处于领先地位，亚洲运营商也正在积极参与其中。不同的研究机构对云计算市场发展情况做出了相对乐观的预测：美林预计未来 5 年，全球"云计算"市场规模将达到 950 亿美元[2]。市场研究公司 Gartner 预计到 2013 年云计算全球市场规模将超过 1 500 亿美元[3]。信息技术咨询公司 IDC 也预计，到 2013 年"云计算"服务开支将占整个 IT 开支增长幅度的近 1/3。我国云计算服务市场

---

[1] 企业网. 企业陷入云数据质量困境.http://www.d1net.com/cloud/tech/82941.html, 2012

[2] 和讯科技. 预计未来 5 年全球云计算市场规模将达到 950 亿美元. http://tech.hexun.com/2009-02-18/114609486.html, 2012

[3] 腾讯科技. 报告称 2013 年云计算市场规模将超 1500 亿美元. http://tech.qq.com/a/20090327/000174.htm, 2012

处于起步阶段,云计算技术与设备已经初具规模。据 Gartner 估计,2011 年我国在全球约 900 亿美元的云计算服务市场中所占份额不到 3%,但年增速达到 40%,预期未来我国与国外在云计算方面的差距将逐渐缩小[1]。

尽管在统计口径和评估结果等方面并不一致,但是各家咨询机构均认为云计算的市场潜力巨大,随着云计算在信息管理、数据安全、服务水平等方面的不断完善,它将逐渐获得企业用户的认同,在未来几年时间内,也将保持较快的增长速度。

5.3 面向图书馆的数字资源服务系统的设计

5.3.1 数字图书馆服务模式

面向图书馆的数字资源服务系统是数字出版商可为数字图书馆提供服务的主要系统之一,在其基础上能为数字图书馆提供更进一步的服务,例如,资源服务系统与数字图书馆用户系统的集成与单点登录、读者的个性化服务、及与数字图书馆的发现服务与跨库检索的对接与支持。

影响数字图书馆资源服务系统设计的因素主要来自数字出版为数字图书馆的商务模式和服务模式。其中采用集中服务模式(在线服务模式)还是本地服务模式,对系统的设计有着非常大的影响。

1. 集中服务模式(在线服务模式)

集中服务模式是指数字出版为数字图书馆服务的系统,是一个集中的系统,这个系统为全国乃至全球的数字图书馆用户提供服务。这种服务模式一般是通过在 IDC 机房托管的服务器上部署相应的系统来提供服务,各图书馆必须通过互联网来对系统进行在线访问,有时又称为在线服务模式。

集中服务模式对于数字图书馆资源服务系统的设计主要有如下要求。

(1)需要构建一套系统为多家机构提供服务

为了实现多家机构在一套系统中分享服务,系统需要能具有比较好的可扩展性,服务的图书馆,最开始可能是几个,随着业务的开展,会增加到几十个图书馆,甚至几百个、几千个图书馆,因此在架构设计的时候,需要考虑支持图书

---

[1] 中国产业经济信息网. 全球云计算前景广阔,我国尚处起步阶段. http://www.cinic.org.cn/site951/schj/2012-05-23/562509_1.shtml, 2012

数量的可扩展性。

由于集中服务模式一般构建在托管服务器上，很多时候，我们也把这种模式称为托管模式，或者称为云服务模式，可以采用云计算的技术来构建系统服务。

云计算具有分布式计算和存储、高扩展性、用户友好性，良好的管理性等特征，谷歌、亚马逊等大型信息服务系统均采用云计算技术来提供服务。云计算虽然出现的时间较短，但在其关键技术已经有了飞速发展，且日渐成熟，开始广泛应用。这些关键技术至少包括以下几种：①虚拟化技术：虚拟化是实现云计算的最重要的技术基础，它实现了物理资源的逻辑抽象和统一表示。通过虚拟化技术可以提高资源的利用率，并能够根据业务需求的变化，快速、灵活地进行资源部署，既能提高系统的安全性、稳定性，又能大幅度降低项目的经济成本。②数据分布式存储技术：云计算的数据存储技术具有高吞吐率和高传输率的特点，云计算采用分布式存储的方式来存储数据，采用冗余存储的方式来保证存储数据的可靠性，实现了高可用、高可靠和经济性。另外，也同时保证了云计算系统能够同时满足大量用户的需求，并行地为大量用户提供服务，这些技术可以有效促进数据存储与服务的高效稳定。③数据管理技术：云计算可以实现对海量的数据存储、读取后进行大量的分析从而高效地管理大数据集，同时还能实现动态负载均衡、故障节点自动接管，具有高可靠性、高可用性和高可扩展性，在处理PetaByte级以上海量结构化数据的业务中具备明显性能优势。

云计算技术近几年来有了非常快的发展。例如，谷歌（Google）采用云计算技术，构建了一个非常坚实的基础架构，在这个架构之上在全球范围内部署了超大规模分布式的服务器集群，不仅可以为全球用户提供传统的搜索服务，还为用户提供谷歌地图、Gmail、谷歌翻译等大规模的基础服务；互联网上最大的在线零售商亚马逊（Amazon）公司，不仅通过云计算技术为自己的网站和服务提供基础架构支持，还对外提供云计算资源，开展对外的服务。亚马逊将其云计算平台称为Elastic Computer Cloud（EC2，弹性计算云），其他的公司可以租用EC2中的计算资源。云计算的三个服务层次基础设施即服务（IaaS），平台即服务（PaaS）和软件即服务（SaaS）都有了快速发展和广泛的应用。其中，IaaS的发展使得使用者通过Internet可以从完善的计算机基础设施获得服务，PaaS的发展使得使用者可以将基础设施和平台作为一种服务，而SaaS的发展更是将应用软件作为一种服务通过Internet来提供，用户无须购买软件，而是向提供商租用应用软件的服务即可，而应用软件和资源服务的提供商也有很多采用了SaaS的方式来提供服务。IaaS和PaaS使分布式计算技术更加成熟，在SaaS广泛应用的Web Service技术为系统之间的互联互通提供了很好的基础。

在数字图书馆资源服务系统的设计和开发过程中，云计算中的多种技术都可以在其中应用。首先可以采用虚拟化技术实现对物理资源的逻辑抽象和统一表示，提高资源的利用率、系统的安全性和稳定性；其次，通过数据分布式存储技术达到数据的高吞吐率和传输率，实现资源服务系统的高可用性和高可靠性，同时，保证大规模用户在并发访问时的性能和效率；最后，通过数据管理技术实现海量的数据存储，高效地管理大数据集，并实现动态负载均衡等技术要求。

我们可以在托管服务器上通过云计算技术构建数字图书馆资源服务系统，为各图书馆提供 SaaS 的服务，将数字图书馆数字资源服务系统作为一种服务通过 Internet 来提供，图书馆无须购买软件，而是租用服务即可。同时，为了能更好地与数字图书馆的其他系统衔接，我们可以采用被广泛认可的 Web Service 技术，为数字图书馆各系统之间的互联互通奠定基础，进而更好地为数字图书馆服务。

（2）提供给用户的访问接口需要能区分不同的机构

由于是通过一套系统向多家机提供系统服务，需要设计一种能够区分不同机构的访问方式，一般的方式有以下两种。

① 通过二级域名访问。

这种方式通过在一级域名的基础上，为每一个图书馆提供一个二级域名，不同的图书馆访问的是不同的域名。

这种方式的好处是各家图书馆都有自己的域名，可以非常方便地辨识图书馆的入口，同时有一个个性化的域名，显示了对图书馆的重视。

通过二级域名访问的时候，在系统设计中需要通过域名对应到系统内部的机构，然后根据不同机构购买的不同资源和不同服务（如购买的访问并发数）来提供不同的资源内容服务和用户数量控制。

这种方式在每一次添加图书馆时，都需要与域名服务商沟通增加相应的域名；同时，域名的生效需要一定的时间（如 24 小时）。此种方式一般只推荐一些特殊的用户采用。

② 通过相同域名加不同地址访问。

这种方式是指采用同一个域名加上代表不同图书馆或机构的代码构成的地址进行访问，对图书馆来说也是用独一无二的访问地址来进行访问。

这种方式的好处是，不同的图书馆有不同的访问地址，同时又避免了域名访问中的域名解析的问题，是比较通用的方式。

③ 通过相同地址加读者输入机构代码的方式访问。

这种方式是对于所有的图书馆都采用同一个域名和地址，读者在使用系统前需要先登录，登录的时候，读者手工输入代表图书馆的机构代码或机构代号。

对于图书馆来讲，需要在图书馆服务的网站上告诉读者访问的地址和相应的机构代码，并告诉读者在访问的时候输入机构代码。

这种方式对于系统设计来讲是最简单的。系统只需根据读者输入的机构代码进行不同的处理，进而提供不同的资源内容和相应的服务。

（3）实现对租用模式的服务

相对于本地服务来说，集中服务模式还可以实现租用模式的服务。租用模式是相对于购买模式来说的，购买模式是指图书馆购买资源内容以后可以永久拥有相应的资源内容，不受资源内容服务提供商的限制；租用模式是指图书馆缴纳一定的费用，就可以在未来的一年或数年中享受租用的数字资源内容和相应的服务系统的服务。一般来说，租用模式对于购买模式来说要便宜，其服务模式更加灵活。

只有集中模式才能实现对租用模式的服务。在系统设计的过程中，需要记录每家图书馆采用的是购买模式还是租用模式，对于采用租用模式的图书馆，系统需要记录该图书馆的租期截止时间，在到期前提醒相应的管理人员续租服务，并在租用服务到期的时候停止服务。

（4）集中服务模式的一些特殊注意事项

在国内，为了使得集中服务模式能顺利运行，还需要考虑一些特殊的情况，其中重要的一点就是国内网络环境互联互通的相关问题。

由于我国在互联网上的ISP（Internet Service Provider，互联网服务提供商）服务由大大小小的ISP提供，IDC（Internet Data Center，互联网数据中心）机房也由多家电信服务商提供，各家ISP到各家IDC机房的网络访问情况非常复杂，在提供集中服务的时候，系统的部署需要考虑IDC机房与用户使用的网络ISP之间的匹配非常重要。在国内中国电信、中国联通、教育网是用户最多的几家ISP，而这几家的骨干网络内部都有非常好的连接，跨骨干网络的情况就不完全相同，因此为了能保证读者的利益，需要在电信/联通的IDC机房和教育网的机房中分别部署相应的系统，或者找到到这几个网络都可以顺利访问的托管机房来提供服务。这也是一些大的数字资源服务提供商提供多个访问入口的原因所在。

2. 本地服务模式

本地服务模式是将资源内容和相应的服务系统在用户图书馆本地进行安装，并在图书馆本地提供服务的一种服务方式。

目前，由于多种原因，国内大部分的图书馆还是采取本地服务的方式，主要原因有：

（1）馆藏和评估的要求：一些图书馆对于馆藏有要求，或者由于图书馆所在的高校或其他部门有对于数字资源内容（如电子图书的数量）有相应的评估的要求，因此需要在本地进行安装和服务。

（2）互联网访问的限制：部分图书馆访问互联网有一定的限制，特别是一些西部的高校和图书馆，其互联网访问的速度和稳定性得不到有效的保障，同时，访问互联网的带宽限制也是图书馆选择本地安装的原因之一。

（3）安全性的限制：对于一些特定的行业，例如军队或特殊的政府机构，由

第 5 章　数字出版与数字图书馆的技术互鉴与资源服务系统设计

于安全性的原因不允许访问互联网,这种情况下只能选择本地安装和服务。

从以上原因看来,除了(3)以外,随着观念的更新和技术的进步,馆藏的要求会被服务的要求所替代,而互联网的访问条件随着经济和技术的快速发展,也会飞速提高,只要不是(3)的原因,都有可能会转为集中服务模式,而从国际上来看,集中服务模式也是一个大的发展趋势。

本地服务模式从技术上讲,需要有如下的设计。

(1)资源服务系统的研发便于本地安装和服务。由于本地安装和服务需要服务工程师到图书馆本地进行安装,因此需要更高的服务成本,包括雇佣服务工程师的成本和差旅的成本;同时,由于本地系统相对于集中服务系统,其维护和升级不是很方便,因此要尽可能保证数字图书馆资源服务系统的稳定,使得维护和升级的成本能降到最低。

(2)资源服务系统需要实现对资源数据包的加密和管理。由于本地安装的数字资源内容,不在提供资源服务的数字出版机构的控制范围内,需要防止整个系统或整个数据包被恶意地复制到其他未经允许的服务器上安装。

对资源包的加密和管理一般采用的方式是:将相关的数据包进行加密,然后在使用的时候进行解密,解密时需要绑定图书馆的相关信息,绑定的信息一般可采用两种方式。

(1)绑定图书馆的服务器硬件信息

绑定图书馆的服务器硬件信息需要在安装前通过读取硬件信息的工具将图书馆的服务器硬件信息读取出来发给提供数字出版资源服务提供商,然后根据硬件信息生成一个授权文件,随资源内容及资源服务系统的软件一起发到图书馆,在图书馆安装的时候导入这个授权文件,授权文件仅在这台服务器上可以使用。

绑定服务器硬件信息的系统,在图书馆更换服务器的时候需要与数字出版资源服务商联系获取新的授权文件,需要一些步骤和时间,但这种方式的好处是不需要额外的硬件开销。

(2)绑定提供给图书馆的软件加密锁

软件加密锁即俗称的加密狗。可以在数字图书馆资源服务系统中采用软件加密锁对软件进行保护,同时,加密锁上可以有一个针对特定图书馆的唯一编号,可以将数字资源内容绑定到软件加密锁上的这个独特的编号上面,这样,可以利用软件加密锁比较难于复制,特别是其中的特别编号比较难于复制的特点,来保护相关的资源内容。

此种加密绑定方法需要额外的硬件开销(购买软件加密锁),但用户使用的时候比较方便,在更换服务器的时候也不需要联系数字出版资源服务提供商,只需要将软件加密锁移动到新的服务器上即可。

5.3.2 系统组成与总体结构设计的原则

1. 系统组成

系统的总体组成包括数据层、管理层和应用展现层，如图 5-27 所示。

（1）数据层

数据层主要包括三方面的数据。

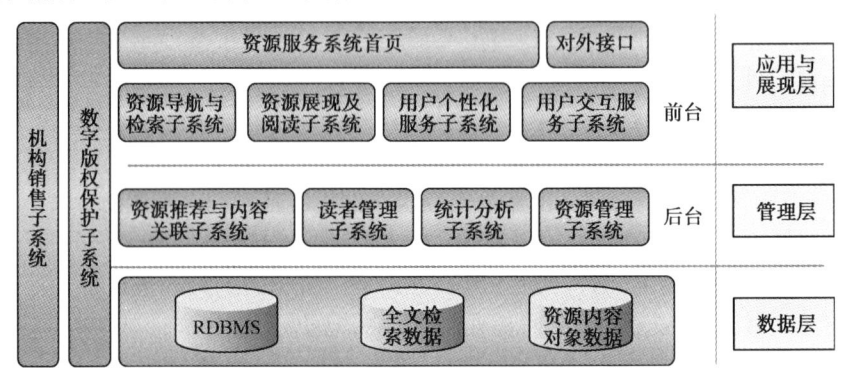

图 5-27 数字图书馆资源服务系统组成

① 关系型数据库。

关系型数据库（Relational Database Management System，RDBMS），相关的管理数据存储在关系型数据库中，如资源类型的管理、资源内容的元数据、用户组的数据、用户的数据、用户借阅下载的数据、用户访问的数据等多种类型的数据多存储在 RDBMS 中。

RDBMS 可以采用 Oracle、Microsoft SQL Server 或 MySQL 等成熟的关系型数据库。

② 全文检索数据。

根据全文检索引擎的需要，将相关的全文检索的数据预先存储起来，在用户使用全文检索等相应的检索功能时，可以通过全文检索引擎调用全文检索的索引数据，从而可以快速检索到全文内容。

③ 资源内容对象数据。

资源内容对象数据是指用于资源服务的对象数据，不同于元数据，对象数据是数字资源内容本身，例如加密后的电子图书文件等。

资源对象数据可以通过 http 或 ftp 的方式供读者直接访问和获取，读者获取资源后还需要通过资源服务系统获取相应的授权，根据颁发的阅读许可证才能真正阅读对应的数字资源内容。

（2）管理层

管理层包括对数字资源内容及读者等多种内容的管理，包括：①资源推荐与内容关联，②读者管理，③统计分析，④资源管理。

（3）应用与展现层

应用与展现层是资源内容服务的读者应用与资源展现，主要包括：①资源导航与检索，②资源展现与阅读，③用户个性化服务，④用户交互服务，⑤资源服务系统首页，⑥对外接口。

（4）数字版权保护子系统

数字版权保护子系统主要是根据系统的要求，将图书馆获得的版权信息进行存储与管理，并根据读者请求的情况，在有权阅读资源内容的读者请求的时候，生成相应的数字资源内容的许可证，供读者使用。

（5）机构销售子系统

机构销售子系统是根据图书馆的要求，为图书馆提供资源内容的选择、机构订单的生成、对机构的资源内容授权与发货等相关的功能。

2．总体结构设计原则

系统的总体设计原则主要包括如下方面。

（1）保证资源内容的完整与内容间的正确关联，并符合社会化网络、移动互联网、本地化服务的发展趋势

相关的资源内容在展现和服务的时候需要保证资源内容的完整性，并且通过多种方式展现各种类型资源内容的关联；SOLOMO（Social、Local、Mobile）是服务的发展趋势，即相关的服务要能支持社会化网络、支持本地化服务和移动互联网。

（2）设计方法

系统的设计建议采用面向对象的方法进行设计。

（3）文字内容编码体系

由于系统需要处理多种资源内容，因此在系统设计的时候需要考虑文字内容的编码体系，建议系统全部使用 Unicode 编码体系，数据库中使用 Unicode 进行数据存储，系统中使用的 XML 文件等均采用 UTF-8 编码。

（4）网络环境

系统需要支持 TCP/IP 协议，支持互联网环境，能在广域网和局域网上运行。

（5）接口/协议

支持单点登录接口、数字图书馆系统间的各种协议标准、与移动客户端之间的 OPDS 数据服务接口等接口标准

（6）用户界面

系统需要提供友好的信息提示，界面美观大方，界面交互符合用户操作习惯；提示信息语言含义明确，简洁。根据服务的数字图书馆读者对象的不同，能实现简体中文、繁体中文、英文的界面切换。

（7）软件健壮性

系统有完善的错误处理机制，能处理遇到的异常状况；当系统出现错误时，有明确的错误提示及日志记录。

（8）系统效率

系统性能和效率需要体现在以下两个方面：

① 页面响应时间需要控制在用户的容忍范围之内。

② 通过软件与分布式的部署，确保在多用户并发的情况下，也要能满足页面响应时间的要求。

（9）易用性原则

系统的用户交互操作需要符合用户的习惯，保证有计算机及通用软件使用经验的人能顺利使用本系统。

（10）清晰性原则

系统的业务逻辑清晰，系统流程的清晰。

（11）安全性原则

系统的安全性需要保证资源内容的安全性前提下，还需要对系统的安全性提供保证，例如敏感性数据需要加密保存，关键性数据需要进行数据校验，通过编码防止SQL注入等网络侵害。

（12）参数扩展的灵活性原则

把有可能变动的参数存放到配置文件或数据库中，保证参数扩展的灵活性。

5.3.3 重点子系统设计

下面介绍资源导航与检索、资源展现及阅读、用户个性化服务、用户交互服务、资源推荐及内容关联、读者管理、统计分析、版权保护与机构资源销售、资源管理等子系统的设计。

1. 资源导航与检索子系统设计

资源导航与检索子系统是数字资源服务系统对外进行服务的主要窗口和数字资源内容的入口，是揭示数字资源内容的最重要的渠道和方式。

（1）资源导航

资源导航是将数字资源内容通过分类、日期/时间、期数/版面等各种方式向用

第 5 章 数字出版与数字图书馆的技术互鉴与资源服务系统设计

户展示数字资源内容总体情况的一种方式,资源导航是数字图书馆读者获取完整的、体系化的资源内容的基本方式。

通过分类进行导航是数字资源内容为数字图书馆服务的最基本方法。不同的资源种类、不同的资源范围、不同的读者群都需要采用不同的分类来进行导航。

对于提供全品种电子图书的数字出版提供商来说,可以采用《中图法》为数字图书馆读者提供导航。《中图法》全称为《中国图书馆分类法》,原称《中国图书馆图书分类法》,是新中国成立后编制出版的一部具有代表性的大型综合性分类法,是当今国内图书馆使用最广泛的分类法体系。《中图法》自 1999 年第四版起更名为《中国图书馆分类法》,简称不变,英文译名为 Chinese Library Classification,英文缩写为 CLC。《中图法》的编制始于 1971 年,先后出版了五版,即 1975 年出版的第一版,1980 年出版的第二版,1990 年出版的第三版,1999 年出版的第四版,2001 年出版了《中图法》(第四版)电子版 1.0 版,2010 年出版的第五版。

《中图法》是一部既可以组织藏书排架又可以分类检索的列举式等级式体系组配分类法,该分类法主要供大型综合性图书馆及情报机构类分文献、编制分类检索工具、组织文献分类排架使用。目前,《中图法》已普遍应用于全国各类型的图书馆,国内主要大型书目、检索刊物的及各类型机读数据库等都著录《中图法》分类号。

《中图法》分为 22 个大类,共含有 51 881 个类目(包括通用类目)。

需要注意的是,《中图法》的分类方式比较专业,为了能给对《中图法》熟悉程度不高的用户以方便,可以在提供《中图法》分类导航的同时,提供一些常用的分类法,下面就是常用分类法一个例子。

① 文学传记
② 经济管理
③ 人文社科
④ 艺术
⑤ 成功励志
⑥ 生活健康
⑦ 语言文字
⑧ 法律
⑨ 政治军事
⑩ 历史地理
⑪ 自然科学
⑫ 工业技术
⑬ 农业科技
⑭ 医学卫生
⑮ 中小学教辅

对于学术类型的资源内容，可以按照学科来进行分类，例如，可按照国家标准 GBT 13745—2009《学科分类与代码》来进行导航。

为了便于读者更直观地了解图书整体概况，可以在分类浏览的时候提供每种分类下的资源的数量，例如：

① 军事（1134）
② 经济（26500）
③ 文化、科学、教育、体育（6227）
④ 语言、文字（5274）
⑤ 文学（15830）
⑥ 艺术（2298）
⑦ 历史、地理（4316）
⑧ 自然科学总论（456）
⑨ 数理科学和化学（3756）
⑩ 天文学、地球科学（622）

除分类以外，还可以通过日期、地域等多种方式进行导航，例如，对数字报纸可采用日期加版面的方式进行导航。

(2) 资源检索

资源检索是根据用户要求展示其关注的有关的资源内容。资源检索与资源导航不同，资源检索的用户都有比较具体的目标，通过检索获取自己感兴趣的资源内容。

传统的检索有多种方式，如简单检索、高级检索、全文检索等。其中，简单检索是通过输入简单的检索词进行检索的方式；高级检索是通过多种条件的组合进行检索；全文检索是在资源内容的全文中进行检索。

除此以外，还有二次检索的功能，所谓二次检索就是在检索的结果范围内再输入条件进行检索，期望能缩小检索范围，找到自己想要的资源。

随着搜索引擎的快速发展，用户对于百度、Google 等搜索引擎的使用越来越多、越来越习惯，读者希望通过在一个输入框中输入检索条件并获得相关的结果，因此，在设计检索子系统的时候，需要考虑用户使用习惯的变化，采用新的思路来进行设计。

例如，可以考虑提供一个简单的输入框，让读者自行输入需要的检索词，然后根据读者的输入结果，可以有一定的动态提示。在检索的结果中，缺省可以按照相关度进行排序，但也允许读者选择其他方式进行排序。

并且，显示出检索命中结果在各种分类中的命中数量，读者可以在命中的分类中进一步进行筛选。对于医药卫生领域的读者，可以选择"医药、卫生"类别，展开该类别中的数字资源内容，并展开"医药、卫生"类别下面的命中的资源数量；而对于计算机病毒感兴趣的读者可以选择"工业技术"分类并展开该类中的资源。

第5章 数字出版与数字图书馆的技术互鉴与资源服务系统设计

2. 资源展现及阅读子系统设计

不同的资源内容需要有不同的展现和阅读方式。

（1）电子图书详细信息

数字资源的详细信息，需要能揭示该资源的相关内容，让读者看到该资源的基本的信息，例如电子图书的书名、作者（责任者）、出版社、出版时间、ISBN 号、分类号和分类名称（如中图法分类号）、可以阅读的方式（如在线阅读、借阅下载、移动阅读等）、对资源内容的评价、打分以及个性化服务（如收藏、推荐等），并显示电子图书的摘要。

为了使读者更加详细了解电子图书的内容，可以显示电子图书的目录，并且可以点击目录中的内容，直接跳转到对应的页码；也可以点击"收藏"将该页收藏起来。

（2）电子图书阅读

需要支持电子图书的在线阅读和电子图书下载后的离线阅读，离线阅读支持在 PC 端的阅读和在智能手机、平板电脑、手持阅读器的阅读。

在线浏览可以为读者快速了解、查看图书内容提供了方便的使用方式，读者可以不用下载、安装阅读器，减少了电子图书下载的等待时间。在线浏览图书时，还可进行书内检索，如图 5-28 所示。

图 5-28　在线浏览时的书内检索

为了使得读者获得更好的阅读体验，可以让读者借阅下载后阅读电子图书。借阅下载后的电子图书无须联网就可以阅读。

PC上的离线阅读应针对用户提供不同的阅读方式。对于初次使用的用户应该提供基于Windows通用的界面进行展现，方便读者可以快速掌握UI界面的操作方式。

为了使那些熟练掌握计算机操作的读者有更好的阅读体验，可以增加读书的阅读模式进行阅读，按照图书的对开形式进行展现，甚至展现图书的厚度以及翻页效果。

对于一些开本比较大的书，可以选择一键阅读的方式放大阅读，仅仅点击空格就可以显示下面的内容并翻页。

为了使得读者在任何场合都可以阅读，需要设计阅读系统使其能在移动设备上阅读。例如支持iPad、iPhone、Andriod智能手机、平板电脑、手持阅读器等。

（3）条目式内容展示

对于碎片式、条目式的数字资源内容，需要采用不同的展示方式。这样一类的内容，更多的是以查询、检索的方式，获得相关的知识点、碎片式的内容，这种类型的资源在展示的时候需要展示其检索结果、筛选条件的选择和知识点之间的关联。

3．用户个性化服务子系统设计

系统平台的设计根据用户的需要展现相关的服务内容。本部分的设计根据用户的类型不同、资源的类型不同而选择不同的个性化服务的方式。

传统数字图书馆是以资源为中心，有哪些资源就提供哪些服务；而发展中的和未来的数字图书馆是以读者和用户为中心的，数字图书馆将根据读者的情况开展服务，并从简单的资源服务向综合型的、个性化的服务转变。

在这样的理念基础上，除了为读者提供个性化的服务以外，可以在征得读者同意的前提下，了解读者的知识背景、感兴趣的功能和资源内容、访问记录和阅读历史，据此可以更好地为读者提供个性化的服务，例如，对于高校图书馆，可以了解读者是老师还是学生，学生的院系、专业、相关的课程等，都是非常好的个性化服务的基本信息。在有了这些基本信息以后，可以对照数字图书馆中提供的功能服务和资源服务，相应地选择出不同的功能和对应的资源内容，并根据资源的更新情况，有目的地为读者推荐，并根据读者使用和阅读的情况进一步改进推荐内容和个性化服务，形成一个良性循环。

4．用户交互服务子系统设计

作为数字出版为数字图书馆提供的辅助服务，还可以设计一些用户交互的功能，如社区、圈子、论坛等功能，可以允许用户将相关的资源内容通过分享的方式，发布到微博、SNS 等网站上。

（1）社区

社区功能可以查看最新资源推荐、热门话题、热门标签、热门圈子、特色个人图书馆，最近书评等信息。

（2）圈子

圈子功能包括：圈子搜索、查看圈子最近话题、推荐圈子、最新圈子等。

对于有密码用户，还可以在圈主信息栏目中选择创建圈子、进入我的圈子和浏览所有的圈子。管理员可以对圈子话题进行置顶或删除等操作。

（3）论坛

论坛功能可以查看论坛的各个模块以及各模块中的帖子。

（4）我的图书馆

用户服务区可以为用户设计个人图书馆功能，即常见的"我的图书馆"链接。

在个人图书馆中，用户可以查看个人资料、借阅信息（电子书库资源的借阅历史和预约信息）并提供了收藏管理、读书笔记管理、书评管理、批注管理、好友管理、圈子管理、留言管理、消息管理和检索器等功能。

（5）内容共享

可以将看到的资源内容通过微博、SNS 网站进行共享。

（6）书评及留言管理

为了系统能在良好的环境下运转，需要对相关的书评和留言进行管理。

（7）圈子管理

管理员需要能够创建圈子，并可以查看、删除圈子等相关管理功能。

（8）论坛管理

可以进行板块管理和帖子管理。

5. 资源推荐及内容关联子系统设计

数字资源内容的推荐与内容关联是有效提升数字图书馆服务访问量的重要方式。

（1）资源推荐

实践表明，数字图书馆所推荐的数字资源，往往是众多数字资源中访问量最高的，因此相关的推荐就非常重要。

资源内容的推荐有多种方式，例如，首页上的推荐是最为有效的推荐。

各种排行、出版社的推荐、作者的推荐，也是对读者非常有效的。

（2）内容关联子系统设计

内容关联是通过资源内容的内在关系，将数字资源内容进行关联，从而使得读者可以方便地从当前查看的资源内容链接到有关联的资源内容上，这些资源有可能是同类型的资源，也有可能是跨类型的资源。

例如，在条目式数据库中展示"麻黄"的条目内容，可以链接到《神农本草经》的条目内容上；同时，还可以链接到相关的电子图书、相关的条目、相关的新闻中，也可以链接到相关的图片中。

6. 读者管理子系统设计

读者作为访问系统的主要用户，需要根据其类型提供不同的管理和服务。

数字出版为数字图书馆服务的读者用户，可以分为以下五种基本用户类型，可以在具体设计的时候选择不同的用户类型来实现。

无密码用户：登录时不需要密码，在数字图书馆页面以"IP 用户"登录即可；或者，系统自动判断如果在 IP 范围之内就自动进行登录。客户机 IP 地址必须在预先设定的范围内。管理员可以将不同的 IP 地址范围设置为不同的用户组。

有密码用户：登录时需要数字图书馆提供的用户名和密码。用户名和密码由系统生成或由管理员导入，然后分发或通知给用户。

受限制有密码用户：适用于在 IP 范围内可以使用系统但又需要享用个性化服务的用户。登录时需要数字图书馆提供的用户名和密码。客户机 IP 地址必须在预先设定的范围内。管理员可以将不同的 IP 地址范围设置为不同的用户组。

注册用户：在前台系统进行注册并通过验证的用户。本类型用户的用户名密码是由用户自行注册生成，由管理员审核后可正常使用；注册用户在审核后与有密码用户权限相同。

游客用户：游客用户无须登录，具有有限权限。

读者管理子系统设计完成以后，图书馆的系统管理员可以根据自己机构的情况，制定不同的登录策略，通过设置不同的 IP 组和用户组，允许或禁止某类用户登录，并对资源库的访问权限做出细致的规定。

7. 统计分析子系统设计

需要根据图书馆的情况展现读者访问系统的情况。系统访问情况是数字图书馆服务的一个重要数据。

提供的统计数据可以包括基本的统计数据、按时间分析的数据、按类别分析的数据、按资源分析的数据、按用户组分析的数据等。

统计分析还可以按照国际上的 COUNT 标准来进行统计分析。

8. 版权保护子系统与机构资源销售子系统设计

版权保护对于本地的数字资源服务系统挑战更大，特别是机构销售子系统中需要融合版权保护的功能在其中。图 5-29 是一个参考的设计。

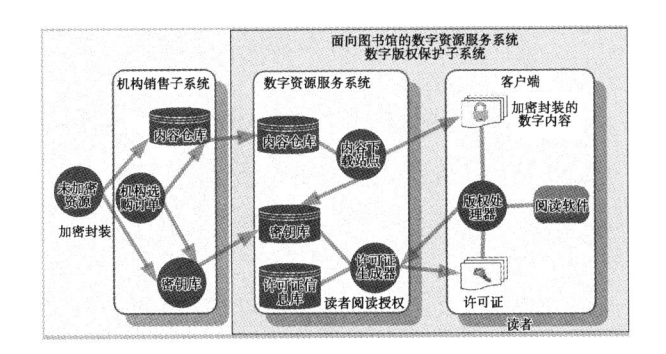

图 5-29　机构销售与版权保护子系统设计

在典型的系统设计中，机构销售子系统将未加密资源通过封装加密后保存起来，包括密钥库和已加密内容的内容仓库，然后提供机构选择数字资源的相关功能，形成机构选购订单，由机构销售子系统根据机构选购订单在密钥库中选择相关资源的密钥内容，使其与该机构的硬件信息（服务器硬件或加密锁信息）进行绑定，生成相应的机构资源的批量许可证；同时，根据机构选购订单，从内容仓库中挑选出相应的已加密的内容，发布到机构本地。

数字图书馆在接收到相关资源的批量许可证和已加密的内容后，将其入库到资源服务系统之中，批量许可证放入本地的密钥库，已加密内容放到本地的内容仓库中。

当读者选择资源下载阅读的时候，由数字资源服务系统的许可证生成器根据购买的复本数的情况和已经借出下载的数量的情况，判断是否允许下载（判断购买的复本数是否大于已借出的复本数），如果允许下载，则在已借出的复本数中加一，并将资源内容借出，生成读者的阅读许可证。

读者客户端获取阅读许可证后，向服务器端的内容下载站点获取已加密的资源内容，下载站点从内容仓库中取出该读者需要的资源内容供读者下载。下载完成后，由客户端的阅读器软件中的版权处理器根据许可证和已加密的资源内容进行处理，解析出相关的数字资源内容，供阅读器软件进行显示和展现。

当读者下载借阅的资源内容到期以后，系统需自动收回相关的权限，客户端不能再进行阅读，同时，服务器端中的已借出的复本数减一，可供其他读者下载借阅；读者也可以在到期之前主动将资源还回，还回后本地不允许再阅读，同时服务器上的已借出复本数减一。

9. 资源管理子系统设计

数字资源管理主要包括资源库管理、资源内容加载入库、资源上下架管理、资源的推荐管理等。

（1）资源库管理

数字图书馆可以根据自己的需要，可以配置一个或多个资源库，把不同的资源放到不同的资源库中进行服务，这样便于为读者提供服务。

（2）资源内容加载入库

资源管理子系统需要根据版权保护子系统与机构资源销售子系统的要求，将从机构资源销售子系统中获得的相关已加密的资源内容，以及相应的批量许可证，通过入库工具加载到资源库中。

（3）资源管理

资源管理包括资源查询、上下架和推荐等功能。根据相关的检索条件，检索出相应的资源，进而选择有用资源上架，或选择某些过时的资源下架；资源管理功能还包括对相应的资源推荐进行管理。

5.3.4 接口设计

数字出版商在为数字图书馆提供服务系统时，有两个主要的衔接功能，一是与图书馆联机公共目录查询（Online Public Access Catalogue，OPAC）系统的衔接，二是与移动设备间的衔接。

1. 与 OPAC 系统的接口设计

与图书馆 OPAC 系统的衔接可以采用下述方式：首先，将 MARC 数据导入到图书馆管理系统中，然后通过 OPAC 系统查询，在查询结果中显示相应的链接，读者通过访问该链接就可以直接跳转到资源服务系统中了。

具体的实现方式如下：首先对资源内容进行编目，形成 CNMARC 数据，然后将其中的 856$u 字段设置成为该资源页面的访问地址 URL；然后将 CNMARC 数据导入到图书馆管理系统中，OPAC 系统会将该字段显示称为链接，读者点击该链接就可以直接跳转了。

例如，在某大学图书馆的书目信息中，有一条 MARC 记录，如下所示：

机读格式显示(MARC)
00000996nlm022002773450
0010000465519
005201010111141600.0
010__|a7-81093-497-X|dCNY11.80
100__|a20090601d2006emy0chiy0121ea
1010_|achi
102__|aCN|b340000
135__|adrbn|||||||
2001_|a 走向均衡下的繁荣：中国三农问题探索[Apabi 电子书]|b 电子资源|e

第 5 章　数字出版与数字图书馆的技术互鉴与资源服务系统设计

安徽省高等学校"十五"优秀人才计划项目|f 阮文彪著
210　__|a 合肥|c 合肥工业大学出版社|d2006
230　__|a 电子图书
304　__|a 正题名取自题名屏
330　__|a 本书收录了《凤阳县农业机械化问题与战略》、《农户经营中的若干问题与对策》、《论区域开发农业中的几个问题》等共 50 篇文章。
336　__|a 文本型
337　__|a 需要下载并安装 APABIReader 软件阅读电子图书
6060　_|a 农业经济 农村经济 农民
690　__|aF32|v4
701_0|a 阮文彪|4 著
801_0|aCN|b 方正 APABI|c20090601
8564　_|uHTTP://dlib.njau.edu.cn/product.asp?BookID=m%2e20080513%2dm002%2dw030%2d043|z 点击此处查看电子书
905　__|aNJAUL|dF32/G7102
920　__|a232210|z1

其中，865 字段中的$u 子字段为 http 开头的一个 URL，该 URL 就是访问该电子资源的访问入库，这条记录在网页中的显示效果如图 5-30 所示。

图 5-30　与资源服务系统关联效果页面

在该界面中，读者点击最下端"电子资源"后面的链接，就可以直接跳转到这本电子图书的系统中，从而使得有访问权限的用户（如该大学校园网 IP 范围内的用户）可以直接下载借阅。

2. 移动设备接入接口设计

在移动设备上可以采用 OPDS 协议[1]来进行相关的资源推荐、排行、分类浏览、资源检索、借阅下载、阅读等操作。

3. 与图书馆的采访系统的接口

机构销售子系统还需要提供相关接口与图书馆的采访系统进行对接，便于图书馆实现资源的采购、管理和服务。

4. 与资源发现服务的接口

数字资源服务系统还需提供能获得系统中资源元数据的相关接口，通常可采用 OAI 接口的方式提供服务，便于图书馆收割元数据，建立能整合本馆馆藏资源和出版商在线资源的统一的资源发现服务。

5.3.5　数字图书馆的发现服务

数字图书馆资源发现服务是在原来的跨库检索的基础上发展而来，通过元数据聚合、整合馆藏记录、链接多个数字资源内容资源库等方式，提供电子文献导航、统一的内容检索界面和统一的检索方式、检索结果聚合、原文获取等功能于一体的，以发掘并展示所需要数字资源内容的服务。

数字出版为数字图书馆服务的相关数字资源服务系统，需要和相关的发现服务集成，这样资源服务系统中的资源将更有机会在读者面前呈现，从而增加被读者获取、使用的机会。

下面以 ProQuest 公司的 Summon 和 EBSCO 的 EDS 为代表对发现服务做一个简单介绍。

1. ProQuest 公司的发现服务 Summon

Summon 是 ProQuest 公司 SerialsSolutions 解决方案的一部分，被称为是网络规模（Web-scale）的发现服务。Summon 的发现服务是基于互联网的对图书馆资源内容的集成式搜索服务，涵盖包括图书、视频、电子资源（如文章）等多类型

---

[1] 详见本书第 6 章 6.5.4 节。

资源，是区别于联邦检索的全新图书馆服务。

联邦检索是将读者输入的检索词同时发送到不同的数字资源库中，利用数字资源库的检索接口获得检索结果后再向读者展现。由于不同的数字资源库的效率不同，联邦检索无法获得一个稳定的检索效率和检索结果。Summon 发现服务集成了各个数字资源库的元数据信息，构建统一的索引，提供读者快速的检索结果，并将结果按照相关度进行跨资源库的整合排序，提供给读者可信的结果。

在整合集成大规模的数字资源内容以后，将资源内容进行聚合，并可通过多种方式进行进一步的筛选和选择，从而可以进一步缩小资源内容的范围，可以发现更多的信息。Summon 服务以 SaaS 的方式提供服务，即在图书馆本地并不部署 Summon 服务，而是通过 ProQuest 公司托管的服务器开展服务，读者需要访问互联网来获得服务。

目前北京大学图书馆的未名学术搜索就是在 ProQuest 公司 Summon 发现服务基础上构建出的新型搜索服务，为教师、学生和研究人员可以集中查找并使用该校图书馆所购买的大规模馆藏资源内容。Summon 服务可以在北京大学图书馆的超过七百万条图书馆目录记录、450 多个数据库，以及众多机构特藏库中，如古籍资料数据库等，比较方便地执行重要的查询工作。

2. EBSCO 公司的发现服务 EDS

EDS 是 EBSCODiscoverySolution 的首字母放在一起后形成的简写，EDS 也同样提供大规模资源库的统一集成检索的服务，提供单一检索入口和一站式整合检索。EDS 也提供学科浏览的功能，并支持检索结果在各个主题下的二次筛选的功能。

3. CALIS 的发现服务 e 读

CALIS 于 2010 年推出了面向全国高校的统一资源发现服务——e 读 Global，整合高校近千个图书馆的馆藏书目资源以及外文期刊、学位论文、特色库等多种资源。

此外，CALIS 于 2011 年基于 SaaS 模式，推出了面向单个图书馆和图书馆联盟的可定制的资源发现服务 e 读 Local，到 2012 年 5 月，已为 200 多家图书馆免费开通了资源发现服务，并为有 10 多所院校组成的外语联盟、由 4 所旅游院组成的校五星联盟，以及 2 个省级高校图书馆联盟开通了联盟型或区域型的资源发现服务。

第6章
Chapter 6

与数字出版相关的数字图书馆标准

　　标准化是人类文明源远流长的重要技术保障。远在两千多年前的中国古代，秦始皇统一文字，对于推行法令、传播文化起到了重要作用，而货币和度量衡的统一，更是有力地促进了国家税收、商品交换和各地区之间经济的发展与交流。在现代社会中，贸易的自由化和全球化使得标准对于市场控制权的决定性更加凸显，发达国家凭借强大的技术创新优势，不遗余力地要主导国际标准的制定。国际标准化组织（ISO）和国际电工委员会（IEC）等国际标准组织的秘书处有一半以上被德、美、英、法、日五国瓜分。在规范市场和经济客体行为方面，标准具有法律上的约束力；在促进经济社会发展方面，标准具有很重要的技术支撑作用，是保证质量的前提；在贸易全球化方面，标准既是发达国家新贸易保护主义的主要表现形式，也是国内企业打入国际市场的"准入证"；技术标准则是各类市场竞争的制高点。在知识经济日益发达的当今世界，图书馆的信息服务无论是在技术上还是实际应用中都处于业界前列，其相关标准中体现的技术先进性是数字出版等行业重要的参考资源。从更宏观的角度看，数字图书馆领域中的各类标准不仅为本行业的发展起着约束和促进的作用，而且也是连接出版、广播、电视等相关产业的重要纽带。

6.1 数字图书馆标准建设的概况

国内外在数字图书馆发展初期就对标准和规范非常重视,通过各种形式建设标准和规范。可以说数字图书馆标准规范的建设和应用与数字图书馆本身的建设相伴生长,已形成了一系列成文的标准规范。

早期的数字图书馆标准建设范围狭小,分散性较强。在这一时期,标准已经展开,注重对象标识和对象描述(狭义元数据),以及对象的检索规范和检索协议。如美国的数字图书馆始创工程一期计划(Digital Library Initiative Phase One,DLI-1)中提出的重要文献和数据的元数据标准、基于网页存取的协议,以及联合与分布式检索协议,但范围仅限参与该工程的伊利诺伊大学 Urbana Champaign 分校、密歇根大学、斯坦福大学、加州大学伯克利分校、加州大学圣巴巴拉分校、卡耐基梅隆大学等大学图书馆。从更大范围看,数字图书馆建设在一个国家中往往由多种机构在多个领域开展,不同机构都开展了数据加工格式和描述元数据等方面的标准研究。仍以美国的早期情况为例,其国会图书馆(The Library of Congress,LC)的美国记忆(American Memory)项目、OhioLINK 和 Making of America 项目都规定了数据加工格式的标准;其图书馆、博物馆、教育档案、政府机构等都制定了自己的元数据格式。

随着数字图书馆建设规模的扩大,合作研制标准逐步成为主流。在这一阶段,原来分散研究标准的图书馆以开放、合作、共享的方式开始联合起来,共同开展研究,其成果也更具备开放性、可靠性和广泛的应用性,同时也促进了数字图书馆标准规范建设过程的工程化和更广泛的合作交流。这其中涉及图书馆参与或引入的其他领域的机构与专家。典型的机构包括:制定 Web 标准的 World Wide Web Consortium[1]、制定 Internet RFCs(Request for Comments,请求注解文件)的 Internet Engineering Task Force[2]、制定都柏林核心集元数据及其扩展集的 Dublin Core Metadata Initiative(DCMI)[3]、制定 Z39.50 标准的 Z39.50 Implementation Group(ZIG)[4]、制定 OAI 元数据搜索协议的 Open Archive Initiative[5]等。其中 OAI 协议可追溯到

---

[1] http://www.w3.org/
[2] http://www.ietf.org/
[3] http://dublincore.org/
[4] http://www.loc.gov/z3950/agency/
[5] http://www.openarchives.org/

美国数字图书馆始创工程二期计划（Digital Library Initiative Phase Two，DLI-2）期间康奈尔大学和英国 ePrint 项目合作成果 OAI-PMH（The Open Archives Initiative Protocol for Metadata Harvesting）的关键规范和协议。这些标准的研究组织都由多方专家组成，全程开放，随时吸收各方意见，按照规范程序进行标准规范的起草、制定、试验、推荐、审批等工作，并通过专门网站进行文档维护，支持广泛的发布、合作与交流，保证了标准规范制定过程和成果的开放性，也促进了标准规范的尽早、广泛的采用。

近期，图书馆标准的建设更加注重系统性和整体性。一方面，数字图书馆的业务本身基于数字资源的生命周期，需要围绕数字资源的创建、描述、组织、检索、服务和长期保存建立一个层次清晰的总体框架，所有标准规范都应按照这个总体框架来规划建设，加强各种标准在内容、层次和相互关系上系统性，能够支撑从数字资源创建到长期保存的整个业务过程。另一方面，图书馆的各种服务大都面向分布式环境、在各种关系复杂的异构系统间要实现有效的信息资源共享和互操作，因此相关标准的建设也必须保持较强的系统性，甚至要构成一个有机的整体。例如，可分阶段、分步骤地采用标准规范体系（Frameworks）、指南（Guidelines）、最佳实践建议（Best Practices）和应用协议（Application Profiles）等多种方式进行系统化的标准建设。

此外，数字图书馆广泛的应用背景还要求它在标准建设方面与其他领域开展更广范围的多方合作。在未来，数字图书馆除了独立提供资源和服务以外，更多地会和数字教育、数字科研、电子政务、电子商务、数字传媒等领域的资源与服务进行有机整合，以便支持更高效的集成应用。因此数字图书馆需要从自身发展、版权保护、数字化技术、资源建设、应用开发等多方面展开合作，相关标准的建设也会与其他领域更深入地交叉与渗透，特别是在不同领域的不同部门之间会产生越来越多的多方合作与协调，这种复杂的信息环境会进一步提高标准规范建设的开放性。

6.2 国际标准的研究情况

20 世纪 90 年代以来，随着信息技术等高新技术的快速发展，一些网络化、数字化资源组织在国际标准化方面取得了长足的进展。ISO、国际图书馆标准化国际组织、W3C（World Wide Web Consortium）和 IETF（Internet Engineering Task Force）等，都采取设立专家工作组、全程开放、吸收多方意见和建议等方式，积极推进标准规范的完善与推广工作。

美、英、法、日等积极建立数字图书馆信息存储、标引、检索和传输的标准。美国国家标准学会（ANSI）下设全国信息技术标准委员会，从事有关元数据的命名、标识、定义、分类和注册等工作。欧盟在信息与传播技术标准化方面也作了很大努力。1998 年创建的标准化组织——信息社会标准化系统（Information Society Standardization System，ISSS），负责提供全面的标准化服务及产品，提高用户的标准化意识。随着数字图书馆的进一步发展，更为广泛和系统化的标准规范体系正逐步被确立。其中包括英国分布式国家电子资源项目（DNER）标准体系、数字内容创建项目（NOF-Digitise）标准体系、电子图书馆项目（eLib）标准指南；加拿大文化在线项目（CCOP）标准与指南；美国博物馆及图书馆服务协会（IMLS）数字资源建设指南框架、研究图书馆组织（RLG）数字化指南以及美国国家信息标准局（NISO）的图书馆系统标准指南；新西兰国家图书馆元数据标准框架等，对数字资源管理、传播、利用和保存进行了系统规范。

目前，国际上对数字图书馆建设影响较深的相关标准有：编码标准、数字对象描述标准、资源标识标准、接口与应用标准、信息安全标准、数字版权管理标准、数字文档保存与管理标准、资源共享标准框架等。下面是一些标准的简单介绍：

1. 编码标准

（1）基本字符编码标准 ISO/IEC10646/UNICODE《信息技术通用多八位编码字符集》。

（2）多媒体信息编码标准：目前比较有影响的是 JPEG 标准和 MPEG 标准。

（3）文献结构编码标准：一般采用 XML DTD 或 XML Schema 来定义文献结构。

2. 数字对象描述标准

（1）元数据标准：目前，元数据的国际标准主要是 ISO/IEC11179 系列标准。

（2）元数据对象和描述模式（Metadata Object Description Schema，MODS）：MODS 是从 MARC21 派生而来的一种描述性的元数据方案。它一方面从现有的 MARC21 记录中选择好的记录，一方面使创造原始的资源描写记录成为可能。

（3）元数据编码和传输标准（Metadata Encoding and Transmlssion Standard，METS）：可以在不同系统之间进行数字对象的相互转换。

（4）通用标记语言（SGML 语言）：文献信息生产、管理的国际标准。

（5）可扩展的标记语言（XML 语言）：电子文档的 Web 标准。

（6）TEI（文本编码创始）：提供一个复杂文本结构通用方案，使研究者能交换并复用资源。

3. 资源标识标准

数字化信息在网络中处于无序状态并且容易改动，其存放地点也不固定，所以建立严格有序的信息保障体系十分重要。在网上发现和定位资源常用的方式是给资源赋予一个标识符。统一资源定位器通过包含一种协议、域名和资源所在文件的真实文件名来确定资源的位置。

（1）URI、URN：统一资源标识符（Uniform Resource Identifier，URI）是所有标识网络资源地址和名称的通用集合，它将唯一标识符定义为符合某种语法规范的字符串。URN（Uniform Resource Name）是统一资源名称，是一个网络数字资源标准、永久而且唯一的标识符。

（2）DOI 和句柄系统：数字对象标识符（Digital Object Identifier，DOI）是由 CNRI（Corporation for National Research Initiatives）根据美国出版协会的要求定制的开放系统，现在由国际 DOI 基金会管理。句柄系统（Handle System）是对网络名称解释和管理的通用名称服务系统。

4. 接口与应用标准

接口标准主要指接口的清晰度和功能性、用户指南、附加帮助、基于文本的接口以及相关图形、表的使用等。应用标准是指处理应用和服务传递的标准。

（1）普遍的描述、发现和整合（Universal Description Discovery and Integration，UDDI）：它试图创造一独立平台，打开因特网描述服务，发掘交易，并且整合商业服务的结构。

（2）简单对象访问协议（Simple Object Access Protocol，SOAP）：SOAP 是在一种分散的、分布式的环境里信息交换的一份协议。

（3）网络服务互操作性组织（Web Services Interoperability Orgamzation，WSI）：WSI 是创造、提升或者支持服务之间的信息进行交换的一般性协议。

（4）网络服务描述语言（Web Services Description Language，WSDL）：是基于 XML 语言的定义服务接口及其实施特性的一种接口定义语言（IDL）服务。

5. 互操作标准

在不同数字图书馆系统之间实现跨库检索，通过统一的检索接口接收用户查询，转化为不同数据源的检索表达式，并行检索本地和广域网上的多个分布式异构数据源，在经过去重和排序等操作后，以统一的格式将结果呈现给用户。目前用于跨库检索的互操作协议标准有：Z39.50、SRU/W、CQL、OAI-PMH、OPENURL

和 LDAP 等，以及用于分布式检索的标准 W3C XML Query Language。

6．信息安全标准

信息安全标准包括信息加密技术标准、认证标准和数字签名三大部分，加密技术标准分为私钥加密和公钥系统；认证标准中包含认证证书管理标准 X.509 和可在开放网络中进行身份验证的 Kerberos 标准。

7．数字版权管理标准

数据版权管理（Digital Right Management，DRM）是指数字化内容在生产、传播、销售、使用过程中知识产权保护与管理的技术。DRM 的目标是运用技术手段遏制盗版、保护数字化内容的知识产权。第一代 DRM 技术主要致力于对数字化内容的安全性与加密技术的开发，第二代 DRM 技术则扩展到对数字版权的描述、认证、交易、保护、监控、跟踪以及版权持有者相互关系的管理上。

（1）ODRL（Open Digital Right Language）：定义了一个更安全的开放框架体系 ODRA（Open Digital Right Architecture）。

（2）XrML（Extensible Rights Markup Language）：是一种扩展的数字版权标记语言。

8．数字文档保存与管理标准

OAIS 是由美国空间数据系统咨询委员会提出的开放存档系统参考模型，已被普遍接受为数字信息长期保存系统的基本框架，并被作为 ISO 14721：2002 标准。

9．资源共享标准框架

数字图书馆为了实现数字资源的共享，需公开其生产的数字资源的元数据，以便其数字资源能够被其他应用和服务所使用，这就需要使用一个或多个协议或接口。针对一个特定的数字化项目来说，公开哪些元数据以及采用什么方式公开，与数字资源的特性和需要共享元数据的应用和服务有关。

（1）元数据收割：数字化项目应该基于元数据收割的开放文档计划协议（OAI-PMH）向其他服务提供商提供元数据。

（2）分布式搜索：数字化项目可以使用 Z39.50 协议。

（3）RDF 框架与 Web 本体：RDF 提供了一个简单的资源描述标准。数字化项目可以利用 Web 本体语言（OWL）创建 Web 本体。

6.3 我国标准的研究情况

我国在数字图书馆方面的标准与规范建设起步较晚，但从国际范围借鉴了大量经验，非常重视总体规划的制定和落实。以下依据《我国数字图书馆标准与规范建设》（CDLS）[1]和《CADLIS 技术标准与规范》[2]两项目的基本情况做一简要介绍。

6.3.1 "我国数字图书馆标准与规范建设"项目（CDLS）

为了指导我国数字图书馆的规范建设，保证其资源和服务的可使用性、互操作性和可持续性，我国科学技术部于 2002 年 10 月启动了《我国数字图书馆标准规范建设》项目。该项目针对数字图书馆系统的数字资源建设与数字化服务，初步制定了数字图书馆系列核心标准规范，直接指导和规范各个数字图书馆项目的资源加工、描述、组织、服务和长期保存；同时通过分析建立我国数字图书馆标准规范发展战略，提出并完善数字图书馆标准规范框架体系，探索并建立基于联合、开放、共享的标准规范建设、应用和管理机制。促进我国数字图书馆的快速、经济和可持续发展。

《数字图书馆标准与规范建设》项目由中国科学院文献情报中心、中国科技信息研究所、国家图书馆、中国高等教育文献保障体系管理中心、北京大学图书馆、清华大学图书馆、上海图书馆等 17 家我国数字图书馆图书情报界主要单位联合承担，该项目共设 10 个子项目，采取开放建设机制，项目的研究规划、研究进展、主要研究活动、阶段性成果以及最终结果都通过项目网站 CDLS[3] 予以公布，广泛接受业界监督，吸纳各方意见，以促进数字图书馆标准规范研究成果的快速应用。

项目一期从 2002 年 10 月开始，到 2005 年 9 月结束。完成了总体框架与发展战略、开放建设机制、数字资源加工规范、基本元数据规范、专门元数据规范、数字对象唯一标识符、数字资源检索协议规范、元数据规范开放登记系统、资源集合元数据规范、高层元数据规范十个子项目的国内外数字图书馆标准规范及数字图书馆相关领域的发展趋势研究，提出了一系列数字图书馆核心标准规范的分析报告，包括：数字图书馆标准的总体规划、数字图书馆标准发展战略、跨领域技术标准选择、文献

---

[1] http://cdls2.nstl.gov.cn/
[2] 中国高等教育文献保障系统（CALIS）管理中心，http://www.calis.edu.cn/
[3] CDLS（Chinese Digital Library Standards），网址为 http://cdls.nstl.gov.cn/cdls2/w3c/

信息数字化加工标准规范、数字化服务体系建设规范、数字化服务系统建设技术标准、数字化文献信息服务标准和规范、各类数字化信息组织的元数据标准及数字图书馆建设相关领域的技术标准和规范等。项目二期从 2006 年开始，CDLS 已经公布一百多个技术报告，所有技术报告可以在项目网站下载，以下为部分成果。

（1）总体框架与发展战略子项目组

《数字图书馆标准规范发展趋势》；

《数字图书馆支撑技术领域标准规范发展趋势》；

《数字图书馆相关领域标准规范发展趋势——电子政务》；

《数字图书馆相关领域标准规范发展趋势——电子商务》；

《数字图书馆相关领域标准规范发展趋势——电子出版》；

《数字图书馆相关领域标准规范发展趋势——数字教育》；

《数字图书馆相关领域标准规范发展趋势——数字科研》。

（2）开放建设机制子项目组

《数字图书馆开放建设管理和运行机制》；

《我国数字图书馆标准规范成果交流实施细则》；

《国际标准规范开放建设现状与发展研究报告》。

（3）数字资源加工标准规范与操作指南子项目组

《通用数字资源（矢量数据、音频数据、图像数据、文本数据、视频数据）格式标准分析报告》；

《数字资源加工标准规范与操作指南项目报告》。

（4）数字对象唯一标识符规范子项目组

《数字对象唯一标识符现状与发展》；

《数字对象唯一标识符解析机制研究报告》；

《数字资源唯一标识符解析系统应用规范》；

《我国数字资源唯一标识符应用模式与管理机制》；

《中国数字资源唯一标识符发展战略》；

《数字资源唯一标识符开放实验报告》；

《我国数字资源唯一标识符应用体系建设与发展方案》。

（5）基本数字对象描述元数据规范子项目组

《基本元数据标准》；

《基本元数据标准规范》；

《基本元数据扩展集标准》；

《CDLS 元数据名称空间方案》。

（6）专门数字对象元数据规范子项目组

《国内数字资源对象及其元数据标准发展状况分析》；

《国外专门数字对象元数据标准比较分析》；
《古文献系列资源分析报告（古籍、舆图、拓片）》；
《地方志资源分析报告》；
《家谱资源分析报告》；
《期刊论文资源分析报告》；
《会议论文资源分析报告》；
《学位论文资源分析报告》；
《网络资源分析报告》；
《电子图书资源分析报告》；
《音频资料资源分析报告》；
《元数据著录实验系统需求分析报告》。

（7）数字资源检索与应用规范子项目组

《LDAP/WHOIS++检索协议综述报告》；
《LDAP 及 WHOIS++在数字图书馆中的应用案例及其分析》；
《OAI 元数据获取协议综述报告》；
《OAI-PMH 项目案例分析-Kepler 项目》；
《OAI-PMH 项目案例分析-OCLC Research》；
《STARTS/SDLIP/SDARTS 协议基础研究与趋势报告》；
《STARTS/SDLIP/SDARTS 应用案例》；
《WEB 服务标准和协议综述报告》；
《Z39.50 协议综述》；
《Z39.50 协议应用情况及发展综述》；
《SOA 标准规范体系研究》。

（8）资源集合描述元数据规范子项目组

《资源集合描述元数据规范标准制定工作流程及工作规范》；
《资源集合描述元数据规范》；
《资源集合描述元数据方案应用机制及参考模型》；
《资源集合描述元数据应用扩展规则》；
《资源集合描述元数据著录规则及使用指南》。

（9）高层元数据标准规范子项目组

《复合数字对象管理技术研究》；
《数字图书馆资源与服务集成标准规范研究现状》；
《知识组织体系描述标准与规范》；
《管理元数据发展趋势研究报告》；
《非文献类馆藏的数字化加工调研报告》。

6.3.2　CADLIS 技术标准与规范建设简介

CADLIS 是中国高等教育数字图书馆（China Academic Digital Library Information System）的简称，是由发改委、教育部、财政部联合发起，北京大学、浙江大学、清华大学等 22 所单位参与研发和建设的"十五"项目。其主要任务包括：数字图书馆标准与规范建设、数字资源建设、数字化支撑环境建设和服务体系建设。其主要成果包括：①标准规范：《中国高等教育数字图书馆技术标准规范》。②应用系统：开发出了一系列数字图书馆应用系统；支持互连互通、多馆协作、多级部署。③数字资源：建成了一批数字资源，包括学位论文、教学参考信息、特色库、网络资源导航、参考咨询知识库、联合目录等。④服务体系包括：省中心、子项目中心与参建馆地区中心、全国文献中心、联机编目中心、技术中心。

CADLIS 目标是建设开发分布式、多馆协作的联合型数字图书馆，技术规范与接口的标准化是关键。CALIS 管理中心从 2002 年开始进行数字图书馆方面的国际标准和关键技术的研究，从 2003 年年底组织人员正式编制"CALIS 子项目建设技术标准与规范"，并于 2004 年 2 月 19—27 日在北京大学召开的"CALIS 子项目建设技术规范与项目管理研讨班"中正式推出。此后，CALIS 各子项目组根据自身需求，结合 CALIS 制定的技术标准与规范，陆续制定了这些子项目必须遵循的专用技术标准与规范。

在 2004 年 8 月至 10 月期间，CALIS 管理中心对于上述各类标准规范重新进行了修订和增补，并将这些规范编撰成册，定名为《中国高等教育数字图书馆技术标准与规范》（简称《CADLIS 技术标准与规范》，2005—2007 年进行了三次修订。

《CADLIS 技术标准与规范》包括以下 3 个方面的内容。

（1）总体架构和基本技术标准规范。包括 CADLIS 技术与管理总体框架、CADLIS 门户建设规范、CALIS 子项目参建馆本地系统建设技术规范、专用数字对象描述型元数据规范、CALIS 基本标准与规范、CALIS 基本接口规范。其中 CALIS 定义的接口规范，包括了 OAI、METS、数字对象交换、统一检索协议 ODL、OpenURL、CALIS-OID、统一认证、统一计费、日志与统计等内容。

（2）各个子项目专用的技术标准与规范。包括全国高校分布式联合虚拟参考咨询系统、全国高校重点学科网络资源导航库系统、全国高校专题特色数据库本地系统、全国高校学位论文全文数据库系统本地系统、全国高校教学参考信息管理与服务系统等系统所需遵循的标准规范。

（3）CALIS 体系产品兼容性认证和项目管理规范。用于指导软件公司如何参加第三方软件认证以确保符合 CALIS 标准，指导各子项目如何进行软件委托开发招标工作、如何进行各子项目管理等内容。

《CADLIS 技术标准与规范》根据其功能可分为建设规范、数据规范和接口和集成规范。

（1）建设规范

① （子）项目建设规范；

② （各级）门户建设规范。

（2）数据规范

① 元数据规范；

② 专用数字对象规范（METS），包结构规范、CALIS-OID 数字对象唯一标识符规范；

③ 数字对象加工规范。

（3）接口和集成规范

① OAI-PMH、METS 与仓储规范，包括元数据与仓储命名规范，OAI＋METS 记录格式和发布模式规范（模式 1、2），数据质量规范；

② 数据获取接口规范，包括详细元数据访问接口规范、CALIS-OID 访问接口规范；

③ 门户组件开发与集成规范，包括 portlet 规范、Ajax 规范；

④ 统一认证集成规范，包括登录认证接口、授权认证规范、联合认证规范；

⑤ 计费与结算集成规范，包括商品规范、购物车规范、支付接口规范，对象下载规范，网上银行支付集成规范；

⑥ 资源调度接口规范，包括 OpenURL 内嵌式接口规范、内嵌式接口 Ajax 调用规范、二级调度规范、中心知识库分发规范；

⑦ 异构资源统一检索规范，包括 CALIS ODL 接口规范、MXG（Metadata Exchange Gateway）引擎接口规范、中心知识库分发规范；

⑧ 联合仓储集成规范，包括元数据格式注册规范、本地系统注册规范、数据同步更新规范；

⑨ 参考咨询接口规范，包括问题提交接口、知识库查询接口、联合咨询接口、应用系统认证接口；

⑩ 馆际互借接口规范，包括本地馆际互借网关接口、中心馆际互借调度接口、与计费系统转账接口规范；

⑪ 数字版权保护接口规范，包括数据同步接口、检索接口、对象安全访问接口。

6.4 资源描述格式标准

6.4.1 元数据与元数据标准

元数据（Metadata）是随着信息技术的发展而产生的，最先出现在美国国家航空与航天局（NASA）的 DIF（Directory Interchange Format）手册中。对它的一个较为广泛认可的理解是"data about data"即"关于数据的数据"。在图书馆界，元数据通常被定义为"结构化的编码数据，载有信息实体的特征，以便标识、发现、评价和管理被描述的这些实体"是资源被数字化的一种工具[1]。

元数据是用来描述信息资源或数据本身的特征和属性的数据，是用来规定数字化信息组织的一种数据结构标准，在数字图书馆中常用的元数据有以下 5 种类型：管理型元数据、描述型元数据、保存型元数据、技术型元数据和使用性元数据。

（1）管理型元数据：该数据是用来管理与支配信息资源的元数据，如信息收集、版权保护与侵权追踪、排架信息、数字化标准选择、版本控制等。

（2）描述型元数据：该数据是用来描述与识别信息资源的元数据，如编目记录、专题索引、资源之间的超级链接关系、用户的注释等。

（3）保存型元数据：该数据是与信息资源保存管理有关的元数据，如资源实体条件方面的文献，数据更新和移植方面的文献。

（4）技术型元数据：该数据是与系统如何行使职责或如何发挥作用有关的元数据，如硬件和软件、数字化信息的格式、压缩比率、缩放比例常规、系统响应跟踪、数据验证与安全等。

（5）使用型元数据：该数据是与信息资源用户层次和类型有关的元数据，如用户记录、用户使用跟踪、内容的再利用。

元数据自被人们利用以来，一直在信息资源的定位、标识、挑选、获取和管理等方面发挥作用。元数据的功能之一是说明数据，即描述数据内容，通过元数据实现对数字化信息的整理；同时元数据还具有电子目录的功能，是实现各种灵活查询的基础。元数据在数字图书馆信息资源的组织与利用中正发挥着日益重要的作用。

一个完整的元数据体系，可以包含 3 个方面的内容：语义结构（Semantic Structure），定义 Metadata 元素的具体描述方法；语法结构（Syntax Structure），定义 Metadata 结构以及如何描述这种结构；内容结构（Content Structure），对 Metadata

---

[1] 肖珑，等.国家图书馆元数据应用总则规范汇编[M].北京：北京图书馆出版社，2011

的构成元素及其定义标准进行描述。

元数据标准是元数据描述特定类型资料的规则集合,即描述各类数字对象的原则和基本方法。一般会包括语义层次上的著录规则,和语法层次上的规定。语法层次上的规定有:描述所使用的元语言,文档类型定义使用什么语法,具有内容的元数据的格式及其描述方法[1]。

元数据的标准化建设关系到信息发现、资源共享,是有效利用信息资源的保障。追溯其发展历程,有两个重要的标准需要提及:其一是 MARC,即机器可读目录(Machine Readable Catalog),是 20 世纪 60 年代出现的一种新型目录,以代码形式和特定结构记录在计算机存储介质(磁带、磁盘、光盘)上、并能够被计算机识别、编辑和输出的书目信息的目录形式,至今已衍生出多个版本;其二是都柏林核心集(Dublin Core Element Set,DC),是 1995 年国际组织 Dublin Core Metadata Initiative 为了寻求一种非图书馆人员可容易掌握和使用的信息资源著录格式,以提高网络资源的开发利用率,即用于标识电子信息资源的一种简要目录模式。鉴于本套丛书的其他分册或现有书籍对其介绍比较丰富,本书不再赘述。需要出版界关注的一个发展趋向是 XML 的应用,即,随着数字化资源的发展,XML 越来越多地被选为标识和描述元数据的通用结构,相应的新型标准,MDOS(Metadata Object Description Schema,元数据对象和描述模式)[2] 也已被提出,它是可以满足 MARC 21 的 XML 简略版的表达需要,同时也能适应丰富的描述需要,简言之,MODS 高度兼容 MARC,且比 DC 更丰富。其他应用较为广泛的元数据标准如表 6-1 所示。借鉴国外元数据的发展经验,我国元数据研究也正处于拟定及发展过程之中,到目前为止,尝试并应用的几种重要的中文元数据标准如表 6-2 所示。

表 6-1 元数据标准

标准名称	颁布组织及适用领域	标准元素内容及说明
DC(Dublin Core)	由美国 OCLC 公司发起,国际性合作项目 Dublin Core Metadata Initiative 设计,适用于网络资源描述	包括 15 个元数据核心元素:数据集名称、主题、摘要、数据源、语言、关系、时空覆盖范围、数据生产者、出版者、其他生产者、版权、日期、类型、格式、标识码
CDWA(Categories for the Description of Works of Art)	AITF(Art Information Task Force,艺术信息专业组织)颁布实施,适用于艺术品及数字图像资源描述	包括描述艺术品物理形态、图像及与时空、人物、历史文化等方面的上下文关系等 26 个基本元素

---

[1] 北京大学数字图书馆研究所中文元数据标准研究项目组,国外常用元数据标准比较研究,北京大学数字图书馆研究所"中文元数据标准研究"项目系列成果之一。

[2] http://www.loc.gov/standards/mods/

续表

标准名称	颁布组织及适用领域	标准元素内容及说明
VRA（Core Categories for Visual Resources Association）	由美国视觉资料协会制定，适用于艺术、建筑、史前古器物、民间文化等艺术类三维实体的可视化资源描述	包括17个基本元素:类型、题名、作者、时间、身份号、文化、主题、关系、描述、来源、版权、记录式样、尺寸、材质、技术、所在地、风格、时期
FGDC（Federal Geographic Data Committee）	由美国联邦地理数据委员会制定，适用于地理空间数据内容描述	FGDC是按照段（Section）、复合元素（Compound Element）、数据元素（Data Element）来组织记录的，包括7个主要子集和3个辅助子集，共有460个元数据实体（含复合元素）和元素
GILS(Governmen Information Locator Service)	由美国管理与预算办公室、国家档案与记录管理局及总务管理局联合制定，适用于政府的公用信息资源描述	包括描述性、管理性及记录维护或系统使用的28个核心元素
TEI（Text Encoding Initiative）	由计算机和人文协会、计算语言学会、文字语言协会联合制定，适用于电子文本的描述方法、标记定义、记录结构	TEI使用SGML作为数据记录的编码语言，对元数据和内容数据进行描述，包括teHi eader、front、body、back 4个部分。
EAD（Encoded Archival Description）	由美国国会图书馆网络开发&MARC标准办公室、美国档案管理员协会联合开发维护，主要用于描述档案和手稿资源，包括文本文档、电子文档、可视材料和声音记录	EAD使用SGML作为数据记录的编码语言，EAD2002共计包括146个元素，由EAD标目<eadheader>、前面事项<frontmatter>、档案描述<archdesc>3个高层元素组成，每一个高层元素可分若干子元素，子元素下还可再细分出若干元素

表6-2 中文元数据标准

标准名称	颁布组织及适用领域	标准元素内容及说明
中文元数据方案	由国家图书馆中文元数据研究组制定，适用于中文数字资源建设、保存及共建共享服务	包括25个描述性、管理性、技术性和法律性信息元素
中国科学院科学数据库核心元数据标准	由中国科学院计算机网络信息中心主持，联合中科院各单位共同研究制定，属于由中国科学院"科学数据库及其应用系统"项目研究成果，适用于科学数据库数据资源的建设、管理、共享和服务	包括数据集元数据、服务元数据两部分。数据集元数据主要包括:数据集描述信息、数据集质量信息、元数据参考信息、服务参考信息、联系信息；服务元数据主要包括：服务类型、服务名称、服务URI、服务描述、服务属性
基本数字对象描述元数据标准	由国家图书馆主持，属于科技部科技基础工作专项资金重大项目研究成果，适用于各类数字对象管理	包括15个基本元素，基本元数据集可根据实际需要进行扩展，采用RDF Schema和RDF/XML对元数据形式化的词汇和语法进行描述
中文元数据标准框架	由北京大学数字图书馆研发，适用于各类数字资源对象	由14个核心元数据、3个北大数字图书馆核心元素及个别元素组成核心元数据

除此之外，由于应用背景不同，自20世纪90年代以来产生了针对某一特定类型的资源或实体的特点，形成的不同结构、编码标记方式、开发设计角度、通信协议等应用领域元数据标准。例如描述网络资源的IAFA Template、CDF、Web Collections、EPMS，描述文献资料的MARC，描述社会科学的数据集的ICPSR SGML Codebook、描述博物馆与艺术作品的CIMI、RLG REACH Element Set，描述地理空间信息的FGDC/CSDGM，描述数字图像的MOA2 metadata、CDL metadata、Open Archives Format、NISO/CLIR/RLG Technical Metadata for Images，描述技术报告的RFC 1807，描述连续图像的MPEG-7，描述音乐资料的SMDL等几十种不同的元数据。

6.4.2 METS元数据编码术传输标准

在数字图书馆领域，元数据的描述不仅用于数字对象的存储和管理，更为重要的是能为数据交换服务，即在不同的系统之间能够准确便捷地交换数字内容，这就涉及元数据如何打包、如何分发等传输问题，为此约定编码转换和传输标准就显得十分重要，元数据编码和传输标准METS[1]（Metadata Encoding and Transmission Standard）便应运而生。

美国航空航天局为数字信息高效流转制定了著名的开放文档信息系统的参考模型（Open Archival Information System，OAIS），如图6-1所示，该模型在业界广为使用，它通过对元数据的封装，使信息的生产者、管理者、使用者能够有效地完成信息交流，其中，SIP（Submission Information Packag）是提交信息包，指信息提供者按一定的方式封装的源对象信息；AIP（Archival Information Package）是存档信息包，指管理者掌控的数字信息内容；DIP（Dissemination Information Package）是分发信息包，指信息使用者检索获取的结果通过一定的方式封装的目标对象信息。由美国数字图书馆联盟（Digital Library Federation）倡导的METS标准，正是针对文本和图像为主的描述型元数据、管理型元数据和结构型元数据的编码格式，它采用XML格式，可以担当OAIS模型中SIP、AIP或DIP角色。可见，METS标准的用途已经超越了数字仓储内部的对象管理，更适合于这些对象在仓储之间的交换[2]。

1. METS简史

METS标准来源于MOA II（Making of America II）项目，该项目由美国数字图书馆联盟DLF主持开发，旨在收集、整理美国南北战争以前的美国历史上的珍贵书籍、手稿等资料。早在1995年，美国密歇根大学和康奈尔大学就合作扫描这

---

[1] http://www.loc.gov/standards/mets/
[2] 马蕾. 元数据及其封装标准研究[J].情报技术，2002（2）:56-572

一历史时期的珍贵书刊，并试图提供电子版本的服务，但遇到了很多问题。

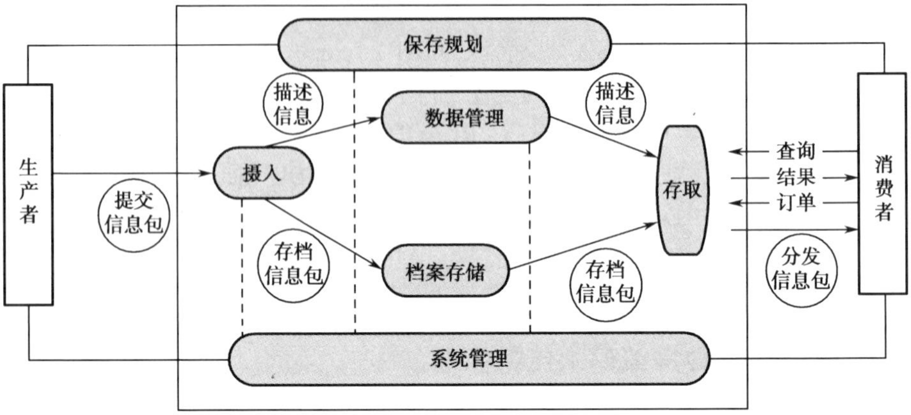

图 6-1　开放文档信息系统（OAIS）

对于一本数字化的书籍来说，如果仅提供描述性元数据而不提供用以说明书籍组织结构的结构性元数据，那么组成整个数字化资源的各个图像和文本文件几乎无法使用。同样，如果不提供说明数字化过程的技术元数据，使用者无法了解如何精确地还原原始资料。为了能够保证珍贵资源的持久保存，图书馆必需能够获取这些技术元数据信息，以便定期刷新和迁移数据。同时为了能提供有效的检索服务，MOA II 项目组探索出一种对数字对象的描述性元数据、管理性元数据和结构性元数据与原始内容一起编码的封装标准。这就是 METS 的前身，它采用了 XML 格式（METS.XSD）对数字对象管理和交换过程中用的元数据进行编码，从而更为全面地解决了元数据编码和建立关联等问题。尽管早期只是为了便于解决数据迁移的问题，但随着相关研究的展开，人们发现此类标准对于 OAIS 模型中的多种角色，如 SIP、AIP 或 DIP，都很必要，也很适用。

2. METS 主要内容

从组成上看，METS 是一个 XML 的文件系统，用于数字资源的元数据打包，因此涉及各种类型的元数据，例如描述性的、管理性的、结构化的、权限及用于检索、保存和服务的元数据。理论上一个 METS 文件由七个部分，或称"区"(section)组成：头标区、描述型元数据区、管理型元数据区、文件区、结构图区、结构链接区、行为区，但在实际文件中，除了头标区和结构图区之外，其他区都是根据文件的具体内容选配的，各区的主要说明如下。

（1）头标区

头标区或称 METS 头（METS Header）包含了描述 METS 文档自身的元数据，比如创建者、编辑者等。

头标区简略地记录 METS 文档中对象本身的描述型元数据，包括本文档的创建日期、上次修改日期以及文档状态。同时可以记录一个或多个承担过该文档相关任务的机构（agent），并注明他们担任的角色，以及其活动的简短说明等。此外，还可以记录该 METS 文档的多种其他标识符，作为主要标识符的补充（记录在 METS 根元素的 OBJID 属性中）。下面是一个 METS 头的简要示例：

```
<metsHdr CREATEDATE="2003-07-04T15:00:00" RECORDSTATUS= "Complete">
    <agent ROLE="CREATOR" TYPE="INDIVIDUAL">
    <name>Jerome McDonough</name>
    </agent>
    <agent ROLE="ARCHIVIST" TYPE="INDIVIDUAL">
    <name>Ann Butler</name>
    </agent>
</metsHdr>
```

上例中的<metsHdr>元素包含两个属性——CREATEDATE 和 RECORDSTATUS，说明了该 METS 文档的创建日期时间以及记录处理的状态，还列出了曾为该记录工作过的两个独立机构（agent），一个负责创建，一个负责存档原始资料。<agent>元素的 ROLE 和 TYPE 属性都取自受控词表。ROLE 的可选值包括"ARCHIVIST"、"CREATOR"、"CUSTODIAN"、"DISSEMINATOR"、"EDITOR"、"IPOWNER" 和 "OTHER"。TYPE 则可取值 "INDIVIDUAL"、"ORGANIZATION" 或者 "OTHER"。

（2）描述型元数据区

描述型元数据区（Descriptive Metadata）指向该文档外部的描述型元数据（例如，OPAC 中的一条 MARC 记录，或在 WWW 服务器中运维的 EAD finding aid），也可以将描述型元数据嵌入到该 METS 文档内部，或二者兼有，即，描述型元数据区可以包含外部描述型元数据和内部描述型元数据的多个实例。

METS 文档的描述型元数据区由一个或多个<dmdSec>元素（Descriptive Metadata Section）组成。每个<dmdSec>元素可以包含一个指向外部元数据的指针（<mdRef>元素），也可以包含内嵌元数据（嵌在<mdWrap>元素内），或二者兼备。

其中，外部描述型元数据区（mdRef）元素给出了用作检索外部元数据的 URI。下面是一个元数据引用例子，它把一个特定的数字对象的元数据指向了 finding aid：

```
<dmdSec ID="dmd001">
<mdRef LOCTYPE="URN" MIMETYPE="application/xml" MDTYPE="EAD"
        LABEL="Berol Collection Finding Aid">urn:x-nyu:fales1735
</mdRef>
    </dmdSec>
```

这里的<dmdSec>之<mdRef>元素包含 LOCTYPE、MIMETYPE、MDTYPE、LABEL 四种属性。LOCTYPE 属性是内部定位器的类型，其有效值包括 "URN"、

"URL"、"PURL"、"HANDLE"、"DOI"、和"OTHER"；MIMETYPE 属性指定外部描述型元数据的 MIME 类型；MDTYPE 属性指明被引用的元数据格式，其有效值包括 MARC、MODS、EAD、VRA（VRA Core）、DC（Dublin Core）、NISOIMG（NISO Technical Metadata for Digital Still Images）、LC-AV（Library of Congress Audiovisual Metadata）、TEIHDR（TEI Header）、DDI（Data Documentation Initiative）、FGDC（Federal Geographic Data Committee Metadata Standard [FGDC-STD-001-1998]）和 OTHER；LABEL 属性则为 METS 文档浏览者提供了该元数据的描述文字，例如，该文档的目录内容。

内部描述型元数据（mdWrap）元素为内嵌于 METS 文档的元数据提供了封装器，而元数据的格式可采用以下两种：①XML 编码，它用 XML 编码表明本身所属于的命名空间不同于该 METS 文档的命名空间；②任何二进制或文本格式，但前提是：这个元数据是 Base64 编码，且被封装在 mdWrap 的<binData>元素中。以下是 mdWrap 元素的用法例示：

```
<dmdSec ID="dmd002">
    <mdWrap MIMETYPE="text/xml" MDTYPE="DC" LABEL="Dublin Core Metadata">
    <xmlData>
    <dc:title>Alice's Adventures in Wonderland</dc:title>
    <dc:creator>Lewis Carroll</dc:creator>
    <dc:date>between 1872 and 1890</dc:date>
    <dc:publisher>McCloughlin Brothers</dc:publisher>
    <dc:type>text</dc:type>
    </xmlData>
    </mdWrap>
</dmdSec>
<dmdSec ID="dmd003">
    <mdWrap MIMETYPE="application/marc" MDTYPE="MARC" LABEL="OPAC Record">
    <binData>MDI0ODdjam0gIDIyMDA1ODkgYSA0NU0wMDAxMDA...(etc.)
    </binData>
    </mdWrap>
</dmdSec>
```

所有<dmdSec>元素必须要有 ID 属性。它为每个<dmdSec>元素提供了唯一的内部名称，并可用于结构图中，把文档层次结构中指定的 div 与相应的<dmdSec>元素联系起来。这样，指定的描述型元数据就可以关联到数字对象的指定部分。

（3）管理型元数据区

管理型元数据区（Administrative Metadata）提供的信息包括：文件是如何创建和保存的、知识产权元数据、数字对象原始资源的元数据、构成该数字对象的文件起源信息（比如，文件的主体和派生关系，以及迁移和转换信息）。与描述型元数据一样，管理型元数据区既可以位于 METS 文档外部，也可以通过编码嵌在文档内部。

<amdSec>元素中的管理型元数据，既可以描述组成该数字对象的文件，也可以描述生成该对象的原始素材。METS 文档中定义了四种格式的管理型元数据：①技术元数据，关于文件的创建、格式和使用特征的信息；②知识产权元数据，关于版权和许可的信息；③来源元数据，关于该数字对象之物理来源的描述型元数据和管理型元数据；④数字起源元数据，关于作品原始数字化形态与其当前形态之间的关系，包括文件之间的来源—目标关系、主体—派生关系和迁移—转换关系。这 4 种类型的管理型元数据分别对应于 METS 文档<amdSec>的<techMD>、<rightsMD>、<sourceMD>、和<digiprovMD>四个子元素，其中可以嵌入相应格式的元数据。在一个 METS 文档中这四种元素可以重复出现。

<techMD>、<rightsMD>、<sourceMD>和<digiprovMD>元素与<dmdSec>共用一种内容模式：既可指向外部管理型元数据，也可用<mdWrap>元素在 METS 文档内部嵌入管理型元数据，或兼而有之。虽然一个 METS 文档可有这些元素的多个实例，但它们必须有各自的 ID 属性，以便被其他元素（比如结构图中的 div 或<file>元素）正确地关联到对应的<amdSec>子元素。下例中展示了如何用技术元数据<techMD>元素来描述一个文件的准备过程：

```
<techMD ID="AMD001">
    <mdWrap MIMETYPE="text/xml" MDTYPE="NISOIMG" LABEL="NISO Img. Data">
    <xmlData>
    <niso:MIMEtype>image/tiff</niso:MIMEtype>
    <niso:Compression>LZW</niso:Compression>
    <niso:PhotometricInterpretation>8</niso:PhotometricInterpretation>
    <niso:Orientation>1</niso:Orientation>
    <niso:ScanningAgency>NYU Press</niso:ScanningAgency>
    </xmlData>
    </mdWrap>
</techMD>
```

接着，还可以用一个<fileGrp>的<file>元素，把管理型元数据标识为属于该文档的——这是通过标识 ADMID 属性做到的，即将其指向一个<techMD>元素，如：

```
<file ID="FILE001" ADMID="AMD001">
    <FLocat   LOCTYPE="URL">http://dlib.nyu.edu/press/testimg.tif</FLocat>
    </file>
```

（4）文件区

一个数字对象往往是由若干个内容文件组成，在文件区（File Section）中需要列出全部的组成文件。文件区（<fileSec>）一般会包含一个或多个<fileGrp>元素，

<fileGrp>元素的作用是将大量的文件划分成组。例如，用它按照对象版本加以细分时，<fileGrp>列出的所有文件便组成了一个数字对象的电子版本。再例如，可以针对缩略图组、主档案影像组、PDF版组、TEI编码文本版组设立若干<fileGrp>元素。

以下是一个文件区的例子，选自一个口述历史的数字对象，它有 3 个版本：一个是 TEI-编码的文件，一个是 WAV 格式的主要音频文件，还有一个 MP3 格式的派生文件：

```
    <fileSec>
        <fileGrp ID="VERS1">
            <file ID="FILE001" MIMETYPE="application/xml" SIZE="257537" CREATED= "2001-06-10">
            <FLocat    LOCTYPE="URL">http://dlib.nyu.edu/tamwag/beame.xml</FLocat>
            </file>
        </fileGrp>
        <fileGrp ID="VERS2">
            <file ID="FILE002" MIMETYPE="audio/wav" SIZE="64232836"
               CREATED="2001-05-17" GROUPID="AUDIO1">
            <FLocat    LOCTYPE="URL">http://dlib.nyu.edu/tamwag/beame.wav</FLocat>
            </file>
        </fileGrp>
        <fileGrp ID="VERS3" VERSDATE="2001-05-18">
            <file ID="FILE003" MIMETYPE="audio/mpeg" SIZE="8238866"
               CREATED="2001-05-18" GROUPID="AUDIO1">
            <FLocat    LOCTYPE="URL">http://dlib.nyu.edu/tamwag/beame.mp3</FLocat>
            </file>
        </fileGrp>
    </fileSec>
```

在此例中，<fileSec>包含三个<fileGrp>子元素，每个子元素对应数字对象的一个版本。第一个是 XML 文件，第二个是 WAV 格式的音频文件，第三个是 MP3 格式的派生文件。这个例子很简单，采用<fileGrp>元素区别对象有点大材小用了，但当对象包括了大量的扫描页文件时<fileGrp>作用就会凸显出来。

GROUPID 属性的用途是：标识出现在两个音频<file>元素中的同一文件，它表明这两个文件虽然属于对象的不同版本，却包含了同样的基本信息（当数字对象包含了很多扫描页面图像时，同样可以用 GROUPID 标识数字对象中同一页面的多个图像文件）。

所有的<file>元素均有一个唯一的 ID 属性。此属性提供了唯一的内部名称，可被文档的其他部分引用。在后续的结构图区中就可以看到此类引用。

第6章 与数字出版相关的数字图书馆标准

这里为大家提供一个建议：<file>元素采用<FContent>元素要比<FLocat>元素好。原因是，<FContent>元素可将文件的实际内容嵌入到 METS 文档内（文件内容必须是 XML 格式或 Base64-编码）。诚然，用 METS 文档展示数字对象时，内嵌文件并不是必需的，但当用在仓储间交换数字对象时，其价值就体现出来了。

（5）结构图区

结构图区（Structural Map）是 METS 文档的核心。它描绘了数字对象的层次结构，并将该结构中元素与相应的内容文件和元数据关联起来。

METS 文档的结构图定义了如何把数字对象呈现给用户的层次结构，并允许用户借助结构图进行导航。<structMap>元素利用一系列嵌套的<div>元素体现了这种层次结构。<div>将其所属类型用属性信息标明，而把对应于该 div 的内容，用多个 METS 指针元素（<mptr>）和文件指针元素（<fptr>）标记出来。METS 指针指向 METS 文档，其中包含了该<div>的相关文件信息——这种机制很适合对大量资料（例如一种完整的期刊）进行编码加工，可以控制集合内每个 METS 文件的尺寸较小。文件指针则指向当前 METS 文档<fileSec>区中的文件（有时也指向文件组或某文件内部的特定位置），所指文件与当前<div>所表示的层次结构部分可以保持很好的对应关系。下面所示是一个简单的结构图的示例：

```
<structMap TYPE="logical">
    <div ID="div1" LABEL="Oral History: Mayor Abraham Beame"
      TYPE="oral history">
    <div ID="div1.1" LABEL="Interviewer Introduction"
      ORDER="1">
    <fptr FILEID="FILE001">
    <area FILEID="FILE001" BEGIN="INTVWBG" END="INTVWND"
      BETYPE="IDREF" />
    </fptr>
    <fptr FILEID="FILE002">
    <area FILEID="FILE002" BEGIN="00:00:00" END="00:01:47"
      BETYPE="TIME" />
    </fptr>
    <fptr FILEID="FILE003">
    <area FILEID="FILE003" BEGIN="00:00:00" END="00:01:47"
      BETYPE="TIME" />
    </fptr>
</div>
    <div ID="div1.2" LABEL="Family History" ORDER="2">
    <fptr FILEID="FILE001">
    <area FILEID="FILE001" BEGIN="FHBG" END="FHND"
      BETYPE="IDREF" />
    </fptr>
    <fptr FILEID="FILE002">
```

```
        <area FILEID="FILE002" BEGIN="00:01:48"END="00:06:17"
           BETYPE="TIME" />
        </fptr>
        <fptr FILEID="FILE003">
        <area FILEID="FILE003" BEGIN="00:01:48" END="00:06:17"
           BETYPE="TIME" />
        </fptr>
    </div>
        <div ID="div1.3" LABEL="Introduction to Teachers' Union"
          ORDER="3">
        <fptr FILEID="FILE001">
        <area FILEID="FILE001" BEGIN="TUBG" END="TUND"
           BETYPE="IDREF" />
        </fptr>
        <fptr FILEID="FILE002">
        <area FILEID="FILE002" BEGIN="00:06:18" END="00:10:03"
           BETYPE="TIME" />
        </fptr>
        <fptr FILEID="FILE003">
        <area FILEID="FILE003" BEGIN="00:06:18" END="00:10:03"
           BETYPE="TIME" />
        </fptr>
    </div>
    </div>
</structMap>
```

以上结构图是一段由纽约前市长 Abraham Beame 讲述的历史，包括三个片段：采访人的开篇介绍，Beame 市长讲述的家族历史，还有关于他如何在纽约加入教师联合会的讨论。每一个片段/div 被链接到三个文件（来自我们前面文件组的示例）：一个 XML 格式文件，一个主文件和一个派生音频文件。每个<fptr>中都用到了<area>子元素，表示该 div 仅对应于被链接文件的一部分，并且详细指明了每个链接文件的准确片段。例如，第一个 div（采访人介绍）被链接到 XML 文件（FILE001）的一个片段，位于文件内 ID 属性值为"INTVWBG"和"INTVWND"的两个标签（tag）之间。它还可以链接到两个不同的音频文件，此时，用简单的 HH:MM:SS 格式时间值标识被链接材料的起点和终点，这比在文件里只用 ID 属性标识更加精准。这样，在两个音频文件中就可以很容易地找到介绍采访人的片段，即起始时间为 00:00:00 结束时间为 00:01:47 的片段。

（6）结构链接区

结构链接区（Structural Links）允许 METS 作者把结构图层次各区之间存在的超链接记录下来，特别是那些适于用 METS 存档 Web 站点。在所有的 METS 区中它的格式最为简单，只包含一个元素<smLink>，但允许重复。该元素用于记录结构图内条目之间（通常是<div>元素）存在的超链接。如果希望用 METS 来存档

Web 站点并维护这个超文本结构站点记录，但同时又想将其与站点本身的 HTML 文件分开的话，那么结构链接就是很好的工具。

假设一个 Web 页中包含一个图像，此图像又超链接到另一个网页。就可以采用如下的<structMap>元素，包含两页的<div>：

```
<div ID="P1" TYPE="page" LABEL="Page 1">
<fptr FILEID="HTMLF1"/>
    <div ID="IMG1" TYPE="image" LABEL="Image Hyperlink to  Page 2">
    <fptr FILEID="JPGF1"/>
</div>
<div ID="P2" TYPE="page" LABEL="Page 2">
<fptr FILEID="HTMLF2"/>
</div>
```

若想说明第一页<div>内的图像文件与第二页<div>内的 HTML 文件存在超链接，可在 METS 文档的<structLink>小节内使用一个<smLink>元素，如下所示：

```
<smLink from="IMG1" to="P2" xlink:title="Hyperlink from  JPEG Image on Page 1 to Page 2" xlink:show="new"   xlink:actuate="onRequest" />
```

其中<smLink>链接元素使用的是改进后的 XLink 语法格式，用到了全部 XLink 属性，但是"to"和"from"属性声明成 IDREF 类型，比原来 XLink 规格说明书中的 NMTOKEN 要好。因为这样不但可以标明任何两个结构图区之间存在的链接，而且可以利用 XML 处理工具确认链接节点的存在。

（7）行为区

行为区（Behavior）可将可执行代码关联到 METS 对象内容中。行为区的每一个行为（behavior），有接口定义元素（interface definition element）和机制元素（mechanism element）。前者给出了一组行为的抽象定义，并用特定的行为区（behavior sector）表示，后者则标识了上述定义的行为所对应的可执行代码模块，即指向一个可执行代码模块，进而可运行在接口定义中定义的行为。

数字对象行为的实现可以通过链接到分布式 Web 服务的形式，正如下面 Mellon Fedora 项目中的例子所示。

```
    <METS:behavior   ID="DISS1.1"   STRUCTID="S1.1"   BTYPE="uva-bdef:stdImage"
        CREATED="2002-05-25T08:32:00"     LABEL="UVA    Std    Image Disseminator"
        GROUPID="DISS1" ADMID="AUDREC1">
    <METS:interfaceDef LABEL="UVA Standard Image Behavior Definition"
        LOCTYPE="URN" xlink:href="uva-bdef:stdImage"/>
    <METS:mechanism LABEL="A NEW AND IMPROVED Image Mechanism"
        LOCTYPE="URN" xlink:href="uva-bmech:BETTER-imageMech"/>
    </METS:behavior>
```

3. METS 对数字图书馆和出版的影响

METS 是数字化资料库的基础,旨在帮助实现与其他系统交换数字对象,采用 METS 描述的数字资源可以在多个系统间方便使用。目前,METS 得到了越来越多的关注和应用,早期的许多研究机构就开展了数字化实验,并积累了大量的数据。近期,利用 METS 可以按资料的形式和大小做进一步的区分,提供更高质量的信息。美国国会图书馆将其用于动画、视频资料,以及其他混合类型的媒体资料管理与交换,数量超过七百万项,并对 METS 进行了扩展[1];弗吉尼亚大学和康奈尔大学合作开发的 Fedora 项目中,采用 METS 作为存储数字对象的标准,并很好地利用了行为区的功能[2];威尔士国家图书馆用其管理原始文本资料;哈佛大学用于视频资料;密歇根州将其用于动画影片;OCLC 和 RLC 都将它用于其数字化项目;清华大学图书馆在其"数学文档电子化网络"系统中也采用了 METS 作为数字资源保存的基本编码方案,并实现了一个数字古籍元数据方案的 METS 对象著录和生成系统[3]。可见,METS 的提出和发展是数字资源管理与交流的一大进步,特别是在现在的网络环境下,无论是对于描述性还是非描述性的元数据都已经变得不可或缺[4]。同时,METS 标准也是图书馆在探索数据交换方面的结晶,非常值得出版界关注和借鉴,遵循或扩展这一标准可以有效地帮助出版界盘活数字资源,更加高效地发布和利用其数字内容产品。

4. METS 的局限性与相关标准

由于数字资源本身的多样性,仅靠一种交换标准很难在元数据描述方面做到细致周全,METS 也不例外。因此,在元数据交换方面还有一些标准值得关注,如管理数字图像集合时需要的技术数据元组编码的 XML 模式,MIX(NISO Metadata for Images in XML);用于数字资源长期保存的核心保存元数据 XML 模式和数据字典,PREMIS(Preservation Metadata);用于文本为主的数字对象的详细技术元数据 XML 模式,TextMD(Technical Metadata for Text);描述 MarcXchange 的信息和文档,ISO/DIS 25577;用于维护信息的模式,ISO 20775;用于光学字符识别的技术元数据,ALTO;以及用于音频和视频为主的数字对象的详细技术元数据 XML 模式,AudioMD and VideoMD 等。

[1] http://www.loc.gov/rr/mopic/avprot/metsmenu2.html
[2] http://www.fedora-commons.org
[3] 董丽,吴开华,姜爱蓉,张蓓,METS 元数据编码规范及其应用研究[J].现代图书情报技术,2004(5):8-12
[4] 张铮,李蓓.元数据家族中的新成员 MODS 和 METS[J].医学信息学,2005(7):743-745

6.5 互操作标准

互联网为数字图书馆提供了开放的应用及开发环境,越来越多的数字图书馆在网上充当起信息提供者的角色。但由于各数字图书馆建设的主体、理念不同,因而使用了不同的标准和技术,使得其体系结构相对复杂多变。用户查找资料时,必须分别进入各个数字图书馆的界面,适应不同的检索要求。如何把网上广泛分布、异构、自治的数字图书馆联合起来,向用户提供统一、透明的一站式服务,即实现数字图书馆之间的互操作,也就不可避免地成为数字图书馆研究与开发的中心问题。

根据 US IEEE 的定义,互操作性是指两个或多个系统相互使用已被交换的信息的能力。数字图书馆的互操作是指数字图书馆交换文档、查询和服务的能力。

互操作既可出现在不同数字图书馆系统之间,也可出现在一个数字图书馆系统的内部各构件之间。它要求技术(软件体系结构、通信协议和数据格式等)、内容(元数据及其语义等)和组织(数字图书提的基本访问原则、支付方式和认证等)3 方面的合作。数字图书馆的互操作主要体现在系统间的数据交换和服务协作两个层面上。互操作协议是数字图书馆馆际通信的基础,也是数字图书馆互操作的重要研究内容。数字图书馆互操作协议定义了信息搜索和检索的接口界面、查询语言、结果集格式以及客户机与服务器之间的交互方式等。实现数字图书馆的互操作,必须建立数字图书馆互操作协议。下面对几种典型的互操作协议进行讨论。

跨库检索以分布式异构数据源为对象,通过统一的检索接口接收用户查询,将用户查询转化为不同数据源的检索表达式,并发检索本地和广域网上的多个分布式异构数据源,在经过去重和排序等操作后,以统一的格式将结果呈现给用户。目前用于跨库检索的互操作协议标准有:Z39.50、OAIPMH、SOAP、OPENURL 和 LDAP ,以及用于分布式检索的标准 W3C XML Query Language 。LDAP 检索的信息为 LDAP 树状结构信息模式;传统的 Z39.50 是基于 TCP/IP 协议传输,主要用于检索 MARC 格式数据;OAI、OPENURL 和 XQuery 以及新一代 Z39.50:ZING 的改良方案都是基于 HTTP 和 XML 而构架的,可用于检索都柏林核心元数据集和其他元数据格式描述的信息。其中 OPENURL 提供了导引用户从当前资源链接到相关参考资源的详细内容的解决方案,其核心内容上下文对象(Context Object)可通过 HTTP GET/POST、SOAP、OAI-PMH 3 种方式传输。

上述这些标准和协议主要解决了分布式异构数据集成检索以下几个层次的互操作性:一是信息编码的互操作性,如 XML、DC 元素集、MARC 和其他元数据格式规范等;二是信息传输与通信的互操作性,如 TCP/IP、HTTP 和 SOAP 协议等；三是信息检索的互操作性，如基于元数据检索的 OAI、Z39.50 及其改良方案 ZING，基于关联链接检索的 Openurl，用于 XML 数据库的 XQuery 和自成体系的轻量级目录访问协议 LDAP 等。

6.5.1　OAI 标准之一：OAI-PMH

OAI-PMH（Open Archives Initiative Protocol for Metadata Harvesting）是基于开放文档先导（Open Archives Initiative，OAI）的元数据获取协议（OAI-PMH），简称 OAI 协议[1]。该协议通过定义一个标准化的接口，使网络服务器能够将存储其中的元数据有选择地提供给需要这些数据的外部应用程序或其他服务器。该协议可以解决不同资源的元数据互操作问题，有效挖掘、发布和利用互联网上数字信息资源，是在分布式网络化环境中获取元数据信息的标准化协议。

1. OAI-PMH 简史

OAI 是 1999 年 10 月图书馆和信息资源委员会（Council on Library and Information Resource，CLIR）和数字图书馆联盟（Digital Library Federation，DLF）等组织在美国新墨西哥州的圣达菲（Santa Fe）召开的关于促进电子文档发展的研讨会上 Paul Ginsparg，Rick Luce，Herbert Van de Sompel 等人促成的。这次会议针对学术性电子化预刊本（electronic pre-print）及相关的文献资料（archives），与会代表达成了关于形成一套可以互操作（interoperability）的标准技术架构的共识，并因此有了 Open Archives Initiative（OAI）。会议最终定义了一个公共的标准化接口，网络服务器通过此接口发布其上电子文档的元数据，这些元数据可以被想要获取该数据的服务器所识别和利用，这个接口就是 OAI 协议的雏形。

圣达菲会议之后，在美国康奈尔大学建立了 OAI 的秘书处。为解决多数领域遇到的如何分享分散的信息资源的问题，OAI 扩大研究范围，研究的核心从电子文档转变为各种元数据的获取和互操作问题，提出了基于元数据的电子文献互操作框架，形成了 OAI 协议（Open Archives Initiative Protocol for Metadata Harvesting，OAI-PMH）[2]。从 2000 年 9 月开始，OAI-PMH 不断发布新版本，具体情况如下：2000 年 9 月，发布 OAI-PMH 的首个 Alpha 版；2001 年 1 月 21 日，OAI 的秘书处制定了正式的 OAI 元数据获取协议，发布 OAI-PMH1.0（Beta）版；同年 7 月发布 OAI-PMH1.1（Beta2）版；2002 年 6 月，发布 OAI-PMH2.0 版（标准版）。

OAI 协议通过元数据收获这种模式实现在线发布信息的不同组织之间的互操

---

[1] http://www.openarchives.org/pmh/
[2] 有时也写作 MHP，表示 Metadata Harvesting Protocol。

作，形成一个与应用无关的互操作框架，简化了数字信息内容有效传播，提升了存取数字资料种数的范围，是信息资源整合的有效工具。

2．OAI-PMH 的主要内容

OAI 是一个旨在促进网络信息资源开发、发布与共享的合作组织。它给出了一个基于元数据的电子文献互操作框架，形成了 OAI 协议。其目标是通过元数据收集这种方式实现在线发布信息的不同组织之间的互操作，形成一个与应用无关的互操作框架，广泛应用于资源整合、跨库检索、文献传递、学科信息门户建立、个性化服务等各个领域[1]。

OAI 框架中有两类参与者：数据提供者 DP（Data Provider）与服务提供者 SP（Service Provider）。DP 依据拥有的数字资料资源，创建相应的元数据库。按照 OAI 协议对来自 SP 的 OAI request 请求消息做出响应，以 OAI response 响应消息的格式向 SP 发布元数据，同时为 SP 提供 OAI 接口。SP 是元数据的收集方。它通过 OAI request 消息从 DP 处收集元数据，进行加工处理后，存储在元数据库中，并以此为基础对外提供增值服务。SP 可从多个 DP 处收集元数据并提供增值服务。一个拥有数据资源的组织既可以是 SP，也可以是 DP。

（1）OAI-PMH 框架的基本概念

OAI 协议规定了数据提供者与服务提供者之间的通信规则，有 7 个重要的概念：

Harvester（收集器）：一个客户端的应用程序。

收集器负责发出 OAI-PMH 请求，作为仓储（Repositories）中收集元数据的方法，由服务提供者操作。

Repositories（仓储）：一种可被访问的网络服务器。

仓储能处理 OAI-PMH 协议的 6 种请求，由数据提供者管理，负责将元数据发布给收集器。

Item（条目）：一种包容器。

条目是仓储的基本组织单元，以多种形式存储并可以动态产生关于单个资源的元数据。通过 OAI-PMH 协议以记录的形式获得。

Unique Identifier（条目的唯一标识符）：一种标识。

在仓储内明确标识一个条目。条目的唯一标识符与条目相映射，单一条目中所有可能记录共用一个唯一标识符。唯一标识符可包含多种元数据格式，用于从条目中提取元数据，在协议中，扮演两种角色：

Response：ListIdentifiers 和 ListRecords 两种请求的返回标识；

Request：与 MetadataPrefix 联合使用的标识符，被用在 GetRecord 请求中，该

---

[1] 吕亚男. 基于 OAI 协议的空间元数据互操作研究[D]. 硕士论文，太原科技大学，2008 年 7 月

请求是从一个条目中请求一个指定元数据格式的记录。

Record（记录）：特定元数据格式的元数据。

Set（集合）：特定性质事物的总体。

非必备功能，为了实现选择性收集的目的，仓储内可将不同类别的资料区分为不同的群组，且可以以层次或架构表示。

Select Harvesting（选择性收集）：特定收集方式。

OAI 协议支持基于时间戳和基于特定集合的收集方式。提供以日期为基础（Data-based）或特定集合为基础（Set-based）的元数据获取方式，使用者可以比较精确的描述与获得的资料的范围。

在对一个 OAI-PMH 请求的响应中，记录以 XML 编码的字节流的形式被返回，它是从基本组织单元中返回的特定元数据，包括 3 个部分：

Header——包含本项的唯一标识符和选择性收集（Selective Harrvesting）的必要属性，示例[1]如下：

本项的唯一标识符等于 oai:arXiv:cs/0112017，表明该项的记录已经被传播；

记录的时间戳等于 2005-02-28，表明传播时间为 2005-02-28；

两个 setSpecs，分别是 compu 和 math，表明从该项传播的记录分别属于仓储的 compu 和 math 集合（Sets）。

Metadata——记录实际的资源的元数据内容；

About——非必备部分，提供有关资料的相关说明，如版权声明等。

（2）OAI-PMH 命令

OAI 协议定义了一个 OAI 命令集[2]，用于实现从数据库前端服务器（数据提供者）向其管理的数据仓库获得所需信息，OAI 是基于 HTTP 协议进行传输的，服务提供者通过动词命令向数据提供者发出收割请求，数据提供者根据其请求返回合适的结果集。每个 OAI 命令由一个命令动词和形如 key=value 的参数属性对构成，多个参数以符号&隔开。OAI 提供的命令一共有 6 种，如表 6-3 所示。

表 6-3 OAI 协议命令集

命令动词	参数	说明
GetRecord	Identifier metadataPrefix	从一个资源提供者处获得指定记录的元数据。Identifier 表明提取资源的标识，metadataPrefix 指定所要获得数字资源的格式类型，可由 ListMetadataFormats 命令获得

---

[1] 陈博，基于 OAI-PMH 的数据提供在基础医学信息共享系统中的应用与实现[D]. 硕士论文，吉林大学，2005 年 5 月

[2] 张薇，基于 OAI-PMH 协议及全文检索技术的图书馆联合目录系统[D]. 硕士论文，苏州大学，2011 年 4 月

续表

命令动词	参数	说明
Identify	Repository-Name BaseURL ProtocolVersion AdminEmail	用于描述数据提供者的相关信息，包括行政管理、系统标识、特殊社群等信息。四个参数分别表示：数据仓库名称、数据仓库地址、数据仓库支持的 OAI 协议版本和管理者的 Email
ListIdentifiers	Until From MetadataPrefix Set ResumptionToken	向数据仓库请求取得能够获取记录的 ID 明细。五个参数含义分别为：数据对象变化的起止日期、数字资源的格式类型、datastamp 的起始日期、资料集种类和流量控制认证标识
ListMetadataFormats		取得数据提供者所能支持的元数据的格式种类
ListRecords	Until From Set ResumptionToken MetadataPrefix	向数据提供者取得指定范围的所有记录。命令的前四个参数含义与 ListIdentifiers 命令相同，第五个参数为所获得元数据的格式类型，应在 ListMetaataFormats 命令所得中选取
ListSets	ResumptionToken	取得数据仓库资料集（set）的结构。参数为流量控制认证标识

由于 OAI-PMH 协议是基于 HTTP 协议的，所有的 OAI 中的谓词都在 URL 中编码成一个 http 请求，由一个 SP 发送给一个 DP，DP 中返回的结果都使用 XML 进行编码，SP 与 DP 之间存在交互关系。例如，假设一个 DP 的基本 URL 地址是 http://naca.larc.nasa.gov/oai，如果我们要列出自 2003 年 9 月 22 日以后 DP 中所有新增资源的标识，则应向此 DP 发出如下请求：

```
http://naca. larc. nasa. gov/oai? verb =ListIdentifiers&from=
2003-09-22
```

DP 返回的结果可能是如下内容：

```
<? xml version="1.0"encoding="UTF-8"?>
<ListIdentifiers
xmlns="http://www.openarchives.org/OAI/1.1/OAI_ListIdentifiers"
xmlns: xsi ="http://www. w3. org/2001/XMLSchema-instance"
xsi:schemaLocation="http://www.openarchives.org/OAI/1.1/OAI_List
Identifiers
http://www.openarchives.org/OAI/1.1/OAI_ListI-dentifiers.xsd">
    <responseDate>2003-09-24T23:23:57+00:00
    </responseDate>
    <requestURL> http% 3A% 2F% 2Fnaca. larc.nasa. gov% 2Foai% 2Findex.
cgi% 3Fverb%3DListIdentifiers%26from%3D2003-09-22</requestURL>
    <identifier>oai:NACA:1958:naca-rm-a58c03
```

```
</identifier>
<identifier>oai:NACA:1958:naca-rm-a58c21
</identifier>
<identifier>oai:NACA:1958:naca-tm-1441
</identifier>
</ListIdentifiers>
```

从 DP 返回的内容可以看出，自 2003 年 9 月 22 日以后，此 DP 中总共加入了 3 条新记录，这三条记录的标识分别是：

```
oai:NACA:1958:naca-rm-a58c03
oai:NACA:1958:naca-rm-a58c2
oai:NACA:1958:naca-tm-1441
```

SP 收到这些结果后，可以分别使用三个 Ge-tRecord 以——获取这三个新记录的元数据，也可以使用 ListRecord 加上 from 参数一次性地获取这三个新记录的元数据。

（3）OAI-PMH 技术框架

OAI 的技术框架在设计时力求简单易用，除了之前提到的两类参与者：数据提供者、服务提供者，还有元数据搜寻协议这三部分组成，其基本原理是：将数据提供者的元数据使用公共元数据格式表达（以简单 DC 为映射中心，采用 XML 统一编码），利用开放协议对公共元数据进行搜寻，利用第三方服务提供者来支持元数据检索，从而有效解决各资源库在元数据格式上可能存在的异构性问题，实现跨资源库检索。

OAI 数据提供者维护支持 OAI-PMH 的仓储，对元数据的质量、服务器运行的稳定性、Resumption Token 执行情况等问题起到重要作用，直接决定服务提供者对终端用户服务的能力。

OAI 服务提供者对收集的元数据进行重新组织和索引，在此基础上提供增值服务。目前，基于 OAI 的服务提供者提供的终端服务有两类：集中式联邦检索服务（Centralized Federated Search Service）、复制式联邦检索服务（Replicated FederatedSearch Service）。

集中式联邦检索服务是从多个数据提供者处收集并提取元数据，经过处理，合并后集中存储在一个中心数据库中，对保存在中心数据库中的元数据执行搜索，它对所有用户提供统一的检索和浏览界面。该方式比较有代表性的系统是 ARC[1]、NDLTD（网络博硕士论文数字图书馆）[2] 等。复制式联邦检索服务中每个服务提供者都从相同的数据提供者那里收割数据，不同的服务提供者可建立适合自己服

---

[1] http://dlib.cs.odu.edu/ARC.html
[2] http://www.ndltd.org/

务对象的管理和检索界面。有代表性的是 TRI（Technical Report Interchange）Project，该项目可实现 NASA Langley Research Center(LARC)、Los Alamos National Laboratory（LANL）、Air Force Research Laboratory（AFRL）、Sandia National Laboratory 四个机构技术报告资源的共享。

元数据搜寻协议即 OAI 协议，具有 HTTP 编码、元数据结构、流控制机构三大特征。OAI 协议采用简单的 HTTP 编码，用 HTTP Get 或 Post 方法发送请求（Request），XML 格式返回响应（Response）结果，实现起来非常简单。OAI 协议采用"采集"策略，允许原有元数据结构存在，但要求所有元数据发布方都支持 Dublin Core 元数据结构。发布元数据时把原始结构的元数据归一化为 DC 结构。这种采集策略能够较容易地实现跨领域的资源发现和共享。由于其允许多种元数据结构并存，可以为用户提供多种更为丰富的元数据信息，以满足专业领域的特殊需求。此外，OAI-PMH 在遇到请求返回的结果包含元数据记录非常多的时候，会把大的结果集分割成多个小块，通过多次请求—响应来完成一次采集任务。这种控制流机制大大降低了传输过程中因中断或传输错误而造成的风险。

OAI 协议为网络上元数据的互操作问题提供了一种可行的解决方案。采用 Internet 和元数据（Metadata）两种技术，平衡增强功能与实现难度之间的矛盾。使发布于网络上的数字资源，不受限于系统平台、应用程序、国界及语言，达到广泛流通的目的。

3．OAI-PMH 对数字图书馆和出版的影响

OAI 理论框架及 OAI 元数据互操作协议具有以下优点：

（1）OAI 提供了一种新的学术沟通与交流模式，既可以保护版权，又可以促进信息的交流与共享。

（2）实现容易。OAI 采用 Internet 中最常用的 HTTP 协议作为基础平台，只规定了有限几个核心功能，规范和语法都十分简单。OAI-PMH 协议这些特点使得 OAI-PMH 的开发变得十分容易。

（3）具开放性和灵活性。OAI-PMH 将参与互操作的各方分成 DP 与 SP，DP 可以向网络中所有或部分的 SP 开放其服务，SP 也可以从网络中所有或部分的 DP 中获取元数据，各个 DP 或 SP 可以自动控制向谁开放服务或从那里获取元数据。这种体系结构具有开放、灵活的特点。

（4）采用 HTTP 及 XML 之开放性标准。这使得 OAI 服务很容易与互联网相结合，从而利用互联网进行信息的交互与共享；另外，由于 OAI 采用 XML 来描述信息，这样 OAI 所提供的信息是结构化的信息，它具有规范、严格、自解释的特点，有利于信息的处理利用，并可以方便地进行二次开发。

OAI 协议的以上优点使其在多个研究领域得到了实际应用，其中最为突出的

要算在数字图书馆方面的应用。目前,国外已有多个数字图书馆项目开始应用 OAI 作为自身的元数据获取协议,如 NDLTD（Networked Digital Library of Theses and Dissertations）、NSDL（National Science Digital Library）等。

当前,OAI 协议与数字图书馆主要有两种互操作方案:分布式搜索（Distributed Search）和元数据采集（Metadata Harvesting）。

分布式搜索实时将用户提交的查询请求转换成每一个数字图书馆可接受的形式,分别送往多个数字图书馆站点执行,收集每个数字图书馆返回的结果,综合整理后交给用户。适用于数字图书馆节点比较少的情况。

元数据采集方法是从每个 DL 中采集并提取元数据,经过处理、合并后集中保存在一个元数据仓储中,用户对保存在元数据仓储中的元数据进行查询。OAI 的两种参与者 DP、SP 分别完成元数据的发布和提供信息增值服务的工作。该方法有效地解决了各资源库在元数据格式上可能存在的异构性问题,实现跨资源库检索[1]。

4. OAI-PMH 的局限性与发展趋势

目前,基于 OAI 协议的 Harvesting 联邦搜索是数字图书馆界研究与开发的热点,一些著名的数字图书馆项目,如 NDLTD 和 NSDL 均采用此方法作为互操作的解决方案。由于 OAI 比较新,所以有些元数据收集的重要问题尚未涉及,有一定的局限性。

（1）OAI 协议主要应用范围是基于 Internet 的数字图书馆,适用于大规模、多节点、松耦合的数字图书馆网络。对于一些规模比较小、节点数也比较少的网络并不是最佳选择。

（2）OAI 协议只能获取网络中其他数字图书馆馆藏资源的元数据,要获取原始馆藏资源,还需要其他协议的配合。

（3）在应用 OAI 协议进行互操作的情况下,各个数字图书馆之间保持信息同步比较困难。可能出现 B 馆新增了元数据,但 A 馆还没有对 B 馆进行查询、更新,从而导致 A 馆的元信息不完整。此外,若 B 馆在一段时间内并不能增加任何元数据,但 A 馆仍然定时来进行查询,这样会增加网络和 B 馆服务器的负担。

（4）OAI 协议会造成数字图书馆之间的信息不一致。OAI 提供的是增量查询,也就是说某个数字图书馆通过 OAI 所查询到的只是另一个数字图书馆新增加的元数据,但没法获取这个数字图书馆中被删除或被修改的元数据信息,从而导致信息的不一致。

在未来的发展中,首先应该从谓语动词及元数据格式两方面对 OAI 协议进行

---

[1] 吴颖红. OAI 协议与数字图书馆互操作性研究[J]. 图书馆理论与实践,2009（1）:104-106

改进与拓展。OAI 是以 DC（Dublin Core）作为基本元数据格式的，但 DC 只能描述概括的一般性信息，互联网上多种类型资源并不都适合用 DC 描述，这使得对信息资源的描述往往不够精确，不能准确地反映出该信息资源自身的特点。因此增加 OAI 对多种元数据格式的支持是十分必要的。另外，OAI-PMH 的语法是完全开放的，十分便于扩充。我们可以加入一些新谓词或者新参数解决元数据删除、修改造成 DP 与 SP 中的数据不一致的问题，改善增量查询，增强 OAI 的功能。

其次，元数据知识产权和来源都是 OAI 协议在未来的发展中需要解决的问题。OAI 协议中没有涉及数据需求方的身份验证等相关方面的内容，可能会引发知识产权方面的争端。需要在协议中引入对数据需求方的身份认证和存取控制等机制。OAI 协议处理的对象是元数据，因此如何不断发现新的元数据资源是一个重要的问题。目前有两种解决来源问题方案：模仿搜索引擎，动态地寻找网页中隐含的元数据和建立一套元数据来源的注册登记制度。但两者也都存在着缺点，急需一种更合理方案来解决数据来源问题，并对自动提供的可能存在质量差别的元数据提供方进行合理分类，对元数据进行公正的质量评估。

6.5.2 OAI 标准之二：OAI-ORE

1. 简介

ORE（Object Reuse and Exchange，ORE）是用于网络信息资源聚合识别和描述的标准规范。OAI-ORE 是继 OAI-PMH 之后 OAI 组织最新推出的针对解决复合数字资源的描述和交换问题的协议。OAI-PMH 协议广泛应用在机构知识库[1]中，解决了元数据层面的互操作问题，实现了机构知识库之间的跨库检索。但是，由于不同的机构知识库系统软件在体系架构、数据模型和应用技术等方面存在的差异致使数字资源对象的互操作问题成为数字图书馆领域亟待解决的问题。其中那些信息聚合（Aggregations），也称复合数字对象（Compound Digital Object）最为棘手，因为它们会将多种媒体类型（如文本、图片、数据和视频等）分布式资源组合在一起。为此，2008 年 10 月 17 日，OAI-ORE 项目组公布了对象复用和交换规范和执行文档 ORE1.0，该文档包括 ORE 用户指南文档、ORE 说明文档以及可用的工具和资源 3 个主要部分。其中，ORE 用户指南文档主要包括 ORE 入门、Atom 格式的资源图实现、RDF/XML 格式的资源图实现、RDFa 格式的资源图实现、HTTP 实现和资源图发现 6 部分；ORE 说明文档包括抽象数据模型和词汇空间两

---

[1] 机构知识库（Institutional Repository，IR）是重要的数字资源管理平台，用于存储和传播学术研究成果及机构产出等数字资源。

个部分。

OAI-ORE 是为解决分布式数字仓储之间复合数字对象交换而制定的规范，它对数字对象的表示方法以及如何方便地获取这些表示的数字仓储服务进行研究，并且使得新一代的跨库仓储数字对象利用服务成为可能。OAI-ORE 的目标是开发标准的、可互操作的、机器可读的机制来表达复合数字对象资源，并且建立复合数字对象内部组件之间的逻辑关系以及网络信息空间中复合对象与其他资源之间的关系，支持数字对象资源的交换、重用、可视化和保存等[1]。OAI-ORE 是基于 Web 架构提出的，它利用了语义网、关联数据以及 URIs 领域的最新研究成果[2]。它采用 RDF 模型的"主—谓—宾"三元组形式来表示对象之间的关系。

2. OAI-ORE 数据模型

ORE 抽象数据模型的主要实体包括聚合（Aggregation）、被聚合资源（Aggregated Resource）、资源图（Resource Map，ReM）、代理（Proxy）。

（1）聚合与被聚合资源

OAI-ORE 数据模型中，一个聚合是一组资源的集合，聚合中的组件资源被定义为被聚合资源。聚合是一个抽象的概念，它与被聚合资源的关系通过资源图声明，所有的聚合和被聚合资源由唯一的 URIs 标识。

聚合是一个抽象的概念，它是指一系列其他资源的集合，在 ORE 模型中指代"ore:Aggregation"类型的资源。聚合中的组件资源被定义为被聚合资源。值得注意的是，聚合是可以嵌套的。例如，可以把整个机构知识库作为一个聚合，出版物是机构知识库的被聚合资源，而出版物又有各自的被聚合资源（如文档、数据集等）。

（2）资源图

资源图描述一个聚合，列举其描述聚合的组件（被聚合资源）、组件间的关系、组件与其他资源间的关系以及其他属性等，在 ORE 模型中指代"ore:ResourceMap"类型的资源。一个资源图只能描述一个聚合，有且仅有一个基于协议的独立 URI 标识，一个聚合可以被多个资源图描述。如图 6-2 所示，资源图 ReM-1 描述了拥有 3 个被聚合资源的聚合 A-1，同时也包含了创建者和修改者等元数据。

（3）代理

代理是一种"ore:Proxy"类型的资源，指代在一个特定聚合范围中的被聚合资源。代理与一个数字资源的关系是通过在资源图中说明代理的范围（Context）来声明的。在 ORE 数据模型中，是否使用代理是可选的，即一个被聚合资源可以有多个代理，也可以没有代理。对于聚合和被聚合资源之间的一个代理关系，其

---

[1] 徐健,基于 OAI-ORE 的异构数字仓储互操作框架[J].现代图书情报技术,2008（9）：10-11
[2] ORE Specification – Abstract Data Model，http://www.openarchives.org/ore/

URI 必须是唯一的，它只能描述这两个特定实体的关系。如图 6-3 所示，P-1 和 P-2 分别表示聚合 A-1 范围内的被聚合资源 AR-1 和 AR-2。ore:ProxyIn 说明代理所在的聚合范围；ore:ProxyFor 说明代理所指代的被聚合资源；xyz:HasNext 表示两个被聚合资源间的序列关系。图 6-3 中，代理 P-1 所在的聚合范围是聚合 A-1，所代理的被聚合资源是 AR-1；AR-1 和 AR-2 之间的关系是"相邻"（next）。

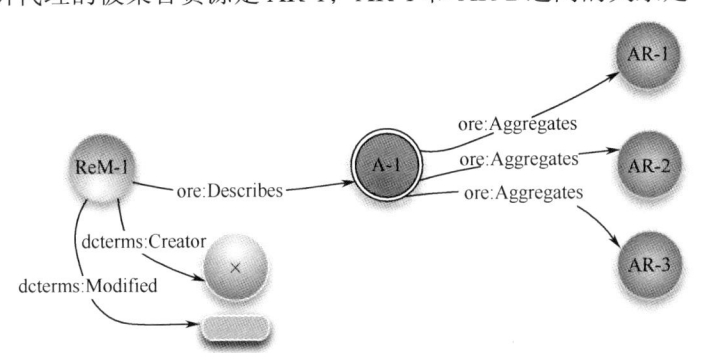

图 6-2　资源图 ReM-1 描述聚合 A-1

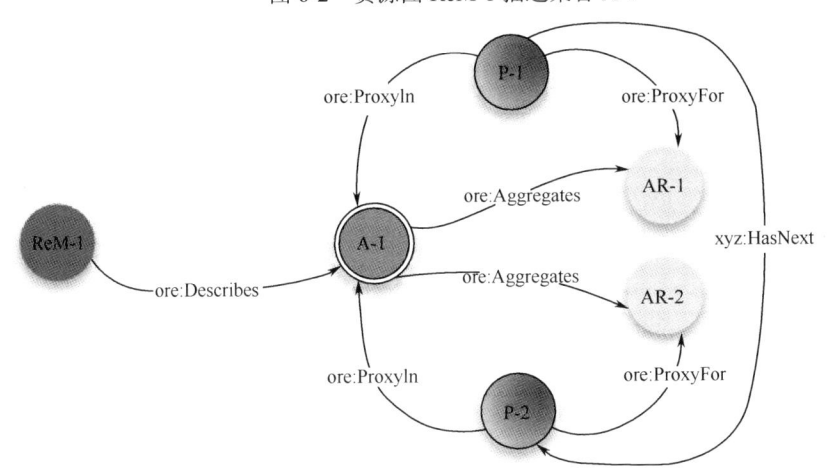

图 6-3　代理关系

（4）4 种实体的相互关系

如图 6-4 所示，资源图和聚合之间是描述（Description）关系，而且资源图和聚合是一对多的关系，即一个聚合可以被多个资源图所描述，但是一个资源图只能描述一个聚合。聚合与被聚合资源是多对多的聚合（Aggregates）关系，即一个聚合可以聚合多个被聚合资源，一个被聚合资源可以被多个聚合（Aggregation）所聚合（Aggregates）。代理和聚合是一对零或一对多的关系，代理与被聚合资源之间也是一对零或一对多的关系；代理所在的聚合范围（ProxyIn）是聚合，代理所指代的对象（ProxyFor）是被聚合资源。

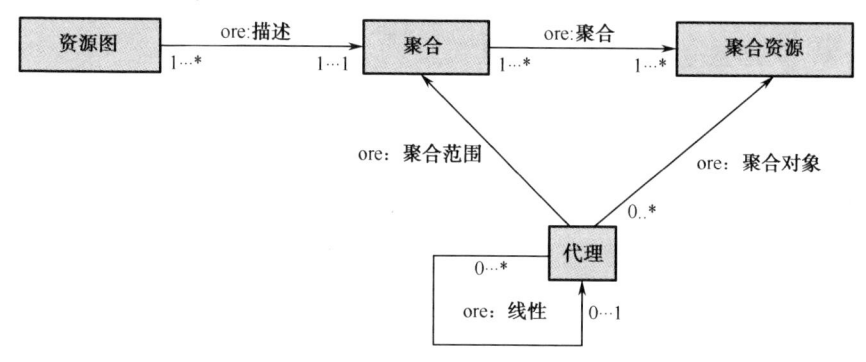

图 6-4 ORE 数据模型

（5）词汇集

在上文对 ORE 数据模型的介绍中已经涉及到一些资源类型和属性，以下通过表 6-3 和表 6-4 分别对其进行详细介绍。

表 6-4 ORE 类（Classes）

类名	URI	含义
ore:Aggregation	http://www.openarchives.org/ore/terms/Aggregation	一系列相关资源的集合，在 ORE 互操作框架中由资源图描述
ore:AggregatedResource	http://www.openarchives.org/ore/terms/AggregatedResource	包含在"聚合"中的资源。将一种资源声明为"被聚合资源"意味着它由至少一个"聚合"所包含
ore:Proxy	http://www.openarchives.org/ore/terms/Proxy	指代在一个特定聚合范围中的被聚合资源。例如，人们可能需要引用在特定期刊中出现的某篇文章，或为某种资源赋予基于特定聚合的元数据
ore:ResourceMap	http://www.openarchives.org/ore/terms/ResourceMap	资源图用于在 OAI-ORE 数据模型中描述聚合。它是 RDF 图，可以被序列化为机读格式

表 6-5 ORE 关系（relationships）

关系名	URI	定义域	值域	含义
ore:Aggregates	http://www.openarchives.org/ore/terms/aggregates	Aggregation	AggregatedResource	代表"聚合"与"被聚合资源"之间的整体/部分关系
ore:IsAggregatedBy	http://www.openarchives.org/ore/terms/isAggregatedBy	Aggregated Resource	Aggregation	与 ore:Aggregates 恰好相反，代表"被聚合资源"与"聚合"之间的部分/整体关系。这个关系的使用，允许在一个资源图中声明某个资源也被另一个资源图所聚合，这样就有利于发现不同资源或资源图之间的潜在关系
ore:Describes	http://www.openarchives.org/ore/terms/describes	Resource Map	Aggregation	用于表示资源图与聚合之间的描述关系
ore:IsDescribedBy	http://www.openarchives.org/ore/terms/isDescribedBy	Aggregation	Resource Map	与 ore:Describes 恰好相反。特别适用于两种情况：①聚合本身也是被聚合资源的情形；②从一个聚合指向多个资源图，其中每个资源图都描述了这个聚合
ore:Lineage	http://www.openarchives.org/ore/terms/lineage	Proxy	Proxy	描述了两个指向相同资源的代理之间的关系
ore:ProxyFor	http://www.openarchives.org/ore/terms/proxyFor	Proxy	AggregatedResource	描述了代理与被聚合资源之间的指向关系
ore:ProxyIn	http://www.openarchives.org/ore/terms/proxyIn	Proxy	Aggregation	描述了代理所存在的聚合范围
ore:SimilarTo	http://www.openarchives.org/ore/terms/similarTo	Aggregation	Resource	聚合应当被看作被聚合资源的一种表达，它与另一种资源大致相同。例如，聚合可能包含了一些资源，这些资源组成了一篇杂志文章，这篇文章被赋予一个数字对象标识（DOI）；此时，虽然聚合本身并不是 DOI 的赋予对象（文章），但它可以在某种程度上代替这篇文章

3. OAI-ORE 与 OAI-PMH 对比

OAI-ORE 和 OAI-PMH 是两个相对独立的标准，OAI-ORE 既不是 OAI-PMH 的扩展，也不是其替代，两者面向并解决不同的问题。其中，OAI-PMH 关注机构知识库的数字资源简单描述和格式转换研究，或者说是元数据的互操作问题；而 OAI-ORE 的目标则是解决网络复杂数字对象的描述和格式转换问题，或者说是数字资源的互操作问题。可以看出，OAI-PMH 无法处理机构知识库间数字对象的互操作问题，而 OAI-ORE 提供了一种明确的、可扩展的机制来描述复杂网络对象的关系，通过增加边界信息从而使网络复杂信息对象的利用和再利用成为可能。从数字资源长期保存的角度看，OAI-ORE 使数字资源从一个平台完整地转移到另一个平台成为可能。OAI-PMH 与 OAI-ORE 的区别在于，前者面向机构知识库系统的元数据互操作，后者面向数字对象的数字资源互操作；此外，前者主要针对元数据收割，后者主要针对数字对象的重用，在基本用途上也大不相同。

马建霞[1]总结了 OAI-ORE 的 5 个主要特点，如下：

（1）建立在互联网固有的体系结构上，用 URI 标识资源；

（2）通过定义聚合及被聚合资源的组件，明确了一个聚合的范围；

（3）利用了语义网技术 RDF 来说明聚合及其组件之间、聚合与外部资源之间的关系；

（4）有多种序列化形式，容易通过 Atom 或者 RDF 格式进行互操作；

（5）允许重用现有的对象，允许第三方同步聚合并在网上发布，强调网上资源的定位。

4. OAI-ORE 在数字图书馆中的应用

由于 OAI-ORE 是一项比较新的应用标准，2008 年才发布第一版，所以目前为止，基于这一标准的应用还不多。其中一个应用是 2008 年开放仓储会议（Open Repositories Conference）的获奖项目[2]。它把 OAI-ORE 与 Fedora 和 EPrints 两个数字仓储平台结合起来，实现了两个数字仓储平台间数字资源无损地相互传递，不仅可以把数字对象从一个平台转移到另一个平台，还可以复制所有的元数据以及历史数据。这个项目把用 Fedora 数字仓储平台构建的牛津大学研究档案馆中的数字资源收割到空的 EPrints 数字仓储平台，再把此 EPrints 数字仓储平台中的数字资源收割到另一个空的 Fedora 数字仓储平台[3]。

---

[1] 马建霞.数字仓储中复合数字对象相关标准比较研究[J].现代图书情报技术，2009（4）：34-39

[2] CRIG Repository Challenge at OR08 [EB/OL].http://www.ukoln.ac.uk/repositories/digirep/index/CRIG Repository Challenge at OR08.

[3] Tarrant D, O S teen B, Brody T, etal. Using OAI-ORE to Transform Digital Repositories into Interoperable Storage and ServicesApplications [J/OL].The Code4Lib Journal，2009，6（3）．

OAI-ORE 的另一个应用项目是得克萨斯州数字图书馆（The Texas Digital Library）[1]。它属于得克萨斯州的大学联合计划，其核心服务之一是每个学期从其成员学校收集新的电子论文数据（Electronic Theses and Dissertations），并对现有数据进行维护。随着成员学校和电子论文的增加，这个工作变得非常繁杂，只通过传统的人工方法根本无法完成对海量数据的收集，这使得建立一个自动从其成员学校收集论文数据并对现有数据进行维护的系统显得尤为必要。于是该图书馆采用了 DSpace 仓储平台，并在其上实现对 OAI-ORE 的支持，很好地解决了这一问题。

此外，由 JISC 资助的 FORESJTE 项目旨在通过构造 JSTOR 中期刊和文献的资源图来测试和演示 OAI-ORE 标准的可用性，同时也以 ATOM 文档的形式通过 SWORD 接口将资源传递到 DSpace。DSpace 存储这些资源图，并将其转化为机构知识库中的条目。在这个项目中，使用 Python 库从 JSTOR 中提取并生成资源图，使用 JAVA 库在 DSpace 中进行存储、转化和传递等操作。但是，知识库中的条目只包含了一些必要的元数据（如作者、题目、日期等），而实际的文献资料仍然在 JSTOR 中存储，只是在条目和文献之间建立了特定的参照关系。

在国内，中国科学出版社和中国高等教育文献保障系统（CALIS）管理中心于 2011 年合作开发了基于 OAI-ORE 标准的数字内容管理系统。该系统用于存储和管理数字化的电子图书，具有对外包加工的电子图书的接收登记、入库、质量检验、存储、查询、预览、管理和导出等一系列功能。所有加工好的电子图书，其封面页、书名页、扉页、前言页、序页、目录页、后记页、参考文献页、封底页、插图、公式、章节、段落、版式全文文件（PDF、CEB 等，分为 PC 阅读显示级、POD 级等）、图片文件等单元都按照 ORE 格式进行描述、封装、存储和交换，这些单元之间的关联关系用 ATOM 或 RDF 统一表示。

该系统建设过程中，方正集团承担了大量的内容转换和加工任务，初步验证了 ORE 标准在针对图书数字对象的存储和表示方面的可行性，并取得了很好的效果。项目实施结果表明，ORE 标准是一种可扩展的数字对象表示和存储框架，通过灵活定制其中的具体结构，能够很好地表示和存储具有各种复杂关系的电子图书对象。同时，项目负责人也提醒从业人员：1）由于 ORE 标准本身的灵活度较大，如资源的描述颗粒度可自行定义，因此根据出版要求确定加工颗粒度，即选择并确定加工资源点的数量和规模需要慎重决策；2）ORE 标准的特点之一是能够表达的关联关系非常丰富，在实现该标准时要仔细考虑各种关联关系的双向转换问题，这比以往只考虑单向标准转换的问题要复杂得多；3）在把历史资源按 ORE 标准转入内容管理系统的过程中，由于以往的数字内容大多被描述成以字段

---

[1] Maslov A，Mikeal A，Phillips S，etal.Adding OAI-ORE Support to Repository Platforms[C].Proceedings of the 4th International Conference on Open Repositories，Georgia Institute of Technology. 2009.

为主的二维表格式，而且采用的置标语言也不统一，因此在针对 ORE 标准的资源点确定后，最好开发专门的转换工具以保证效率和准确性。

2012 年，中国高等教育文献保障系统（CALIS）管理中心和科学出版社还共同起草了一项行业标准，即《数字内容对象存储、复用与交换标准》（Digital Content Object Storage、Reuse and Exchange），简称 DC-OSRE，旨在为我国出版行业提供一套能够用于数字内容资源的存储、复用和交换的统一格式，供全行业共享使用。该标准以 RDF 和 ORE 为基本框架，实现了资源粒度与关系的管理；以国际先进技术为基础，建立了资源内容对象重组与关联；支持不同资源类型，统一了多种数字内容资源的复用。随着此类标准的制定和实行，我国的数字资源交换将更为便捷，重复加工的问题将会得到缓解和减少。

6.5.3 OpenURL

OpenURL 是开放的统一资源定位器（Open Uniform Resource Locators）的缩写，由比利时 Ghent 大学的 H·萨姆堡尔（Herbert VandeSompel）及其同事在研制 SFX（Special Effects）系统时提出，目的是把不同来源和不同通信协议的信息源及相关服务融合在一起，实现不同类型、不同格式和异地分布信息资源的无缝链接。OpenURL 克服传统链接框架的局限，可为用户提供上下文相关（Context-sensitive）链接传递服务。

1. OpenURL 简史

OpenURL 是 1999 年提出的上下文相关的开放链接框架。目的是实现同时对不同机构的多个数据库或信息资源进行统一检索。2000 年年初，Ex Libris 公司从 Ghent 大学获得了 SFX 参考链接软件解决方案的独家占有权；2001 年，ExLibris 的 Oren Beit-Arie、Van de Sompel 和 Ghent 大学的 Patrick Hochstenbach 一起起草了 OpenURL v.0.1（Z39.88-200X）。2003 年美国国家信息标准组织（National Information Standard Organization，NISO）相继发表了 OpenURL 的两个部分：The OpenURL Framework for Context-Sensitive Services，Partl：Context object and Transport Mechanisms 和 Part2：Initial Registry Content，第一部分是关于 OpenURL 框架整体结构的描述，第二部分关于如何实现 OpenURL 的具体细节描述，为 OpenURL 标准更加广泛的发展和应用创造了条件。2005 年 5 月 2 日，NISO 宣布"适用于上下文相关网络应用的 OpenURL 框架"（NISOZ39.88-2004）被正式批准成为一项新的美国国家标准[1]。OpenURL 自 1999 年提出已广泛使用的是 1.0 版（即 ANSI/NISO

---

[1]高旻,金玉玲,刘伟玲.OpenURL 技术发展及创新应用研究[J].现代图书情报技术,2008（2）:87-90

的 Z39.88-2004）。

Z39.88 协议的核心是用于描述上下文环境的上下文对象及其传输机制。为了规范对上下文对象内各实体的描述，以及建立统一的上下文对象传输方法，协议定义了一套完整的 OpenURL 框架。Z39.88 协议具有很强的开放性，不同机构、不同领域的异构资源均可通过对各组件元素进行注册来实现对 OpenURL 的支持。目前基于 OpenURL 框架的参考链接系统多达几十种，其中较成熟、应用较广的系统有 SFX、WebBridge、LinkFinderPlus 等。

2. OpenURL 的主要内容

（1）上下文对象（Contex Object）

在 OpenURL 框架中定义了一种叫上下文对象（Contex Object）的信息结构，用于对链接的上下文环境进行描述，该信息结构包含了六种信息实体的描述：

① Referent（参考源）：在一个特定的网络上下文环境中被参考的对象资源，它是上下文对象的核心元素，如果没有所指向的资源，上下文对象就没有存在的必要。

② Referring Entity（参考者）：在一个特定的网络上下文环境中对其他资源进行参考的实体。

③ Requester（请求者）：对被参考者发出服务请求的实体。

④ Resolver（链接服务器）：服务请求所发向的目标。链接服务器系统将 OpenURL 作为输入，接收到 OpenURL 后对其进行解析，评估传来的元数据并动态计算出合适的目标连接。

⑤ Service Type（服务类型）：对服务类型进行定义的实体，如全文或摘要等。

⑥ Referrer（上下文对象产生者）：产生上下文对象的实体。

例：假设在 G 大学已建立了 OpenURL 框架；研究生小王在 Elsevier ScienceDirect 网上数据库中看到张教授关于模式识别技术的一篇论文，其中引用了刘教授的论述贝叶斯统计方法的文章，于是他点击有关链接发出了获取刘教授文章全文的请求；由于 Elsevier 支持 OpenURL 标准，所以它会自动生成一个包含小王的请求、他的网络环境（如 IP 地址）和刘文章检索特征等信息的"资源环境对象"，并用 OpenURL 把它发往位于 G 大学图书馆中的链接服务器；该链接服务器确定小王是 G 大学的合法读者并查明图书馆购买了访问权的 Springer 数据库含有该篇文章，于是服务器让小王与 Springer 数据库的那篇文章联接。

在该例子中：研究生小王是"请求者"，张教授的那篇论文是"参考者"，刘教授的文章是"被参考资源"，"上下文对象产生者"是 Elsevier Science-Direct，"链接服务器"位于 G 大学图书馆，"服务类型"是获取全文。

（2）OpenURL 的传输机理

在 OpenURL 方式中，对其他资源进行参考的一方并不产生直接指向参考目标的链接，而是通过一个挂接点产生一个 http 请求，以 http 协议的 get/post 方法将上下文对象提交到一个第三方的链接服务器。链接服务器接收到 OpenURL 请求后，根据上下文对象动态计算出链接的目标。下面为实现这种上下文敏感的链接服务的步骤：

首先，判别出当前使用者是否拥有这个服务的使用权。对于有使用权的则显示一个链接点，否则不显示。为达到这一目的，可采用 CookiePusher、用户配置文件等多种方法来实现。其次，对有权限的用户为每个元数据对象提供一个 OpenURL 链接。OpenURL 的语法为：

OpenURL：：=BASE-URL"?"QUERY。

其中，BASE-URL 为链接服务器的 URL，QUERY 是对上下文对象的描述，是用"&"号分隔的 Key-Value 对[1]。

例：要向链接服务器地址为 demo.Elibrary.com/demo 提出查询书名为《oracle8 完全参考手册》，出版社为机械工业出版社的图书，其 OpenURL 为：http://demo.Elibrary.com/demo? title= oracle8 完全参考手册&publisher=机械工业出版社。

（3）OpenURL 的实现

OpenURL 使信息资源和信息服务在一个开放式互联框架内协同工作，通过建立对上下文对象的描述，可以很方便地实现多种信息资源的整合，包括全文数据库、文摘、索引、引文数据库和其他 Web 资源等，具体实现如图 6-5 所示。

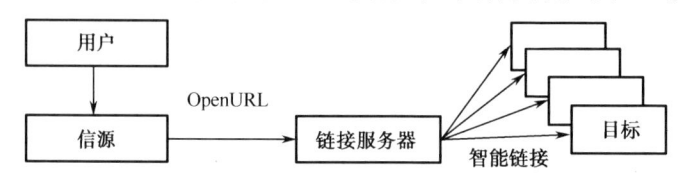

图 6-5 OpenURL 资源整合实现示意

其中，信源（Source）是指各种可以创建 OpenURL 的信息资源，包括各种文摘和引文数据库、图书馆在线书目系统、电子期刊、电子档案、电子学位论文以及本地数据库等。任何支持 OpenURL 的资源都可以成为信源。

目标（Target）是读者要去查询获得最终的资源。目标可以是各种形式的电子资源，包括全文数据库、电子期刊、图书馆在线书目系统、馆际互借系统、文摘和引文数据库、目录、专利数据库、百科全书等。任何支持"Link to"语法或支

---

[1] 林绮屏.数字资源互操作协议 OAI 与 OpenURL 之比较研究[J].情报杂志，2004（7）：12-16

持"Search"语法的资源都可以成为目标信息源，整合在 OpenURL 框架之中[1]。

OpenURL 框架的 Z39.88 协议与著名的 Z39.50 协议的比较：

① Z39.50 协议基于网络的客户-服务器模式，Z39.88 则基于万维网的浏览器/服务器模式。后一模式是前一模式的特例。如此看来，Z39.50 适用更宽广的范围和更一般的情况，而 Z39.88 则更具针对性。目前，几乎所有重要资源都可通过万维网查询，这使得 Z39.88 更具实用价值。

② Z39.50 是考虑一般网络环境下的计算机之间的通信，在设计支持 Z39.50 协议的网络应用程序时，要考虑传输层、会话层、表示层和应用层之间如何联系，增大了设计程序的难度和复杂性，这也是 Z39.50 至今未能得到全面应用的重要原因之一。Z39.88 以万维网技术为基础比 Z39.50 更容易实现，用 Get/Post 方法传递信息，万维网由于技术简单、使用方便且功能强大，所以实现 OpenURL 很容易，只要制定合适的标准并得到数据库供应商广泛的支持，用较小代价就可以建立 OpenURL。

③ 从网络信息处理功能来看，Z39.50 实现了跨平台的信息检索。而 Z39.88 不仅可以实现跨平台的检索，而且可以通过解析服务器把所有万维网可用数据资源有机地联接起来，使得资源利用率大大提高。所以 Z39.88 的功能更强。

由于 OpenURL 的 Z39.88 协议比 Z39.50 协议更实用、更简单、信息处理功能更强，所以，Z39.88 协议很有可能取代 Z39.50，成为网络资源整合的首选。就像当年万维网淘汰名噪一时的 Gopher 而独霸因特网一样[2]。

以下分别是两个版本的 OpenURL 实例。

例 1：V. 0.1 openURL

http://sfx3.exlibrisgroup.com:-997/furman_t?issn=0021-8537&date=2003&volume=44&issue=2&spage=241

例 2：V. 1.0 openURL

http://resolver.example.org?
url_ver=Z39.88-2004
&url_ctx_fmt=info:ofi/fmt:kev:mtx:ctx
&rfr_id=info:sid/publisher.com
&rft_id=info:doi/10.1126/science.275.5304.1320
&rft_id=info:pmid/9036860
&rft_val_fmt=info:ofi/fmt:kev:mtx:journal
&rft.genre=article

---

[1] 沈艺. OpenURL 框架结构分析[J]. 情报科学，2004，22（8）：998-1000

[2] 王善平. 万维网资源整合工具——OpenURL[J]. 上海交通大学学报，2003，37（9）：218-220

&rft.atitle=Isolation of a common receptor for …
&rft.jtitle=Science
&rft.aulast=Bergelson
&rft.auinit=J

例 1 中 http://sfx3.exlibrisgroup.com:-997/furman_t 是链接服务器地址，分别以 sn 值、data 值 volume 值、issue 值及 spage 值作为对上下文的描述。例 2 中链接服务器地址是 http://resolver.example.org，使用协议为 Z39.88-2004。接下来的语句为查询语句，即对象元数据及其提供者描述。以&url_开头的语句为元数据的源端系统信息，以&rft.开头的语句是描述元数据的本身信息。此元数据信息为题目是 Isolation of a common receptor for …作者是 Bergelson 的 Science 领域论文。

OpenURL 是传统 URL 超文本链接方法的改进和发展。它继承了万维网技术的特点：简单、实用、功能强大。它可以把万维网上各种各样的、独立的而杂乱无序的数据库资源有效地联接起来，大大提高资源利用率，从而使万维网进入资源整合的新发展阶段。

3. OpenURL 对数字图书馆和出版的影响

OpenURL 定义了一种在 Web 服务之间传递信息的机制，是一套应用于 Web 上超链接的标准描述语法，由一组已定义好的标识组成。网络上的各个数据库出版商只要遵照此机制，就可以解析信息提供源（Source）所传送的要求，而信息提供者（Target）也可经由此规范，为服务提供者送出深度链接服务的要求。OpenURL 可以通过上下文环境计算出目标链接；可以通过链接服务器将服务类型进行扩展，实现一次性对多个数据源的统一检索；可以改变内部数据而不影响链接准确性，减少维护的工作量。OpenURL 的上下文相关性、灵活性及可维护性使得它具有广泛的作用。其作用及优势[1]具体表现在：

其一，OpenURL 引入链接服务器，有效地控制了用户与所求资源之间的链接。能够避免因所求资源网址改变或因网络阻塞等故障而导致用户无法打开链接的情况；同时可为不同身份用户提供资源服务既保证了用户获取资源的正当权利又维护了知识产权及数据库供应商的合法利益；由于引入链接服务器，可以使内容关联但供应商不同或平台不同的数据库得以相互链接，为用户减少了麻烦，提供了方便。

其二，OpenURL 用 Get/Post 方法建立了关于信息需求、资源特征及网络环境的规范表达。这种模式可以实现同时对不同网址上的多个数据库或信息资源进行统一的检索；用户、解析服务器和各种数据库之间可以方便地联接、交换信息

---

[1]黄文，董秋生. OpenURL 技术在数字图书馆中的应用[J].现代情报，2009，29（11）：72-79

和指令；使系统具有开放性，图书馆、数据库供应商和信息服务机构等只要遵守规范就可加入[1]。

其三，OpenURL 继承了万维网简单、实用、功能强的大技术特点。可以把万维网上各种各样、独立但无序的数据库资源有效地联接起来，大大提高了资源利用率，从而使万维网进入资源整合的新发展阶段。其在资源整合中的应用包括OPAC 系统整合、电子期刊的整合和不同类型资源的整合。

此外，OpenURL 创新应用的讨论主要集中在扩展服务上。扩展应用包括配置成智能终端的表单、虚拟咨询服务、E-mail 帮助服务、引用查找服务、参考馆员在线咨询等。用户通过 Web 表单选择相关字段，例如期刊名称、年份、开始页码、卷期、作者姓名、DOI 等，系统根据选项自动生成 OpenURL 查询，通过用户输入的信息搜寻到要查找的信息对象[2]。另外，随着技术不断的进步，扩展性随之提升，其创新应用已经拓展到免费获取的搜索引擎及许多其他基于 Web 的工具软件，例如流行的 LibX 和 Zotero 等。

4．OpenURL 的发展趋势

OpenURL 作为一种开放式链接框架把信息源、信息服务和用户需求有机地整合在一起，避免了传统 URL 的局限性，使用户得到额外的信息扩展服务。由于 OpenURL 具有方便、灵活的优点，国内外已有许多机构纷纷加入了 OpenURL 框架。随着电子资源应用的发展，OpenURL 的应用范围也将越来越广。

未来的 OpenURL 首先将从链接目标范围、链接服务提供者范围进行扩展。当前 OpenURL 技术主要还应用于文献资源的链接，今后链接目标将进一步扩展，包括百科全书条目、参考工具书、传记、专利、生物基因组及其他各类数字对象，同时还将扩展到其他相关资源，如内容目录、评论等。目前 OpenURL 链接服务一般是由特定的信息提供者来提供，如图书馆、出版商等，未来，第三方也可以提供很多信息资源的 OpenURL 链接服务。

其次，随着技术的不断进步，OpenURL 能够包含的元数据信息除了学术论文外，还有专利、数学和化学公式，甚至非学术的项目等。基于 OpenURL 的创新应用的范围也更加宽泛，包括 COinS 以及 Google Scholar 的 OpenURLReferrer 等扩展服务或插件。

再次，OpenURL 在资源整合中的应用会不断地完善与扩展，使 OpenURL 的优势得到最大化利用。

此外，未来会将 OpenURL 框架扩展到学术信息之外。OpenURL 目前主要用

---

[1] 王善平.万维网资源整合工具——OpenURL[J].上海交通大学学报，2003，37（9）：218-220
[2] 高旻，金玉玲，刘伟玲.OpenURL 技术发展及创新应用研究[J].现代图书情报技术，2008（2）：87-90

于各类型学术资源之间的开放链接,OpenURL 框架今后能够扩展到学术信息之外的资源,如能够链接到零售书店的详细目录,对于顾客要购买的货物也可以给出 OpenURL 定义,包括产品名称、生产日期、型号、大小等,我们就能够链接到指定的产品或给出最低价格的商家。

6.5.4 开放式出版发布系统 OPDS

2009 年 4 月 8 日,Adobe 公司与 Lexcycle 公司宣布联合因特网档案馆(Internet Archive),在 Stanza 在线目录系统的基础上,合作开发一个电子书在线目录的公开标准,即"开放式出版发布系统"(Open Publication Distribution System,OPDS)[1]。这是一个基于 Atom 和 HTTP 的电子出版格式,用于电子书书目信息发布和订阅。2010 年 5 月 25 日发布了 OPDS 目录的 0.9 版本,之后推出了 1.0 版本。2011 年 6 月 27 日,OPDS 目录的 1.1 版本发布。

目前,越来越多的图书出版商、及电子书阅读器支持 OPDS。Feedbooks 每月通过 OPDS 目录发布的电子图书多达 300 万册以上;Infinite Book Reader,QuickReader,Aldiko,MegaReader,Cool Reader 等阅读器都支持 OPDS。如果这一标准能够普及,那么无论用户使用的是 Kindle、Sony Reader、Windows Mobile 手机还是 Windows 桌面,都能够方便地查找、借阅和购买电子书。对一些不涉及版权等问题的免费电子书,可直接下载到本机阅读,十分方便。

1. OPDS 的原理

OPDS 是电子书使用的目录格式,以 Atom 和 Http 为基础,旨在为电子书在线目录建立一个公开标准。OPDS 将 RSS(Really Simple Syndication,简易资讯聚合)信息源替换为电子书目录,包括链接到书籍封面和提要的可选链接。使用 OPDS,用户只需通过电子书应用软件订阅并搜索这些目录,就可以将电子书下载到电子书阅读器中,无须到处点击链接、也不需要再使用浏览器或其他应用程序。

OPDS 使用 Atom 联合格式(Atom Syndication Format)标准技术,目标是向各种终端发送目录,显示在不同种类的电子书终端上。OPDS 标准的核心功能是支持 EPUB 标准和基于 Atom XML 的目录格式。EPUB 是以 XML 为基础制定的电子书格式,由三种标准构成,包括显示电子书内容的开放出版结构(Open Publication Structure,OPS)、对文件结构和元数据进行定义的开放打包格式(Open Packaging Format,OPF)及开放容器格式(Open Container Format)。

OPDS 使用统一资源标识符(Uniform Resource Identifier,URI),泛指所有可

---

[1] http://opds-spec.org

以识别出某项资源（某个东西、某个人、某个……）的项目。统一资源标识符可以分为两种，一种是统一资源名称（Universal Resource Name，URN），能够识别出某项资源的名称；另一种就是常用的统一资源定位器（Universal Resource Locator，URL），不仅能识别某项资源，还能指出资源所在的位置。

OPDS 既使用了 DCMI 元数据术语（DCMI Metadata Terms，DC）数据元素又使用了 Atom 数据元素，还增加一些新的 OPDS 数据元素，比如题名、创作者、合著者、类目、关键词、分类代码、版权、出版商及价格等。OPDS 的题名只是基本的题名，作者或合著者并未区分是个人还是团体机构。有些 DCMI 元数据术语所定义的数据元素与 Atom 定义的相似数据元素在意义上有所重叠。

2. OPDS 目录

OPDS 目录是一种开放式标准，以简单为优先考量标准，用于聚合、发布、发现和采购任何用户、任何来源、任何格式、任何电子设备上的书籍、期刊等数字内容。OPDS 的最大特性是简单易用，内容创作者及发布者可以利用 OPDS 简单的目录格式发布电子书。OPDS 目录提倡自动发现，最常见的机制是将 html 文档链接到 OPDS 目录根节点资源（OPDS Catalog Root Resource）。

OPDS 的结构以条目（Entry）为基础，多个条目建立 Atom 提要（Atom Feed），多个 Atom 提要构成 OPDS 目录。OPDS 可将多个 OPDS 目录整合成更大的 OPDS 目录。OPDS 目录主要有两个功能：第一，使用简单的搜索功能或浏览器技术发现电子出版物；第二，允许直接下载或出售电子出版物。

OPDS 目录有两种文件：OPDS 目录提要文件（OPDS Catalog Feed Documents）和 OPDS 目录条目文件（OPDS Catalog Entry Documents）。前者是 Atom 联合格式（Atom Syndication Format）中"atom:feed"的改进，后者是 Atom 联合格式中"atom:entry"的改进。

OPDS 目录提要文件（OPDS Catalog Feed Documents）主要有两个功能：一是构建一个其他 OPDS 目录提要文件和其他资源的层次结构，可供浏览，这种 OPDS 目录提要文件被称为导航提要（Navigation Feeds）；二是收集一系列 OPDS 目录条目（OPDS Catalog Entries），这种 OPDS 目录提要文件被称为采购提要（Acquisition Feeds）。

导航提要的 Atom 条目可以创建建议性的层级结构，用于展示与浏览。导航提要不能包含 OPDS 目录条目（OPDS Catalog Entries），但必须包含能链接到其他导航提要、采购提要或其他资源的 Atom 条目。每个 Atom 条目的"atom:content"元素应该包含所链接资源的简要说明；采购提要中每个 Atom 条目文件都包含出版物的基本元数据、出版物的格式以及采购出版物的方法等信息。它将 OPDS 目录条目（OPDS Catalog Entries）收集到一个统一、有序的集合中。最简单的完整的 OPDS

目录是一个单一的采购提要，列出了可从供应商处获得的所有 OPDS 目录条目。在较复杂的 OPDS 目录中，采购提要用于展示和组织相关的 OPDS 目录条目，供客户浏览。所有 OPDS 目录提要文件要么是采购提要，要么是导航提要。如果 Atom 条目中包含采购链接，那么该 Atom 条目就是采购提要。

OPDS 目录根节点（OPDS Catalog Root）是最高级别的 OPDS 目录提要文件。各个 OPDS 目录有且仅有一个 OPDS 根节点。OPDS 目录资源（OPDS Catalog Resource）的外部链接应使用 OPDS 目录根节点的国际化资源标识符（Internationalized Resource Identifiers，IRI）。

OPDS 目录条目文件（OPDS Catalog Entry Documents）必须包含至少一个采购链接（Acquisition Link），该链接指的是 OPDS 目录条目用某一特定媒体类型（media type）描述的出版物的内容。OPDS 的目录条目可以分为部分目录条目和完整目录条目。部分目录条目仅包含关键的元数据元素，以期缩减 OPDS 目录文件的大小，并且链接到其他替代性、但包含了全部元数据元素的完整目录条目。部分目录条目必须包含一个备用链接关系，指向完整目录条目资源。未链接到完整目录条目的 OPDS 目录条目必须包含全部元数据元素。

OPDS 目录的提供者必须保证 OPDS 目录提要（OPDS Catalog Feed）和 OPDS 目录条目（OPDS Catalog Entry）在 Atom 和 OPDS 中的一致性。所有的 Atom 必备的元数据元素在 OPDS 目录条目和 OPDS 目录提要中都是必需的。在 OPDS 目录中，Atom 提要或 Atom 条目无法识别的标记被称为"异质标记（foreign markup）"。异质标记可用于 OPDS 目录，除非某处特别声明禁用。遇到异质标记时，处理器不能停止处理，也不能报错。在传输或聚合这些文件时，客户应保护异质标记。

3. OPDS 采购与验证

OPDS 的采购（Acquisition）类型有两种：直接采购（Direct Acquisition）和间接采购（Indirect Acquisition）。直接采购直接链接出版物，而间接采购将链接引至出版物的门户页面。最典型的间接采购是链接到 XML 或 HTML 页面上的采购链接，需要验证身份或先付费。交易成功后，再传输出版物的内容。OPDS 目录的目标是在各种电子设备和平台上发现、直接采购出版物。如果出版物可直接采购获得，那么采购链接的类型属性必须代表出版物资源本身的媒体类型，采购链接元素包含或不包含"dc:format"元素均可。如果出版物通过间接采购获得，这些采购链接元素必须包含一个以上的"dc:format"元素，描述出版物资源的媒体类型。

OPDS 目录提供者可能会提供一个单一、综合的采购提要，里面包含 OPDS 目录条目文件的完整表示，通过"atom:feed"，便于进行抓取和聚合，这种完全的展示就是完整采购提要（Complete Acquisition Feed）。OPDS 目录中所有的 OPDS 目录提要文件都应包含一个具有"http://opds-spec.org/crawlable"关系的"atom:link"

元素，指向完整采购提要资源（Complete Acquisition Feeds Resources）。OPDS 目录提供商通过 http 传输完整采购提要时使用压缩的内容编码。

OPDS 目录通过 http 进行传输。OPDS 目录的验证机制由目录提供者指定。OPDS 将 http 响应状态代码作为报告请求结果的基本方法，建议 OPDS 目录提供者恰当使用 4XXhttp 的响应代码来响应未经授权或验证的请求。

4．OPDS 示例1

```xml
<?xml version="1.0" encoding="UTF-8" ?>
<feed
xmlns:dcterms="ttp://purl.org/dc/terms/"
xmlns:thr=http://purl.org/syndication/thread/1.0
xmlns:opds="http://opds-spec.org/2010/catalog"
xml:lang="en"
xmlns:opensearch="http://a9.com/-/spec/opensearch/1.1/"
xmlns:xsi="http://www.w3.org/2001/XMLSchema-instance"
xmlns:app="http://www.w3.org/2007/app"
xmlns="http://www.w3.org/2005/Atom">
    <id>http://www.feedbooks.com/store/categories.atom</id>
    <title>Categories</title>
    <updated>2012-07-16T09:05:39Z</updated>
    <icon>http://assets0.feedbooks.net/images/favicon.ico?t=1342178877</icon>
    <author>
    <name>Feedbooks</name>
    <uri>http://www.feedbooks.com</uri>
    <email>support@feedbooks.zendesk.com</email>
    </author>
    <link
    type="application/atom+xml; profile=opds-catalog;kind=navigation"
    href="http://www.feedbooks.com/store/categories.atom" rel="self" />
    <link
    type="application/atom+xml;profile=opds-catalog;kind=navigation" href="/catalog.atom" title="Home" rel="start" />
    <link
    type="application/opensearchdescription+xml" href="http://assets3.feedbooks.net/opensearch.xml?t=1342178928"
    title="Search on Feedbooks" rel="search" />
    <link
    type="application/atom+xml;profile=opds-catalog;kind=acquisition" href="https://www.feedbooks.com/user/bookshelf.atom"
    title="Bookshelf" rel="http://opds-spec.org/shelf" />
```

---

[1] http://www.feedbooks.com/catalog.atom

```
<opensearch:totalResults>2</opensearch:totalResults>
<opensearch:itemsPerPage>20</opensearch:itemsPerPage>
<entry>
<title>Fiction</title>
<id>http://www.feedbooks.com/store/categories/FBFIC000000.atom?lang=en</id>
<link
type="application/atom+xml;profile=opds-catalog"
href="http://www.feedbooks.com/store/categories/FBFIC000000.atom?lang=en" rel="subsection" />
<updated>2012-07-15T15:38:06Z</updated>
</entry>
<entry>
<title>Non-Fiction</title>
<id>http://www.feedbooks.com/store/categories/FBNFC000000.atom?lang=en</id>
<link
type="application/atom+xml;profile=opds-catalog"
href="http://www.feedbooks.com/store/categories/FBNFC000000.atom?lang=en" rel="subsection" />
<updated>2012-07-15T15:38:06Z</updated>
</entry>
</feed>
```

5. OPDS 的应用

OPDS 是一种开放式标准，旨在让作者、出版社、书店及图书馆等多方使用者从任何地点、在任何设备上、为任何应用发现数字内容。

具体来讲，各方使用者只需预先根据 OPDS 的格式要求建立自己的电子书目录，并将其发布到各自的服务器上。其他人就可借助 OPDS 在开放环境中对出版物进行挖掘和采购。使用 OPDS，用户不必到处点击链接，只需搜索并订阅这些目录，然后就可以将电子书下载到电子书阅读器中，不再需要使用浏览器或其他应用程序。使用 OPDS，用户也无须固定从一家网站上采购资源，可以用一款阅读器软件，订阅多个不同来源的电子书书目信息；OPDS 支持多种桌面和移动终端，非常方便；OPDS 还支持购买和借阅书籍，比如，在订阅电子书目后，除了浏览书目信息，还可以链接到书目信息的提供者，如果是图书馆，则可以直接借阅；OPDS 的另一个亮点是可以按照主题、日期、流行度等进行分页浏览。OPDS 为电子书发布和购买提供了一个标准，这对于共享图书资料、促进文化传播、推动电子书市场的健康发展有着重要意义。

6.6 数字对象唯一标识符（DOI）协议

数字对象唯一标识符（Digital Object Unique Identifier，DOI），是由美国出版商协会（The Association of America Publishers，AAP）下属的技术委员会（Enabling Technologies Committee）于1994年设计的一种在数字环境下保护知识产权和版权所有者商业利益的系统，用来标识数字环境中的内容对象。DOI引进了出版业标准的数字信息识别码，支持在出版商与用户之间的系统转换，为版权与使用权之间的协调管理提供基础。在信息内容服务行业，DOI被形象地比喻为互联网上的UPC（条形码）。

6.6.1 DOI的历史

1. DOI在西方的发展

20世纪90年代互联网的普及使出版商认识到要想长久生存必须成功地在网上销售产品，但数字资源的可轻易复制、删除、修改等特性又极大地侵害了他们的经济利益。于是1994年美国出版协会（Association of American Publishers，AAP）建立了"技术实现委员会"（Enabling Technologies Committee），试图设计一种既能保护数字作品版权又能保障出版者利益的系统。1996年起，美国CNRI（The Corporation for National Research Initiatives）开始着手研发此系统，并于1997年在法兰克福图书博览会上首次展示此系统，以后逐渐引起了广泛重视。1998年国际数字对象标识符基金会（International DOI Foundation，IDF）在法兰克福成立，专门负责数字对象标识符的运作。2000年DOI的编码规则被美国国家标准协会（ANSI）确认为美国国家标准（ANSI/NISO Z39.84-2005）。2005年IDF向ISO/TC46/SC9（国际标准化组织——信息与文献技术委员会——识别与描述分委员会）提交新工作提案，拟将DOIs申请为国际标准。2008年4月ISO（International Organization for Standardization）推出了《ISO/CD 26324，Informationand Documentation—Digital Object Identifier System》（ISO/CD，ISO Committee Draft，ISO技术委员会草案），2012年4月出版了《ISO 26324:2012》[1]。

从1997年DOI在法兰克福图书博览会上首次亮相以来，经过十多年的迅速发展，目前在国外唯一标识符领域已经得到了广泛认可，注册量约为六千万，

---

[1] http://www.iso.org/iso/catalogue_detail.htm?csnumber=43506

拥有 8 个注册代理机构和几千个使用单位，跨越了美国、欧洲、亚洲和澳大利亚，应用领域也扩展到政府部门和非英语国家，法文、德文、西班牙文、意大利文及韩语等都有所发展。西方超过 70%的出版商加入了 DOI，如著名的 Elsevier、Blackwell、John Wiley、Springer、Thomson Reuters 等。以 DOI 注册代理机构之一的 CrossRef 为例，截止到 2012 年 10 月 02 日，加入 CrossRef 的出版社和学会有 4 126 个，图书馆 1 904 个，覆盖期刊总数 27 878 种，注册 DOI 数量超过 5 641 万个；2012 年 9 月 DOI 在 CrossRef 中的单月检索量达到 3 580 万余次[1]。

2. DOI 在中国的发展

我国对 DOI 的理论研究始于 2002 年 10 月科技部启动的"我国数字图书馆标准与规范的建设"项目。"数字资源唯一标识符应用规范"课题小组作为其子项目展开了对 DOI 的研究。经过两年的努力，2004 年年初步完成了国内外数字对象唯一标识符的趋势报告和我国数字对象唯一标识符发展战略的研究，建立了我国的数字资源唯一标识符的软件解析平台，并分别在项目建设单位搭建了实验和演示系统。

2007 年 3 月，中国科学技术信息研究所（Institute of Scientific and Technical Information of China，ISTIC）和万方数据（Wanfang Data）共同申请成为 IDF 的中文 DOI 注册管理机构（Chinese Registration Agency），开展各种中文数字资源的 DOI（Digital Object Identifier，数字对象唯一标识符）注册及服务。由于中文 DOI 系统的设计目标不仅是提供 DOI 的注册服务，还要在其上构建 DOI 的中文应用平台和门户，提供基于 DOI 的附加价值服务。为此，中文 DOI 系统开发分为二期。第一期：2007 年 4 月至 2008 年 3 月，设计目标是构建基于 DOI 的中文期刊链接系统；第二期：2008 年 4 月至 2009 年 7 月，设计目标是增加注册内容的类型，增强核心功能，提供增值服务。

目前，中文 DOI 注册中心已经为科技部"精品科技期刊全文数据库"项目中的 300 种精品科技期刊、中华医学会的 115 种医学期刊、《浙江大学学报》、《测绘科学》等多个领域的学术期刊开展了 DOI 注册与链接服务。截止到 2012 年 10 月 08 日，已注册 DOI 数量为 195 万余条[2]，2012 年 9 月的 DOI 解析链接总量超过 16 万条[3]。

---

[1] http://www.crossref.org/01company/crossref_indicators.html
[2] http://www.chinadoi.cn/portal/Doisum.htm
[3] http://www.chinadoi.cn/portal/parseStat.htm

6.6.2 DOI 的内容

1. DOI 系统的构成

（1）DOI 的编码（Numbering）

每个 DOI 都有一个唯一编号，编号由前缀和后缀两部分组成，中间用"/"分开，其编码结构为：<DIR>.<REG>/<DSS>，长度可不受限制。目录代码<DIR>和登记机构代码<REG>共同构成了 DOI 前缀。所有 DOI 目录代码都是以 10.起始，代表 DOI 的管理机构即 IDF。登记机构代码（Registrant Code），即 DOI 系统的子命名机构，由 IDF 负责分配，为四位阿拉伯数字。<DSS>为 DOI 后缀（DOI Suffix String），由出版者给定，可以是一个机器码（数字串，或字母组成的字符串），或者是已有的规范码，如 SICI（Serial Item and Contribution Identifier）、PII（PublisherItem Identifier）、ISBN（International Standard Book Number）、ISSN（International Standard Serials Number）等。前缀与后缀结合形成的编号，必须具有唯一性。在 DOI 后缀中，可以通过分隔开的子字符串（称作节点）来反映等级信息或粒度层次。例如"10.3969/j.issn.1004-3810.2008.01.001"中的第一个节点采用一位英文字母代表内容的类型（期刊论文），第二个节点使用 ISSN 编码或 CN 编码代表期刊（他们为该期刊代理 DOI 注册），后面的各个节点依次为论文出版的年、期、论文在该期中排列的流水号。由于 DOI 后缀的编码方案应该具有较好的扩展性，所以出版机构应该在后缀中使用节点。举例来说，出版机构可以对期刊论文中的部件，如图表、图片等分配 DOI 编码，这时可以在期刊论文编码中增加节点，从而对期刊论文编码方案进行扩展得到这些论文部件的 DOI 编码方案，如论文中的首幅图片的 DOI 编码为"10.3969/j.issn.1004-3810.2008.01.001.f01"。图书 DOI 中也经常使用节点，例如：某图书的 DOI 为 10.3868/b.isbn.978-7-04-017267-6，其第三章的 doi 为 10.3868/ b.isbn.978-7-04-017267-6.c03。DOI 的编码结构使每个被标识的数字对象在全球具有唯一的标识，它不同于 URL，它是对资源本身的标识，和物理地址无关，这样标识的资源对用户来说具有唯一性和永久性。

（2）DOI 描述（Description）

因 DOI 标识符具有隐晦性（opaque，dumb number），即这些数字不能给使用者提供多少信息，所以需要通过元数据对数字对象进行描述，使用户对该对象有所了解。DOI 元数据系统由三部分组成：核心元数据规范（the Kernel Metadata Declaration）、互操作数据词典（indecs Data Dictionary，iDD）和资源元数据规范（Resource Metadata Declaration）。DOI 系统的元数据基于电子商务系统数据互操作（interoperability of data in e-commerce systems，INDECS）框架，即所有注册 DOI

的对象都使用语法结构完整元数据，而且元数据必须符合"核心元数据规范"，所以 DOI 描述内容包括七项。

① DOI：数字对象的 DOI 码；
② resourceIdentifier（s）：DOI 以外的对象标识符，如 ISBN，URL 等；
③ resourceName：对象名称；
④ principalAgent（s）agentRole（s）：主要代理人名称及所起作用；
⑤ StructuralType：对象的结构类别；
⑥ mode（s）：对象格式，如是音频或视频；
⑦ ResourceType：对象格式，如是音频、学术期刊、数据集、电子书或是 pdf 文件等。

这些元数据具备互操作性，支持 DOI 服务系统的跨系统混合使用。

（3）DOI 解析（Resolution）

解析是指把输入到数字网络服务系统的标识符进行转换，并输出与所标识的实体相关的信息或状态数据（如 URL）的过程。通过提供解析服务，使数字网络的标识符发挥作用。即使数字对象的存放地址发生变化，只要伴随 DOI 的元数据随之更新，用户即可通过其固定的 DOI 码方便地找到该数字对象。通常一种数字出版品可能有多种版本及格式，但只对应一个 DOI 码，用户查找时可通过解析器自动或手动选择想要的资料。目前，DOI 的解析功能是采用 CNRI（The Corporation for National Research Initiatives）开发的 Handle System 技术。Handle System 是一个通用的分布式名称服务系统，它包括一套开放的系统协议，唯一标识符名称空间以及协议的参考实现模型。

DOI 解析分为单一解析和多重解析。单一地址解析机制为用户提供了对数字资源的永久访问。为了避免由于资源地址的改变而造成用户链接的失效，DOI 系统对资源的地址进行了有效的管理。出版商为其每个资源注册 DOI 时，要同时向 Handle System 主机提交资源的 DOI 名称和网址（URL），它们都存放在 DOI Directory 中。出版商负责对 DOI 数据的维护，当资源地址发生改变，如网络期刊文章从现刊目录转到存档目录时，出版商应通知 Handle System 主机做相应的改变，以确保链接的有效性。当用户点击资源的 DOI 索取信息时，用户的请求被传送到 Handle System 服务器上，Handle System 服务器将查询 DOI Directory，然后将 DOI 解析为 URL 返还给用户终端，使用户实现对资源的访问。这一切都在后台进行，对用户来说，无须理会资源地址的任何更动，面对的始终只是同一个 DOI。理论上，DOI 提供的资源链接具有永久有效性。

举例来说，DOI 编码"10.3773/j.issn.1005-264x.2008.01.001"所形成的有效链接就是 http://dx.chinadoi.cn/10.3773/j.issn.1005-264x.2008.01.00 或 http://dx.doi.org/10.3773/j.issn.1005-264x.2008.01.001。

提供对资源的永久性链接只是 DOI 一个基本而初步的应用。事实上 Handle System 技术本身还包含了多重解析（Multiple Resolution）的功能，即从一个 DOI 不仅能指向一个 URL，还可以指向多个 URL，以及 URL 以外的其他各种类型的元数据。表 6-6 显示了一个 DOI 可以被解析为多种类型的数据。

表 6-6 DOI 的多重解析

DOI	解析的数据类型	索引	数据	说明
10.1002/567	URL	3	http://srv1.pub.com/...	镜像 1
	URL	5	http://srv2.pub.com/...	镜像 2
	URL	6	http://srv3.pub.com/...	镜像 3
	EM	10	diglib@pub.com email	E-mail
	IP	2	10.2344/458	知识产权

DOI 的多重解析为用户提供了更多的选择和便利。在解析出多个 URL 时，他们可以选择离自己最近的一个镜像站点下载数据；同时，还可以链接到该资源的许多相关信息，如获取元数据、相关主题作品、相关评论文献、同一作者的其他作品，及相关音乐、图片、动画等多媒体信息，版权人及出版商的信息及联系方式，等等。多重解析不仅确保了对资源的访问，而且为资源的各种深度利用打开了大门。

（4）DOI 政策（Policy）

DOI 政策是指 DOI 认证系统与 IDF 组织的规范与方针，包括 DOI 的分配、元数据标准、解析系统的发展及这三个部分的协调。这些规则、政策保证了 DOI 系统成为具有一致性、预见性、受控制和可持续发展的社会基础设施。

2. 中文 DOI 系统

中文 DOI 编码也是由前缀与后缀两部分部件组成，中间用斜线号（/）分开。前缀以"10"开头。一般情况下，每个中文 DOI 会员只有一个前缀，不过某些会员可能拥有多个前缀（比如每一个前缀对应一本期刊刊名，或者不同前缀对应不同商标名）。中文 DOI 将向会员机构分配唯一的 DOI 前缀。DOI 后缀由出版机构自行分配，但必须保证在同一前缀范围内的每一个后缀具有唯一性。中文 DOI 后缀中，可以通过分隔开的子字符串（称作节点）来反映等级信息或粒度层次。DOI 编码一旦被分配给某项内容就将永远不变。无论该项内容的所有权或位置是否发生了变更。目前，中文 DOI 对期刊（期刊刊名、卷、期和论文）；科学数据（数据库、数据集）；部件（少量实验）（期刊论文、科学数据的子项，包括图形、表格、图片等）等内容提供 DOI 编码注册。

表 6-7 是一些中文 DOI 编码举例：

表 6-7　中文 DOI 编码

内容项	DOI 编码样本	注释
期刊论文	10.3773/j.issn.1005-264x.2008.01.001	内容类别后接 ISSN、出版年度、期、流水号
	10.3870/YXYSH.2008.07.001	刊名描述符后接出版的年、期、流水号
	10.3969/mpb.007.000028	刊名描述符后接卷号与页码
科学数据	10.3416/db.ninr.11	内容类别后接数据库出版机构描述符、数据库代码
	10.3416/db.ninr.1145C0002000000278	内容类别后接数据库出版机构描述符、数据集代码
部件	10.3321/j.issn:1000-1093.2007.01.016.t01	母 DOI 编码（期刊论文）为"10.3321/j.issn:1000-1093.2007.01.016，DOI 编码是论文中的一个表格
	10.3321/j.issn:1000-1093.2007.01.023.f03	母 DOI 编码（期刊论文）为"10.3321/j.issn:1000-1093.2007.01.016"，DOI 编码是论文中的一幅图片
	10.3416/db.ninr.1111C0001000004004.p	母 DOI 编码为"10.3416/db.ninr.1111C0001000004004，DOI 编码是数据集中的一个表格
	10.3416/db.ninr.1145C0002000000278.2	母 DOI 编码为"10.3416/db.ninr.1145C0002000000278"，DOI 编码是数据集中的一幅图片

通过 DOI 编码结构能够推断出一些有意义的信息，比如论文出版的年、期等，但是如果是在中文 DOI 注册 DOI 的内容，其确切的信息是保存在中文 DOI 的元数据库中的，并且与出版机构在中文 DOI 注册的 DOI 编码相互关联。出版机构应该通过在中文 DOI 系统中检索准确的元数据来获得相关信息。

6.6.3　DOI 对数字图书馆和出版的影响

DOI 可以使图书馆更好地存储和管理数字资源。由于 DOI 标识的唯一性，永久性以及它所具有的解析功能，使得数字资源的永久存储在技术层面获得了重大突破。同时，DOI 标识是按照一定的语法规则对信息进行标识，是对一堆杂乱无章的信息，提取其共性的特征，然后给定一个字符串，来实现标识符与数字对象的唯一对应。因此，通过对这些标识符的管理，可以大大提高图书馆数字资源管理的效率。

DOI 可以有效地保护图书馆数字资源的版权。图书馆是文献资源收藏单位，保存了大量的文献信息资源，由于我国知识产权制度的不完善，存在数字资源被剽窃利用的现象。在开放式的 DOI 知识链接系统中，由于 DOI 标识符与其所标识的数字资源的唯一性，同时具有解析和链接功能，因此 DOI 系统可以有效地保护其所标识的数字资源知识产权。

DOI 能够使图书馆之间更好地实现信息资源共享。数字资源主要来源于 2 个途径：一个是本地文献资源的数字化；另一个是网络采购。无论哪种途径在共享过程中，由于开发时间、工具、平台的不同使得信息资源共享过程中面临异构数据存储、异域数据存储、数据结构转换等问题。DOI 技术的解析功能，可以使不同的数据出版商之间的异构数据库，不同的文献资源类型、不同语种的文献资源之间实现无缝链接，使得信息资源共享这一难题在很大程度上得以解决。

DOI 在图书馆信息服务中起到极其重要的作用，能够使图书馆的用户更方便地进行信息检索。DOI 标识符具有适应 Internet 的分布解析与管理机制，是可解析、可链接的标识符。以 DOI 为技术核心的知识链接系统具有 2 个特点：一是一站式无缝链接，二是全开放系统。因此，开放式的 DOI 知识链接系统，可以有效地建立各种类型信息资源之间的链接，可以实现不同供应商的或不同内容的数据库间的相互链接，可以实现中西文献之间的相互链接，可以检索不同网址上的多个数据库或信息资源，避免了因网址改变而导致的"死链"问题。同时，DOI 应用还可以产生其他增值的知识服务。总之，DOI 是实现开放式知识链接服务的基础，是为广大用户提供一站式知识服务的保障[1]。

6.6.4 DOI 的局限性与发展前景

自 DOI 问世以来，已经初具规模，并且发展潜力巨大，但它还有下列待解决的问题：

（1）在编码规则上 DOI 系统可以长达 128 个字符，命名长度太长不易记忆，而且这种命名法对系统内存而言是很浪费的。

（2）因为 DOI 系统需要付费注册，且不允许个人注册，因此并不是任何人都可使用。另外，IDF 对参与成员的审核标准也相当严格，使得小型出版商不愿再付费加入 DOI 系统，使得 DOI 的推广很成问题，并且无法有效地控制网络上出版的混乱局面。

（3）DOI 有可能妨碍用户对出版物的公开获取。因为读者对 DOI 的查询，除非获得授权检索，大多数得到的可能只是各种出版物的清单，而非直接联结至被查询的出版物本身。如果终端用户发现 DOI 反而成为获取信息的障碍，DOI 很可能失去民心。

未来的 DOI 应该在系统的政策，如入会条件、开放程度、编码格式、检索权限等方面重新进行考虑，选择最佳策略[2]。

---

[1] 蔡焰辉. DOI 系统在数字图书馆建设中的应用[J].情报探索，2010（4）：90-91

[2] 孟凡静. 数字对象标识符 DOI 及其在电子出版的应用分析[J].中国现代教育装备，2007（4）：43-45

年轻的中文 RA 自运行以来，遵循战略规划，在系统开发、标准活动、国内外合作方面取得了一定的成果。但是，目前还有很多有待解决的问题，如非营利中文 DOI 系统在国家资助结束之后如何维持，即向 IDF 付出的高额费用如何通过 DOI 的附加价值服务来回收；如何超越行业的壁垒，实现横向合作等问题。面对这些难题，中文 DOI 系统需要不断摸索，不断推进。从注册、服务、多重解析等方面扩展和优化系统功能；面向更多的数字图书馆进行推广；扩大与大学 CALIS、国家图书馆、信息服务商、开发商等的合作。

6.7 信息资源检索协议

数字图书馆中蕴藏着大量的信息资源，高效的检索工具可以让用户在海量信息中快速有效地发现对自己有用的信息。但是，由于信息资源的多样性以及不同来源信息的异构性增加了信息检索的复杂性，特别是不同图书馆或同一图书馆的不同软件系统各有自己的接口及界面，因此导致用户在进行检索时必须了解各个图书馆的检索方式，分别检索并比对、拼接检索结果才能找到所需的信息，因而大大降低了检索效率。为了解决不同系统中书目信息通用检索的问题，人们制定了 Z39.50 协议。利用该协议，用户可以直接通过网络对不同计算机上的信息进行检索，而不必再关心这些信息的存储和组织形式[1]。

早在 20 世纪 70 年代中期，美国国会图书馆[2]（Library of Congress，LC）、联机图书馆计算机中心（Online Computer Library Center，OCLC）和科研图书信息网络（Research Libraries Information Network，RLIN）等机构为了实现不同图书馆之间的馆藏资源共享，联合制定了用于书目信息表示的机读目录格式（MARC）标准。80 年代初期，互联系统项目（Linked System Project，LSP）致力于连接不同的系统来交换书目信息记录，解决书目信息检索系统之间的通信问题。经过多次修改，于 1988 年正式成为 ANSI/NISO 标准，即 Z39.50-1988（第一版）。在当时这一标准只应用于 LSP 内部的异构系统，并没有得到进一步的推广。但随着联机检索服务的应用和计算机网络技术的发展，业内人士逐渐认识到这个标准不仅能在异构系统间传递信息，而且还可以发展成为一种更通用的数据库接口规范，并支持统一的用户界面。随后推出的 Z39.50-1992（第二版）增加了很多扩充标准的协议，包括采用对象标识符、将 ASN.1 作为标准的一部分来描述协议数据单元、支持 Prox 操作等，目的是为了使这个标准更好地支持不同的信息检索服务，重点

---

[1] 张德雷. 浅议 Z39.50 协议在我国数字图书馆中的应用[J].科技信息，2010（13）：160
[2] http://www.loc.gov

第 6 章 与数字出版相关的数字图书馆标准

解决这个标准与 ISO10162、10163 等检索与查询方面的国际标准在代码方面的兼容性问题。在 20 世纪 90 年代，为了使 Z39.50 标准由理论研究转向实际应用，人们将这个标准建立在因特网采用的 TCP/IP 网络通信协议之上，使其能够通过 TCP/IP 协议在因特网上实现互操作。1995 年发布的第三版对 1992 年的第二版进一步扩展，成为了该版的超集，增加了很多非常复杂的功能，如扩展服务和通用记录语法。1996 年，Z39.50 被 ISO 正式确定为信息检索的国际标准 ISO23950。2000 年后专家们开始制定 Z39.50 的下一代协议，并于 2002 年推出 ZING（Z39.50-International: Next Generation）。2006 年之后放弃了过渡性名称 ZING，重点制定了 SRU/SRW（Search and Retrieve URL/Web Service）、CQL（Contextual Query Language）和 ZeeRex 三项标准。

6.7.1 Z39.50 协议

Z39.50 协议是一个 ANSI/NISO 标准，是图书馆界为了实现跨平台书目检索于 1984 年提出的，该标准为整合网络资源发挥了重要作用。它曾被寄予厚望，历经了多次修改，人们希望通过对 Z39.50 的扩充和完善使其成为网络环境中实现跨平台信息检索的标准。

1. 源端和目的端

Z39.50 是一种主从结构的网络通信协议，主要规定了客户机（Client）与服务器（Server）之间进行信息检索时所使用的格式与信息处理过程。Z39.50 的工作原理大致为：首先，用户通过源端向目的端发出建立连接的请求，目的端做出相应的应答，连接建立成功；然后源端发出检索请求，说明要检索的数据库、检索条件以及以何种形式返回记录等信息，目的端解析检索式，并从后台数据库中找出匹配的记录，将所有满足条件的记录标识组成结果集，返回到源端。源端发出显示某个记录的内容的请求，服务器端根据相应的记录标识将记录返回到源端。源端发出停止连接的请求，目的端做出回应，连接结束。在整个过程中，不涉及数据的具体结构、名称，也不考虑数据库的具体实现。Z39.50 这种独立的逻辑结构，能适用于网络环境下不同数据源提供的不同格式的数据，便于进行信息检索。

2. 服务机制

Z39.50 在源端与目的端的信息交换过程中所提供的服务通过 11 个基本结构块表达，这些信息结构块被称为设施（facilities）。这些设施包括初始化（initialization）、查询（search）、检索（retrieval）、删除结果集（result-set delete）、浏览（browse）、分类（sort）、存取控制（access control）、资源控制（resource control）、解释（explain）、扩展服务（extended services）和终止（termination）。每一种设施分为一种或多种服务，每一种服务都设置了源端与目的端之间特定类型的操作。应用程序在实现其功能的过程中，根据需要选择适当的服务。在各种服务中，初始化、查询和提交是三种最基本的服务。在初始化服务中，源端向目的端表明自己的身份，然后约定一些基本规则，如识别号、功能选择、选用信息容量、最大信息容量等初始化参数。在特殊情况下，还需要对通信过程加密处理。在查询服务中，客户端提供搜索标准并指定服务器上搜索的数据库，查询操作的结果在服务器端组成检索记录结果集。在提交服务中，客户端通过提交服务向服务器发出提交记录的请求，要求服务器按指定的格式返回指定结果集中指定位置的检索记录。

3．Z39.50 支持的记录格式

Z39.50 支持多种数据库的记录格式，可以保证检索结果按照指定的格式正确显示。其中，比较常见的一些记录格式如下。

MARC（Machine-readable Catalog）：机读目录格式，是一种图书管理的通信格式标准，便于图书馆之间进行目录信息交换。

OPAC（Online Public Access Catalog）：联机公共检索目录格式，方便利用互联网实现图书的查找和借阅。

SUTRS（Simple Unstructured Text Record Syntax）：简单非结构化文本记录格式，主要是为文本记录的传送而设计。

HTML（Hyper Text Markup Language）：超本文置标语言格式，是用于描述网页文档的一种标记语言格式。

GRS-1（Generic Record Syntax）：通用记录格式，它是种通用的、结构化的记录格式，它以逻辑树来表示检索记录的结构。

4．Z39.50 的应用

Z39.50 主要应用于联机公共检索目录（Online Public Access Catalog，OPAC）。OPAC 是指用户通过网络直接到图书馆进行书目数据及馆藏情况的检索，是目前 Z39.50 最主要的应用领域，目前世界上有几百家图书馆提供了基于 Z39.50 的 OPAC 服务。通过广播式查询，可以在一次查询中同时对多个独立的数据源进行查询。对普通用户来说，只要利用普通的浏览器就可以对支持 Z39.50 的资源存储系统进行访问，不用安装任何客户端软件。另外，如果网关支持广播式检索，用户还可以同时访问多个 Z39.50 服务器，大大降低了检索复杂度。

同时，Z39.50 可以简化编目工作。由于提供 Z39.50 服务的数据库系统越来越多，对于编目人员而言，只要利用支持 Z39.50 协议的客户端程序，就可以检索全

球众多图书馆的书目数据资源,可以方便地获取一本书已经编制好的 MARC 记录,从而大大简化了编目人员的工作,减少了重复劳动。

再者,Z39.50 还有助于改善馆际互借。最初的 Z39.50 用于在 LC、OCLC 和 RLIN 等机构之间进行数据交换,也就是说,制定这一标准的目的就包括为馆际互借和文献共享服务。一个完整的馆际互借系统应该由基于 Z39.50 协议的检索模块、基于 ISO10160/10161 协议的馆际互借模块和文献传输模块组成。在馆际互借过程中,利用 Z39.50 协议采用统一的检索界面对所有联盟图书馆的馆藏文献信息进行查询和定位,在馆际互借协议的基础上实现用户的互借请求,最终通过 Z39.50 的扩展服务实现电子文献的直接投递。

最后,Z39.50 还可协调各馆的图书采购。在我国数字图书馆建设中,各馆都竭力追求文献信息资源最大程度的丰富,因此在一定程度上造成了资源重复收藏和低效利用的现象。在经费有限的情况下,如何有效利用经费实现馆藏资源利用的最大化,是数字图书馆建设所面临的重要挑战。利用 Z39.50 协议,联盟中的各个成员馆可以了解其他馆的馆藏信息,从而调整本馆的采购决策。通过协作,各个数字图书馆都可以建设自身的特色馆藏,再通过馆际互借实现资源的补充利用,尤其对于一些利用率较低的书籍,可以适当减少复本数量,节省购买和存储的经费。

6.7.2 过渡性标准——ZING

Z39.50-1995 是一个非常成熟和完善的协议,但是它本身的实现难度较大,在使用中存在诸多障碍,影响了它在更广范围的利用。为了简化 Z39.50 标准,使其能成为一种主流协议,吸引更多的信息服务提供者和使用者,在 2000 年 12 月的 Z39.50 实施小组会议上,专家们讨论并改造了这一协议,并定义了一种基于 Z39.50 和其他 Web 技术(如 XML、URI、HTTP 等)的新协议,名为 ZNG(Z39.50:Next Generation)。ZNG 不是对 Z39.50-1995 版的更新或替代,而是一种在继承原有 Z39.50 标准合理成分的基础上建立的全新体系结构。在 ZNG 提出后,实施小组又做了大量的修正与创新,并在 2002 年公布了新一代的 Z39.50,即 ZING(Z39.50-International: Next Generation)。ZING 包括 SRW/SRU、CQL、ZOOM、ez3959 和 ZeeRex 五个部分。一方面,它可以看成 Z39.50 各种功能在新的网络协议和应用模式下的拆解;另一方面,它是 Z39.50 的简化版本,许多相应的功能并没有 Z39.50 中所规定的那么完整、全面,其中一些只是为了实现新技术与已有协议的兼容而设立。SRW/U 是 ZING 的核心部分,针对 Web 的信息检索协议,利用 Web 服务的架构,实现了 Z39.50 的一些基本服务。CQL 是 Common Query Language 的简写,它是一种正式的检索语言。目前的 CQL 支持布尔操作、支持指定元数据标签、支持检索和查询、支持服务器自动确定检索对象、支持多种匹配方式,可满足绝大多数简单查询的需要。XCQL 指的是以 XML 方式编码查询提问语句的格式。ZOOM 是面向对象的 Z39.50 模型，既保留 Z39.50 操作协议，又隐藏了协议的复杂性。ez3950 利用 XER（XML Encoding Rule）编码实现 ASN.1 到 XML 的转换，从而通过 SOAP-HTTP 传递消息。ZeeRex 是针对 Z39.50 的解释（explain）服务提出的改造计划。总之，建立新标准的目标是发展一种检索服务标准，既保留 Z39.50 标准二三十年来积累的知识成果，又降低实施技术的门槛，使原来 Z39.50 标准的应用领域得到扩展，以新的标准整合不同网络资源的访问。

随着对 Z39.50 和 ZING 认识的深入，结合实际应用的可行性要求，一些概念已经淡出了人们的视野。2006 年 3 月，SRU Implementors Group Meeting 在荷兰召开，会议报告修改了几个标准名称，其中，ZING 的称呼不再使用，而是称为 SRU/W（Search and Retrieve URL/Web Service）标准。与 SRU/W 相关的标准有 CQL 和 ZeeRex 标准制定相对成熟[1]，目前已被国外许多信息服务机构所接受，以下几节将重点介绍这三个标准或协议[2]。

6.7.3 查询与检索的 URL/Web 服务（SRU/W）

严格来说，SRU（Search and Retrieve URL Service）和 SRW（Search and Retrieve Web Service）是两个不同的协议，但在实际应用中，SRU 和 SRW 发挥着相同的作用，可以互相替代。

SRW 是一个针对 Web 应用的信息检索协议，提供基于 Web Services 的各种用户访问机制，它定义了一个通用的、抽象的模型，各个系统可以将其具体实现映射到该抽象模型上，实现了不同网络资源、分布式数据库的统一检索[3]。SRW 依赖于 Z39.50 的抽象模型和功能，但是去掉了很多复杂的功能，定义了更便于使用的用户接口。此外，Z39.50 的 MARC 和 GRS-1 格式的数据被 XML 替代。一个 SRW 的检索请求[4]如下：

```
<searchRetrieveRequest>
<version>1.1</version>
<query>dc.title all"Squirrel Hungry"</query>
<maximumRecord>1</maximumRecords>
<startRecord>1</startrecord>
<recordSchema>dc</recordSchema>
</searchRetrieveRequest>
```

---

[1] 唐健雄，李世玲. 信息检索标准化的发展动向[J].现代情报，2007（10）：189-190
[2] http://www.loc.gov/standards/
[3] 翻译自 http://www.oclc.org/research/activities/srw/default.htm
[4] 李聪，胡伟. SRW 的发展和现况分析[J].晋图学刊，2006（2）：30-32

这段请求完全符合 XML 语法，其中，maximumRecords 是指记录最大值，即用户端能接受的响应记录的最大值。startRecord 起始记录表示第一个响应记录的位置，这个参数主要用来确定响应纪录的位置，特别适用于响应记录不是第一个纪录的情况。query 标签中的内容是一个符合 CQL 规则的查询语句。

SRU（Search/Retrieve URI Service）与 SRW 是彼此互相合作的网络服务，可以说是 SRW 的简化版。但两者之间仍存在一定的区别，SRW 的信息是通过 HTTP 的 POST 方法发送的 XML/SOAP/RPC 消息；而 SRU 不使用 SOAP，它的请求信息是通过 HTTP 的 GET 方法发送的，参数包含在 URL 中，与 OpenURL 的用法相似。一个典型的 SRU 检索提问式如下：

http://159.226.100.99:8080/SRW/services/DEIS?operation=searchRetrieve&query=cql.any+ %3D+%22system%22&version=1.1&recordSchema=info:srw/schema/ 1/dc-v1.1&maximumRecords=10&startRecord=1&resultSetTTL=300&recordPacking=xml&sortKeys=

其中，http://159.226.100.99:8080/SRW/services 是基地址，DEIS 是查询数据库，"?" 是连接查询式连接符，operation=searchRetrieve 是指执行检索操作，query=cql.any+%3D+%22system%22 是检索式，version=1.1 是 SRU 版本号，recordSchema=info:srw/schema/1/dc-v1.1 是结果记录的元数据格式[1]。

SRU/W 协议具体又分为三个方面，即检索操作（SearchRetrieve Operation）、CQL、解释操作（Explain Operation）。基于 SRU/W 的客户端和服务器必须支持这三方面的要求。其中，检索是 SRU/W 中最主要的功能，它允许用户从服务器的资源库中匹配并返回记录。而用于匹配的标识语言就是 CQL，SRU/W 服务的描述和用户接口则由解释操作（即 ZeeRex）提供。与检索操作相关的另一个操作是浏览操作（Scan Operation），它常被用于进行二次检索。

SRU/W 作为下一代 Z39.50 计划成员之一，它不是对 Z39.50-1995 版的更新和替代，而是一种在继承原有 Z39.50 标准合理成分的基础上建立的全新体系。SRW/U 的成熟和发展，最终不会取代原有 Z39-50 标准，而很可能会与原有 Z39.50 标准共同发展，在不同的领域发挥作用。SRU/W 实施难度较小，能灵活地与目前的计算机行业接轨，因此也更具有市场潜力，可以推广到商业信息检索领域。而传统的 Z39.50 将继续应用于图书、情报等文献信息领域。另外，SRU/W 与原有 Z39.50 体系是不兼容的，它们有不同的数据结构和不同的通信方式。SRW 用户不能直接获得 Z39.50 资源，但是，可以利用 SRW 建立与现有 Z39.50 服务器进行数据交换的网关，从而扩展已有 Z39.50 服务器的服务范围。

---

[1] 龚立群，孙洁丽.OAI、SRW/U 及 OpenURL 的比较及协同使用研究[J].情报科学，2007，25（7）：1075-1079

6.7.4 情境查询语言 CQL

1. CQL 与情境集

CQL（Contextual Query Language，情境查询语言）是一种用于信息检索系统提问的正式语言。其设计目标是使用户提交的检索表达式是可被理解和易于描述的，特别是当描述较复杂的检索请求时，其检索表达式最好能接近自然语言。

传统的检索语言可以分为两类，一类是功能强大但表达式复杂，只有专业人员才能正确使用，比如 SQL、PQF、和 XQuery；另一类检索语言简单易用，接近自然语言，但很难描述复杂的检索请求，比如 CCL 和 Google。CQL 则试图以自然语言描述复杂的检索请求，成为检索系统的通用检索语言。

CQL 之所以被称为情境查询语言，是因为它利用语义和上下文进行检索。同样的一次查询在依赖不同数据结构的系统中表现形式也不同，但是所有的检索系统都可以理解查询的含义。为了允许不同社群定义他们自己的语义，CQL 使用"情境集"（Context Sets）来保证跨领域的互操作性。情境集允许 CQL 使用者创建他们自己的索引（index）、关系（relations）、关系修饰符（relation modifiers）和逻辑修饰符（Boolean modifiers），而不需要与其他用户使用相同的名称，也不会使检索提问产生歧义。上述四个方面必须来源于一个情境集，如果要使用情境集中没有提供的内容，就需要按照一定的规则预先设定。情境集允许不同社群按照不同的方法使用 CQL，同时又能保持提问式解析的一致性，便于不同社群之间的互操作。在定义一个新的情境集时，需要提供集合中每个条目的具体语义描述。虽然情境集可以包括索引、关系、关系修饰符和逻辑修饰符四个方面的内容，但是在实际使用中通常只定义与索引相关的条目。每个情境集都有唯一的标识符，即 URI。当在查询中使用情境集时，通常采用其短名。这些短名可以作为查询本身的一个映射发送给对方，也可以由查询的接收方以某种基于协议的形式公布给其他用户。

2. CQL 语法示例

CQL 的语法规则大致有 12 个要点，限于本书篇幅我们仅以几个典型示例对其进行简要的介绍。

CQL 查询的形式多种多样，可以只是一个简单的查询语句（如示例 1 所示），也可以是多个查询语句通过逻辑运算符连接起来（如示例 2 所示）的语句。在查询语句的结尾处可以有一个排序依据的说明，使用关键词 sortBy（如示例 3 所示）。此外，还可以包括前缀分配表达式（Prefix Assignments），它是情境集标识符赋予的短名（如示例 4 所示）。

【示例 1】dc.title any fish
【示例 2】dc.title any fish or dc.creator any sanderson
【示例 3】dc.title any fish sortBy dc.date/sort.ascending
【示例 4】dc = "info:srw/context-sets/1/dc-v1.1" dc.title any fish

在简单查询中，可以包括索引、关系和检索术语三个部分。对应到上例1，则 dc.title 是索引，any 是关系，fish 是术语。术语也可以单独作为一个检索语句，此时它的索引默认为"cql.serverChoice"，也就是说，检索语句"fish"和 "cql.serverChoice=fish"代表相同的含义。术语通常包括两个部分，一是基本名称（base name），如上例中的 title；一是前缀，用于指代术语所存在的情境集，如上例中的 dc，这一部分也可以省略不写。关于关系，常用的就是"any"或"="，而关系修饰符的种类比较多，且不同的修饰符之间可以进行组合（以"/"分隔），上例 3 就使用了关系修饰符。逻辑修饰符的语法与关系修饰符类似，主要区别在于所修饰的对象不同，如下例所示：

【示例 5】dc.title any fish or/rel.combine=sum dc.creator any sanderson
【示例 6】dc.title any/relevant fish

示例 5 中的 /rel.combine=sum 跟在逻辑关系符"or"的后面，修饰的是该布尔运算符（Boolean）；示例 6 中的 /relevant 跟在关系词"any"的后面，修饰的是关系（Relation）。

除了上述一些语法规则外，还有其他的规则如临近修饰符（Proximity modifier）、前缀分配（Prefix Assignment）等，请参看 http://www.loc.gov/standards/sru/specs/cql.html。

3. CQL 分级

一个 CQL 服务器（Z39.50 或 SRW 服务器）在对支持 CQL 处理能力方面是分级的，为了保证 CQL 的一致性，服务器必须要支持以下三级要求中的一种，如表6-8所示。

表6-8 CQL 的分级

级别	内容
0 级	支持检索词检索 如果接收到不能处理的 CQL，必须能够返回明确的错误信息
1 级	支持 0 级标准 有能力匹配 （a）检索语句中包括的索引名、关系和检索词； （b）并且允许检索词间的布尔组配，比如：. "term1 AND term2" 至少支持（a）或（b）的检索处理
2 级	支持 1 级功能 能够正确解析所有的 CQL 语句并给出回应或明确的错误信息

6.7.5 ZeeRex

ZeeRex 主要是为了解决资源查找和功能解释两个问题，资源查找问题是指如何从海量数据资源中检索出用户所需要的部分，ZeeRex 的解决途径是使用友邻（Friends and Neighbours）机制，简称"F&N"；功能解释问题是指发掘某种资源能够用于哪些用途，其解决途径是 ZeeRex Proper。

1. 友邻机制（F&N）

在友邻机制（F&N）出现之前，查询 Z39.50 资源主要面临两大问题：第一，难以收集全部数据集合中的资源，已有研究项目如 UKOLN 等只是收集到部分资源；第二，要维护如此庞大的资源列表非常烦琐，也极易出错，因此人们希望有一种可以自动收集和维护列表的机制。F&N 最早是在 2000 年 6 月美国得克萨斯州召开的 ZIG 会议上被提出。其基本原理是，一个 Z39.50 服务器先在它的 Init Responses 数据单元中包含一个 otherInfo 元素，这个 otherInfo 元素中含有该 Z39.50 服务器所知道的其他服务器的主机名和端口号信息，实际上也就是该 Z39.50 服务器的"邻居或朋友"的基本信息。检索该服务器时，那些不知道 otherInfo 对象标识符的客户端会忽略该元素，但那些理解 otherInfo 的客户端就会自动将作为"邻居或朋友"的服务器添加到它们的资源列表中。被添加的"邻居或朋友"同样也通过 otherinfo 元素把它们所知道的"邻居或朋友"添加到客户端资源列表中。

在这一机制中，为了确保客户端与 otherInfo 元素中的 Z39.50 服务器连接是有效的，可以为通过"F&N"机制联系起来的所有 Z39.50 服务器创建一个"F&N 爬虫"，它与网络爬虫的原理相似，用于管理和维护这些 Z39.50 资源的连接信息数据库（Database of Connection Information）。"F&N 爬虫"首先访问一个 Z39.50 资源的"邻居或朋友"推荐的每一个 Z39.50 资源，然后再逐个访问被推荐的资源的"邻居或朋友"，这样就可以不断丰富各资源所连接的信息数据库。而且，这个连接信息数据库还可以通过爬虫自动地维护，不仅可以自动删除那些无效的记录，而且也可以自动添加已有资源的新的"邻居或朋友"。这种分布式的管理机制免去了工作人员维护单个巨大资源列表的麻烦。

2. ZeeRex Proper

ZeeRex Proper 是 Z39.50 的研究人员为实现 Z39.50 数据库的详细解释问题所进行的尝试。在 ZeeRex Proper 之前，曾经尝试提出 Explain Classic 和 Explain Lite 两种描述方法，但均未获得广泛认同。ZeeRex 从前两次尝试中吸取经验，继承了 Explain Classic 中的"解释数据库"（Explain Database）概念，使得"解释数据库"

可以像其他资源那样被检索；从 Explain Lite 中继承了 XML 作为标记语言的使用方法，改变了 ZeeRex XML 的语法形式并增加了一些新功能，比如，一个 Z39.50 服务器能解释另一个 Z39.50 服务器的数据库资源、不同的 Z39.50 数据库的解释信息能够集成等，因此，ZeeRex 也可以看做 Explain Lite 的进一步发展和泛化（Generalization）。

根据 F&N 机制和 ZeeRex Proper 原理，ZeeRex 定义了一个 XML 格式的文档类型——ZeeRexDTD 来实现对资源的描述。该文档类型的主标签"Explain"中有 6 个子标签全面的描述资源信息，包括 ServerInfo（服务器信息）、DatabaseInfo（数据库信息）、MetaInfo（记录本身的信息）、IndexInfo（索引信息）、SchemaInfo（模式信息）、ConfigInfo（服务器配置信息），关于这六个子标签的具体含义读者可以参看 http://zeerex.z3950.org/。

第 7 章
Chapter 7

出版机构为数字图书馆服务的实操建议

为了支持数字图书馆做好数字化服务，出版机构所需要的绝不仅仅限于提供数字资源，而是会涉及内部出版流程的改造，解决诸多实际问题。具体来讲，包括建立健全的数字出版机制，从根本上提高数字资源的质量；针对图书馆的特殊要求完成资源的加工，特别是元数据的加工，以及对版权的细致管理等。

7.1 出版机构数字出版机制的建立

出版机构为数字图书馆服务首先需要建立数字出版机制。下面我们分析一下出版社开展数字出版的瓶颈、出版社开展数字出版需要做的紧迫事项以及如何建立相关机制。

7.1.1 出版社开展数字出版的瓶颈

在数字出版的过程中,出版社一般会遇到下列问题,也正是这些问题在某种程度上制约着数字出版的发展。

1. 排版文件的保存

出版社的图书一般都在自有印刷厂或者委托印刷厂排版,在数字出版概念出现之前,出版社大多没有注意文档的保存或者保存不够完整。而电子图书的制作和条目式数据库的构建,需要图书的排版文件。因此,拥有完整的排版文件,可以方便、快捷、低成本制作电子图书,并且由排版文件制作成的电子图书比起其他方式制作的电子图书有着更高的质量,更能增加电子图书阅读的舒适度;以排版文件为基础,还可以进行碎片化加工,形成条目式的数据库。因此,完整保存图书的排版文件,尤显重要。

2. 作者对出版电子图书的信息网络传播权的授权

出版社同作者签署的《图书出版合同》通常都包括该图书的发行范围和相应的权利,自从电子图书出现以后,现行著作权法第十条增加了"信息网络传播权"相关内容,电子图书对于作者的权力就是信息网络传播权。因此,对于电子图书的出版,出版社需要获得作者授权图书的信息网络传播权。对于目前已经出版的图书,就需要出版社同作者补充签订图书的信息网络传播权;同时需要增补现行的图书出版合同,加入信息网络传播权的授权。

3. 新兴业务,不知道该交给那个部门负责更合适

数字出版对于出版社是一项新的业务,对于这项业务启动之初,还很难判定究竟应该归属哪个部门负责更为合适。因此不同的出版社处于不同业务定位的思考,有的将电子图书的业务放到信息中心,有的是总编办,或音像部负责。但是

无论哪个部门,都可能只是涉及了数字出版业务的一部分,随着业务发展的需要,已有一些出版社专门成立了数字出版的业务部门,越来越多的出版社开始设立了专人来负责这块业务的发展。设立专门的部门和专职的负责人,会更加有效地促进数字出版业务的发展。事实也证明,重视程度越高,参与程度越深,数字出版业务的收益以及对传统出版业务的促进也就越明显。

4、数字出版业务涉及多个部门,如何协调保证效率

众多出版社几年来数字出版业务开展的实践表明,保证数字出版业务顺畅开展,有着与传统业务开展一样的需要:一是要有完善的制度作保证,如对文档的接收和保存以及信息网络传播权的授权需要用制度实现规范;二是成立专门的部门,指定专人负责,专职协调制作和开展数字出版业务。

5. 很多部门并不了解电子书,无法有效利用电子图书促进纸书的宣传与销售

数字出版由于是新生事物,出版社各个部门并非都了解数字出版,因此能够让不同的部门都能了解电子图书,就像了解纸书一样,那么就有助于促进各个部门很好地利用电子图书,使得两项业务能够互相促进,互为补充。

7.1.2 出版社开展数字出版业务最紧迫的事项

出版社开展数字出版业务,有几项最紧迫的事情需要做。

1. 获得信息网络传播权,修改图书出版合同,增加信息网络传播权的授权

如前所述,获得信息网络传播权是出版社的当务之急。出版社需要建立完整的机制,保证之后出版的图书能够拥有信息网络传播权,并尽可能获得已经出版的图书的信息网络传播权。

2. 保存完整的图书排版文件,制定文档保存的制度和流程

要能保证所有的出版社的图书排版文件能被完整保存,需要及时规范图书排版文件的保存制度,制定完善的保存流程,才能做好排版文件的保存工作,进而才能消除图书进入数字出版的障碍。

3. 理顺内部数字出版流程,健全数字出版机制

目前数字出版业务的操作涉及出版社多个部门,这项业务开展之初,出版社没有专门的部门和负责人,因此对于需要协调相关部门来制作和理顺电子图书业务操作流程来讲,需要建立相应的数字出版机制,理顺数字出版流程,这是从长远角度和战略角度,深入开展数字出版的重要前提。

7.1.3 出版社该如何建立和健全数字出版机制

在传统出版业务中，出版社已有流畅的出版流程，一般设有总编办、信息中心、市场部、发行部等部门。自然，根据不同的规模和业务需要，出版社的部门设置会有所区别。数字出版业务出现以后，会对各个相关部门产生职责需求，以使这项业务能够顺畅地开展。数字出版机制就是指在现有状况下，出版社开展网络业务的过程中，能够理顺数字出版流程，并有相应的制度和规范，使得该项业务能够像传统出版业务一样高效、顺畅地运行。我们称之为数字出版机制。

由于每个出版社内部设置有所不同，因此难有统一的模式适用于所有的出版社。但是，数字出版业务操作涉及几个关键环节，若能保证这几个环节的通畅，就有助于理顺数字出版流程。

1. 有部门负责文档保存，并形成有效的文档保存机制

文档的有无和是否完整，对出版社出版电子图书是否成功来说是一个重要条件。因为扫描图书的质量和成本都比较高，而文档转换制作成电子书既能保证电子图书的高质量，又能大大地降低制作成本。这方面有的出版社已经形成了规范的制度，一般都由出版部/出版科来负责。

2. 有部门对作者的网络信息传播权负责，并形成出版合同的同步完善

图书出版合同加入了信息网络传播权的授权，从长远来讲使得电子图书的出版能够像纸书出版一样拥有合法的出版权利，也是出版社长远经营电子图书业务的需要。由于一般出版社都由总编办负责版权管理，因此合同的修改以及对以往图书的补充授权，都需要总编办负责。

3. 交叉环节的协调和处理

由于数字出版和传统出版有者密不可分的关系，两项业务同源互补，处理得当可使得二者相互促进，比如电子图书对于纸书的宣传，有积极的促进作用。而出版社负责纸书宣传的往往涉及市场部和发行部，日常这两个部门跟数字出版业务没有直接的关系，现在在图书宣传方面因为涉及新书发布会网上直播、编辑推荐的实施等，因此如果没有专门的负责人和部门来进行协调，往往就会错失这样的机会。因此出版社能处理好交叉环节的协调，就能将数字出版和传统出版业务有机地结合起来，互为补充、互相促进。

4. 有专门的部门和专人负责整体运营

随着数字出版业务拓展的需要，目前有些出版社已经成立了专门的部门，并设有相应的编制来负责电子图书业务的运营。在业务起始阶段，出版社大多指定

兼职人员来负责。随着数字出版业务的发展，兼职人员难以保证数字出版业务的发展速度。因此，成立专门的部门和指定专职负责人进行协调和制作，是把这项业务做大做强的一个保证。

总之，我们虽然难以总结出一套统一的模式，但是只要关键环节的问题解决了，出版社建立健全数字出版机制的目标也就不难实现了。

7.1.4 出版社电子文档收集与管理样例

电子文档收集是数字出版的基础，而形成规范化的收集与管理流程，是保证电子文档收集与管理能顺畅进行的保障机制。

下面我们给出一个建议的管理规定的样例，供出版机构参考。

XXXX 出版社
关于图书排版电子文档管理的决定

第一章　总则

出版社实行图书排版电子文档集中管理制度，集中管理工作由<u>出版部或（社内指定部门）</u>承担。各分社或编辑部门需收集本社或本部门图书排版电子文档，统一上交到<u>出版部或（社内指定部门）</u>备份。

第二章　相关责任

1. 各分社领导或编辑部领导是图书排版电子文档管理工作的主要责任人，需切实落实该决定的执行。

2. 各分社或编辑部以前出版尚未上交的电子文档需在决定下发的 1 个月内补交齐备，如有特殊原因需在出版部下发的催交单上书面标注，得到各分社领导或编辑部领导批准后出版社将不予追究。

3. 从决定下发之日起新出版的图书电子文档须在图书付印后两周内上交，文档需符合规定附则的要求。相关部门需按时提供制作电子书所需要的封面、版权页等不在排版公司排版的文件。

4. 考虑到文档的管理工作源头在排版公司，社已经拟订下发给各排版公司的通知，各分社或编辑部须及时通知各照排公司按照要求提交电子文档。

第三章　出版部或（社内指定部门）责任

出版部或（社内指定部门）负责出版社电子文档统一收集管理工作，有权利根据发行目录向各分社或编辑部做出上交电子文档的要求。

对于各社已经上交的电子文档，出版部或（社内指定部门）需按上交电子文档要求来检查整理电子文档。对于不符合要求的电子文档有权要求相关部门重新提供。

第四章 附则

1. 上交电子文档的要求（附一）
2. 给排版公司的通知（附二）
3. 重点排版公司名单（附三）
4. 本决定的解释权属出版社。
5. 本决定各条款的修改、增补、废除，须经出版社办公会讨论决定。
6. 本决定自颁布之日起生效。生效后，所有与本规程相冲突的规章制度或其他有关条款一律自行废止。

××××出版社
×年×月×日

印发：

报送：

（附一）

上交电子文档的要求

1. 图书的电子文档是指用于该书出片的所有的排版文件、排版文件中链接的图形图像文件和该书的补字字库文件等。其具体包含的文件为：

　a. 供纸质书最终出版发排的 PS、S2、S72、PS2、DOC、Pagemaker 等文件。
　b. 所有插入的用于发排的图片文件 TIFF、EPS 等文件；
　c. 所有补字的字库文件*.pfi/*.tte/*.fon 均可，最好为*.pfi；
　d. 供纸书出版的小样文件、*.pro 文件。

2. 每一本书的电子文档包含的所有文件应保存在同一文件夹中，此文件夹必须以该书书名或书名简称命名。

3. 书的电子文档建立一个说明文件（txt 文本文件），命名必须与该书文件夹同名。说明文件内容如下：

```
图书名（全名）:
ISBN：
责任编辑：
开本：
版心尺寸：
采用排版软件：       ，版本号：
排版文件：共    个，文件后缀名为       ；
图像文件：共    个，文件后缀名为       ；
补字字库文件：共    个，文件后缀名为       。
排版文件顺序及包含页码：
 1. Xxxxx.ps：页码从 1—    ；
 2. Yyyyy.ps：页码从    —    ；
 ……………以此类推
                              本书电子文档提交人：×××
                              时间：×年×月×日
```

4. 图书封面及/或插页图像，格式为*.jpg、*.bmp 或*.tif 等。

（附二）给排版公司的通知

XXX出版社
关于图书排版电子文档管理及数字化问题的通知

公　司：

根据本出版社业务发展的需要，同时为了加强本出版社图书电子文档资料的管理和图书数字化工作，请贵公司配合本社开展以下工作。

一、及时提供图书的电子文档

请贵公司在向本社提供印刷菲林和最终付印清样的同时将该图书的电子文档刻录光盘一并交付。

对贵公司提供的电子文档本社作如下要求：

1. 新书的电子文档是指用于该书出片的所有的排版文件、排版文件中链接的图形图像文件和该书的补字字库文件等。其具体包含的文件为：

　　a. 供纸质书最终出版发排的PS、S2、S72、PS2、DOC、Pagemaker等文件；
　　b. 所有插入的用于发排的图片文件TIFF、EPS等文件；
　　c. 所有补字的字库文件*.pfi/*.tte/*.fon均可，最好为*.pfi；
　　d. 供纸书出版的小样文件、*.Pro文件。

2. 根据排版公司的实际情况，一本书通常拆分成多个部分进行排版，导致一本书有多个发排文件。这种情况下，必须对每个发排文件的文件名进行区分，要求能基本表明文件的顺序。不连续的页码不得排成一个文件，即所有单个的排版文件中的图书页码必须连续。例如，某书某段页码中45～80面中，如果第51面需单独排，则剩下的页码不可以排成一个文件，而必须将45～80面按45～50，51，52～80排成3个文件。

3. 每一本书的电子文档包含的所有文件应保存在同一文件夹中，此文件夹必须以该书书名或书名简称命名。

4. 为该书的电子文档建立一个说明文件（txt文本文件），命名必须与该书文件夹同名。说明文件内容如下：

```
图书名（全名）：
ISBN：
责任编辑：
开本：
版心尺寸：
采用排版软件：        ，版本号：
排版文件：共    个，文件后缀名为        ；
图像文件：共    个，文件后缀名为        ；
```

> 补字字库文件：共　　个，文件后缀名为　　。
> 排版文件顺序及包含页码：
> 　1. Xxxxx.ps：页码从 1—　　；
> 　2. Yyyyy.ps：页码从　—　　；
> 　……………以此类推
>
> 　　　　　　　　　　　　　　　本书电子文档提交人：×××
> 　　　　　　　　　　　　　　　　　时间：×年×月×日

5．如果贵公司处还有我社图书封面及/或插页图像，请将封面及/或插页图像的排版文件导出成文件格式*.jpg、*.bmp 或*.tif 等，一并放入电子文档文件夹中，并在说明文件内注明。

6．文档提交本社时同时请在盘面上注明书稿名称或另行附纸说明书稿名称。

二、对本出版社要求补加的以前做的图书电子文档，请按本社电子文档催交单配合查找并刻光盘提交本社。具体要求同上。

请贵公司对本社图书电子文档管理和数字化工作给予支持和重视，并将本通知交每一位排版操作员阅读了解；要求排版操作员综合考虑书稿的出片要求和电子文档的提交要求从而合理安排书稿的排版工作；为每一本新书安排专人负责，通常建议书稿的排版负责人即为该书电子文档的提交负责人。

自××××年×月×日起，对于本社发往贵公司排版的书稿，贵公司需要同时提供印刷菲林、清样和电子文档，才算该书稿排版出片工作的完成。在向本社提供电子文档的同时请贵公司继续保留我社书稿的排版电子文档。考虑到在操作过程中有关电子文档的整理工作会出现疑问，特指定本社出版部作为联系人，联系电话：　　　。负责与贵公司联系！

特此通知。

　　　　　　　　　　　　　　　　　　　　　　　××××出版社
　　　　　　　　　　　　　　　　　　　　　　　××××年×月×日

（附三）重点排版公司名单

单位名称	联系人	电话	地址	备注

7.2 数字出版的准备工作

在初步构建好出版机构的数字出版机制以后，为数字图书馆服务的电子图书数字出版还需要特别注意以下的事项。

7.2.1 内容选择与组织

为数字图书馆服务的电子图书数字出版需要关注专业化与规模化的原则，最好选择出版社擅长的方向来组织相应的内容。

一般出版社都会有纸书的选题、策划与实施，在电子图书数字出版的过程中，也需要进行同样的工作，其中，比较便捷和有效的方式，是在出版社已有纸书的基础上，构建电子图书的内容选题，并组织实施。

为数字图书馆服务的电子图书数字出版，与纸书出版不同，纸书出版更多的是考虑单本图书或少量图书的出版，部分明星图书的超高销量就能为出版社带来巨额的经济效益；而为数字图书馆服务的电子图书，需要更大规模的资源内容，需要电子图书的出版形成一定的体系和规模，并在此基础上构建相应的分类，并按照分类来组织相应的电子图书，最好是能在某一个方面能够比较全面地覆盖这一方向的全部分类，这样组织出来的内容更能适合数字图书馆的需要。

对于为数字图书馆服务的电子图书数字出版分类的组织，如果出版的电子图书为综合的图书，则可以考虑采用中图法来进行组织；对于某一专业方向内的内容，可以在中图法的基础上，为具体的专业方向设定更为细致的专业分类，并在此基础上组织电子图书数字资源内容。

7.2.2 电子图书出版制作加工流程

目前，电子图书的出版与加工流程，一般是在纸书排版完成以后，再进行相应的制作加工形成电子图书和元数据及 MARC 数据，为数字图书馆服务。

为数字图书馆服务的电子图书出版制作加工流程如图 7-1 所示。

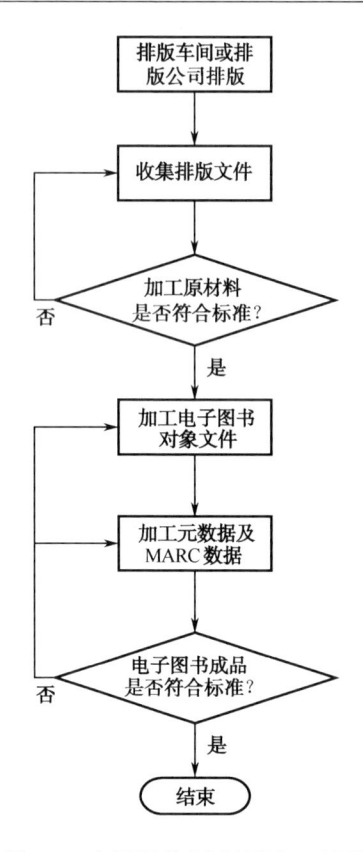

```
           ┌──────────────┐
           │排版车间或排   │
           │版公司排版    │
           └──────┬───────┘
                  ↓
           ┌──────────────┐
     ┌────→│收集排版文件  │
     │     └──────┬───────┘
     │            ↓
     │          ╱   ╲
     │        ╱加工原 ╲
     │  否  ╱材料是否  ╲
     └────╱  符合标准? ╲
          ╲            ╱
            ╲        ╱
              ╲是  ╱
                ↓
           ┌──────────────┐
     ┌────→│加工电子图书 │
     │     │对象文件     │
     │     └──────┬───────┘
     │            ↓
     │     ┌──────────────┐
     │     │加工元数据及 │
     │     │MARC 数据    │
     │     └──────┬───────┘
     │            ↓
     │          ╱   ╲
     │        ╱电子图书╲
     │  否  ╱ 成品是否  ╲
     └────╱  符合标准?  ╲
          ╲            ╱
            ╲        ╱
              ╲是  ╱
                ↓
            ( 结束 )
```

图 7-1　电子图书出版制作加工流程

其中，在排版车间或排版公司排版完成后，需要收集排版的各种文件，然后判断相关的文件是否收集完成，是否达到进行电子图书加工的原材料的标准，如果符合标准，就可以开始进行电子图书的制作，制作的内容包括电子图书对象文件的加工制作，这一过程需要将排版文件的内容转换为电子图书的格式，并加上相应的电子目录（区别于纸张图书的目录，而是在阅读软件上展示的用于跳转的目录，有时候又称为浮动目录），某些电子图书还可以加上音频、视频、互动等多媒体交互式内容；对象文件加工完成后，需要进行元数据及 MARC 数据的加工，使其符合图书馆的要求；加工完成后，需要对电子图书成品进行质量检查，如果符合标准，加工制作就可以完成了。

从以上过程可以看出，现在电子图书的制作加工与纸质图书的排版完全是两个流程，如果能对现有流程进行改造，则可以更好地进行纸书和电子图书的加工制作，并提高效率、改善质量。改进后的流程建议改为如图 7-2 所示。

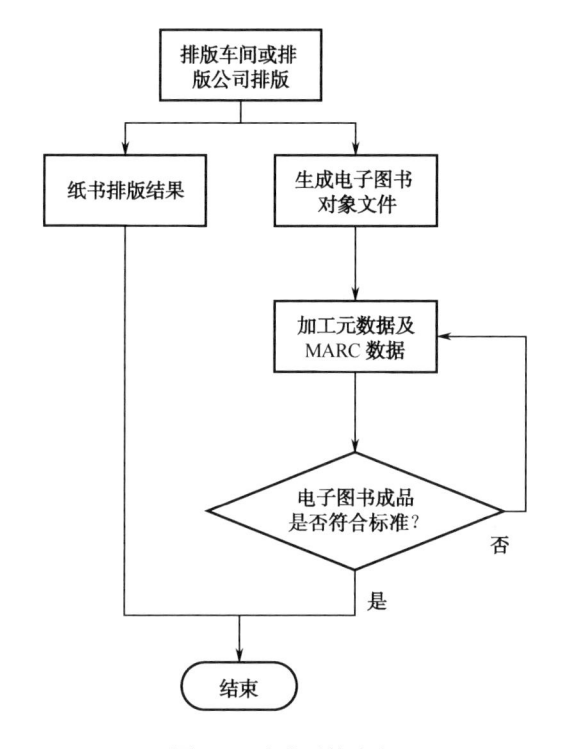

图 7-2 改进后的流程

从改进后的流程可以看出，流程中少了排版文件的收集过程，由排版车间或排版公司直接生成纸书排版文件和电子图书对象文件，可以有效减少电子图书对象文件中的缺字、缺图、排版内容不一致等多种影响电子图书质量的问题，在提高效率的同时提高制作加工质量。元数据的加工也是同样道理。

但改变排版及制作加工流程是一个非常复杂的问题，不仅需要相关软件的技术支持，还需要人员的培训、制作加工制度的改变及机构职责的变化；但长远来讲，做好这个改变会使出版社的数字出版水平更上一层楼，符合发展的趋势。

7.2.3 排版制作与加工工具

出版社现在排版的软件有很多种，包括方正书版 6.0、7.0、9.0、10.0、飞腾 4.0~5.0、维思 2.1、3.1 等，还有 Pagemaker、Coreldraw、Illustrator、AdobeInDesignCS2 或 CS3、Freehand、蒙泰、Word 等，这么多种文档转换为电子图书格式各有各的要求和方法。

相对来说，这些排版文件转换为 PDF 相对容易一些，一般都支持转换为 PDF 的功能。PDF 适合在 PC 端阅读，但对于移动阅读来说就未必方便了。为了能使得移动阅读能够方便地进行，一般可采取以下措施。

第一种方式是加工成 epub 格式。可以采用 AdobeInDesign 或方正飞腾等排版软件，可以直接输出 PDF 和 epub 文件；对于其他排版软件和 PDF 文件，由于其中的结构化信息比较难于获取，加工 epub 是一个相对困难的工作。

另外一种方式，是加工成结构化版式文档。结构化版式文档结合版式与自适应重排的技术，可以在 PC 上按照版式来阅读，在移动设备上可以按照流式方式自适应重排阅读，结构化版式文档的加工也有专门的工具来处理。

7.2.4　元数据加工与 MARC 编目

为了能使数字图书馆的读者能够方便地查询、检索到电子图书，便于在下载、借阅及浏览电子图书内容之前对电子图书的内容有初步的了解，更为了能和 OPAC 互联以及与数字图书馆发现服务、跨库检索等多种系统间接口的实现，需要加工电子图书的元数据，并对电子图书进行 MARC 编目。

电子图书的元数据有多种标准，其中 DC（DublinCore，都柏林核心集）[1] 是用于网络资源描述的公认元数据标准，而 MARC 则是图书馆用于资源内容（以前主要是纸质内容）的元数据标准。相对来说，DC 更简洁一些，而 MARC 的设计是使得读者在看到图书内容以前尽可能详细地了解图书内容，因此 MARC 的规定相对复杂很多。

MARC 的著录是一项非常专业的工作，需要根据相关的著录要求进行规范。在国内使用的是 CNMARC，在国外使用的是 MARC21。

国内著录 CNMARC 已经有非常成熟的规范和指南。国内图书馆界主要有两个体系，一是国家图书馆牵头的公共图书馆体系，一是高校图书馆的公共服务体系 CALIS（China Academic Library and Information System，中国高等教育文献保障系统）。国家图书馆和 CALIS 的 CNMARC 编目的绝大部分规范是一致的，在一些细微的地方有小的区别。著录时可以分别参考相关的规范。如北京大学出版社出版的谢琴芳主编的《CALIS 联机合作编目手册》等相关文献。

对于电子图书的元数据来说，出版机构可以采用已有的标准并进行相应的扩充；在具体的工作中，以下信息对于数字图书馆的使用者来说是相对比较重要的字段，需要重点考虑和加工。

1. Title（题名）

文献的主要题名，包括交替题名、同一责任者而无总题名的合订题名，但不

---

[1] 参见本书第 6 章 6.4.3 节

包括其他题名信息和并列题名；在图书中，就是我们常说的书名，如图 7-3 所示。

必备性：必备。

填写要求：按照书名页填写。

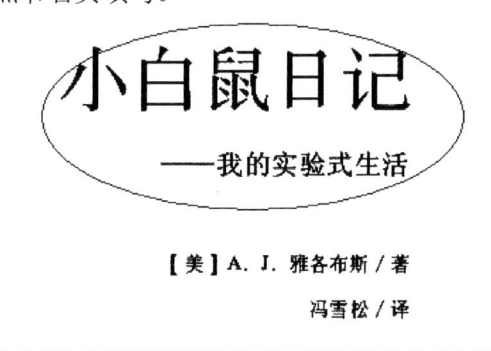

图 7-3 题名

可重复性：一般不重复；对极个别合订书的情况可以重复。

在题名的著录中，还有一些特殊要求。如上例中，正确的为：小白鼠日记：我的实验式生活；不合格的为：小白鼠日记——我的实验式生活。具体可参见 MARC 编目手册。

常见问题：题名与副题名用（:）隔开，书名页或版权页上标有文库、文集、系列、丛书的都属于丛书名，不录入题名项中。

2. Creator（主要责任者）

主要责任者是指对文献的知识内容负主要责任的个人或团体，就是我们常说的作者，如图 7-4 所示。

必备性：必备。

填写要求：据书名页如实著录。

图 7-4 主要责任者

可以著录为（美）A.J.雅各布斯著。

可重复性：本字段可以重复。

常见问题：著录同一责任方式的多个责任者，一般不超过三个（含三个），超过三个只写一个加等。

特例及处理办法：遇到责任者为美国、英国、法国等其他国别时，在责任者前加（美）、(法)等简称，（美）卡内基著，遇到多个责任者情况下的多个国别的可以重复，例如，（英）牛顿，（法）孟德斯鸠著。

特别说明：责任者的责任关系为编审、编者、编辑等不作为责任者，一般责任者的关系词为著，主编，编，编著，撰，原著，译，翻译等。

3．Contributor（次要责任者）

指对文献的知识内容负次要责任的个人或团体，如图 7-5 所示。

必备性：有则必备。

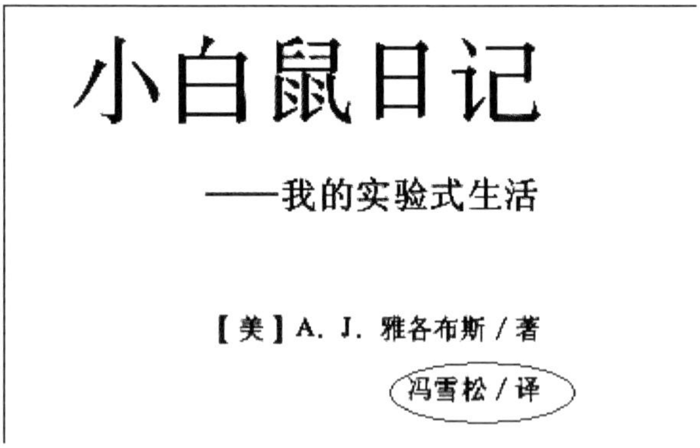

图 7-5 次要责任者

可以写成冯雪松译。

特别说明：与主要责任者的差别在于对文献的内容所起的作用，例如译者就是典型的次要责任者。

4．Publisher Place（出版地）

本字段包含文献的出版者或发行者所在的城市或其他地点的名称，如图 7-6 所示。

必备性：必备。

一般据版权页著录。

可重复性：可重复。

合格/不合格样例：一般不需要冠有市、县等，北京（合格）、天津（合格），北京市（不合格）、天津市（不合格）。

```
出版发行    上海锦绣文章出版社
地    址   上海市长乐路672弄33号 （邮编 200040）
经    销   全国新华书店
印    刷   上海丽佳制版印刷有限公司
规    格   889 X 1194    1/24
印    张   7
版    次   2009年9月第1版  2009年9月第1次印刷
书    号   ISBN 978-7-5452-0454-4/J.261
定    价   45.00元
```

图 7-6　出版地

常见问题：如遇 2 个出版地，可重复著录；一般不超过 3 个。

5. Publisher（出版社）

本字段记录出版或发行文献的出版社、相关团体和个人的名称，如图 7-7 所示。
必备性：必备。
填写要求：一般据版权页著录。

```
出版发行    上海锦绣文章出版社
地    址   上海市长乐路672弄33号 （邮编 200040）
经    销   全国新华书店
印    刷   上海丽佳制版印刷有限公司
规    格   889 X 1194    1/24
印    张   7
版    次   2009年9月第1版  2009年9月第1次印刷
书    号   ISBN 978-7-5452-0454-4/J.261
定    价   45.00元
```

图 7-7　出版社

可重复性：可重复。

合格/不合格样例：需要写全称，不能写简称，北京大学出版社（合格）、清华大学出版社（合格），人大出版社（简称，不合格）、中科大（简称，不合格）。

常见问题：如遇 2 个出版社，可重复著录，如北京大学出版社；天津大学出版社，一般不超过 3 个。

6. Issued Date（出版时间）

本字段记录文献的著录准备的或估计的出版日期、版权日期，如图 7-8 所示。

必备性：必备。

填写要求：一般据版权页著录。

可重复性：不可重复（不可能一本书出现多个出版时间情况）。

常见问题：一般在版权页会有两个时间，前一个是出版年，后一个是印刷年，一定要区分两个见图 7-8。

```
出版发行  上海锦绣文章出版社
地    址  上海市长乐路672弄33号　(邮编 200040)
经    销  全国新华书店
印    刷  上海丽佳制版印刷有限公司
规    格  889 X 1194    1/24
印    张  7
版    次  (2009年9月第1版)  2009年9月第1次印刷
书    号  ISBN 978-7-5452-0454-4/J.261
定    价  45.00元
```

图 7-8　出版时间

两个时间有时会不一样。

7. ISBN

即国际标准书号，填写要求是：如实著录；ISBN 号只有 13 位/10 位两种情况，如图 7-9 所示。

```
出版发行  上海锦绣文章出版社
地    址  上海市长乐路672弄33号　(邮编 200040)
经    销  全国新华书店
印    刷  上海丽佳制版印刷有限公司
规    格  889 X 1194    1/24
印    张  7
版    次  2009年9月第1版  2009年9月第1次印刷
书    号  (ISBN 978-7-5452-0454-4)/J.261
定    价  45.00元
```

图 7-9　ISBN

必备性：有则必备；某些早期的图书没有 ISBN 号。

可重复性：一般不可重复，极个别的丛套书有总册 ISBN 号、分册也有 ISBN 号

常见问题：经常会出现检验位（最后一位）错误情况，这表明此为错误 ISBN，请查明正确的 ISBN 后补充。例如在版权页上看到的书号是 978-7-5629-5629-4 经过人工查证后校验位是错的正确的应该为 978-7-5629-5629-7。

8．Subject（主题/关键词）

本字段记录用作著录本书的主题词或关键词，可以来自受控词表，也可以是表明本书内容的词或短语，如图 7-10 所示。

必备性：必备。

填写要求：可以根据图书内容编目，也可以参照图书在版编目（CIP）中的数据。

可重复性：可重复。

```
图书在版目录(CIP)数据
美国摄影家眼中的江南=Jiangnan in American Photographers' Lens /
黄甡,林路主编.—上海：上海锦绣文章出版社，2009.9
（外国摄影家眼中的中国系列）
ISBN 978-7-5452-0454-4

I.美… II.①黄…②林… III.华东地区—概况—摄影集 IV.K925-64
```

图 7-10　主题

常见问题：有时会出现几个 Subject 的情况，这时可以重复著录。

9．Abstract（摘要）

本字段包含编目文献的提要或文摘、附注。

必备性：有则必备。

填写要求：用简洁的语言介绍本书的主要内容及相关信息。

可重复性：无须重复。

合格/不合格样例：本字段可输入任何类型的提要或文摘，介绍性的、指示性的、批评性的、评论性的或评价性的均可。

常见问题：人物简介，广告性质的语言描述不可入。

10．Class Code（中图法分类号）

本字段记录适用于编目文献的《中国图书馆分类法》的分类号，如图 7-11 所示。

必备性：必备。

填写要求：可根据图书内容编目，也可以参照图书在版编目（CIP）数据。

可重复性：可重复（存在跨分类的情况）。

合格/不合格样例：C913.13（合格）、A841（合格），C913。13（不合格），C913 13（有空格，不合格），图7-11供参考。

```
图书在版目录(CIP)数据
美国摄影家眼中的江南=Jiangnan in American Photographers' Lens /
黄甦,林路主编.—上海：上海锦绣文章出版社，2009.9
（外国摄影家眼中的中国系列）
ISBN 978-7-5452-0454-4

I.美… II.①黄…②林… III.华东地区—概况—摄影集 IV.(K925-64)
中国版本图书馆CIP数据核字(2009)第157620号
```

图 7-11　分类号

常见问题：有时会出现几个分类号的情况，这时可以重复著录

11. Edition Order（版次）

本字段以规范形式著录文献的版次或版本说明，也是一个非常重要的字段。

必备性：必备。

填写要求：版次一般采用阿拉伯数字。

可重复性：本字段不可重复（不可能一本书出现多版次情况）。

合格/不合格样例：第1版（合格），第2版（合格）、第一版（不合格）、第壹版（不合格）。

常见问题：版次是照版权页所录，如遇到版权页写了2006第1版，2010第2版，应该取最新版次即第 2 版，如遇到书名页，封面等其他信息上的版次与版权页不同，一律以版权页为准。

特例及处理方法：经济计量学精要（原书第 2 版）像这种译著书，此时第 2 版不作为本书的版次，其版次还是需要参照版权页所写，即使所写为第 1 版，也是作为此书的版次。

12. Language（语种）

本字段用于记录文献题名及其正文的语种代码如表7-1所示。

必备性：必备。

填写要求：一般均是 chi（汉语）。

可重复性：本字段不可重复。

常见问题：如为译著，还需揭示其原著语种。一些常见的语种：eng（英语）、fre（法语）、jpn（日语）、ger（德语）、spa（西班牙语）、ita（意大利）、kor（朝鲜语）、rus（俄语）、ara（阿拉伯语），详细的语种见表 7-1。

表 7-1 语言和语言代码表(摘录)

中文名称	代码	中文名称	代码
阿尔巴尼亚语	alb	朝鲜语	kor
阿拉伯语	ara	寮国语	lao
孟加拉语	ben	拉丁语	lat
保加利亚语	bul	马来语	may
缅甸语	bur	马尔他语	mlt
高棉语	cam	蒙古语	mon
汉语	chi	多种语言	mul
捷克语	cze	尼泊尔语	nep
丹麦语	dan	挪威语	nor
荷兰语	dut	波斯语(近代)	per
埃及语	egy	波兰语	pol
英语	eng	葡萄牙语	por
世界语	esp	罗马尼亚语	rum
法语	fre	俄语	rus
德语	ger	梵语	san
希腊语（近代）	Gre	斯洛伐克语	slo
希伯来语	heb	西班牙语	spa
匈牙利语	hun	瑞典语	swe
冰岛语	ice	叙利亚语	syr
印度语	inc	泰语	tha
印尼语	ind	藏语	tib
意大利语	ita	土耳其语	tur
日语	jpn	维吾尔语	uig
哈萨克语	kaz	越南语	vie
吉尔吉斯语	kir	瑶族语	yao
刚果语	kon	犹太语	yid

13．Paper Price（纸书价格）

本字段记录文献的纸书价格。

必备性：必备。

填写要求：可以参照版权页，精确到小数点后 2 位。

可重复性：不可重复。

合格不合格样例：45.00（合格）、29.80（合格）、30.88（合格），45（不合格）、29.8（不合格）。

7.2.5 资源加工原材料合格标准与成品合格标准

对于出版机构来说，掌握资源加工原材料的合格标准，对于从排版公司等外部机构获取完整的文档具有重要意义，而成品合格标准对于为数字图书馆读者服务具有重要意义。

1. 资源加工原材料合格标准

下列信息和基本概念对于资源加工原材料的收集比较重要，出版社文档收集人员需要有一些基本的了解。

（1）版心文件（.PRO）：定义文字在页面上位置和版面样式的参数文件，对全书整体进行说明性注解设置。

（2）小样文件（排版文件）：带有各种命令格式和正文文字的原始文档，书版的实际输出文件。

（3）大样文件（.mps/.s10）：显示排版参数效果，预览排版版式的文件。

（4）输出文件（.PS）：按照版心文件或排版指令信息，显示的带有图片文字编排顺序，用于纸质印刷输出的文件。

（5）版权信息：描述一本书版权内容的 7 个主要字段，依次是 ISBN、书名、作者、出版社、出版时间、版次、纸书价格。

（6）完整排版文件：包含 a）大样文件*.PS/s2/s72/ps2/s92/PDF 等；b）版心文件：*.pro 等；c）小样文件；d）插图文件：*.tif 等；e）补字文件：*.pfi 等；f）封面文件：*.jpg 等。

（7）约定电子书原材料的主排版软件及文件后缀名如表 7-2 所示。

表 7-2 排版软件及文件后缀名

排版软件名称	后 缀 名
方正书版 9.0-10.0	.FBD
方正书版 6.0、7.0	空或.FBD
方正飞腾 4.0、4.1、5.0	.FIT
维思 3.1、2.1	.PUB
WORD	.DOC

续表

排版软件名称	后缀名
Pagemaker6.0、6.5	.P65、.PM6（含苹果机）
Photoshop6.0、7.0	.TIF、.JPG
CorelDraw9.0、11.0 等	.CDR
InDesignCS2、CS3 等	.INDD
AdobeAcrobat5.0、7.0、9.0 等	.PDF
Illustrator11、12 等	.AI
Freehand8、10、11 等	.FH*(8、10、11 等)
蒙泰 5	.TPF

（8）常见文档类型如表 7-3 所示。

表 7-3 常见文档类型

软件名称	后缀名	属性
方正书版 9.0-10.0	.FBD	文档
	.S92、.S10、.PS	大样
方正书版 6.0、7.0	无后缀名或.FBD	文档
	.PRO	版心
	.S2、.S72	大样
方正飞腾 4.0、4.1、5.0	.FIT	文档
维思 3.1、2.1	.PUB	文档
女娲补字	.PFI	补字
	.BZ	补字
	.TTE	补字
WORD	.DOC	文档
Pagemaker6.0、6.5	.P65、.PM6（含苹果机）	文档
Photoshop6.0、7.0	.TIF、.JPG	图片
CorelDraw9.0、11.0 等	.CDR	图形
InDesignCS2、CS3 等	.INDD	图形图像
AdobeAcrobat5.0、7.0、9.0 等	.PDF	文档
Illustrator11、12 等	.AI	图形图像
Freehand8、10、11 等	.FH*(8、10、11 等)	图形图像
蒙泰 5	.TPF	文档
Epub	.epub	文档
Txt	.txt	文档

首先对原材料进行初检，主要检查大项是否缺失。可能存在的主要问题包括：

（1）缺信息

判断标准：

① 以原材料主排版文件为依据，依次查找有"版权页"、"BQ"、"扉页""FY"、"前言"、"QY""目录"、"ML"等字样的排版文件。用相应排版软件打开文件，如找到全部 7 项版权信息：ISBN、书名、作者、出版社、出版时间、版次、纸书价格，则判定信息完整。若发现其中任何一项为空，则判定为"缺信息"。

② 如无法在第（1）约定的排版文件中找到版权信息，也可在含有"正文"字样文档的第一页或最后一页查找版权信息，仍然找不到版权信息时即判定为"缺信息"。

（2）缺正文

判断标准：

① 当原材料中只含图片格式的文档，且图片并不为图书完整的正文页内容时，判定为"缺正文"。

② 当原材料中只有正文前内容或只有封面时，判定为"缺正文"。

初检符合要求，就可以进行实质性的检查。本过程可能存在的主要问题包括：

（1）缺封面

判断标准：如原材料中无封面图片，或排版文件中无封面图时，判定原材料缺封面。

（2）缺版权页

判断标准：

① 如原材料中无版权图片，或排版文件中无版权图时，判定原材料缺版权。

② 如排版文件中无本书版权页内容及信息，判定原材料缺版权。

（3）文件损坏/文件不完整

判断标准：

① 如原材料对应的压缩包文件损坏无法解压时，或文件用排版软件无法打开时，判定原材料文件损坏。

② 如对应的光盘或硬盘无法完整复制文件时，判定原材料文件不完整。

（4）缺图

判断标准：

① 一本书缺 1 张或以上的插图，判为缺图，质量不合格。根据各出版社情况，文学类图书可不考虑缺图，图片全缺也可判为合格原材料。

② 记录样例：文件"正文.fbd"第 15、25、35、65 页缺图，共缺少 4 个图片。

（5）图片模糊

判断标准：

① 图片在 100%比例下无法清楚识别其中的内容，判为图片模糊。一本书图

片模糊的插图超过 1 张，判原材料图片模糊，质量不合格。

② 记录样例：文件"正文 P65、10、78、80、115"页图模糊。

（6）图片损坏

判断标准：

① 原材料中图片文件无法打开或打开时提示已损坏，判定为图片损坏。

② 记录样例：文件"正文.fbd"第 10 页"1.tif、5.tif"图片损坏。

（7）缺正文

判断标准：

① 找不到图书内容的主排版文件，判为缺正文。

② 记录样例：原文档只含图片，缺正文。

（8）缺补字

判断标准：

① 找不到图书中缺字的补字文件，判为缺补字文件。

② 记录样例：文件"正文.fbd"第 15、25、35、65 等页缺补字。

（9）缺符号

判断标准：

① 图书内容中的数学化学符号、连接符号和斜线等特殊符号出现缺失，判为缺符号。

② 记录样例：同"缺补字"。

（10）乱码

判断标准：

① 图书内容中出现无法识别和正常阅读的特殊符号，判为乱码。包括字乱码、公式乱码、符号乱码、正文乱码等。

② 记录样例：同"缺补字"。

（11）压字

判断标准：

① 压字：正常文字以外的图书内容与文字重叠，判为压字。包括符号压字、图压字、表压字、字压字。可根据已有排版软件进行调版纠错，若无法修正则报质量不合格项为压字。

② 记录样例：文件"正文.fbd"第 15、25、35、65 页图压字；第 30、40、52 页表压字。

（12）断版

判断标准：

① 断版：一段正常的文字在当前页的最顶端只出现几个字或几行字，其余内容另起一页开始排版的现象，判定为内容断版；完整的表格被切断为两页显示，

续表类除外的现象，判定为表格断版；图片不能完整显示，只显示部分或与图说分开，判定为图像断版。此类情况可根据已有排版软件进行调版纠错，若无法修正则报质量不合格项为断版。

② 记录样例：文件"正文.fbd"第 15、25 页图片断版、第 30、40、52 页表格断版。

（13）内容错

判断标准：

① 内容错：只有文本文件（.TXT）、书版文件只含小样文件（.FBD）而缺少版心文件（.PRO）等情况，导致排版内容无法正常阅读判为内容错。书版小样文件缺少版心文件时，可采用排版文件一致且文档格式相近的文档的版心文件补充资料，若无法修正则报质量不合格项为内容错。

② 记录样例：内容错：原文档不含版心文件；内容错：原文档文件无排版格式。

（14）内容不完整

判断标准：

① 缺正文前的前言、序、内容提要等文前页时，判定为内容不完整。如在目录页中含有文前页的标题内容项，则判质量不合格项为内容错。若目录页中不含文前页内容，可正常制作。

② 图书排版规则中有约定，篇章类的大标题单独占一或两个页，这类页面定义为大章页。如果目录页中有大章页的标题，正文中却没有出现大章页的内容，判定为内容错。可根据文档格式和目录页在书版中制作大章，插入到正文中。若无法修正则报质量不合格项为内容不完整。

③ 记录样例：原文档内容不完整缺少"第二章"大章页；原文档内容不完整缺少第 15、20、22 页。

（15）页码错

判断标准：

① 页码错：图书内容的页码重复或无页码，判页码错。如全书无页码，可在排版文件中自行设置页码，并保持连贯。PDF、PS 等不可修改文档格式除外。

② 记录样例：页码错：全书页码重复；页码错：全书缺页码。

（16）缺字

判断标准：

① 缺字：原材料中缺少补字文件或外挂字体找不到时，判缺字。

② 记录样例：同"缺补字"。

当原材料是 PS、S92、S72 或 PDF 等大样输出文件或图片格式文件时，内容必须齐全，版式必须与纸书对应，不使用下载字体和符号，无断版现象。

第7章 出版机构为数字图书馆服务的实操建议

2. 成品合格标准

加工完成的电子图书，需要符合如表 7-4 中所示的要求，其中某些具体的项目不同的出版社可以根据本社具体的情况有不同的要求和规定。

表 7-4　电子图书内容文档成品合格要求

项　目	要　求
封面	有则必备
书名页	有则必备，与封面一致，与正文页内容一致
版权页	有则必备，与书名一致，与正文页内容一致，ISBN 号正确，与元数据信息一致
前言页 目录页	有则必备，并在正文页前
版式正文内容	必备，内容完整准确。 1. 版心：版心统一，无版心过小现象，文字图片在版心内。 2. 版心过小标准：需要放大才能正常阅读的情况判为版心过小。 特殊情况下，允许封面、封底、版权页与正文版心悬殊不超过正文版心的1/4。 版心过大或者不一致时可按照如下原则处理：同样字号在同一本书的不同页显示大小基本一致，版心 dpi 的设置应该符合字号物理尺寸的大小。 内容：清晰，在 100%显示比例下能清楚地阅读。 3. 缺字：不同出版社可以有不同的要求，每本书可不允许有缺字，或允许有一定范围的缺字 [如万分之一缺字，或 5 个（含）以下缺字等]。特殊类型图书如古籍书、碑文类图书可适当放宽。书名、作者名不允许缺字。 4. 缺图：不同出版社可以有不同的要求，每本书可不允许有缺图，或允许有一定范围的缺图（不超过 3 个）。文学书可适当放宽。 图不压字、表不压字、字迹不重叠、模糊图片不超过一定数量（如不允许出现或不超过 1 个）。 如果图上带文字及全是文字的，放大 3 倍看不清文字的情况出现的比例超过一定数值（如不超过 5%或 10%）。 以上规则适用于正文，正文中页眉页脚上的图片可不做要求。 5. 缺页：不缺页。 空白页不能出现在首尾，正文内的空白页如果在章节转换连接处，属于自带白页(去掉就页码不连贯的)，保留白页。 6. 页码：页码清晰、连贯。页码不重复、不颠倒。 7. 文字内容：文字可复制，显示无乱码。如复制的文字出现乱码，判为异常，做乱码书处理
流式正文内容	有则必备
广告页 空白页	广告页需要制作。 空白页分为占页码与不占页码两种情况。不占页码的空白页须删除；占页码的空白页需要制作

续表

项　目	要　求
附录 后记 参考文献 后折页 封底	有则必备，在正文页之后。 封底位置：整书最后一页
数据量	内容文件容量可根据出版社的情况加以控制，如不超过 50 兆或 100 兆。某些图册等类型图书容量高，可适当放宽
浮动目录	必备。 1. 目录页内容和链接：依据纸书目录页制作浮动目录项，不能遗漏目录项内容。 不在纸书目录页中的图书构成项目：封面页、前折页、书名页、版权页、前言页、（目录页内容和链接）、参考文献、附录、后记、后折页、封底。这些项目需按原书顺序制作在浮动目录中，缺失或错误为不合格。 2. 链接：浮动目录的所有条目通过链接要与正文对应准确，不能出现链接错误。所有级别可链接，且链接正确。浮动目录中不能有无规则的空格、乱码、方框、错别字。 3. 层级：浮动目录必须与目录页分级保持一致，无目录页时层级遵照篇章节目顺次划分层级，不能出现分级错误。 4. 目录内容：目录内容中不能出现错别字、漏字、多字现象；无乱码、方框等非正常文字

表 7-5　元数据著录的要求

项　目	要　求
元数据和内容一致	元数据信息首先要保证与电子图书内容文件一致，准确无误
标识	必备，唯一。各出版社可根据自己的需要编制各社自己的唯一标识。如提供给第三方，需按照第三方要求编制。 由于 ISBN 号不是必备（一些老书没有 ISBN），并且存在一书多号、一号多书现象，不能作为标识
ISBN 号	有则必备。 ISBN 校验位正确，ISBN 中出版者代码与出版社信息一致，或有充分的不一致理由。 因版权页上 ISBN 校验位错误造成的元数据信息与电子书内容文件上显示不一致的情况，可以接受
题名/书名	必备，正确
责任者/作者	必备，正确
出版社	必备，正确
出版时间	必备，正确
版权所有者	必备，正确

第7章　出版机构为数字图书馆服务的实操建议

续表

项目	要求
纸书定价	必备，正确。 纸书价格与原书一致，当原书同时存在多个纸书价格时（例如精装、简装），出版社可以具体约定（如以低价格为准）。无特殊情况不能是"0"
电子书定价	必备，正确
摘要	有则必备，文字和格式正确
中图法分类号	必备，中图法至少做到一级分类正确
主题/关键词	必备，正确
正文语种	必备，正确
版次	有则必备，正确
开本	必备，正确
分卷信息	有则必备，文字和格式正确
CNMARC	必备，正确。很多数字图书馆都需要
MARC21	如果需要出口到国外，要求必备、正确

7.2.6　数字版权保护及出版发行平台的选择

出版社进行电子图书的出版并为数字图书馆服务时，有两种运营方式可以考虑，一种是自主构建全套体系，一种是委托部分工作给其他机构完成。

1．自主构建全套体系

由出版社自己构建全套体系，需要考虑以下几方面的问题。

（1）产品规划

规划本社为数字图书馆服务的数字出版产品的内容范围与选题、资源加工、商务模式、服务模式、功能规划等相关工作。产品规划是其他后续工作的重要依据。

（2）内容范围与选题

根据规划的销售对象，确定需要组织的内容范围与选题。本阶段需要根据销售对象的规模、能提供的资源内容等综合情况进行判断、确定相关的资源内容。需要有专门的人来做相关的规划。而这一部分也是出版社相对比较擅长的。

（3）电子文档收集与资源加工

根据内容选题收集与加工相关资源内容。需要根据相关的加工和成品标准进行相关的处理，并用资源加工团队来负责此事。

（4）管理系统与服务系统的研发

需要对加工好的资源进行管理，并对用户提供服务，开展对数字图书馆的服务。本部分工作需要组建专门的研发团队，根据相关的功能规划研制出相应的应用系统。相关系统的设计具体内容可参考本书第 6 章。

（5）运营与技术支持

在相关的管理与服务系统搭建完成后，需要根据服务模式决定是采用托管模式还是本地安装模式组建不同的运营与技术支持团队。

如果是线上服务的托管模式，需要寻找合适的 IDC 机房，租用相关的机架和带宽、购买服务器，并部署相关的系统软件和应用系统，以便对外开通服务。需要的人员主要是客服和在线服务工程师；如果是本地安装服务，则需要在销售区域构建本地的技术支持工程师队伍，提供相关软件系统和资源内容的本地安装和维护服务。这两种方式都需要构建相应的技术团队。

（6）市场推广与销售

需要组建相应的市场推广与销售团队，与相关的数字图书馆建立起商务联系，向其推销设计好的数字资源产品。需要根据不同类型的数字图书馆（如公共图书馆、高校图书馆、企事业单位或行业客户）和不同区域配置不同的市场和销售人员。

2. 部分工作委托给第三方机构或平台

自主构建全套体系需要组建相对全面的团队，并需要不同的技能，一般来讲，团队组建的难度还是非常大的。出版社还有另外一种选择，就是将部分工作委托给第三方机构或平台，出版社只做自己最擅长的工作。

这种方式也可以根据出版社的类型和能力不同，可以有不同的选择。包括：

（1）将技术平台委托给第三方

本方式会用到三方的技术平台，由出版社自己进行资源加工，然后加密上传到第三方的运营和服务平台，并由第三方平台为数字图书馆提供服务，服务方式可以是线上服务的托管方式或本地安装方式，而内容的选题、资源的加工、资源的销售等环节仍然控制在出版社手中。

这种方式适合于有加工能力、有销售渠道、但技术能力较弱的出版社。

（2）将数据加工和技术平台委托给第三方

本方式是在上述方式下，将相关的加工也一同交给第三方。这样可以避免加工过程中的诸多技术问题，但仍可自行掌握销售渠道。

这种方式适合有销售渠道但加工能力和技术能力均有限的出版社。

（3）将技术平台和销售委托给第三方

本方式是由出版社将相关的资源加工好以后，在出版社内部进行加密后再提供给第三方，这种方式的好处是可以保证资源内容在出版社的加密控制之下，并且可以利用第三方的技术能力和销售渠道。这种方式适合对资源内容希望进行控制,但技术能力和销售能力较弱的出版社。

(4) 将资源加工、技术平台和销售委托给第三方

本方式是将资源内容的加工、技术平台和销售都委托给第三方,出版社专心做好资源内容的组织和选题。这种方式适合于整体能力较弱或已决策只专心做内容组织和选题的出版社。

7.3 其他资源为数字图书馆服务的准备工作

除电子图书以外,其他资源为数字图书馆服务,还需要做不同的准备工作。

7.3.1 期刊数字出版为数字图书馆服务的准备工作

期刊资源数字出版为数字图书馆服务同样需要做好确定商务模式、内容组织方式、资源加工子系统研发等准备工作。

1. 确定商务模式

利用期刊内容为数字图书馆服务,首先需要考虑并确定商务模式。一般来说,期刊社或期刊编辑部人员相对比较少,出版的期刊也比较单一,但数字图书馆更希望规模化的资源和服务,因此,期刊数字出版可以考虑采用如下方式。

(1) 以行业组织期刊内容

期刊,特别是学术期刊,往往是属于某个行业,一个行业内部往往会有数十种乃至数百种期刊,大家可以联合起来组成联合体,一起构造数字期刊库为数字图书馆提供服务。这样做的好处是既能达到规模化,也能保持专业化的深度。

(2) 加入综合期刊数据库

单一的期刊难以为数字图书馆采用,但可以"借船出海",即加入综合的期刊数据库,作为综合期刊数据库的一部分提供服务。

2. 确定内容组织方式

对于期刊来说,还需要确定内容的组织方式。期刊的内容组织方式可以通过单篇文章来组织,也可以通过整份期刊来组织,这需要期刊数字出版机构预先确定。

(1) 以单篇文章组织数字期刊内容

期刊不像图书,各章节之间一般是围绕一个主题进行描述,互相之间一般也有着较为严密的逻辑关系;期刊(特别是学术期刊)的各篇文章之间往往关联度

不是特别大，可以拆开成为单篇的文章提供服务。

以单篇文章方式组织的数字期刊，还需要建立行业领域内部或综合内容的知识组织架构，确定组织分类和主题词，便于组织相关内容，也便于用户根据分类、主题等查询和使用相关的文章。多数学术期刊采用本方式提供服务。

（2）以整份期刊组织数字期刊内容

对于非学术期刊，其主要内容是用于阅读而不是用于查询检索，因此以完整的一份期刊来提供服务更能体现期刊的价值。一般休闲、娱乐等非学术期刊采用本方式提供服务。

3. 资源加工与系统研发

期刊数字出版为数字图书馆服务，对于单篇文章方式和整份期刊方式有不同的处理。

（1）单篇文章方式

对单篇文章方式的期刊数据库，需要确定单篇文章的元数据结构，并根据相同的元数据结构和分类法标引每一篇文章；文章的资源内容，一般来说加工成单个文档即可。

单篇文章的服务，还可以进行更细粒度的深入加工，例如，可以将论文中的参考文献加工成结构化的数据，形成一定规模以后可以将文章之间的参考引用的关联关系揭示给数字图书馆的用户，对于研究工作者来说是非常有价值和意义的。

还可以对文章内容进行结构化和知识化的处理，对于其中的内容采用语义网的方式来描述，形成一个知识网络。

对于单篇文章来说，一般不需要采用 DRM 技术对资源内容进行加密，只需要控制好系统的访问权限即可。

（2）整份期刊方式

对于休闲、娱乐、时尚等非学术期刊，不需要拆成文章，只需要以完整的一期期刊为单位组织元数据结构即可。需要注意的是，期刊的元数据分为两层，第一层为期刊的刊一层的元数据，即所有的期（或大部分的期）都相同的信息，如刊名、刊号、期刊社、出版地等信息；另一层为具体的某一期的元数据，例如出版年月、期号等信息。

相关的文档内容，如果是仅仅提供 PC 阅读，可以仅仅加工为 PDF 文件提供服务；如果希望提供支持包括移动阅读在内的跨平台阅读，则需要加工为 PDF 文件和 epub 文件两种文件，或者加工成融合起来的一种结构化版式文档格式。

整份期刊服务的方式，建议采用 DRM 技术进行加密控制。

7.3.2 报纸数字出版为数字图书馆服务的准备工作

报纸数字出版为数字图书馆服务，有其自身的特点。由于绝大多数数字报纸一般在网络上能免费供读者访问，因此，为数字图书馆服务的数字报纸，需要更多的特性才能满足数字图书馆的要求。

1. 确定服务模式

数字报纸为数字图书馆服务一般有如下的服务模式，在开展业务前需要确定具体的服务模式。

（1）数字报纸资源库

组织一份或多份数字报纸内容，形成数字报纸资源库。首先，将组织当天的数字报纸的完整内容提供给数字图书馆，并逐步积累，到一定时间后就形成了规模化的数字报纸内容资源库，方便读者的查询使用。

报纸过刊的内容对于图书馆也是一个非常受欢迎的资源内容。对于国内报纸来说，如果有条件将建报以来的所有的报纸内容全部数字化并提供查询和检索功能，对图书馆来说是非常有收藏意义的，特别是报纸所在地的地方图书馆。但全部进行数字化并能查询检索的报纸数据库，需要庞大的资金支持，报社需要量力而行。

（2）数字报纸触摸屏阅读

由于数字报纸的内容更新频度是所有资源内容中最高的，非常适合在图书馆的显著位置提供展示服务，就像传统的阅报栏一样，这样展示的内容可以每天有更新，可以为图书馆的读者提供更好的服务。

2. 内容组织和系统研发

数字报纸的内容组织相对来说比较简单，将每天出版的报纸的内容，或者历史的报纸内容进行数字化以后就可以为数字图书馆服务了。

对于系统研发来讲，新出版的报纸，由于大部分报社已经采用数字化的采编流程，相关的内容已经是数字化的，因此只需要改造已有的报纸出版流程，使得报纸的版面信息转换为可以通过网络进行阅读的结构化信息，然后加上资源内容发布、内容的查询检索与导航、为机构服务的用户管理等相关功能，就可以方便地为数字图书馆读者提供数字报纸资源库的服务。

如果希望提供数字报纸触摸屏服务，就要研发更多的功能。主要包括：

（1）生成适合触摸屏阅读的数字报纸版面信息。需要根据数字报纸的完整版面内容进行转换，自动化地进行生成。

（2）研发传输系统。将适合触摸屏阅读的数字报纸版面信息传输到购买了相关服务的多家图书馆的服务器上。这个过程需要重点考虑传输的稳定性和并发效率，由于报纸的时效性比较强，需要尽快地将报纸的内容传输到数十个甚至数百个图书馆，其稳定性和并发效率非常重要。

（3）研发触摸阅读系统。将传输到图书馆的数字报纸信息通过触摸屏展示出来，允许读者自己通过触摸屏触摸的方式操作相关的资源内容，包括报纸的选择、版面的展现、版面翻页的效果、版面放大/还原等。

相对来说，通过触摸屏的方式为图书馆服务，其技术要求比较高，除自主研发以外，可以交给提供数字报纸综合服务的公司来一同提供服务。

7.3.3 条目式资源库数字出版为数字图书馆服务的准备工作

条目式资源库数字出版为数字图书馆服务，由于一般是采用资源库的方式进行销售和服务，其商务模式相对简单，但其数据的加工和系统的研发需要做更多准备。

1. 条目式资源库的数据加工

条目式资源库的数据加工需要特殊的组织方式。首先需要确定条目式内容的分类和知识组织架构，根据不同的分类法和知识组织架构组织不同的条目式内容，同时，需要确定各种条目之间的关联关系，便于为读者展示相关的资源内容，并且可以考虑在此基础上开展进一步的知识服务。

同时由于条目式资源内容的条目不同，其数据结构往往千差万别，因此，在进行数据加工的时候，要根据条目的内容定义不同的结构，并在此基础上标引相应的数据内容，同时由于内容结构的不确定性，需要在内容组织的过程中随时构建相应的数据结构。在数据加工和存储的时候采用 XML 结构来进行描述是最合适的。

2. 条目式资源库的系统研发

条目式资源库的系统研发，需要重点考虑如下事项。

（1）条目式资源内容的查询、检索：条目式资源内容往往都是比较短小的资源内容，不像图书会有几十万字的内容，并且条目式资源内容一般也不是用来逐条阅读的，其查询和检索功能就变得非常重要。

（2）需要考虑对多变的数据结构的变化：条目式资源内容由于资源描述的需要，有很多不同的结构，因此需要能够支持多种数据结构的统一检索和管理服务。

（3）提供统一的导航和内容组织：虽然结构不同，但条目式资源库需要有统一的导航和内容组织，这样条目式资源库才是一个完整的、有良好组织的资源内容。

（4）注重关联：需要实现各种结构化条目之间的内容关联的建立和展现。

条目式资源库的版权保护与其他资源不同,可以采用如下方式。

(5)由于条目式内容一般比较短小,为了方便读者的使用,单条的内容允许读者的整条复制和使用,包括其中的文字、图片、表格等内容,这也符合读者的合理使用要求。

(6)对资源库进行整体加密:对于本地安装的资源库来说,需要防止恶意地将整个资源库整体复制到其他地方整体使用。只要能做到这一点就可以有效降低资源库建设单位的风险。具体方法是将整库的内容在服务器端与服务器的硬件信息绑定,这样整体复制到其他地方将无法使用。

(7)对资源库中的版式文档进行加密控制:对于出版社提供的条目式内容,其中有一部分来自对应的纸书,这些条目可以提供查看原书的功能,对原书的资源内容可以采用类似电子图书的 DRM 加密策略来进行管理。

(8)监测短时间内大量的恶意访问:系统运行时,需要监测用户的访问行为,对于同一个 IP 或同一个登录用户短时间内大量访问的情况,如果被访问条目数达到了一个特定的阈值,就可以判断为恶意访问,对这样的用户可以提出警告或暂停服务,防止恶意用户从资源库中套取资源内容。

(9)对资源库中的图片等多媒体内容增加水印,这样可以进行事后的追踪。

7.3.4 图片数字出版为数字图书馆服务的准备工作

图片作为一种数字资源,积累到一定规模后可以形成图片资源库,开展对数字图书馆的服务。

1. 图片资源库的内容组织与数据准备

图片资源库需要根据能够入库的图片内容分成不同的类别,然后在不同的类别中,需要构建不同的数据结构,以便能提供图片资源的准确描述。

除了不同的元数据结构以外,图片资源库还需要将图片加工成不同的精度级别,用于不同的场合。

(1)图标级

图片需要加工成图标级的内容,供查询、检索和导航时使用,即一屏显示多张图片内容,使得读者可以方便地看到检索结果的整体效果。图标级图片的精度一般在 72~96dpi。

(2)浏览级

浏览级的图片是用于图片的普通浏览,便于在一屏上能显示完整的一幅图片。浏览级图片也可用于图片及其元数据的详细展示。浏览级图片的精度一般在 150~200dpi。

（3）高清级

高清级图片用于图片的细节和局部浏览，便于在屏幕上能显示一幅图片的局部细节。高清级图片可用于图片的放大展示。高清级图片一般是网上可查看的最高级别图片，其精度一般在300~600dpi。

（4）典藏级

典藏级图片是最高精度的图片，用于图片的典藏或者是打印和印刷。这个级别的图片由于其占据的数据空间非常大，单张图片有可能超过1G的数据容量，因此往往难以通过网络提供服务。这个级别的图片往往是存储在内容资源库中作为经典保存，其精度一般都在1200dpi以上。

2．图片资源库的系统开发

图片资源库的系统开发需要有如下几点需要特别注意：

（1）适应不同类别图片的数据结构

需要有不同的元数据结构对不同类型的图片资源进行描述，从而需要对不同的元数据结构进行管理，并且需要在不同的图片类别下，提供不同的分类导航和不同结构数据的查询与检索，此外，还需要对这些不同的结构进行统一的检索。

（2）需要对不同级别图片提供不同的展现方式

不同级别的图片需要不同的显示和浏览方式。

图标级图片：需要能在一个页面中能快速展示十几甚至几十幅图片内容，便于查询、检索和导航的快速展示。

浏览级图片：需要能在页面中快速展示一个浏览级图片的内容，并显示相应的元数据信息，图片的内容需要提供简单的放大、缩小的功能。

高清级图片：需要能在页面上详细显示图片的细节内容，一般采用全屏方式，这样可以更有效利用屏幕空间；展示的时候由于显示的是局部的信息，往往需要在屏幕的边角区域显示图片整体的缩略图以及当前显示部分在其中的位置，并可以在缩略图中拖动当前显示部分调整显示的内容，从而实现图片的细节展示和局部导航。

典藏级图片：典藏级图片一般不通过网络进行展示，大多通过数码印刷机提供相应的印刷服务。

（3）图片内容的保护

图片内容是特殊的一类数字资源，其保护可考虑从如下方面进行。

① 图片增加水印进行跟踪。可以考虑在各级图片都增加水印，从而便于以后的侵权跟踪。

② 防止恶意的批量下载。对于浏览级以上的图片，可以通过监控用户的访问行为,检查出一个IP地址或一个登录用户在短时间内批量地访问图片资源的情况,

对于短时间内下载大量图片的用户给予暂停服务甚至长时间拒绝服务的处理，从而防止恶意的批量下载。

③ 高清图片的保护。在提高高清图片访问效率的同时，也需要增加用户将整张图片另存到本地的难度。具体做法是，在高清图片管理和展现的时候，将其分割成多个小图进行服务，这样不仅可以在展示局部内容时可以快速提供相关内容，从而获得较好的用户体验，同时也使用户另存图片的烦琐程度提高了许多倍，因为一张图被分成了成百上千张小图片的展示，这在一定程度上可降低高清图片被轻易取走的风险。

7.3.5 数字出版与图书馆采访系统的对接

数字出版中的机构销售子系统与图书馆集成管理系统中采访子系统的集成是未来的一个发展趋势。高校图书馆界已在"十一五"期间建成了针对外文图书和论文资源（包括纸本书和电子书）的联合订购平台，已有多家图书馆使用该系统进行资源的联合采购，该系统已与教图公司从书目数据同步、选书、生成订单、发送订单、书商发订、收登等过程实现了对接。此外，很多图书馆对目前针对中文图书的单馆自行选书工作也提出了基于多馆联合选书和采访的新需求。因此，数字出版中的机构销售子系统如何能与图书馆界的联合订购系统以及未来新的图书馆（联合）采访系统实现无缝对接，将是未来发展的趋势。

第 8 章
Chapter 8

▶ 反思与展望

　　借助于日新月异的信息技术，全球信息产业飞速发展，并呈现了日益明显的"服务化"趋势，这无疑也将给文化产业的发展带来重大的历史机遇，广播、电视、报纸、杂志、网络、移动通信、楼宇电视等多方面数字技术融合，不仅为文化内容的制作与传播提供了更加强有力的技术手段，而且能够催生出新的文化产业形态。同时，文化产业的发展反过来也要求信息服务业提供更先进、更高效的服务。因此文化产业与信息产业是在内容与技术、产能与服务等多方面互动增长。

　　在产业发展的大背景下，纵观数字出版和数字图书馆的发展轨迹，从早期的遥相呼应，到近现代的碰撞与融合，两者在新技术浪潮的推拥下，同样需要加深相互了解，尽早破解版权迷局达成共识，加速资源的传递与共享，携手改善阅读体验，共同提高资源的利用水平。

8.1 数字出版将加大对数字图书馆的支持力度

快速发展的信息技术，不仅引发了数字出版和数字图书馆等技术变革，同时也动摇了两者曾经长期保持的平衡关系。图书馆传统上是出版社优质的纸书客户，出版社非常积极地为图书馆提供其最新出版的纸质书刊，图书馆通过借阅服务为出版社起到了很好的宣传作用。但是，在良好的数字版权保护环境建立之前，出版社只能以极为谨慎的态度给图书馆提供非常有限的数字资源。在数字化的虚拟环境中，因为内容被复制和传播的成本极为低廉，图书馆在完善其公益服务的同时，不得不考虑如何避免对出版者权益的伤害。

尽管完善数字版权保护的环境还有待时日，但出版社没有放慢数字化转型的脚步，越来越多的出版社从重要环节入手，现已转向对整个出版流程进行全方位的数字化改造和创新。从内容的深加工、数字资源的海量存储、面向多渠道、多终端的发布，以及基于内容互动服务都在引入了最新的信息技术。特别值得关注的是，出版社已将自身业务向产业链下游的延伸。作为内容产业的源头，出版社已不再满足于提供原始的数字资源，一方面，采用技术手段对内容进行细粒度的划分和有针对性的包装；另一方面，自己也在开发基于数字内容的增值服务，挖掘更多内容附加值，并以便捷的方式直接向用户提供这些服务，以期拓展出版行业的利润空间。其中很多服务为图书馆提供了极大的便利，稍加衔接就能间接地提供其读者，但随着越来越多的服务转由出版商提供后，图书馆也对自身价值产生了危机感，因此需要加紧探索更高层次或更加深入的信息服务。

8.2 推动数字图书馆发展的一些深层原因

图书馆的转型虽然表面上不如出版企业那样大张旗鼓，但要想在未来继续秉承读者至上的公益理念，同时又能驾驭先进的 IT 技术提供切实有效的数字化服务绝非易事。

由新技术引发的一系列图书馆变革迅速而且深刻，一些已经发生和将要发生的变化并不像常人想象的那样一帆风顺，而是充满了危机，甚至有人预言图书馆将在 2019 年消失[1]，这些看似骇人听闻的判断并非空穴来风，深入分析影响数字图书馆发展的环境和因素，有助于我们更理性地认清当今图书馆所面临的机遇与挑战。图书馆一直是人们心目中知识的殿堂，但随着网络的兴起和普及，它的地位似乎正在被边缘化，取而代之的是一些拥趸了大量资源的信息技术企业，例如谷歌、亚马逊和百度等。以信息搜索为例，在互联网普及之前，图书馆曾经是人们检索信息的主要场所，但随着网络技术的兴起，人们的目光转向了搜索引擎。美国曾在 2005 年对信息消费者进行了一次调查，当他们被问及更愿意在哪里开始他们的信息检索时，82%的人回答搜索引擎，1%的人表示他们选择图书馆的网站。当 2010 年再做同一调查时，84%的人回答是使用搜索引擎作为信息检索的开始，没有一个被调查者表示使用图书馆的网站开始他们的信息检索[2]。从这个角度看，图书馆在检索方面所做的努力或者是没有跟上时代的步伐，或者是效果不尽如人意。与之相反，图书馆的在线咨询业务则在网络技术的推动下取得了惊人的增长，来自上述同一调查的数据显示，与 2005 年相比，咨询网站增长近 3 倍，经常使用的人数增长了 350%。

　　首先，在诸多推动数字图书馆发展的深层次原因当中，资源的快速增长，以及如何对其进行有效的利用是首选因素。计算机、网络、通信与传播技术的快速发展使得全球化的信息生产和传播达到了空前的规模，人们在享受着新技术为学习和生活所带来的便利时，也常因为汹涌而来的信息而感到无所适从，其中，最为突出的矛盾是，如何从浩如烟海的信息海洋中迅速而准确地获取自己所需要的信息。而图书馆有责任搭建海量资源利用、共享、知识型平台

　　其次，资源的争夺与服务的竞争也是推动图书馆发展的原因。市场上的强大需求引发了大规模的技术研发和商议竞争，其规模远远超出了传统图书馆所能承受的水平。雅虎、谷歌、百度、维基百科借助先进的技术和高效的资本运作在信息服务的新领域中，快速增长并大举扩张。一个最为显著的制高点就是对数字资源的争夺，这种争夺一方面表现为对资源的占据和拥有，例如 谷歌的"扫描书"计划；亚马逊的直接与作者签约等，正规出版社提供的数字资源同时，也在谋求提供更多的数字化服务，其中很大一部分也取代了图书馆的业务，例如，取代了传统图书馆查卡片式检索的网络搜索引擎，图书馆所需要做的似乎只剩下交费和提供链接；另一方面更多地表现在对资源的挖掘与利用上。目前的搜索引擎固然强大，但大都建立在互联网上无序的资源上，对于很多专业性检索的要求，其返回结果不仅繁杂无序，而且常常得不到有益的权威信息。究其原因，这类商业化的搜索引擎在信息的收集、管理方面还远不及图书馆方面做得专业，很难担当起

---

[1] http://www.rossdawsonblog.com/extinction_timeline.pdf
[2] 美国人如何使用网络资源和图书馆[J]. 数字图书馆论坛，2011（4）：27-31

真正的知识导航,只有图书馆界有可能发挥自己在信息管理方面的特长,建立起知识型的信息管理与获取平台,尽管由于经费和运营机制的限制,早期的平台在规模和服务能力方面尚显弱小。综上所述,这一领域的竞争还远未结束。信息服务本身还有很大的发展空间,作为服务方既要有能力提供更加详细充实的信息,还要具备筛选、推荐信息的能力。虽然目前的数字内容提供商和IT企业来势凶猛,似乎大有把图书馆架空的趋势,但是图书馆在新的知识服务领域仍有可能扬长避短,正如前文中所举的"搜索"与"参考咨询"的例子,图书馆界在应对挑战的同时,也需要找准自己下一步的定位,利用自身优势拓展新业务。

再次,数字图书馆发展的新动力或许会来自以公益服务为前提的商业化服务。传统上,图书馆一直被视为公益型的基础信息设施,但随着经济与技术的发展,图书馆很难在商业活动中置身事外,而应更多地考虑如何在保持提供公益服务的前提下发展一些商务合作,以直接或间接的经济效益来促进自身的发展。首先,在知识经济时代,信息和数据已经成为可以与物质资产和人力资本相提并论的重要的生产要素。伴随着多媒体、社会化网络以及物联网的发展,各种信息为企业和消费者创造了巨大财富,而且还有更大的发展潜力。全球的先进企业正在加大力度收集、管理并利用更多的信息,因而也带动了信息呈现指数级的增长。简单地讲,首先,谁掌握了含金量高的知识与信息,谁就有可能创造出更多的精神和物质财富。而图书馆正是知识的集大成者,不可避免地要介入其他企业或行业的知识增值的链条中。其次,从数字图书馆自身的发展讲,由于数据规模的几何级增长,单方面靠国家拨款难以满足现代图书馆在资源建设、设备投入、新型服务等诸多方面的费用要求,通过有偿服务,或在帮助其他企业和作者获得增值效益的同时收取合理的费用,无疑是一个可行的发展模式。事实上,图书馆如果自己不去适应商业化社会的发展,不仅在规模和水平上发展会受到限制,而且会将自身的业务发展空间留给其他企业。

8.3 数字图书馆的发展趋势

语义网、内容挖掘、移动互联网、云计算、大数据等技术为数字图书馆提供了更大的发展空间,在经历了Web2.0的洗礼之后,数字图书馆界对于知识服务的各种新概念、新理论、新技术的探索更加深入,透过学术界关注的热点话题,我们可以感受到一些明显的发展趋势[1]。

---

[1] 许德山. 从国际会议看当前数字图书馆的研究热点

8.3.1 资源构建社会化和服务交互化

以用户参与为特征的 Web 2.0 浪潮席卷了整个信息服务领域，造就了 Facebook、Twitter、Linkedin、Youtube、新浪微博、人人网等一批新兴企业。互联网用户正在成为信息服务的主体，集信息生产者、消费者、评审者等多种角色于一身。在图书馆界，用户也不再只是单纯的资源消费者，他们有能力、也有必要参与到数字图书馆的资源建设与服务中来。社会化标签 Tag 和 Mashup 等一大批大众分类（Folksonomy）技术正被越来越多的数字图书馆所采用，数字图书馆向社会化网络发展的趋势日益明显。近年，各国学者在这一领域提出的新方法、新技术迅速得到了应用。在社会化标签方面，德国学者 Thomas 提出了文档内容标签云的构建方法[1]，Jennifer 等人提出了可视化索引系统[2]。美国弗吉尼亚理工学院开发了图形标注和检索工具 SuperIDR，英国的巴斯大学（The University of Bath）和格拉摩根大学（University of Glamorgan）在 EnTag 项目中提出了利用受控词汇构建社会化标注的方法[3]。在 Mashup 技术方面，美国得克萨斯农工大学借助用户的参与，将社会化标签和用户模型融合到参考书目的构建中，为专业人士提供高质量的书目信息[4]。美国康奈尔大学联合其他大学和机构建立了 Vivo 专业社交系统，为全美各地的生物医学研究人员建立了一个互动的交流平台。

8.3.2 知识组织的语义化和关联化

知识组织形式的优劣直接决定了人们能否快捷、准确地获取知识，以概念为核心的新型知识组织体系正在图书馆界悄然兴起，其中，语义网技术的应用最为值得关注。

---

[1] Thomas Gottron. Document word clouds: visualizing Web documents as tag clouds to aid users in relevancedecisions[C]. In: Proceedings of the 13th European Conference on Digital Libraries. LNCS 5714. Berlin: Springer-Verlag, 2009: 94-105.

[2] Jennifer Pearson, George Buchanan, Harold Thimbleby. Creating Visualisations for Digital document indexing[C]. In: Proceedings of the 13th European Conference on Digital Libraries. LNCS 5714. Berlin:Springer-Verlag, 2009: 87-93.

[3] Koraljka Golub, Jim Moon, Douglas Tudhope, et al. EnTag: Enhancing Social Tagging for Discovery[C]. In: Proceedings of the 9th ACM/IEEE-CS joint conference on Digital libraries, 2009:163-172.

[4] Alhoori H, Alvarez O, Furuta R, et al. Supporting the Creation of Scholarly Bibliographies by Communities through Online Reputation Based Social Collaboration[C]. In: Proceedings of the 13th European Conference on Digital Libraries. LNCS 5714. Berlin: Springer-Verlag, 2009: 180-191.

早期的知识组织系统主要以 WordNet 等本地的词汇网络为基础,以 Wikipedia[1]、LOD[2]、DBpedia[3]、FOAF[4]、百度百科等为代表的新一代的知识组织系统转向了网络化的概念链接系统,语义数字图书馆已崭露头角。具体来讲,它是指基于语义网技术构建的知识网络,采用机器可理解的方式描述信息资源,并能够为用户提供个性化服务的知识体系。其主流技术包括 RDF(S)、SKOS、OWL 本体等。资源内容不再是孤立存在,而是与资源数据建立了多种联系,形成了纵横交错的知识网络。2007 年首次国际数字图书馆与语义 Web 大会(ICSD)[5]召开,同年,关联开放数据项目 LOD(Linking Open Data)启动,截至 2010 年 9 月 LOD 已有 200 多个开放数据集合,包括 250 亿个 RDF 三元组,以及 3.95 亿个 RDF 内部链接[6]。LOD 还在发展 MIT、HCLS、BBC、IEEE、国会图书馆、英美政府等机构加入到关联数据发布行列中。

8.3.3 知识环境的复杂化和泛在化

随着计算机和通信技术的快速发展,知识内容将面临着复杂环境的影响,主要体现在:①信息传输和交换途径多样化,数字资源广泛地通过各种网络(互联网、移动互联网、WiFi、蓝牙等)和各种移动存储进行传播。②资源呈现方式日益丰富,包括打印或印刷,以及个人计算机、手机、电子阅读器、平板电脑等阅读终端。③人们对知识有着各种复杂的个性化的应用需求,按需出版、文档重组、个性阅读、差异化知识服务等正成为数字阅读和出版的新趋势。④资源文档本身的多样化、格式众多。

所谓"泛在知识环境"(Ubiquitous Knowledge Environment),又称"后数字图书馆时代",即任何人可以在任何地方、任何时刻获取所需的任何信息。泛在知识环境给数字图书馆的建设会带来新的技术问题,例如大规模并发处理和负载均衡等,导致其基本特点和服务模式都将发生深刻的变化,但同时也为数字图书馆的

---

[1] Daniel Hasan Dalip, Marcos André Gonçalves, Marco Cristo, et al. Automatic Quality Assessment of Content Created Collaboratively by Web Communities: A Case Study of Wikipedia[C]. In: Proceedings of the 9th ACM/IEEE-CS joint conference on Digital libraries, 2009:295-304.

[2] Linked Data-Connect Distributed Data across the Web.[EB/OL].[2011-12-05]. http://linkeddata.org/

[3] Christian Bizer, Jens Lehmann, Georgi Kobilarov, et al. DBpedia – A Crystallization Point for the Web of Data. Journal of Web Semantics: Science, Services and Agents on the World Wide Web, 2009(7):154–165.

[4] MAKING A FOAF FILE. [EB/OL].[2011-12-05]. http://dig.csail.mit.edu/2010/LinkedData/ Presentations/ MakingAFOAFFile.pdf

[5] ICSD 2009. [EB/OL].[2011-12-05]. http://www.icsd-conference.org/

[6] Linked Data [EB/OL].[2011-12-05]. http://en.wikipedia.org/wiki/Linked_Data

建设带来了新的机遇。本质上讲,泛在知识环境应是数字图书馆未来发展的目标[1]。

泛在知识环境是指由人、硬件、软件、网络设施、信息资源等有机组成的新一代知识基础结构,是未来知识型社会的一种综合的数字化信息基础设施。它通过其在计算、存储和传输等方面的极大便利,使人、数据、信息、工具、设备等构成元素能够更加充分地发挥作用,从而构建一种普遍的、综合性的知识环境。泛在知识环境是一种全新的知识环境其特征包括:网络的泛在化,用户可以在任何地点和任何时间连通网络;知识的泛在化,用户可通过泛在网络获取所需的多样化信息服务或知识服务;情境感知,嵌入了多种感知设备的智能终端能根据人们所处的环境来快速辨别人的手势、语言等信息,进而了解到人的需求和意图;多语言,可提供多国语言的服务;无缝存取,可以用智能终端浏览或下载各种格式的信息资源,如文本、图像、动画、音频、视频等格式,而且无须安装各种浏览插件;满足用户个性化需求,图书馆可根据用户的兴趣、需求特征和行为方式自动为用户传递所需要的个性化信息和服务。最终,泛在知识环境下,数字图书馆将实现的是服务的泛在化。

8.3.4　服务虚拟化和行业融合化

图书馆作为纸质书刊的藏书楼,其钢筋水泥的巨型建筑有可能会在人们的视野中逐步淡出,但其作为信息的源泉和服务的手段,将会以数字化的形式更加普及,甚至无处不在。未来人们享受信息服务,也许并不会知道是哪家图书馆在为之提供服务,而是通过搜索引擎等门户无缝连接到数字图书馆中,获取所需的信息。数字内容和数字化的服务也将被嵌入和融入到各种行业的实际生产或服务流程中,同时现有的行业数据库和企业数据库,将逐步消除其间的数据与网络壁垒,实现互联互通,成为一个统一的知识整体,以资源提供方的角色向外界提供信息知识服务,充分释放其由于数据孤立而削弱的潜在价值。

8.3.5　公益性与商业化

传统图书馆以公益服务为宗旨,随着知识经济的快速发展,信息服务的价值正在得到越来越广泛认可,无论是从应对迅速崛起的信息服务企业的挑战,争取图书馆自身的生存机会方面,还是在新的网络环境中大力拓展图书馆服务范围方

---

[1] Larsen R L,WactlarHD. Knowledge Lost in Information,Report of the NSF Workshop on Research Directions for Digital Libraries ［EB/OL］.(2003-06-17).［2011-05-05］. http://www.sis.pitt.edu/~dlwkshop/report.pdf

面，数字图书馆在商业活动中已难以置身事外。

即使是那些继续坚持纯粹公益服务的图书馆，即自身不通过服务获利，也需要成为内容提供商和其他商业化信息服务商的重要合作伙伴，未来的图书馆在为读者提供公益性服务的同时，也会越来越多地涉足商业领域，那些拥有着独特资源的图书馆甚至有可能转变为以公益服务为主的实际经济体。

8.4 展望

在未来的知识经济时代，随着信息服务市场的不断扩大，信息产业和文化产业的链条都将面临着巨变和重构，出版商、信息服务商和图书馆将在不断碰撞中逐渐磨合出新的业务边界，并以全新的合作方式形成良性的产业循环。

尽管新技术给出版和图书馆领域已经带来了翻天覆地的变化，但我们目前所经历的变革只是一个开始，现有的新技术及其应用只是显露了一些雏形，有些还在停留在实验阶段。在不远的将来，它们都会走进我们的生活，甚至成为生活中不可分割的一部分。可以想见，无论是计算机、网络和通信技术本身的发展，还是它们给出版业和图书馆界带来的变革会让我们在下一个历史时期目不暇接。因此，现在的数字出版和数字图书馆还有很大的发展空间，两者的融合也将更加深入。

与此同时，我们还需要清醒地认识到图书馆在文化产业中的特殊性，避免走入"技术至上"的误区。用最新的技术和设备来武装图书馆并不等于营造现代化的图书馆，我们不应把注意只停留在信息、数据、网络等技术层面，而是应该更多地关注如何实现图书馆"以人为本"的服务宗旨。未来的图书馆将架起人类获取世界知识的桥梁，其三要素即人、资源和空间都会发生巨变，但"读者第一，服务至上"的精神不会消失，而会更加发扬光大。

参 考 文 献

[1] 李培. 数字图书馆原理及应用[M]. 北京：高等教育出版社，2004：367.

[2] Milton J D. Working Memory and Academic learning[M]. New Jersey: Hoboken, 2008.

[3] 游丽华. 图书馆信息资源建设[M]. 北京：中国社会科学出版社，2008：262.

[4] 柯平. 从文献目录学到数字目录学[M]. 北京：北京图书馆出版社，2008：279.

[5] 孟广均. 国外图书馆学情报学最新理论与实践研究[M]. 北京：科学出版社，2009：459.

[6] 夏立新，等. 数字图书馆导论[M]. 北京：科学出版社，2009：328.

[7] 杂志社图书情报工作. 图书馆与多样化服务[M]. 北京：海洋出版社，2009：439.

[8] 初景利. 复合图书馆理论与方法[M]. 上海：上海交通大学出版社，2009：185.

[9] 唐晶. 合作共享发展——图书文献提供服务研究[M]. 北京：国家图书馆出版社，2009：240.

[10] 张绍武. 图书馆数字参考咨询服务的理论与实践[M]. 昆明：云南大学出版社，2009：247.

[11] 王军. 数字图书馆的知识组织系统[M]. 北京：北京大学出版社，2009：200.

[12] 阳国华. 图书馆信息共享空间建设[M]. 北京：海洋出版社，2010：206.

[13] 张桂岩，程显秋. 信息时代高校图书馆联合、创新与发展[M]. 北京：首都经济贸易大学出版社，2010：289.

[14] 刘晓清. 怎样建设数字图书馆[M]. 北京：海洋出版社，2010：260.

[15] 毕强，陈晓美. 数字资源建设与管理[M]. 北京：科学出版社，2010：296.

[16] 付跃安. 构筑阅读天堂[M]. 广州：暨南大学出版社，2010：256.

[17] 杨新涯，彭晓东. 馆人合一——图书馆2.0创新与实践[M]. 北京：知识产权出版社，2010：286.

[18] 杰弗里·a·赖德伯格-科克斯，朱常红（译）. 挑战数字图书馆和数字化人文科学[M]. 桂林：广西师范大学出版社，2010：118.

[19] 沈丽云. 日本图书馆概论[M]. 上海：上海科学技术文献出版社，2010：364.

[20] 刘炜. 数字图书馆的语义描述和服务升级[M]. 北京：国家图书馆出版社，2010：340.

[21] 巴斯贝恩美尼古拉斯·a. 永恒的图书馆[M]. 上海：上海人民出版社，2011：198.

[22] 罗伯特·达恩顿（美）. 阅读的未来[M]. 北京：中信出版社，2011：232.

[23] 伊恩歌德，李欣（译）. 图书馆"混搭"[M]. 重庆：重庆大学出版社，2011：294.

[24] 谢灼华. 中国图书和图书馆史[M]. 武汉：武汉大学出版社，2011：454.

[25] 默里斯图亚特·a.P. 图书馆 不落幕的智慧盛宴[M]. 广州：南方日报出版社，2012：319.

[26] 中国科学技术协会.2011—2012 图书馆学学科发展报告[M]. 北京：中国科学技术出版社，2012：169.

[27] 吴建中. 转型与超越[M]. 上海：上海大学出版社，2012：250.

[28] 朱本军. 下一代图书馆系统与服务研究[M]. 北京：北京大学出版社，2012：187.

[29] 盛剑锋. 图书馆知识管理与服务研究[M]. 北京：科学出版社，2012：244.

[30] 高文，等. 数字图书馆——原理与技术实现[M]. 北京：清华大学出版社，2000.

[31] 苏新宁，李思舒. 我国数字图书馆研究十年：概况统计分析[J]. 数字图书馆论坛，2011（5）：2-11.

[32] 夏立新，胡守敏. 我国数字图书馆研究十年：基于科研项目分析[J]. 数字图书馆论坛，2011（5）：12-19.

[33] 李恺. 图书馆在电子书时代的前景——以 HarperCollins 的新政策为例[J]. 数字图书馆论坛，2011（5）：41-47.

[34] 刘燕权，李纬光. 网络仿真教学的典范：形态学数字图书馆[J]. 数字图书馆论坛，2011（5）：70-76.

[35] 聂应高. 高校图书馆微博使用状况调查与思考[J]. 数字图书馆论坛，2011（6）：54-58.

[36] 高博，刘燕权. 走进麻省理工大学的 DSpace——数字空间图书馆[J]. 数字图书馆论坛，2011（7）：66-72.

[37] 刘磊. IPVA 在人性化图书馆建设中的应用[J]. 数字图书馆论坛，2011（7）：73-76.

[38] 马凤，邱均平. 图书馆信息服务网络互动研究[J]. 数字图书馆论坛，2011（8）：20-24.

[39] 孙卫. 提高科技信息服务效率和质量的方法[J]. 数字图书馆论坛，2011（8）：37-42.

[40] 郑建明，钱鹏. 信息基础设施背景下的数字图书馆建设研究[J]. 数字图书馆论坛，2011（9）：2-6.

[41] 陈雅，朱慧. 我国数字图书馆的信息服务模式研究[J]. 数字图书馆论坛，2011（9）：15-18.

[42] 苏新宁，欧裕美. 云计算环境下数字图书馆信息安全研究[J]. 数字图书馆论坛，2011（9）：31-37.

[43] 陈雅，杨友情. 我国高校数字图书馆参考咨询服务技术现状分析[J]. 数字图书馆论坛，2011（9）：38-42.

[44] 吴广印，苏学. 基于 HTTP 协议的 OA 期刊元数据动态收割研究[J]. 数字图书馆论坛，2011（9）：43-47.

[45] 杨皓东，刘燕权. 艾姆斯图像数字图书馆-带你寻找太空的奥秘[J]. 数字图书馆论坛，2011（9）：65-69.

[46] 张岩. 移动搜索需求及行为模型的实证研究[J]. 数字图书馆论坛，2011（10）：1-24.

[47] 冯召辉，刘燕权. 世界数字图书馆——多语种世界历史文化知识宝库[J]. 数字图书馆论坛，2011（10）：66-73.

[48] 俞小怡. 基于公开 Web Services API 的外文图书采访系统的设计与实现[J]. 数字图书馆论坛，2011（10）：74-78.

[49] 高春玲. 责任与活力——图书馆移动阅读服务，从怎么看到怎么办[J]. 数字图书馆论坛，2011（11）：1.

[50] 高春玲，张春景. 图书馆移动阅读服务的推广[J]. 数字图书馆论坛，2011（11）：15-20.

[51] 乔晓东，徐硕. 科技信息资源内容监测与分析服务平台概况[J]. 数字图书馆论坛，2011（11）：38-44.

[52] 黄永. 维基知识库版权许可模式研究[J]. 数字图书馆论坛，2011（11）：57-62.

[53] 杨泰伟. 数字图书馆网上展览之实践[J]. 数字图书馆论坛，2011（11）：69-74.

[54] 顾晓光. 访谈上海图书馆长吴建中先生[J]. 数字图书馆论坛，2012（7）：1-15.

[55] 秦鸿. 关于发现系统的问题与思考[J]. 数字图书馆论坛，2012（7）：17-20.

[56] 王冬，张久珍. 知识挖掘在图书馆参考咨询服务中的应用研究[J]. 数字图书馆论坛，2012（7）：32-36.

[57] 梁冰，王莉.基于本体的科技文献检索框架与技术实现[J].数字图书馆论坛，2012（7）：37-44.

[58] 王群，刘燕权.教育学的门户网站——起跑点与教育进行时数字图书馆[J]. 数字图书馆论坛，2012（7）：50-57.

[59] 童庆钧.数字图书馆信息技术的战略规划、技术实践与创新发展——高校图书馆发展论坛暨数字图书馆前沿问题高级研讨班综述[J]. 数字图书馆论坛，2012（7）：58-63.

[60] 姚晓霞，陈凌，朱强. CALIS 服务政策的解析与实践[J]. 大学图书馆学报，2011（1）：22-26.

[61] 张丹，肖平. CNKI 科研创新服务平台的构建及创新服务研究[J]. 新世纪图书馆，2011（10）：63-65.

[62] 赵亮，杨佳. DC 元数据年会综述（2011）[J]. 数字图书馆论坛，2011（12）：47-53.

[63] 谢芦青. DublinCore_LOM 和 MARC 三种元数据的比较研究（二）[J]. 图书馆园地，2006：75-77.

[64] 姚柏年. eReader 在图书馆的应用研究[J]. 新世纪图书馆，2011（8）：84-86.

[65] 黄燕. E-Knowledge 机制影响下的图书馆[J]. 新世纪图书馆，2011（7）：83-85.

[66] 彭宁波，盛小平，田倩. E-knowledge 的内涵、特征与功能分析[J]. 图书情报工作，2010，54（2）：5-10.

[67] 陈君涛，展金梅，卓振海. E-learning——创建和谐高校图书馆的新思路[J]. 科技情报开发与经济，2010，20（31）：73-75.

[68] 张玫. E-learning 中教育资源组织在国外图书馆领域的研究综述[J]. 图书馆杂志，2007（10）：63-67.

[69] 张芳. E-learning 对高校图书馆服务的挑战[J]. 新世纪图书馆，2006（1）：57-59.

[70] 符绍宏，武莹. E-learning 时代高校图书馆的未来发展——ACRL《学术图书馆员的未来思考：2025 年的高等教育》的解读与思考[J]. 图书情报工作，2012（3）：34-38.

[71] 陈峰. E-learning 环境下高校图书馆学科教育资源建设[J]. 图书馆学刊，2011（5）：49-51.

[72] 孙倩，张洁，秦玲王海涛孙素君. E-Science 下的数字图书馆信息服务研究[J]. 黑龙江科技信息，2009（27）：138.

[73] 宋琳琳. E-Science 发展情况简介[J]. 图书馆学研究，2005（7）：21-23.

[74] 孙玉英. e-Science 时代的 PDL 个人数字图书馆[J]. 现代情报，2009（6）：62-64.

[75] 周成效. E_Science 环境下专业图书馆学科化服务战略定位——以中科院上海生命科学信息中心生命科学图书馆为例[J]. 情报探索，2011（10）：40-42.

[76] 刘加兰，陈芳，肖萌. E-science 环境下专业图书馆新的服务模式——知识服务[J]. 云南科技管理，2010，23（6）：18-20.

[77] 周晖. E-Science 环境下图书馆科学数据服务初探[J]. 科技信息，2012（2）：417.

[78] 付晨普. Google 数字图书馆发展综述[J]. 情报探索，2010（6）：21-23.

[79] 吕炳斌. Google 数字图书馆计划中的反垄断问题[J]. 国家图书馆学刊,2010(2):43-48.

[80] 窦永香，苏山佳，赵捧未. 信息检索研究的发展与动向——对 ACM SIGIR 信息检索年会的主题分析[J]. 情报理论与实践，2010（7）：124-128.

[81] 罗红燕，李章平，陈绍兰. MARC、DC、MODS、FRBR 等文献编目元数据比较[J]. 图书馆学刊，2009（12）：25-27.

[82] 胡小菁，李恺. MARC 四十年的发展及其未来[J]. 中国图书馆学报，2010（2）：83-89.

[83] 张建勇，等. NSTL 联合数据加工系统的功能框架设计[J]. 图书情报工作，2011（3）：64-69.

[84] 陈晓凤，张志平，白海燕. OAI-ORE 在机构知识库中的应用研究与实现[J]. 现代图书情报技术，2010（11）：69-74.

[85] 郭少友. OAI-PMH 元数据的关联数据化方法研究[J]. 图书情报工作，2011（2）：107-111.

[86] 沈艺. OAI 协议及其应用[J]. 现代图书情报技术，2004（2）：1-3.

[87] 邱璇. Web2.0 环境下的个人知识管理研究[J]. 科技情报开发与经济,2009(9):92-94.

[88] 李文文，陈雅. "三网融合"背景下的数字图书馆建设[J]. 情报资料工作，2011（4）：90-92，106.

[89] 翁建华. "云时代"高校图书馆数据存储的模式[J]. 图书馆学刊，2012（2）：112-114.

[90] 陈立刚. 《信息网络传播权保护条例》避风港规则对图书馆的影响[J]. 图书馆理论与实践, 2011（8）: 7-9.

[91] 刘向玲, 苏娇娆, 武丽真. "军卫一号"网络环境下医院数字化图书馆系统的建立与服务[J]. 中华医学图书情报杂志, 2011, 20（2）: 23-24, 37.

[92] 锅艳玲. "开放获取"环境下图书馆何去何从[J]. 图书馆学研究, 2006（11）: 97-99.

[93] 刘燕权, 王群. "SIMPLE Science"——基于图像的中小学简化科学教育数字图书馆[J]. 数字图书馆论坛, 2011（12）: 66-71.

[94] 王春梅. 一种基于网格的新型数字图书馆体系结构[J]. 经济研究导刊, 2011（36）: 215-217.

[95] 吴杨, 曹颖. 中国国家图书馆与俄罗斯国立图书馆公共服务比较研究[J]. 情报探索, 2011（2）: 44-47.

[96] 刘细文, 吴鸣, 张冬荣, 迟培娟. 中国科学院研究所文献情报机构的知识服务探索与实践[J]. 图书情报工作, 2012（5）: 5-9.

[97] 黄晨. 中国高等教育数字图书馆: 规划与实践[J]. 中国图书馆学报, 2011（4）: 38-42.

[98] 武兆娴. 中小型公共图书馆的发展趋势[J]. 中共山西省委党校学报, 2005（6）: 96-97.

[99] 彭绍明. 云出版: 数字出版发展的整体方案[J]. 出版发行研究, 2012（2）: 10-13.

[100] 王健, 莫敏. 云计算和个人数字图书馆[J]. 当代图书馆, 2011（2）: 7-9.

[101] 范敏. 云计算在数字图书馆中的应用与瓶颈问题[J]. 现代情报, 2012（2）: 147-150.

[102] 许元飞. 云计算环境下数字图书馆安全管理[J]. 制造业自动化, 2011（24）: 24-26.

[103] 王长全, 艾雰. 云计算环境下的数字图书馆信息资源整合与服务模式创新[J]. 图书馆工作与研究, 2011（1）: 48-51.

[104] 邱淑君. 云计算环境下高校图书馆信息服务模式[J]. 中国信息界, 2011（9）: 47-48.

[105] 付立宏, 闫金双. 亚洲国家顶级图书馆网站版权政策比较研究[J]. 图书馆, 2012（3）: 76-78.

[106] 余敏. 从 CNMARC 到 MARC21 数据转换研究[J]. 图书馆论坛, 2011（3）: 105-108.

[107] 宋惠兰. 从 IC 到 LC: 大学图书馆服务模式的构建与拓展[J]. 图书馆学研究, 2009（7）: 73-77.

[108] 张连分. 从信息共享空间到学习共享空间[J]. 图书馆工作与研究, 2009（4）: 71-73.

[109] 许德山, 李芳. 从国际会议看当前数字图书馆的研究热点[J]. 图书馆杂志, 2012（3）: 61-66.

[110] 车凯龙. 从图书借阅方式的变迁看图书馆服务模式的转变[J]. 图书馆界, 2012（1）: 82-83.

[111] 盖红波. 从数字出版到数字图书馆的有效对接[J]. 图书馆建设, 2007（5）: 20-23.

[112] 张晓林. 从数字图书馆到 E-Knowledge 机制[J]. 中国图书馆学报, 2005（4）: 5-10.

[113] 彭泽华, 黄国忠. 从数字图书馆到 e-learning2.0[J]. 高校图书馆工作, 2009（6）: 41-43.

[114] 文向华. 从百度文库事件看数字版权的发展方向——兼论图书馆数字版权对策[J]. 科技信息, 2011（16）: 359-360.

[115] 张立, 吴玲. 从虚拟参考咨询统计和调查问卷谈国家图书馆虚拟参考服务的深化和创新[J]. 新世纪图书馆, 2011（2）: 45-48.

[116] 郝群, 等. 信息共享空间国内外研究进展及相关实践[J]. 中国图书馆学报, 2008（3）: 82-88.

[117] 胡伟伟. 信息时代图书馆馆际互借之思考[J]. 农业图书情报学刊, 2010（8）: 155-157.

[118] 王媛, 熊军洁, 王颖. 信息服务新理念——利用开放获取为读者提供多元化信息服务[J]. 图书馆工作与研究, 2010（11）: 62-63, 82.

[119] 刘祥国. 信息网络传播与图书馆版权制度改革[J]. 图书馆, 2012（3）: 89-91.

[120] 彭小平. 信息资源公开获取的社会价值与图书馆服务[J]. 商情（教育经济研究）, 2008（1）: 48-49.

[121] 沈芸芸, 肖珑, 冯英. 元数据应用规范研究[J]. 现代图书情报技术, 2010（12）: 1-8.

[122] 王丹丹. 全媒体时代我国出版企业的数字化转型研究[J]. 出版科学, 2011, 19（5）: 62-65.

[123] 刘传玺, 邵小彬. 全球化的 e-Science 建设及其对科研工作的影响[J]. 国际关系学院学报, 2010（4）: 105-108.

[124] 杜燕翔. 公共图书馆开展在线学习服务问题探讨[J]. 图书馆论坛, 2009（2）: 33-35.

[125] 李国新. 关于公共图书馆建设标准的若干问题[J]. 国家图书馆学刊, 2007（2）: 9-19.

[126] 李胜男. 关于个人数字图书馆的探讨[J]. 科技创新与应用, 2012（14）: 279.

[127] 索传军. 关于图书馆核心竞争力的认识与思考[J]. 图书馆, 2011（2）: 43-45.

[128] 刁羽. 关于地方高校馆馆际互借与文献传递的版权探讨[J]. 四川图书馆学报, 2010（3）: 23-25.

[129] 高玲, 曹雪梅. 关于数字图书馆建设问题探讨[J]. 中国新技术新产品, 2012（4）: 242.

[130] 崔萌. 关于数字图书馆知识产权的一致性与对立性问题探究[J]. 河南科技学院学报, 2011（11）: 121-125.

[131] 刘炜. 关联数据: 概念、技术及应用展望[J]. 大学图书馆学报, 2011, 29（2）: 5-12.

[132] 沈志宏, 张晓林. 关联数据及其应用现状综述[J]. 现代图书情报技术, 2010（11）: 1-9.

[133] 徐华. 关联数据在国外图书馆中的应用及其借鉴意义[J]. 图书馆学研究, 2011（16）: 87-89.

参考文献

[134] 潘有能,张悦. 关联数据研究与应用进展[J]. 情报科学,2011(1):124-130.

[135] 夏颖. 出版企业在版权资源增值利用中与公益性图书馆之间利益的平衡[J]. 经济研究导刊,2012(12):101-102.

[136] 赵杰. 利益平衡理论视野下的数字图书馆版权法律问题研究[J]. 农业图书情报学刊,2012(5):75-79.

[137] 刘益,马长云. 励德·爱思唯尔集团的经营管理与发展战略研究[J]. 科技与出版,2011(3):23-27.

[138] 朱庆明. 参与企业知识管理:服务社会背景下高校图书馆的必然选择[J]. 科技促进发展,2011(12):19-20,32.

[139] 范艳芬. 变革与服务:大学图书馆学习共享空间建设研究[J]. 大学图书情报学刊,2011(1):18-19.

[140] 张梅花. 台湾地区大学图书馆学习共享空间的最新发展[J]. 情报探索,2011(9):64-65.

[141] 邢军. 商业数字图书馆服务模式研究[J]. 图书馆学研究,2007(8):71-73.

[142] 邓小茹. 国内图书馆特色导航服务项目分析[J]. 医学信息学杂志,2009(5):32-35.

[143] 张银犬,朱庆华. 国内外个人数字图书馆研究述评[J]. 图书与情报,2008(3):18-21.

[144] 董坚峰,张少龙. 国内外全文文献数据描述发展研究[J]. 图书馆学刊,2009(9):98-101.

[145] 张新鹤. 国内外图书馆信息资源共享机制研究述评[J]. 图书情报工作,2011,55(3):41-46,148.

[146] 初景利,李麟. 国内外开放获取的新发展[J]. 图书馆论坛,2009(6):83-88.

[147] 郝晓蔚,沈玉兰. 国内外数字图书馆标准规范建设情况概述[J]. 情报探索,2007(8):91-92.

[148] 齐洋,汤珊红. 国内外数字图书馆标准规范建设研究[J]. 情报理论与实践,2010(12):12-15.

[149] 王蔚之. 国内外文献传递服务概况及其思考[J]. 医学信息学杂志,2006(3):226-228.

[150] 李晓鹏,颜端武,陈祖香. 国内外知识服务研究现状、趋势与主要学术观点[J]. 图书情报工作,2010,54(6):107-111.

[151] 刘华. 国内外知识组织体系标准的现状及发展趋势研究[J]. 情报杂志,2011(3):14-18.

[152] 杜少霞. 国内学习共享空间研究综述[J]. 农业图书情报学刊,2012(4):164-167.

[153] 郑建明,钱鹏. 国内数字图书馆建设模式研究——以国家数字图书馆与中国高等教育数字图书馆为例[J]. 大学图书馆学报,2011,29(1):41-46.

[154] 丁侃, 柳长华. 国内知识元相关研究现状[J]. 数字图书馆论坛, 2011（12）: 72-78.

[155] 刘丹, 包平. 国外主题图研究综述[J]. 现代图书情报技术, 2007（12）: 39-44.

[156] 王素芳. 国外公共图书馆弱势群体服务研究述评[J]. 中国图书馆学报, 2010（3）: 95-107.

[157] 孙坦. 国外图书馆战略规划研究[J]. 图书馆建设, 2009（10）: 82.

[158] 刘芳, 卢炎香, 陈华. 国外图书馆核心竞争力发展态势研究综述[J]. 图书情报工作, 2011（3）: 27-31.

[159] 冯项云, 肖珑, 廖三三, 庄纪林. 国外常用元数据标准比较研究[J]. 大学图书馆学报, 2001（4）: 15-21.

[160] 郭德华. 国外数字图书馆标准应用实践与启示[J]. 图书馆理论与实践, 2005（3）: 108-110.

[161] 褚鸣. 国外虚拟研究环境创新与组织建设[J]. 国外社会科学, 2009（4）: 87-91.

[162] 吴晨. 国家图书馆二期工程暨国家数字图书馆工程设计竞赛入围方案/TFP[J]. 建筑创作, 2003（11）: 66-73.

[163] 陈月婷, 李春明, 李荣艳. 国家数字图书馆服务框架探析[J]. 图书情报工作, 2011（17）: 36-40.

[164] 初景利. 国际图书馆界开放获取的研究与实践——75届国际图联大会开放获取论文综述[J]. 数字图书馆论坛, 2009（11）: 15-18.

[165] 曹泳超. 图书数字化警钟为谁长鸣——浅析美国版权法制概念下的Google图书馆[J]. 学周刊: C, 2011（12）: 192.

[166] 李国新. 图书馆: 从数字出版到数字享用的重要桥梁[J]. 图书馆论坛, 2006（6）: 37-39.

[167] 张雅茹. 图书馆与开放获取的相互作用[J]. 医学信息, 2008（11）: 2024-2026.

[168] 陈雅, 谭华军, 郑建明. 图书馆个性化服务中的Web日志分析技术研究[J]. 图书馆杂志, 2011（7）: 43-46.

[169] 陈定权, 卢玉红. 图书馆中的"云应用"预测木[J]. 数字图书馆论坛, 2012（3）: 16-19.

[170] 李瑛. 图书馆学习共享空间的构建研究[J]. 科技情报开发与经济, 2009（20）: 1-2.

[171] 赵蓉英, 王菊. 图书馆学知识图谱分析[J]. 中国图书馆学报, 2011（2）: 40-50.

[172] 吉宇宽. 图书馆平衡著作权私权利益与公共利益的职能审视[J]. 图书馆学研究, 2010（3）: 79-82.

[173] 李宇. 图书馆引进RFID技术的思考[J]. 科技情报开发与经济, 2011（5）: 41-42.

[174] 李世海. 浅谈图书馆文献资源建设与导航服务工作[J]. 图书馆学研究, 2003（6）: 66-68.

[175] 程焕文. 图书馆权利的界定[J]. 中国图书馆学报, 2010（2）: 38-45.

[176] 闫玲. 图书馆档案管理的发展趋势——兼论"纸质文件"与"电子文件"双轨制管理[J]. 图书馆工作与研究, 2008（4）: 102-103.

[177] 林海青. 图书馆的云计算应用模式[J]. 数字图书馆论坛, 2012（3）: 10-15.

[178] 朱莉, 李梅. 图书馆空间为学生学习而改变——解析俄亥俄大学图书馆LearningCommons[J]. 现代情报, 2010, 30（10）: 118-122.

[179] 韩一静. 图书馆网络信息导航服务探析[J]. 兰台世界, 2011（18）: 61-62.

[180] 田永梅, 初源莉. 图书馆网络资源导航库建设[J]. 科技情报开发与经济, 2009（3）: 3-5.

[181] 卢丹, 高小序. 图书馆馆际互借工作的现状分析及对策[J]. 江西图书馆学刊, 2009（3）: 70-80.

[182] 张春红, 唐勇, 邵珂. 图像资源数字加工标准及其应用[J]. 现代图书情报技术, 2010（12）: 9-14.

[183] 刘益, 赵志伟, 杨卫斌. 培生集团的经营管理与发展战略研究[J]. 出版发行研究, 2009（12）: 76-80.

[184] 胡翠红. 基于5S理论的数字图书馆资源整合研究[J]. 现代情报, 2011（1）: 44-46.

[185] 蔚海燕, 卫军朝. 基于CiteSpaceII的数字图书馆研究热点分析[J]. 图书馆杂志, 2011（4）: 70-77.

[186] 杜文龙. 基于CSSCI的我国数字图书馆研究热点可视化分析[J]. 新世纪图书馆, 2012（1）: 11-15.

[187] 王媛. 基于DSpace系统的数字图书馆体系结构研究[J]. 图书馆工作与研究, 2011（5）: 51-53.

[188] 詹玮. 基于E-Learning的数字图书馆用户知识管理与授权管理研究[J]. 情报探索, 2010（6）: 10-12.

[189] 陈小荣. 基于E-Science环境下数字图书馆科研发展模式研究[J]. 河北科技图苑, 2011（4）: 31-33.

[190] 郑昭辉. 基于IPv6技术的下一代数字图书馆[J]. 电信技术, 2011（3）: 88-91.

[191] 贾西兰. 基于OpenAPI实现数字图书馆系统互通互联[J]. 图书馆论坛, 2011（1）: 81-84.

[192] 孙魁明, 林颖. 基于RFID技术的数字图书馆系统与问题探讨[J]. 北京师范大学学报（自然科学版）, 2010（6）: 747-750.

[193] 周卫红. 基于Unicode的藏文文献数字图书馆的构建——以美国藏传佛教资源中心数字图书馆（TBRC）为例[J]. 情报资料工作, 2012（1）: 105-107.

[194] 黄艳娟, 丛望, 盛秋艳. 基于VRE的图书馆学科服务模式设计[J]. 图书馆学研究, 2010（19）: 66-68.

[195] 王东艳, 崔丹. 基于Web2.0的开放获取实现模式探析[J]. 图书馆学研究, 2007（11）:

82-84.

[196] 吴广印. 基于"云服务"架构的国家科技文献服务系统的设计与实践[J]. 数字图书馆论坛, 2012 (3): 1-6.

[197] 喻昕, 王敬一. 基于云计算技术的数字图书馆云服务平台架构研究[J]. 情报科学, 2011 (7): 1049-1053.

[198] 黄欣. 基于信息共享空间的学科馆员教师协同知识服务模式研究[J]. 图书馆学研究, 2011 (5): 86-88.

[199] 颜小云. 基于公开获取的图书馆服务[J]. 图书馆学研究, 2006 (12): 63-65.

[200] 马费成, 等. 基于关联数据的网络信息资源集成[J]. 情报杂志, 2011 (2): 167-170.

[201] 殷沈琴, 张计龙, 任磊. 基于关键词共现和社会网络分析法的数字图书馆研究热点分析[J]. 大学图书馆学报, 2011 (4): 25-30.

[202] 王光文, 仲富兰. 基于利益相关者分析的开放获取研究[J]. 图书情报知识, 2011 (5): 109-114.

[203] 宋琳琳. 基于平衡计分卡的数字环境图书馆管理评价研究[J]. 图书情报知识, 2011 (1): 43-49.

[204] 栾荣, 蒋大平. 基于开放获取的图书馆信息服务[J]. 成人教育, 2012 (4): 98-99.

[205] 程慧荣, 孙坦, 黄国彬. 基于开放课件的图书馆 e-Learning 服务研究[J]. 图书情报工作, 2007 (3): 102-104.

[206] 郭文丽, 严潮斌, 赵晓晔, 韩为民. 基于微件的个人数字图书馆系统框架[J]. 图书馆杂志, 2011 (1): 58-63.

[207] 李卓卓. 基于数字图书馆的 e-Learning 资源整合[J]. 大学图书馆学报, 2009 (2): 39-43.

[208] 李春明, 张炜, 高恩泽. 基于数字电视的国家数字图书馆服务实践[J]. 国家图书馆学刊, 2012 (1): 28-32.

[209] 徐瑾, 杨思洛. 基于知识图谱的数字图书馆研究现状与趋势分析[J]. 图书馆, 2011 (6): 37-40.

[210] 安舒畅. 基于精品课程的图书馆 e-learning 服务研究[J]. 图书馆工作与研究, 2008 (8): 86-88.

[211] 朱本军. 基于联合索引的下一代图书馆学术资源搜索研究[J]. 大学图书馆学报, 2012 (2): 18-22.

[212] 陈雅, 郑建明, 李文文. 基于自适应网络的高校数字图书馆知识服务用户模式整合研究[J]. 情报科学, 2011 (11): 1601-1604.

[213] 贺德方, 曾建勋. 基于语义的馆藏资源深度聚合研究[J]. 中国图书馆学报, 2012.

[214] 周琪锋. 基于语义网格的数字图书馆 E-learning 平台研究[J]. 现代情报, 2009 (5): 58-61.

[215] 王刚,姜山. 基于贝叶斯分类实现数字图书馆主动推送服务[J]. 中华医学图书情报杂志, 2011（12）: 54-56.

[216] 祁春芳,肖剑平. 基于链接系统的数字资源整合比较与优化[J]. 当代教育理论与实践, 2012（1）: 161-163.

[217] 周建清,夏海燕. 复合图书馆信息资源建设及其发展策略[J]. 科技资讯, 2012（1）: 255-256.

[218] 卢志国. 大学图书馆虚拟学习共享空间构建分析——以加拿大 Manitoba 大学图书馆虚拟学习共享空间为例[J]. 情报杂志, 2008, 27（10）: 96-99.

[219] 卢志国,马国栋. 学习共享空间：图书馆创造大学的无缝学习环境[J]. 图书馆学研究, 2009（2）: 52-56.

[220] 尹雪,任树怀. 学习共享空间：图书馆构建新的协作式学习环境[J]. 图书馆, 2009（1）: 46-48.

[221] 李铮,盛兴军. 学习共享空间：构建以学习为中心的大学图书馆[J]. 上海高校图书情报工作研究, 2009（3）: 19-25.

[222] 范艳芬. 学习共享空间与我国大学图书馆服务创新研究[J]. 图书与情报, 2011（2）: 65-68.

[223] 任树怀,盛兴军. 学习共享空间的构建[J]. 大学图书馆学报, 2008（4）: 20-26.

[224] 张义龙,田也壮. 学习共享空间研究与实践——以加拿大约克大学斯科特图书馆为例[J]. 图书馆建设, 2011（1）: 81-84.

[225] 苏金燕. 学术期刊开放获取出版模式探析——由使用学术期刊数据库引起的思考[J]. 情报资料工作, 2012（3）: 65-68.

[226] 徐美凤,叶继元. 学术虚拟社区知识共享研究综述[J]. 图书情报工作, 2011（13）: 67-71.

[227] 黄如花,熊惠霖. 对 NSTL 未来发展规划的思考[J]. 图书情报工作, 2011（3）: 14-17.

[228] 张晓雁,徐波. 对异构资源统一检索热的冷思考[J]. 图书情报工作, 2011（1）: 134-136.

[229] 刘颖,黄传惠. 嵌入用户环境：图书馆学科服务新方向[J]. 图书情报知识, 2010（1）: 52-59.

[230] 闫敏,刘丹丹. 应对 e-Research 图书馆需采取的对策[J]. 图书馆, 2011（1）: 25-26.

[231] 马海兵. 应用 OAI-PMH 和 OAI-ORE 进行数据交换的原理与实现[J]. 情报杂志, 2011（8）: 113-116.

[232] 银晶. 构建图书馆多媒体信息一站式检索服务[J]. 山西科技, 2011（1）: 112-113.

[233] 王学勤 Stout Amy Silve Howard. 建立数据驱动的 e-Science 图书馆服务：机遇和挑战[J]. 图书情报工作, 2011, 55（13）: 80-83.

[234] 孙红娣. 开放存取——网络时代学术信息交流的新模式[J]. 情报资料工作, 2005(5): 46-49.

[235] 刘海燕. 开放获取——学术信息共享的新模式[J]. 科技情报开发与经济, 2008, 18(11): 1-3.

[236] 蒋永福. 开放获取出版: 概念、模式、影响与前景[J]. 科学学研究, 2007, 25(2): 210-214.

[237] 李麟, 初景利. 开放获取出版模式研究[J]. 图书馆论坛, 2005(6): 88-93.

[238] 朱姝. 开放获取及其对图书馆的启示[J]. 黑龙江科技信息, 2011(13): 107.

[239] 王青. 开放获取在国外的发展及对我国的启示[J]. 农业图书情报学刊, 2011(3): 122-125.

[240] 麻思蓓. 开放获取在我国实施的难点与对策[J]. 科技管理研究, 2012(9): 235-238.

[241] 王东艳, 郭淑艳. 开放获取实现模式及其资源与服务[J]. 图书馆学研究, 2007(1): 81-85.

[242] 崔景昌, 刘德洪. 开放获取文献分布及其博弈分析[J]. 情报杂志, 2008(2): 37-39.

[243] 尹高磊, 郑建程. 开放获取期刊长期保存必要性探析[J]. 图书馆建设, 2011(6): 28-31.

[244] 任真. 开放获取环境下的图书馆[J]. 大学图书馆学报, 2005(5): 44-47.

[245] 于新国. 开放获取环境中的我国图书情报类现期期刊资源分析[J]. 科技文献信息管理, 2010(4): 27-29.

[246] 刘保华. 开放获取资源与图书馆服务模式的思考[J]. 吉林化工学院学报, 2009(6): 117-119.

[247] 宛福成. 开放获取运动、政策与服务综述[J]. 情报科学, 2006, 24(11): 1746-1751.

[248] 刘莎. 引文搜索引擎CiteSeerX调查评析[J]. 数字图书馆论坛, 2011(12): 61-65.

[249] 秦茴. 当知识博客遇到数字图书馆——知识博客在数字图书馆中的应用探讨[J]. 四川图书馆学报, 2012(1): 27-31.

[250] 陈清文, 曹艳. 德国版权法中有关图书馆文献传递的新变化及其启示[J]. 图书与情报, 2011(3): 57-60.

[251] 王立革. 我国MARC研究综述[J]. 图书馆学刊, 2006(5): 112-114.

[252] 龙丽. 我国信息资源共享系统效率调查与分析——以CALIS、CASHL、NSTL三大系统为例[J]. 图书馆论坛, 2011, 31(2): 80-83.

[253] 黄敏, 都平平. 我国学术型个人数字图书馆发展研究评述[J]. 图书馆学研究, 2012(4): 6-8.

[254] 周利荣. 我国数字出版产业链整合模式分析[J]. 出版发行研究, 2010(10): 39-42.

[255] 何文超. 我国数字图书馆建设现状分析[J]. 科技情报开发与经济, 2011(7): 21-23.

[256] 蒋晓艳. 我国数字图书馆标准建设问题浅探[J]. 图书馆学刊, 2010(5): 51-53.

[257] 郝晓蔚, 沈玉兰. 我国数字图书馆标准规范建设现状综述[J]. 科技情报开发与经济, 2007（18）：56-57.

[258] 张春红, 唐勇, 肖珑. 我国数字图书馆研究十年发展回顾[J]. 大学图书馆学报, 2011（4）：18-24.

[259] 孙延囡, 张秀梅. 我国数字图书馆研究论文的计量分析[J]. 情报杂志, 2011（S1）：52-56.

[260] 李颖. 我国数字档案馆的理性发展之探析——基于数字档案馆与数字图书馆的比较研究[J]. 档案学通讯, 2011（6）：50-53.

[261] 宋朋, 张秀兰. 我国最近十年知识组织研究的新进展[J]. 图书馆学研究, 2010（18）：7-11.

[262] 齐亚双, 李永先, 薛伟莲. 我国移动图书馆信息服务研究综述[J]. 图书馆学研究, 2010（22）：7-9.

[263] 姜颖. 我国移动图书馆服务现状及发展对策——中美移动图书馆服务的比较分析[J]. 图书馆建设, 2011（12）：75-78.

[264] 陈红星, 张淑芳, 郑琳. 我国网络原生数字资源研究现状述评[J]. 图书情报工作, 2010（13）：37-40.

[265] 牛曙光. 我国高校信息共享空间建设存在的问题研究[J]. 图书馆学研究, 2011（3）：81-84.

[266] 刘景宇. 我国高校图书馆学习共享空间（LC）构建思路分析[J]. 图书馆, 2011（4）：108-110.

[267] 李文文, 陈雅, 郑建明. 我国高校数字图书馆综合门户构建[J]. 情报科学, 2012（1）：55-59.

[268] 朱小梅. 打造用户学习中心：图书馆学习共享空间构建研究[J]. 图书馆学研究, 2012（11）：83-86.

[269] 覃海梅, 江波. 掌上图书馆、手机图书馆与移动图书馆比较分析[J]. 图书馆论坛, 2012, 32（1）：69-71.

[270] 冯晓丽. 推进中国图书馆事业发展的关键技术[J]. 科技情报开发与经济, 2011（28）：58-60.

[271] 黄国彬. 数字信息技术对数字图书馆著作权例外主体资格的影响研究[J]. 图书馆论坛, 2011（3）：60-63.

[272] 唐秀峰. 数字出版与图书馆新服务模式[J]. 科技情报开发与经济, 2008（35）：47-48.

[273] 张晋升, 杜蕾. 数字出版产业链融合的价值和路径[J]. 中国出版, 2010（16）：44-46.

[274] 程莲娟, 丁夷等. 数字出版时代图书馆面临的挑战及其应对策略[J]. 浙江师范大学学报（社会科学版）, 2011（2）：113-116.

[275] 李军. 数字化学习共享空间概念的演化与发展[J]. 软件导刊（教育技术），2010（3）：7-9.

[276] 刘茜. 数字图书的公益性服务和知识产权保护问题辨析[J]. 无线互联科技，2011（3）：49-50.

[277] 朱聪，黄晨. Internet 上数字化图书馆的设计及实现[J]. 情报学报，1999，18：180-184.

[278] 江璇娥. 数字图书馆与数字出版之关系论说[J]. 当代图书馆，2007（3）：14-16.

[279] 张丽平，任燕芳. 数字图书馆中智能 E-Learning 系统的研究与设计[J]. 产业与科技论坛，2011（17）：82-83.

[280] 李辉. 数字图书馆中的 e-Science[J]. 农业图书情报学刊，2005（4）：80-82.

[281] 丛琳. 数字图书馆主要支撑技术分析[J]. 黑龙江教育学院学报，2012（2）：197-198.

[282] 吴育芳. 数字图书馆互操作协议比较研究[J]. 图书馆界，2011（1）：38-41.

[283] 王爱霞，王明惠，王慧莹. 数字图书馆信息服务中知识产权侵权风险分析[J]. 四川图书馆学报，2012（1）：23-26.

[284] 韩松涛. 数字图书馆分类法新论[J]. 图书馆杂志，2011（10）：36-39.

[285] Tammaro Annamaria，杜然，邹永利. 数字图书馆员教育：LIS 课程面向国际化[J]. 中国图书馆学报，2011（3）：48-53.

[286] 王素芳，刘启元，张力，唐健辉，谭闵. 数字图书馆在线评价系统的设计与实现[J]. 大学图书馆学报，2011（6）：19-25.

[287] 王丽. 数字图书馆建设中版权保护的研究[J]. 江苏科技大学学报（社会科学版），2007（4）：96-99.

[288] 刘娜，宋欣，穆晓倩，周娟，杨晓茹. 数字图书馆建设中的蓝海战略分析[J]. 情报探索，2011（9）：4-6.

[289] 宋雯娟. 高校数字图书馆建设刍议[J]. 现代情报，2007（3）：86-87.

[290] 王金云，吕刚. 数字图书馆建设的技术体系及技术标准[J]. 图书馆理论与实践，2006（1）：75-77.

[291] 王启云. 数字图书馆建设相关标准规范探讨[J]. 新世纪图书馆，2009（1）：29-32.

[292] 王雅玲. 数字图书馆建设若干问题的思考[J]. 科技信息，2011（36）：457-458.

[293] 王萍，李鹏. 数字图书馆开源软件评价模型比较研究[J]. 图书情报工作，2011（17）：31-35.

[294] 刘颖. 数字图书馆的信息构建流程设计[J]. 科技信息，2011（3）：18-417.

[295] 吴育芳. 数字图书馆的元数据方案及互操作研究[J]. 图书馆学刊，2011（2）：110-113.

[296] 李宏建，白海提，李文芯，陈洁. 数字图书馆的反思与转型[J]. 现代情报，2011（11）：34-37.

[297] 钟娟. 数字图书馆的合理使用与保护知识产权的协调[J]. 数字与缩微影像，2011（3）：

28-30.

[298] 潘薇，喻浩. 数字图书馆相关技术领域标准规范综述[J]. 世界标准化与质量管理，2008（6）：40-43.

[299] 申晓娟，胡洁. 数字图书馆知识产权策略探讨[J]. 图书馆，2012（2）：35-38.

[300] 王欣，王程. 数字图书馆社会网络化之路[J]. 图书情报工作，2011（19）：73-77.

[301] 陈娜. 数字图书馆管理与创新[J]. 中国城市经济，2011（26）：302

[302] 吉宇宽. 数字图书馆获取著作权授权的有效途径探索——以著作权代理公司为授权模式[J]. 图书馆，2011（6）：23-25.

[303] 申晓娟，周晨，韩超. 《数字图书馆资源建设指南》解读[J]. 中国图书馆学报，2011（1）：38-46.

[304] 王丽敏，党卫红. 数字复合出版与图书馆发展[J]. 出版与印刷，2011（1）：31-32.

[305] 林秀. 数字环境下图书馆与出版发行业的相互影响与关系整合[J]. 情报资料工作，2007（3）：98-100.

[306] 黄国彬. 数字环境下图书馆享有的著作权例外空间研究[J]. 图书馆理论与实践，2008（6）：4-7.

[307] 赵悦. 数字资源标准规范建设研究[J]. 现代情报，2009（3）：71-73.

[308] 苑世芬. 数据库过量下载行为的法律视阈分析[J]. 国家图书馆学刊，2012（3）：74-78.

[309] 周文云. 数据挖掘在数字图书馆个性化服务中的研究与应用[J]. 军民两用技术与产品，2012（1）：56-58.

[310] 谭荣. 文献研究：图书情报工作的基础[J]. 图书情报工作. 1998（9）：21-23.

[311] 刘剑虹，王雯. 智力资本报告——图书馆管理与发展的重要工具[J]. 图书情报工作，2011，55（13）：55-58.

[312] 江红. 未来图书馆报纸文献收藏的发展方向[J]. 电子世界，2012（2）：46-47.

[313] 肖德雨. 欧洲数字图书馆的背景[J]. 数字图书馆论坛，2007（9）：63-67.

[314] 黄文冰. 泛在知识环境下的图书馆服务创新研究[J]. 现代企业教育，2011（22）：115-116.

[315] 尹中艳，黄丽霞. 泛在知识环境下数字图书馆服务模式研究[J]. 现代情报，2012（2）：156-158.

[316] 宋海艳. 泛在知识环境下的图书馆学科服务模式与动力机制研究——基于学习空间融合服务的探索[J]. 情报理论与实践，2010，33（7）：58-62.

[317] 王灿荣，袁闯. 浅析 E-Learning 与数字图书馆的关系[J]. 现代情报，2006（5）：88-89.

[318] 陈钦明. 浅析我国数字图书馆"御敌"策略——Google 数字图书馆"兵临城下"[J]. 图书馆理论与实践，2012（1）：17-20.

[319] 李华，高海洋. 浅析我国数字图书馆的发展状况及影响[J]. 甘肃科技，2011（23）：

88-89.

[320] 良雪薇. 浅析数字图书馆建设中的知识产权保护[J]. 科协论坛（下半月）：2012（1）：145-146.

[321] 乐昱. 浅析网络时代图书馆的馆际互借[J]. 科技情报开发与经济，2009(1)：36-38.

[322] 赵秀颖，张小平. 浅议网络环境下高校图书馆信息资源建设[J]. 农业图书情报学刊，2011（12）：21-22.

[323] 盛书平. 浅谈信息导航服务[J]. 冶金信息导刊，2003（6）：36-37.

[324] 穆晓倩，周娟，刘娜，李芳薇. 浅谈原文传递的发展趋势[J]. 科技情报开发与经济，2011（5）：90-92.

[325] 李丽. 浅谈图书馆的数字化建设[J]. 才智，2011（2）：327.

[326] 王亚胜，朱宝林，王健明. 浅谈大学图书馆学习共享空间的构建[J]. 金陵科技学院学报（社会科学版），2012（1）：89-92.

[327] 钱晓鸣. 浅谈数字图书馆及其合理使用[J]. 法制与经济（中旬刊），2011（2）：141-142.

[328] 唐梅，毕志蓉，刘素颖. 浅谈数字图书馆的个性化服务[J]. 科技信息，2011（31）：293-326.

[329] 张俊本. 浅谈数字图书馆的信息资源建设[J]. 科技情报开发与经济，2010(25)：56-58.

[330] 刘素颖，吴静，唐梅. 浅谈数字图书馆的建设[J]. 科技视界，2011（4）：139-140.

[331] 曹娜. 浅谈文献传递服务在综合性职院中的地位和意义[J]. 科技情报开发与经济，2007（25）：109-110.

[332] 柳英. 澳大利亚公共图书馆服务标准内容略探[J]. 图书馆杂志，2010（3）：58-62.

[333] 韩红. 版权制度对开放获取的影响综述——开放获取的法律视角分析[J]. 情报理论与实践，2011，34（3）：121-125.

[334] 郭璇. 用帕累托分析确定数字图书馆项目管理问题[J]. 新世纪图书馆，2011（10）：78-80.

[335] 林丁香. 用户个性与认知易用性：试析数字图书馆建设过程中的阻碍变革因素[J]. 图书馆学研究，2012（6）：36-40.

[336] 徐春玲. 资源整合门户的电子图书描述元数据规范[J]. 承德石油高等专科学校学报，2006（2）：51-54.

[337] 张静，姜永常. 知识构建的 E-knowledge 机制初探[J]. 图书情报工作，2011（20）：106-110.

[338] 姜永常. 知识构建的基本原理研究（上）——知识构建中的知识状态演变及其基本原则[J]. 图书情报工作，2009，53（4）：106-110.

[339] 姜永常. 知识构建的基本原理研究（下）——知识构建的技术支撑[J]. 图书情报工作，2009，53（6）：100-104.

[340] 李文文,陈雅. 知识溢出机制与我国高校数字图书馆联盟建设[J]. 图书馆杂志,2011(7): 40-42.

[341] 陈凌. 知识社区难题之一 共建: 标准推广障碍需突破——CADLIS 标准规范建设[J]. 中国教育网络, 2005 (8): 16-18.

[342] 滕广青, 毕强. 知识组织体系的演进路径及相关研究的发展趋势探析[J]. 中国图书馆学报, 2010 (5): 49-53.

[343] 张晓林. 研究图书馆2020:嵌入式协作化知识实验室?[J]. 中国图书馆学报,2012(1): 11-20.

[344] 黄凯文. 科学信息开放获取的可持续发展探究[J]. 情报理论与实践, 2007 (6): 760-763.

[345] 宋飞. 移动图书馆在大学校园的发展概况及影响[J]. 图书馆界, 2011 (6): 13-15.

[346] 姜海峰. 移动图书馆的兴起和解决方案[J]. 大学图书馆学报, 2010 (6): 12-15.

[347] 宋恩梅, 袁琳. 移动的书海: 国内移动图书馆现状及发展趋势[J]. 中国图书馆学报, 2010 (5): 34-48.

[348] 宋慧兰. 空间: 为学习而变——加拿大皇后大学图书馆的学习共享空间[J]. 在国外, 2009, 32 (5): 121-128.

[349] 周和平. 统筹规划协调组织携手共建中国数字图书馆工程[J]. 国家图书馆学刊, 2000 (3): 5-9.

[350] 钟克吟. 网格环境下基于OAI的高校数字图书馆异构资源整合探讨——以肇庆学院图书馆为例[J]. 情报探索, 2011 (7): 56-58.

[351] 王云才. 网络个人数字图书馆信息服务研究[J]. 图书馆工作与研究,2011(1):40-42.

[352] 吴慰慈. 网络时代公共图书馆工作发展态势[J]. 图书与情报, 2011 (1): 1-5.

[353] 毛芸. 网络环境下信息资源描述方法及其应用[J]. 图书馆界, 2011 (5): 47-49.

[354] 吕晓妍. 网络环境下图书馆文献传递服务版权问题初探[J]. 医学信息学杂志,2007(1): 42-43.

[355] 宋冰生. 网络环境下的高校图书馆信息资源建设[J]. 科技文献信息管理, 2010 (2): 24-26.

[356] 张悦. 网络环境下馆际互借的版权保护对策[J]. 图书馆学刊, 2012 (2): 3-4.

[357] 付立, 宏杨, 海娟. 美国三大国家图书馆网站版权政策比较研究[J]. 图书馆学研究, 2012 (12): 90-93.

[358] 宋莉萍, 王毅. 美国公共图书馆数字参考咨询延伸服务的启示[J]. 图书与情报, 2011 (2): 40-43.

[359] 刘璇. 美国公共图书馆标准概况及启示——以《威斯康星公共图书馆标准》为例[J]. 图书馆建设, 2009 (7): 72-76.

[360] 易斌, 方锦平, 刘颖. 美国图书馆协会争取复制豁免权的实践及启示[J]. 图书馆工作

与研究，2011（2）：8-10.

[361] 张美萍. 美国图书馆的现状及发展趋势[J]. 大学图书馆学报，2010（2）：11-14.

[362] 李丽，张成昱. 美国大学出版社与图书馆的多元化合作[J]. 图书馆建设，2008（3）：102-104.

[363] 周晓燕，张黎. 美国的卫生教育资源数字图书馆（HEAL）评析[J]. 图书情报知识，2011（4）：118-121.

[364] 欧阳瑜玉. 美国著名大学图书馆学科服务的特点[J]. 图书馆建设，2010（12）：73-76.

[365] 汪莉莉，钟永恒. 耶鲁大学图书馆学科馆员服务研究[J]. 图书馆杂志，2011（3）：76-79.

[366] 吴卫华，王黔平. 腾蛟起凤、处变革新——也谈 E-Learning 环境下高校图书馆的服务创新[J]. 农业图书情报学刊，2009，21（10）：201-203.

[367] 苏建华. 虚拟研究环境（VRE）影响下的图书馆[J]. 情报资料工作，2009（1）：76-79.

[368] 苏建华. 虚拟研究环境下图书馆的发展[J]. 情报理论与实践，2009（4）：79-81.

[369] 兰小媛，潘卫. 虚拟社区：高校图书馆开展学科服务的新阵地[J]. 图书馆建设，2010（9）：72-74.

[370] 张晓林. 让数字图书馆驱动图书馆服务创新发展——读国际图联数字图书馆宣言有感[J]. 中国图书馆学报，2010，36（187）：73-76.

[371] 向林芳. 论 DRM 在数字图书馆中的应用——以方正 Apabi 为例[J]. 高校图书馆工作，2011，31（146）：85-87.

[372] 修晓. 论 MARC 著录的整体观[J]. 图书馆建设，2007（5）：65-68.

[373] 李淑萍. 论图书馆知识导航功能的实现[J]. 图书馆工作与研究，2003（6）：17-19.

[374] 尚志红. 论我国图书馆数字化的版权困境及对策[J]. 科技管理研究，2012（10）：173-175.

[375] 刘剑涛. 论数字图书馆个性化服务的发展模式[J]. 晋图学刊，2011（6）：27-29.

[376] 陈利民. 论数字时代图书馆的用户研究和服务创新[J]. 图书情报工作，2010（S2）：22-26.

[377] 刘铮. 论数字环境下情报意识与图书馆员工作的结合[J]. 黑龙江科技信息，2011（25）：140-141.

[378] 陈蕾. 试析高校数字图书馆资源导航的发展趋势[J]. 浙江高校图书情报工作，2010（6）：26-29.

[379] 江秋菊. 试论 E-learning 环境下高校图书馆的教育资源服务[J]. 黑龙江科技信息，2012（3）：128.

[380] 陈春艳. 试论个人数字图书馆的资源共享[J]. 情报杂志，2010（S1）：302-303.

[381] 汪雪莲. 试论图书馆在数字出版产业链中的地位和作用[J]. 图书馆杂志，2005（10）：

16-19.

[382] 王丽娟. 试论高校数字图书馆馆藏如何服务数字学习[J]. 经济与社会发展, 2011（12）: 193-196.

[383] 程艳. 谷歌数字图书馆的商业模式及法律问题分析[J]. 新世纪图书馆, 2011（5）: 59-61.

[384] 肖冬梅. 谷歌数字图书馆计划之版权壁垒透视[J]. 图书馆论坛, 2011（6）: 282-288.

[385] 翟晓娟. 运用 SOA 构建促进复用的图书馆采访微服务模型[J]. 情报资料工作, 2011（1）: 55-60.

[386] 王启云. 近6年我国数字图书馆论文调查与分析[J]. 现代图书情报技术, 2002（2）: 17-18.

[387] 高惠荣. 都柏林核心 DC 与 MARC 的特性及发展[J]. 图书情报工作, 2009（S2）: 78-80.

[388] 张晓林. 重新认识知识过程和知识服务[J]. 图书情报工作, 2009（1）: 6-8.

[389] 李庆诚, 方济, 张金, 王聪. 针对电子油墨显示终端的数字图书馆整合系统实现[J]. 现代显示, 2011（7）: 10-13.

[390] 王文韬, 谢阳群. 面向个人信息管理的一体化个人数字图书馆软件功能扩展研究[J]. 图书馆论坛, 2012（3）: 94-97.

[391] 章成志, 王惠临. 面向数字图书馆应用的多语言领域本体学习研究[J]. 图书情报工作, 2011（2）: 11-15.

[392] 张晓林. 颠覆数字图书馆的大趋势[J]. 中国图书馆学报, 2011（5）: 4-12.

[393] 徐志玮, 陈定权. 中美高校图书馆网络化学科信息导航服务比较研究[J]. 图书馆论坛, 2009（5）: 77-79.

[394] 陈炜, 李宏建, 吕俊生. 馆际互借与文献传递研究所文献的保证模式[J]. 科技广场, 2012（2）: 77-79.

[395] 唐征, 卢振波. 馆际互借发展趋势研究[J]. 浙江高校图书情报工作, 2007（4）: 53-54.

[396] 陈琳. 香港地区高校图书馆的信息共享空间建设[J]. 大学图书馆学报, 2010（1）: 51-55.

[397] 王杰英, 毛秀梅, 赵林英. 高校图书馆 E-LEARNING 教育环境模式研究[J]. 情报科学, 2008（10）: 1543-1546.

[398] 庞海燕, 迟海琭. 高校图书馆学习共享空间的创建[J]. 情报探索, 2011（7）: 117-119.

[399] 江涛. 高校图书馆知识协同服务系统模式研究[J]. 图书馆学研究, 2012（8）: 71-75.

[400] 王启云. 高校数字图书馆如何解决网络存储问题[J]. 图书情报工作, 2003（5）: 95-97.

[401] 唐小梅. 高校数字图书馆的存储设备采购与管理[J]. 中国信息界, 2011（3）: 57-60.

[402] 高蔼. 高校数字图书馆的实用性研究[J]. 才智, 2011（36）: 340.

[403] 唐小梅. 高校数字图书馆的数字对象存储研究[J]. 中国信息界, 2010（12）: 68-71.

[404] 游战洪. 高校数字图书馆资源建设的理性反思——访问堪萨斯州立大学图书馆有感[J]. 图书情报研究, 2010, 3（4）: 40-44.

[405] 孟桂平, 陈魏魏. 浅谈从传统图书馆服务模式到数字图书馆新型服务模式的转变——以国家数字图书馆为例[J]. 情报杂志, 2011, 30（6）: 216-219.

[406] 赵赫璠. 浅谈图书馆电子阅览室建设中存在的问题及对策——以哈尔滨理工大学图书馆电子阅览室为例[J]. 黑龙江科技信息, 2012（2）: 169.

[407] 王昕, 宋海艳. 学习共享空间创新服务的实践研究——以上海交通大学图书馆为例[J]. 情报资料工作, 2011（2）: 68-71.

[408] 杨琳. 图书馆与数字出版的融合——以中国科学院国家科学图书馆为例[J]. 出版发行研究, 2012（3）: 47-49.

[409] 李响. 谷歌之过抑或版权法之过——数字时代下的版权反思[N]. 时事观察.

[410] 陈君涛, 陈焕东, 展金梅. 基于 E-Learning 的和谐图书馆新模型构建[Z]. 2010: 417-419.

[411] 任燕芳, 张丽平. 数字图书馆中智能 E-Learning 系统的研究与设计[J]. 产业与科技论坛, 2011, 10（17）: 82-83.

[412] 陈峰. E-Learning 环境下高校图书馆学科教育资源建设[J]. 图书馆学刊, 2011（5）: 49-51.

[413] 聂慧媛, 李景峰. 图书馆学苑式演变及其在图书馆流程变革中的表征[J]. 图书情报工作, 2011, 55（1）: 17-21.

[414] 陈晓凤, 张志平. OAI-ORE 在机构知识库中的应用研究与实现[J]. 现代图书情报技术, 2010（11）: 69-74.

[415] 吴志玮, 2010 年度国内数字图书馆研究综述[J]. 科技信息, 2011（18）: 380-381.

[416] 叶少青. 东莞 24 小时自助图书借阅服务形态及效益分析[J]. 数字图书馆论坛, 2012（1-2）: 22-30.

[417] 黎杜坚. RFID 在东莞地区的应用[J]. 数字图书馆论坛, 2012（1-2）: 40-44.

[418] 麦志杰. 公共图书馆 SNS 网站利用情况调查分析[J]. 数字图书馆论坛, 2012（1-2）: 46-51.

[419] 杜燕翔. 云计算环境下的公共电子阅览室建设[J]. 数字图书馆论坛, 2012（1-2）: 57-64.

[420] 杨贵福, 黄秀林. P2P 技术在图书馆联盟云服务中的应用研究[J]. 数字图书馆论坛, 2012（3）: 25-28.

[421] 隋会民, 刘万国. MooseFS 系统在图书馆联盟云计算架构中的应用研究[J]. 数字图书馆论坛, 2012（3）: 29-32.

[422] 李琳娜, 张志平. 基于文献共被引关系的协同过滤文献推荐系统[J]. 数字图书馆论

坛，2012（3）：33-37.

[423] 李恺. 移动图书馆发展现状（2012）[J]. 数字图书馆论坛，2012（3）：38-41.

[424] 吴茗. 浅析古籍数字化建设的组织模式——以哈佛燕京图书馆中文古籍数字化项目为例[J]. 数字图书馆论坛，2012（3）：42-45.

[425] 陈嘉勇，房熊俊. 理论物理研究领域的结构和动态——基于 Physical Review D 期刊的科学知识图谱分析[J]. 数字图书馆论坛，2012（3）：52-63.

[426] 刘燕权，张黎. 研究地球系统科学的宝典——地球探测工具书数字图书馆[J]. 数字图书馆论坛，2012（3）：64-68.

[427] 邢文明. Web 2.0 环境下用户参与的图书馆信息组织模式实证分析——基于参与方式的调查[J]. 数字图书馆论坛，2012（5）：39-47.

[428] 包冬梅，崔屏. 开放数字网络环境下学术交流体系的发展与共融[J]. 数字图书馆论坛，2012（6）：1-7.

[429] 包冬梅，邱君瑞. 个人科研信息空间构建模式及其目标功能定位分析[J]. 数字图书馆论坛，2012（6）：8-12.

[430] 薛云，余丰民. 国内知识图谱学术研究脉络：2004—2010[J]. 数字图书馆论坛，2012（6）：42-50.

[431] 付晓丹. 21 世纪图书馆读者服务的发展趋势[J]. 科技创新导报，2012（2）：221.

[432] 张建娥. 网络文献资源导航[J]. 榆林学院学报，2004，14（4）：125-126.

[433] 李书宁，吕岩彦，杨春燕，李松玲，龙世彤. 985 高校图书馆数字特藏建设现状调查与分析[J]. 图书馆杂志，2011（8）：58-63.

[434] 初景利. 国际图书馆界开放获取的研究与实践——75 届国际图联大会开放获取论文综述[J]. 数字图书馆论坛，2009（11）：15-18.

[435] 李颖朱，礼军. 基于知识组织技术的科技创新信息支持门户[J]. 数字图书馆论坛，2010（5）：1.

[436] 郭怀恩，朱礼军. 词聚类技术研究综述[J]. 数字图书馆论坛，2010（5）：15-19.

[437] 李颖，练霞. 主题图的概括及应用研究（上篇）[J]. 数字图书馆论坛，2010（5）：20-27.

[438] 练霞，李颖. 主题图的概括及应用研究（下篇）[J]. 数字图书馆论坛，2010（5）：28-32.

[439] 姚强，杜建. 我国知识服务发展现况研究[J]. 数字图书馆论坛，2010（5）：56-62.

[440] 刘燕权，李乾. 互联网公共图书馆[J]. 数字图书馆论坛，2010（5）：63-68.

[441] 解晓毅，李春明. 手持阅读器在图书馆中的应用研究——以国家图书馆为例[J]. 数字图书馆论坛，2010（6）：23-27.

[442] 王莉. 基于 Atom 的数字图书馆资源描述框架[J]. 数字图书馆论坛，2010（6）：44-53.

[443] 肖雯，何涛. 面向知识管理的科技查新管理系统的设计[J]. 数字图书馆论坛，2010（6）：

54-59.

[444] 刘燕权, 马凌云. 社会探险家：美国人口统计制图数字图书馆[J]. 数字图书馆论坛, 2010（7）：66-70.

[445] 顾晓光. 电子书阅读器是硬件还是平台[J]. 数字图书馆论坛, 2010（7）：1-6.

[446] 赵斌, 吴斌. LiterMiner——可视化多维文献分析工具[J]. 数字图书馆论坛, 2010（8）：2-8.

[447] 田宏桥, 吴斌. 基于 Web 的科技文献分析工具综述[J]. 数字图书馆论坛, 2010（8）：9-19.

[448] 刘从容. 数字出版新格局科技与文化的结合[J]. 数字图书馆论坛, 2010（8）：11-14.

[449] 王丁弘, 赵奉英. 基于科研合作网络演化的个体网络生命过程分析[J]. 数字图书馆论坛, 2010（8）：20-28.

[450] 朱天, 吴斌. 科研合作网络的重要作者发现[J]. 数字图书馆论坛, 2010（8）：29-35.

[451] 孙鸥. 当"一专"遇到"多能"——浅析当前流行便携式电子书阅读平台在图书馆的应用前景[J]. 数字图书馆论坛, 2010（8）：19-23.

[452] 桂婕, 乔晓东. 面向深度分析的领域专利信息特色资源服务平台建设[J]. 数字图书馆论坛, 2010（8）：35-41.

[453] 翟喜奎. 数字方志文献外字基本属性研究[J]. 数字图书馆论坛, 2010（8）：42-45.

[454] 刘燕权, 王素芳. "故事天地"：儿童数字图书馆评析[J]. 数字图书馆论坛, 2010（8）：66-73.

[455] 杜建, 张士靖. 基于领域本体的生物医学语义检索机制研究——以 GoPubMed 和 SEGoPubMed 为例[J]. 数字图书馆论坛, 2010（8）：56-61.

[456] 刘燕权, 杨楠. 土质技术、岩石和水资源图书馆——面向多用户的高质量互动学习平台[J]. 数字图书馆论坛, 2010（8）：62-67.

[457] 黄洁晶. 公共图书馆学习共享空间的构建研究[J]. 数字图书馆论坛, 2010（8）：73-77.

[458] 乔晓东, 桂婕. 从专利深度分析工具和技术平台研发到相关系统的国际测评 NTCIR[J]. 数字图书馆论坛, 2010（9）：1.

[459] 李鹏, 桂婕. 条件随机场与规则集成的专利摘要信息抽取[J]. 数字图书馆论坛, 2010（9）：2-6.

[460] 曲军伟, 乔晓东. 自组织映射在专利文本聚类中的应用研究[J]. 数字图书馆论坛, 2010（9）：13-19.

[461] 张兆锋, 桂婕. 专利引证分析工具的设计与实现[J]. 数字图书馆论坛, 2010（9）：20-25.

[462] 王艳翠. 通过实施推荐系统强化图书馆目录的实用性——以德国卡尔斯鲁厄大学图书馆为例[J]. 数字图书馆论坛, 2010（9）：54-57.

[463] 包冬梅. 浅谈学术搜索系统用户体验优化[J]. 数字图书馆论坛, 2010（9）：58-63.

[464] 张娱, 郑小惠. 数字资源长期保存系统信息摄入过程分析研究[J]. 数字图书馆论坛, 2010（9）: 64-68.

[465] 乔晓东, 梁冰. 从 NSTL 战略定位到最新进展及未来发展规划[J]. 数字图书馆论坛, 2010（10）: 11-17.

[466] 蔡志勇. 企业专业化信息服务的实践与思考[J]. 数字图书馆论坛, 2010（11）: 87-90.

[467] 高春玲. 移动阅读市场驱动下的图书馆: 角色与对策[J]. 数字图书馆论坛, 2010(11): 1-7.

[468] 张磊, 王晔斌. 上海图书馆的移动服务[J]. 数字图书馆论坛, 2010（11）: 8-16.

[469] 张成昱, 张蓓. TWIMS 手机图书馆的研究与实现[J]. 数字图书馆论坛, 2010（11）: 17-19.

[470] 高春玲. 解读美国移动图书馆发展的昨天、今天和明天[J]. 数字图书馆论坛, 2010(11): 25-32.

[471] 刘燕权, 高颖. 美国珀尔修斯数字图书馆——探索古文明的窗口[J]. 数字图书馆论坛, 2010（11）: 56-62.

[472] 赖雪梅. 跨界合作编目的探索与实践[J]. 数字图书馆论坛, 2010（11）: 71-74.

[473] 吴晓静. RDA——资源描述与检索的新标准[J]. 数字图书馆论坛, 2010（12）: 1-7.

[474] 沈芸芸, 冯英. DC 元数据年度进展（2010）[J]. 数字图书馆论坛, 2010（12）: 40-45.

[475] 张红, 只莹莹. 利用自助模式提升读者服务——谈国家图书馆推出的自助服务项目[J]. 数字图书馆论坛, 2010（12）: 51-55.

[476] 刘燕权, 江凌. 地球家园的生动记录: 可视地球数字图书馆（Visible Earth）[J]. 数字图书馆论坛, 2010（12）: 66-70.

[477] 赵昆, 潘琳. 关于欧洲虚拟博物馆与世界数字图书馆的调研报告[J]. 数字图书馆论坛, 2010（1-2）: 114-133.

[478] 秦津昌, 薛慧彬. 分报告一: 美国国会图书馆考察报告[J]. 数字图书馆论坛, 2011（1）: 2-15.

[479] 阎军, 杨志萍. 分报告二: 加州大学数字图书馆考察报告[J]. 数字图书馆论坛, 2011（1）: 16-21.

[480] 宋亦兵, 周津慧. 分报告三: 耶鲁大学图书馆考察报告[J]. 数字图书馆论坛, 2011（1）: 22-30.

[481] 薛慧彬, 秦津昌. 分报告四: 斯坦福大学图书馆考察报告[J]. 数字图书馆论坛, 2011（1）: 31-44.

[482] 杨志萍, 张小云. 分报告五: 哥伦比亚大学图书馆考察报告[J]. 数字图书馆论坛,

2011（1）：45-52.

[483] 初景利,阎军. 分报告六：约翰霍普金斯大学图书馆考察报告[J]. 数字图书馆论坛，2011（1）：53-60.

[484] 周津慧,初景利. 分报告七：OCLC 考察报告[J]. 数字图书馆论坛，2011（1）：61-70.

[485] 周志超,刘小利. 医学图书馆联盟典范：NN-LM 对我国区域医学信息资源共享的启示[J]. 数字图书馆论坛，2011（2）：2-6.

[486] 张士靖,刘小利. 数字知识环境下的健康信息素养教育和健康信息服务——医学图书馆员的新使命[J]. 数字图书馆论坛，2011（2）：7-11.

[487] 张秀梅,姚强. 基于循证医学和公共卫生实践的信息学家的培养——美国霍普金斯大学个案分析及启示[J]. 数字图书馆论坛，2011（2）：30-33.

[488] 孙卫. 基于用户的知识组织与服务[J]. 数字图书馆论坛，2011（2）：34-45.

[489] 刘燕权,江凌. 计算机科学教育咨询平台[J]. 数字图书馆论坛，2011（2）：46-51.

[490] 别立谦,肖珑. 高校图书馆特色资源的数字化建设与共享[J]. 数字图书馆论坛，2011（2）：52-58.

[491] 司娇娇. 微博在图书馆中的应用[J]. 数字图书馆论坛，2011（3）：39-43.

[492] 王卓,李宏达. E-learning 在高校图书馆的适用性分析[J]. 内蒙古科技与经济,2011(21)：72-73.

[493] 胡小菁,李恺. MARC 四十年的发展及其未来[J]. 中国图书馆学报，2010：83-89.

[494] 唐志诚. 图书馆 MARC 现状及其发展[J]. 前沿，2004（1）：191-194.

[495] 李颖. 对定题服务的探讨[J]. 现代情报，2004，24（10）：152-153.

[496] 武彩珍. 网络定题服务--图书馆服务的未来趋势[J]. 晋图学刊，2001（4）：45-46.

[497] 刘莎. 网络环境下编目与 MARC 的未来[J]. 新世纪图书馆，2012（1）：19-23.

[498] 李振玲,徐萍. 网络环境下高校图书馆的定题服务[J]. 科技情报开发与经济，2005，15（19）：39-40.

[499] 朱萍,张和芬. 图书馆数字化参考咨询服务中的几个要素及其评价[J]. 情报杂志，2003，22（6）：71-72.

[500] 刘娟. 2005 年以来我国 DC 元数据研究综述[J]. 新世纪图书馆，2011（8）：37-41.

[501] 张爱优. 21 世纪图书馆编目标准——DublinCore 与 MARC 并存[J]. 津图学刊,2002(1)：44-46.

[502] 曾秋霞. 论数字图书馆的参考咨询工作[J]. 科技管理研究，2007（7）：246-248.

[503] 高文泊. 论数字参考服务[J]. 东北大学学报（社会科学版），2003，5（2）：154-156.

[504] 苏金燕. 实时数字参考咨询服务的现状与发展问题分析[J]. 高校图书情报论坛，2006，5（4）：31-33.

[505] 朱震远. 图书馆数字参考咨询服务发展的要素分析及其启示[J]. 当代图书馆,2004(3)：

22-25.

[506] 王林廷，贾宏. 图书馆数字化参考咨询服务述论[J]. 图书馆论坛，2004，24（2）：144-147.

[507] 石超美. 浅论公共图书馆数字参考咨询服务[J]. 黑龙江教育学院学报，2009，28（1）：151-152.

[508] 陈艳红，盛子刚. DC 元数据与网络信息检索（综述）[J]. 河北科技师范学院学报，2005（2）：73-76.

[509] 钟萍. DC 元数据在数字图书馆中的应用[J]. 中华医学图书情报杂志，2006(6):64-66.

[510] 罗少芬. DC 元数据的发展前景分析[J]. 广东技术师范学院学报，2006（4）：9-12.

[511] 陈晰明. DublinCore 元数据浅析[J]. 晋图学刊，2002（3）：19-21.

[512] 韩立栋. MARC 与 DC 元数据格式研究[J]. 现代情报，2004（8）：50-51.

[513] 罗庭芝. MARC 与 DC 并存是网络信息资源组织的发展趋势[J]. 图书馆，2008（6）：72-74.

[514] 胡敏. MARC 与 DublinCore 两种元数据的比较研究[J]. 现代情报，2005（1）：138-140.

[515] 罗军. MARC 未来及质量控制[J]. 现代情报，2009（3）：216-218.

[516] 傅立云，刘新. MARC 格式中存在的不足及其改进[J]. 图书情报工作，2005（11）：87-89.

[517] 龚立群，孙洁丽. OAI、SRW/U 及 OpenURL 的比较及协同使用研究[J]. 情报科学，2007，25（7）：1073-1079.

[518] 陈培久，金玉玲. OPAC 及其对图书馆自动化的影响[J]. 现代图书情报技术，1994(1)：9-13.

[519] 程文艳. OPAC 的发展现状及其利用[J]. 信息技术，2002（8）：52-53.

[520] 张薇. OPAC 系统与馆藏数字资源整合研究[J]. 晋图学刊，2004（6）：41-42.

[521] 陶跃军. OPAC 资源整合与数字图书馆互操作协议[J]. 现代情报，2005（4）：92-93.

[522] 沈艺. OpenURL 及其应用[J]. 现代图书情报技术，2004（1）：30-32.

[523] 高旻，金玉玲，刘伟玲. OpenURL 技术发展及创新应用研究[J]. 现代图书情报技术，2008（2）：87-90.

[524] 黄文，董秋生. OpenURL 技术在数字图书馆中的应用[J]. 现代情报，2009（11）：72-75.

[525] 沈艺. OpenURL 框架结构分析[J]. 情报科学，2004（8）：998-1000.

[526] 王善平. 万维网资源整合工具——OpenURL[J]. 上海交通大学学报，2003，37：217-220.

[527] 杨锦. 个性化搜索引擎应用于数字图书馆信息服务系统[J]. 平原大学学报，2007(6)：102-103.

[528] 黄俊贵. 中国文献编目规则的继承与发展[J]. 国家图书馆学刊, 2005（2）：2-8.

[529] 郑惠红. 中外元数据研究的现状与发展[J]. 图书馆论坛, 2004（3）：83-85.

[530] 宋登汉, 詹萌. 中外八大 OPAC 系统的比较与分析[J]. 图书情报知识, 2005（3）：44-46.

[531] 续向军. 中外数字图书馆检索技术的比较研究[J]. 医学信息, 2006（12）：2109-2112.

[532] 陈定权, 郭婵. 中美高校图书馆学科导航服务比较研究[J]. 情报资料工作, 2011（1）：98-101.

[533] 韩明杰. 从 DublinCore 看 MARC[J]. 情报业务研究, 2004（10）：112-113.

[534] 朱红涛. 元数据_DublinCore 和 MARC 分析研究[J]. 情报杂志, 2004（1）：85-87.

[535] 何永进. 农业网络信息资源 MARC 编目研究[J]. 安徽农业科学, 2006（5）：1036-1037.

[536] 王效岳, 王志玲. 国内外异构数据库统一检索系统的比较研究[J]. 情报杂志, 2005（12）：116-118.

[537] 雷泽勇. 图书馆学科信息导航服务新思路——wiki[J]. 图书情报工作, 2006：157-159.

[538] 刘彩霞. 图书馆搜索引擎构筑之我见[J]. 河北科技图苑, 2003（6）：21-23.

[539] 崔宇红, 刘涛. 图书馆数字资源与 OPAC 系统的整合[J]. 图书馆杂志, 2003（1）：55-56.

[540] 翟智平, 宋炫柯. 基于 MARC 的图书发行管理系统的设计与实现[J]. 北华航天工业学院学报, 2011（3）：5-7.

[541] 杨思洛. 基于 OpenURL 的参考链接系统[J]. 情报科学, 2005（11）：1696-1699.

[542] 毕德强. 基于三大检索下虚拟图书馆导航库建设的分析[J]. 科技信息（学术研究）, 2006（9）：99.

[543] 贾宏. 基于搜索引擎的数字图书馆智能信息检索[J]. 图书馆学研究, 2006（3）：28-31.

[544] 赵亚莉, 魏淑琴. 基于本体论的数字图书馆搜索引擎的研究[J]. 现代情报, 2007（8）：104-106.

[545] 邓进. 对 MARC 与 DublinCore 的认识[J]. 西南民族大学学报（自然科学版）, 2005, 31（5）：833-835.

[546] 赵英. 对图书编目系统 DC 元数据与 MARC 格式数据的探讨[J]. 群文天地, 2011（3）：73-74.

[547] 程荣芳, 王芳. 巧用馆藏 MARC 数据构建随书光盘管理系统[J]. 现代情报, 2011（4）：124-127.

[548] 黄建楠. 开展定题服务是图书馆工作为科研服务的有效途径[J]. 1982：42-43.

[549] 王立革. 我国 MARC 研究综述[J]. 图书馆学刊, 2006（5）：112-114.

[550] 赵凤丽. 我国图书馆 OPAC 功能及其资源整合现状分析[J]. 图书馆界, 2006（4）：39-42.

[551] 伍清霞. 我国数字图书馆搜索引擎之比较研究[J]. 图书馆建设, 2002（4）：80-81.

[552] 陈卫东. 我国数字图书馆的服务比较研究[J]. 图书馆论坛, 2003 (5): 47-49.

[553] 张学军. 我国的OPAC[J]. 情报理论与实践, 1999 (1): 49-51.

[554] 刘荣发. 搜索引擎与图书馆数字化资源建设[J]. 情报探索, 2001 (3): 23-24.

[555] 罗静. 教育数字图书馆导航高校信息资源[J]. 计算机教育, 2004 (9): 46-47.

[556] 王勤池, 乔建行. 数字化图书馆检索系统的现状与发展[J]. 情报科学, 1998 (6): 571-574.

[557] 周雪华. 数字化图书馆的检索特征[J]. 现代情报, 2002 (5): 124-125.

[558] 王清. 数字图书馆中元数据与DublinCore[J]. 山东图书馆季刊, 2002 (3): 112-114.

[559] 肖时占. 数字图书馆信息检索功能论析[J]. 高校图书馆工作, 2004 (1): 21-23.

[560] 马景娣. 数字图书馆信息检索性能评析[J]. 情报杂志, 2003 (11): 84-86.

[561] 王预. 数字图书馆信息检索技术及其应用[J]. 计算机技术与发展, 2006 (10): 226-229.

[562] 王峰, 汪华方. 数字图书馆信息检索技术的智能化发展趋势[J]. 现代情报, 2008 (11): 93-95.

[563] 严武军, 黄厚宽. 数字图书馆的元数据检索技术的研究与实现[J]. 太原师范学院学报(自然科学版), 2004 (4): 23-25.

[564] 何美珍, 王浩. 数字图书馆的检索技术[J]. 现代图书情报技术, 2002 (S1): 37-39.

[565] 林秀. 数字环境下图书馆与出版发行业的相互影响与关系整合[J]. 情报资料工作, 2007 (3): 98-100.

[566] 林绮屏. 数字资源互操作协议OAI与OpenURL之比较研究[J]. 情报杂志, 2004 (7): 12-13.

[567] 邹凯, 汪全莉. 智能搜索引擎与数字图书馆个性化服务[J]. 情报科学, 2004 (7): 874-877.

[568] 龚丽萍. 期刊MARC数据维护与质量控制探讨[J]. 河北科技图苑, 2011 (3): 91-92.

[569] 张雨. 浅析数字图书馆搜索引擎的特点[J]. 河南图书馆学刊, 2002 (1): 55-56.

[570] 张海洋. 浅谈医院图书馆的资源检索与共享[J]. 实用全科医学, 2007 (2): 176-177.

[571] 李世海. 浅谈图书馆文献资源建设与导航服务工作[J]. 图书馆学研究, 2003 (6): 66-68.

[572] 刘玉江, 王晓丹, 孙娇梅. 浅谈数字图书馆功能特点及搜索引擎选择策略[J]. 哈尔滨学院学报, 2008 (7): 118-120.

[573] 蔡琬琰. 浅谈网络环境下数字图书馆资源的检索[J]. 内蒙古科技与经济, 2009 (13): 138-139.

[574] 黄清, 柏胜. 浅谈高校图书馆信息检索服务功能的实现[J]. 文山师范高等专科学校学报, 2009 (1): 111-113.

[575] 吴丽坤. 消除MARC记录与OPAC检索之瓶颈研究——以汇文4.0为例[J]. 图书馆

界, 2011（4）: 82-87.

[576] 荆惠萍. 略论古籍附注信息的 MARC 著录[J]. 晋图学刊, 2010（2）: 66-69.

[577] 毛怡婕. 省级公共图书馆的重点读者服务与定题服务[J]. 图书馆学研究, 1985（4）: 40-47.

[578] 康微. 网上图书馆导航体系评价[J]. 情报科学, 2004（4）: 495-498.

[579] 汤光恒. 网格环境下的数字图书馆检索模型研究[J]. 情报杂志, 2006（8）: 103-105.

[580] 何志兰. 网络信息资源组织——DublinCore[J]. 现代情报, 2005（1）: 83-84.

[581] 赵慧勤. 网络信息资源组织——DublinCore 元数据[J]. 情报科学, 2001, 19（4）: 439-442.

[582] 孙书平, 张艳英, 李冶. 网络定题服务质量管理体系架构的研究[J]. 现代情报, 2007（8）: 189-191.

[583] 符一欧, 张宸. 网络环境下的定题服务研究[J]. 现代情报, 2003（8）: 192-194.

[584] 李凌. 网络环境下高校图书馆图书情报定题服务的变革[J]. 现代情报, 2007（5）: 185-186.

[585] 刘冰. 网络环境对定题服务影响的探析[J]. 图书情报工作, 2008（S2）: 44-47.

[586] 苏瑞竹. 联机公共检索目录（OPAC）的现状及发展趋势[J]. 情报科学, 2000（1）: 91-95.

[587] 张建英, 薛调. 虚拟教学资源的组织与图书馆教学支持服务[J]. 新世纪图书馆, 2012（1）: 34-36.

[588] 吴万晔. 论 MARC 元数据的缺陷及发展趋势[J]. 图书馆工作与研究, 2006（2）: 28-29.

[589] 唐洁琼, 陈希. 论定题服务对高校学科建设的作用[J]. 高校图书馆工作, 2011（3）: 73-75.

[590] 王甲佳, 马大川. 论数字化图书馆的检索技术[J]. 情报科学, 2001（6）: 653-656.

[591] 郭佳慧. 论数字图书馆个性化信息检索新视野[J]. 内蒙古科技与经济, 2010（1）: 137-138.

[592] 耿晓红. 试论元数据——谈 DC 元数据与 MARC[J]. 现代情报, 2004, 24（7）: 94-95.

[593] 李金秀. 试谈数字图书馆的信息资源及检索技术[J]. 广东行政学院学报, 2004（1）: 94-96.

[594] 黄智武. 运用定制服务方式改进和加强高校图书馆的定题服务[J]. 图书馆建设, 2003（2）: 62-64.

[595] 孔季. 近十年国内数字图书馆研究的知识图谱——基于 CSSCI 来源期刊[J]. 现代情报, 2012, 32（1）: 92-96.

[596] 韩珏. 都柏林核心（DublinCore）元数据发展简史（上）[J]. 图书馆杂志（月刊）, 1999（4）: 30-31.

[597] 上海图书馆数字化部, 韩珏. 都柏林核心（Dublin Core）元数据发展简史（下）[J]. 图

书馆杂志，1999，18（5）：18-23.

[598] 张勇，等. 新一代数字图书馆应用支撑平台的研究与开发[J]. 现代图书情报技术，2011（6）：3-13.

[599] 周和平. 抓住机遇 开拓创 新加快推进我国数字图书馆建设，2011 年中国图书馆年会暨中国图书馆学会年会主旨报告[J]. 中国图书馆学报，2011，38（197）：4-10.

[600] 杨淑萍，国内外图书馆数字化参考咨询服务模式研究，江西图书馆学刊，2008，38（3）：86-88.

[601] T Berners Lee, J Hendler, O Lassila. The semantic web. Scientific American, 2001, 284(5):34-43.

[602] Tim O'Reilly. What Is Web 2.0. http://oreilly.com/web2/archive/what-is- web- 20.html, 2012.

[603] Jeffrey Zeldman.Web3.0. http://www.alistapart.com/articles/web3point0, 2012.

[604] HempelJessi.Web 2.0 is so over. Welcome to Web 3.0. http://money.cnn.com/2009/01/07/technology/hempel_threepointo.fortune/index.htm.

[605] John Smart, JamaisCascio, Jerry Paffendorf. MetaverseRoadmap. http://www.metaverseroadmap.org/MetaverseRoadmapOverview.pdf, 2012.

[606] Gruber T R.A Translation Approach to Portable Ontology Specification. Knowledge Acquisition,1993,5(2):199-220.

[607] 赵丹群. 现代信息检索：原理、技术与方法[M]. 北京：北京大学出版社，2008.

[608] B. Manaris. Natural Language Processing: A Human-Computer Interaction Perspective. Advances in Computer, 1999,47:1-66.

[609] H. P. Luhn. T he Automatic Creation of Literature Abstr acts. IBM Jour nal of Research and Develop ment, 1958,2(2):159-165.

[610] Chin TuckTan,Hiran K Sumanaweera. Text Summarization. http://www.doc.ic.ac.uk/~nd/surprise_97/journal/vol4/hks/summ.html.

[611] 哈罗德·博科，查尔斯·L·贝尼埃合著，赖茂生，王知津合译. 文摘的概念与方法[M]. 书目文献出版社，1991.

[612] H.P.Edmundson and R. E.Wyllys. Automatic Abstracting and Indexing: Survey and Recommendations. Communicationsof the ACM, 1961, 4(5):226-234.

[613] B.A.Mathis,J.E.Rush. Abstracting. Encyclopedia of Computer Science and Technology, New York:Marcel Dekker Inc.1975:102-142.

[614] HuiSC, GohA. Incorporating Abstract Generation into an Online Retireval Interface for a Library Newspaper Cutting System. ASLIB Proceedings, 1996, 48(12):259-265.

[615] G.Salton, J.Allan, C.Buckleym, etal. Automatic Analysis, Theme Genaration and Summarization of Machine-Readable Texts. Science, 1994, 264(3):1421-1426.

[616] K.Ono, K.Sumita, S.Miike. Abstract Generation Based on Rhetorical Structure Extraction. COLING '94 Proceedings of the 15th conference on Computational linguistics, 1994, (1), 344-348.

[617] T.Maeda. An Approach toward Functional Text Structure Analysis of Scientific and Technical Documents. Information Processing & Management,1981, 17(6):329-339.

[618] E.D.Liddy. The Discourse-Level Structure of EmpricalAbstracts:an Exploratory Strudy. Information Processing & Management,1991,27(1):55-81.

[619] 吴基传.云计算技术发展报告[M].北京：科技出版社，2011.

[620] Peter Mell, Tim Grance. The NIST Definition of Cloud Computing. http://www.nist.gov/itl/cloud/upload/cloud-def-v15.pdf, 2012.

[621] 王菊. 基于分布式数据库安全策略的研究[J]. 科技创新导报，2012（7）：42.

[622] Fay Chang, Jeffrey Dean, Sanjay Ghemawat, Wilson C. Hsieh, Deborah A. Wallach, Mike Burrows, Tushar Chandra, Andrew Fikes, and Robert E. Gruber. Bigtable: A Distributed Storage System for Structured Data. OSDI'06: Seventh Symposium on Operating System Design and Implementation,2006:205-218.

[623] 陈全，邓倩妮. 云计算及其关键技术[J]. 计算机应用，2009，29（9）：2562-2567.

[624] Gatenby J. The Networked Library Service Layer: Sharing Data for More Effective Management and Co-operation. http://www.ariadne.ac.uk/issue56/gatenby/.

[625] 王长全，艾雰.云计算环境下的数字图书馆信息资源整合与服务模式创新.图书馆工作与研究，2011（1）：48-51.

[626] 李硕.基于Web3.0的数字图书馆服务模式创新研究[J]. 图书馆工作与研究，2009(9)：21-23.

[627] http://www.nlc.gov.cn/newtsgj/gtqk/tyck/2009nzml/104/104dt/201012/t20101201_23463.htm.

[628] 肖珑. 国家图书馆元数据应用总则规范汇编[M]. 北京：北京图书馆出版社，2011.

[629] 郭兆红，王欢，吕精巧. DC元数据在数字图书馆中的应用分析[J].农业图书情报学刊，2009，21（9）：103-105.

[630] 全浮，孙志红. 谈都柏林核心元素集在网络信息资源组织中的应用[J].农业图书情报学刊，2006，18（10）：116-119.

[631] 马建霞，数字仓储中复合数字对象相关标准比较研究[J].数字图书馆，2009，177（4）：33-39.

[632] 孟凡静. 数字对象标识符DOI及其在电子出版的应用分析[J]. 中国现代教育装备，2007，50（4）：43-45.

[633] 蔡焰辉. DOI系统在数字图书馆建设中的应用[J].情报探索，2010，150（4）：89-91.

[634] 唐健雄，李世玲. 信息检索标准化的发展动向[J].现代情报，2007（10）：189-190.

[635] 李聪，胡伟. SRW的发展和现况分析[J]. 晋图学刊，2006（4）：30-32.

[636] 张德雷. 浅议 Z39.50 协议在我国数字图书馆中的应用[J]. 科技信息，2010（13）.

[637] 张秀兰，刘璇. 浅析 Z39.50 协议在我国数字图书馆建设中的应用[J]. 现代情报，2006（1）.

[638] 赵光林，吴孔华. Z39.50 协议及应用研究[J]. 图书馆建设，2002（6）.

[639] 陈越. Z39.50 的发展概述[J]. 农业图书情报学刊，2004，16（9）.

[640] 董丽，等. METS 元数据编码规范及其应用研究[J]. 现代图书情报技术，2004，110（5）：8-12.

[641] 张铮，李蓓. 元数据家族中的新成员 MODS 和 METS[J]. 医学信息学，2005，18（7）：743-745.

[642] 马蕾. 元数据及其封装标准研究[J]. 情报技术，2002（2）：56-572.

[643] Ioannis Iglezakis, Tatiana-Eleni Synodinou, Sarantos Kapidakis, E-Publishing and Digital Libraries: Legal and Organizational Issues, Publisher: IGI Global; 1 edition (October 31, 2010), ISBN-10: 1609600312, ISBN-13: 978-1609600310.

[644] Serge Linckels, Christoph Meinel, E-librarian service: User-Friendly Semantic Search in Digital Libraries, Springer, 2011, ISBN 978-3-642-17741-2.

[645] John Carlo Bertot Ph.D., Charles R. McClure, Paul T. Jaeger, Public Libraries and the Internet: Roles, Perspectives, and Implications, Libraries Unlimited, November 11, 2010, ISBN-10: 159158776X, ISBN-13: 978-1591587767.